A CONSTRUÇÃO DA SOCIEDADE ECONÔMICA

Colóquio sobre a anatomia do homem econômico

Presentes no colóquio (da esquerda para direita): Adam Smith, Thomas Malthus, David Ricardo, Jeremy Bentham, John Stuart Mill, François Marie Charles Fourier, Claude Henri Saint-Simon, Auguste Comte, Karl Marx e Pierre Joseph Proudhon.

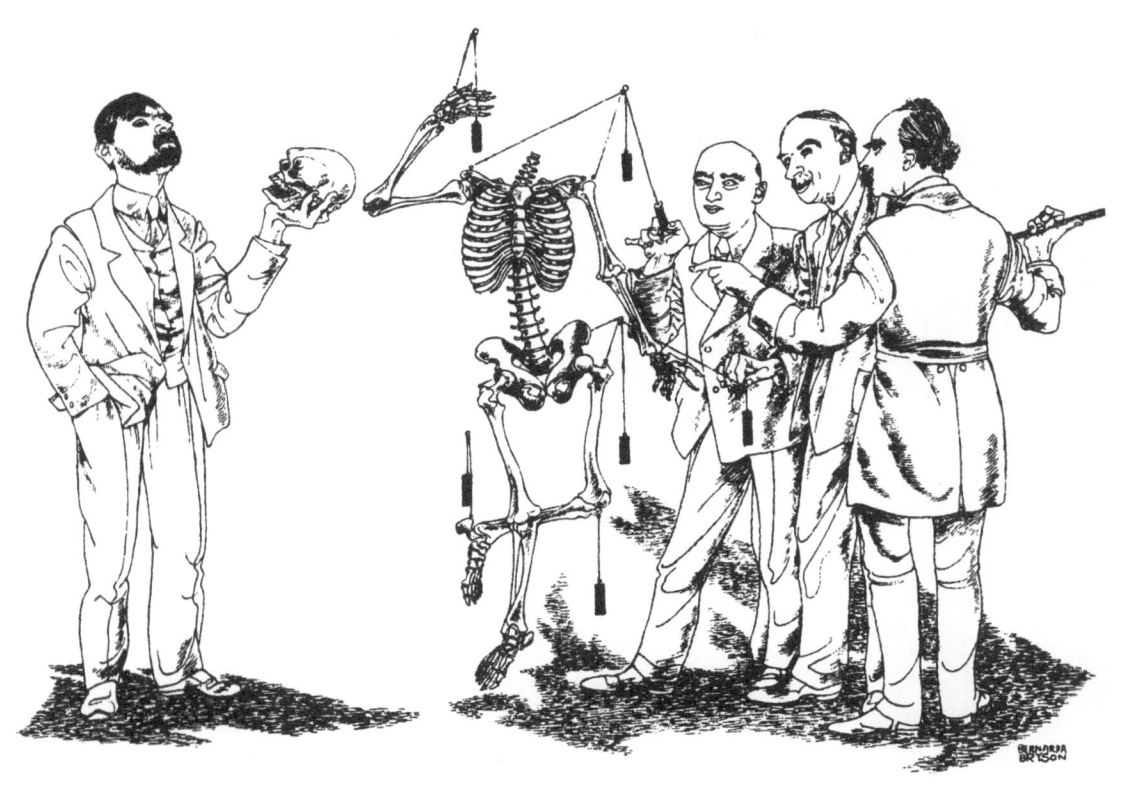

Estudos anatômicos em andamento

Da esquerda para a direita: Thorstein Veblen, Joseph Schumpeter, John Maynard Keynes e Alfred Marshall.

H466c Heilbroner, Robert L.
A construção da sociedade econômica / Robert L. Heilbroner, William Milberg ; tradução Regina Garcez. – 12. ed. Porto Alegre : Bookman, 2008
248 p. : il. ; 25m.

ISBN 978-85-7780-165-7

1. Economia. I. Milberg, William. II. Título.

CDU 33

Catalogação na publicação: Juliana Lagoas Coelho – CRB 10/1798

Robert L. Heilbroner
William Milberg

A CONSTRUÇÃO DA SOCIEDADE ECONÔMICA

12ª Edição

Tradução:
Regina Garcez

Consultoria, supervisão e revisão técnica desta edição:
Ronald Hillbrecht, Ph.D.
PPGE – UFRGS

Bookman®

2008

Obra originalmente publicada sob o título
The Making of Economic Society, 12th Edition

ISBN 978-0-13-170425-1

Copyright © 2008 by Pearson Education, Inc.

Tradução autorizada a partir do original em língua inglesa publicado por Pearson Education, Inc., sob o selo Prentice Hall.

Capa: *Paola Manica*
Imagem da capa: *"O casal"*, de autoria do artista alemão Wilhelm Maria Hubertus.

Preparação do original: *Théo Amon*

Leitura final: *Rachel Garcia Valdez*

Supervisão editorial: *Arysinha Jacques Affonso*

Editoração eletrônica: *Techbooks*

Reservados todos os direitos de publicação, em língua portuguesa, à
ARTMED® EDITORA S.A.
(BOOKMAN® COMPANHIA EDITORA é uma divisão da ARTMED® EDITORA S. A.)
Av. Jerônimo de Ornelas, 670 - Santana
90040-340 Porto Alegre RS
Fone (51) 3027-7000 Fax (51) 3027-7070

É proibida a duplicação ou reprodução deste volume, no todo ou em parte, sob quaisquer formas ou por quaisquer meios (eletrônico, mecânico, gravação, fotocópia, distribuição na Web e outros), sem permissão expressa da Editora.

SÃO PAULO
Av. Angélica, 1.091 - Higienópolis
01227-100 São Paulo SP
Fone (11) 3665-1100 Fax (11) 3667-1333

SAC 0800 703-3444

IMPRESSO NO BRASIL
PRINTED IN BRAZIL
Impresso sob demanda na Meta Brasil a pedido de Grupo A Educação.

para Shirley e Hedy

Sumário Resumido

CAPÍTULO 1 O Problema Econômico   21

CAPÍTULO 2 A Economia Pré-Mercado   35

CAPÍTULO 3 O Surgimento da Sociedade de Mercado   56

CAPÍTULO 4 A Revolução Industrial   80

CAPÍTULO 5 O Impacto da Tecnologia Industrial   100

CAPÍTULO 6 A Grande Depressão   117

CAPÍTULO 7 O Aparecimento do Setor Público   131

CAPÍTULO 8 Ascensão do Moderno Capitalismo Europeu   145

CAPÍTULO 9 A Era de Ouro do Capitalismo   155

CAPÍTULO 10 O Término da Era de Ouro   165

CAPÍTULO 11 Ascensão e Queda do Socialismo   179

CAPÍTULO 12 A Globalização da Vida Econômica   190

CAPÍTULO 13 Por que Alguns Países Permanecem Pobres   205

CAPÍTULO 14 A Construção de uma Sociedade Econômica da Informação   215

CAPÍTULO 15 Problemas e Possibilidades   227

Sumário

Capítulo 1 O Problema Econômico 21

O Indivíduo e a Sociedade 22
A divisão do trabalho 23
Economia e escassez 23
As tarefas da sociedade econômica 24

Produção e Distribuição 24
Mobilização de esforços 24
Alocação de esforços 25
Distribuição do produto 26

Três Soluções para o Problema Econômico 26
Tradição 27
Comando 29
O mercado 30

Capítulo 2 A Economia Pré-Mercado 35

A Organização Econômica da Antigüidade 36
Fundamentos agrícolas das sociedades antigas 36
A vida econômica das cidades 38
A escravidão 39
O excedente social 39
Riqueza e poder 40
"Economia" e justiça social na antigüidade 41

A Sociedade Econômica na Idade Média 42
A queda de Roma 43
A organização manorial da sociedade 44
Fornecimento de segurança 45
A economia da vida manorial 46
Cidades e feiras 46
As corporações de ofício (guildas) 47
As funções das corporações de ofício 48

      A economia medieval   49
      O preço justo   49
      Descrédito do ganho   50
   Pré-Requisitos da Mudança   51

Capítulo 3   O Surgimento da Sociedade de Mercado   56

   Forças de Mudança   56
      O mercador itinerante   56
      A urbanização   58
      As cruzadas   59
      O crescimento do poder nacional   60
      As explorações   61
      Mudança na atmosfera religiosa   61
      O calvinismo   62
      A ética protestante   63
      A falência do sistema manorial   64
      O surgimento da economia monetária   65
   O Surgimento do Aspecto Econômico da Vida   65
      Trabalho, terra e capital ocupam espaço   66
      Os cercamentos   67
      Surgimento do proletariado   68
      Fatores de produção   68
      Trabalho assalariado e capitalismo   69
      Capitalismo e motivação para o lucro   70
   A Invenção da Economia   71
      A "filosofia" do comércio   71
      A divisão do trabalho   72
      O modelo de crescimento de Adam Smith   73
      A dinâmica do sistema   73
      O mecanismo de mercado   74
      Mercado e alocação   75
      O sistema de auto-regulação   75
      O sistema de mercado e o surgimento do capitalismo   75

Capítulo 4   A Revolução Industrial   80

   Uma Grande Virada   81
      O ritmo da mudança tecnológica   81
      A Inglaterra em 1750   82
      O aparecimento dos novos homens   83
      O empreendedor industrial   85
      Os novos ricos   85
      Repercussões industriais e sociais   87
      O aparecimento da fábrica   87
      Condições de trabalho   88
      Início do capitalismo e da justiça social   89
   A Revolução Industrial na Perspectiva Teórica   91
      Capital e produtividade   92
      Capital e especialização   93
      Capital e poupança   93
      Poupança e investimento   94
      Crescimento no início do capitalismo   95
      Incentivos para o crescimento   95
      O mercado como mecanismo de acumulação de capital   96

Capítulo 5   O Impacto da Tecnologia Industrial   100

O Impacto de uma Invenção   101
A automobilização da América   *102*

O Impacto Geral da Tecnologia   102
Urbanização   *103*
Interdependência   *103*
Efeitos sociológicos   *103*

Produção em Massa   104
Economias de produção em grande escala   *105*

Agentes de Mudança Industrial   106
Os grandes empreendedores   *106*
Capitães de indústria   *106*
O truste onipresente   *107*

A Mudança na Estrutura de Mercado   108

O Aparecimento dos Grandes Negócios   109
Mudança na competição   *109*
Limitação da competição   *110*
Trustes, fusões e crescimento   *111*
Ameaça do capitalismo monopolista   *112*
O aparecimento da legislação antitruste   *112*
O estudo Berle e Means   *113*

Capítulo 6   A Grande Depressão   117

O Caminho do Crescimento   117
Os Estados Unidos em 1929   *118*
O boom do mercado de ações   *119*
A grande quebra da bolsa   *120*
A Grande Depressão   *120*
Causas da depressão: especulação   *121*
Enfraquecimento das fazendas   *122*
Demanda inelástica   *122*
Enfraquecimento das fábricas   *124*
Tecnologia e emprego   *124*
Má distribuição de renda   *125*

Papel Crítico da Formação do Capital   126
Investimento e expectativas de lucro   *127*
Efeitos da queda dos investimentos   *127*
Efeito multiplicador   *128*

Capítulo 7   O Aparecimento do Setor Público   131

O *New Deal*   131
Intervenção nos mercados   *132*
Novas intervenções   *133*
Um desvio histórico na direção dos bancos   *134*

Surgimento dos Bancos Nacionais   134

Política monetária   135
A nova política do New Deal   *135*
Gastos públicos como uma nova força   *136*
Falta de reação da economia   *137*
Gasto compensatório do governo   *138*
Receios da intervenção governamental   *138*

   O impacto da guerra 139
   Conseqüências da guerra 139
  A Política Fiscal Entra em Cena 140
  Uma Análise do Setor Público 141

Capítulo 8 Ascensão do Moderno Capitalismo Europeu 145

  A Herança Feudal 145
   Rivalidades nacionais 146
   Atraso na produtividade 147
   Papel fundamental do comércio europeu 147
   Colapso do comércio internacional 148
   Socialismo europeu 148

  Recuperação do Capitalismo Europeu 149
   Capitalismo de bem-estar social 149
   O mercado comum 150

  Corporativismo 151

  Desaceleração Européia 152

Capítulo 9 A Era de Ouro do Capitalismo 155

  Possibilidades Pós-Guerra 155
   Forças internacionais 156
   O papel da geopolítica 157
   Enquanto isso, nos Estados Unidos 158

  Mudanças Estruturais no Capitalismo Norte-Americano 158
   A participação da tecnologia 158
   Acordo entre capital e trabalho 159
   O governo encontra seu lugar 160

  Prosperidade e Convergência Mundiais 161
   Surgimento de ferrugem 162

Capítulo 10 O Término da Era de Ouro 165

  Dilemas Macroeconômicos 165
   Entrada em cena da inflação 166
   Choque do petróleo 166
   Estagflação e dilema político 168
   A recuperação desigual 169

  Explicação do Declínio Econômico 171
   Por trás dos números: a mudança para o setor de serviços 171
   O ritmo lento dos investimentos 172
   Downsizing 172

  Do Crescimento Lento à Grande Desigualdade 173
   Por trás do problema da desigualdade 175
   Recuo do governo 175

Capítulo 11 Ascensão e Queda do Socialismo 179

  Socialismo *versus* Capitalismo? 179

  Explicação da Virada Histórica 180

  O Sistema Soviético 181
   Mercado versus *planejamento 182*
   Ineficiências do planejamento 184

Transição para o Capitalismo   185

O Futuro do Socialismo   186

Capítulo 12   A Globalização da Vida Econômica   190

A Economia Mundial Remodelada   190
O colapso de Bretton Woods   190
A era das taxas de câmbio flexíveis   191

A Globalização da Produção e das Finanças   192
Movimentos de capital no mundo   192
"A grande duplicação"   193
O alcance da globalização   193

As Causas da Globalização   196
Encurtamento das distâncias pela tecnologia   196
Finanças globais: a cauda sacode o cachorro?   197

Conseqüências da Globalização   198
Déficit comercial e dívida externa dos Estados Unidos   198
Uma corrida para o fundo do poço?   200
Diminuição da soberania nacional   201

O Mundo Está Muito Globalizado?   202

Capítulo 13   Por que Alguns Países Permanecem Pobres   205

O Problema do Desenvolvimento Desigual   205

O Colonialismo e seu Legado   206

Industrialização Inicial *Versus* Final   207
A África é diferente?   208
Política do desenvolvimento econômico   209

O Papel das Organizações Internacionais   209

Oportunidades e Desafios do Neoliberalismo   210

Projeções para o Futuro   211
Superando as tensões entre norte e sul   212

Capítulo 14   A Construção de uma Sociedade Econômica da Informação   215

Informatização   216

Tecnologia da Informação e dos Computadores e Aumento da Produtividade   218

Customização em Massa   220

Terceirização   220

O *Boom* e a Quebra das Pontocom   221

Aumento da Desigualdade: Preferência por Capacitação?   222

A Marca Divisória da Digitalização   222

Resumo   223

Capítulo 15   Problemas e Possibilidades   227

Sociedades Governadas pela Tradição   227

Sociedades de Comando   228

Capitalismo   228

Análise do Futuro   229

Três Questões Principais   230

Socialismo   235
A China tenta outra via   236
Socialismo ocidental   237

Expectativas para o Capitalismo   238
Impulso para acumular   238
Sobrecarga ecológica   238
Globalização e desindustrialização   239
A estreita rede de mercados   240
Os dois setores   241
Um espectro de capitalismos   241

Índice Onomástico   243

Índice   245

Introdução: Algumas Palavras de William Milberg

O Professor Heilbroner escreveu 25 livros durante sua longa carreira; os dois mais valiosos para ele, porém, foram *The Worldly Philosophers* e *A Construção da Sociedade Econômica*. Robert Heilbroner morreu aos 85 anos, durante os estágios iniciais da revisão deste livro, já na 12ª edição. Sua visão das ciências sociais constitui a base para *A Construção da Sociedade Econômica*.

"A finalidade da economia", escreveu Heilbroner, "é dar sentido à vida econômica". Ele acreditava que toda tentativa de compreender a sociedade contemporânea exigia uma análise séria da história das idéias e das sociedades. O capitalismo, sistema econômico em que vivemos hoje, é um estágio particular na longa história dos esforços da humanidade para solucionar o "problema econômico" de provisão material e reprodução social. Conhecer como as várias sociedades enfrentaram esse problema torna mais sábias nossas tentativas de fazer o mesmo atualmente. Logo você descobrirá que esse é um dos temas centrais de *A Construção da Sociedade Econômica*.

Heilbroner enfatizou que apesar de toda a sua estrutura e lógica identificáveis, o capitalismo está sempre mudando, tendo que enfrentar outras forças sociais. É um sistema que depende de idéias independentes, lutas políticas e normas sociais. "O que movimenta a História não retira todas as suas energias de impulsos e instituições econômicas. Se o socialismo fracassou, as razões foram mais políticas que econômicas; o sucesso do capitalismo está em ter encontrado vontade política e os meios de domar suas forças econômicas." O que se quer dizer é que as forças econômicas, por si só, não determinam a mudança social, e que compreender as mudanças econômicas exige que estejamos atentos ao contexto social e moral em que se insere a economia.

Muito deste livro é uma tentativa de entender o capitalismo – suas origens na sociedade medieval, sua criação de novas classes sociais, sua tendência a inovar produtos e processos de produção e suas perturbações contemporâneas com a globalização e a revolução da informação. O capitalismo assume formas diferentes, em tempos e locais diferentes, dependendo da constelação especial de forças econômicas e não-econômicas. Os primeiros moinhos têxteis de Lowell, Massachusetts, nos Estados Unidos, no século 19, e a fábrica de motores para automóveis em Chihuahua, México, no século 21, são, de certa forma, semelhantes (ambas são operações baseadas em fábricas), embora tenham suas diferenças (nas tecnologias empregadas, na escala de operações, nas habilidades humanas de que necessitam, nas condições de trabalho, no arcabouço legal e no papel dos administradores estrangeiros). Isso nos impele a estudar a história econômica, inclusive as origens da sociedade baseada no mercado e a variedade de capitalismos que coexistem atualmente no globo.

As economias capitalistas são dinâmicas, isto é, estão em fluxo constante. Mudanças assim costumam ter elementos negativos e positivos – crescimento econômico e pobreza, aumento da riqueza e níveis mais altos de poluição, inovação tecnológica e declínio da segurança do emprego, conveniência do consumo e saúde insatisfatória. Adam Smith, em seus escritos no final do século 18, já identificara tudo isso como "um paradoxo do progresso", os custos sociais (e morais) do progresso econômico. Resumindo esse aspecto fascinante do capitalismo, Heilbroner escreveu que "a singularidade do capitalismo na História está em sua mudança continuamente gerada por si mesmo, embora seja exatamente esse dinamismo seu principal inimigo".

Heilbroner foi um grande crítico da teoria econômica moderna porque, em sua opinião, ela mais evitou do que confrontou a rica gama de forças sociais, psicológicas e morais que impulsionam as sociedades capitalistas. "Por trás do véu da retórica econômica convencional", escreveu ele num breve ensaio autobiográfico, "conseguimos discernir, com facilidade, uma estrutura subjacente de comportamento social – confiança, fé, honestidade e assim por diante – como uma fundação moral necessária para que um sistema de mercado funcione, além de uma superestrutura de poder escondida". Ele observou, com preocupação, que hoje até o termo "capitalismo" desapareceu dos livros de economia. Também insistiu na relevância da economia em temas importantes da política econômica: qual é o papel do governo numa economia forte? O desenvolvimento econômico é capaz também de produzir um ambiente saudável? De que forma pode ser resolvido o problema da pobreza mundial? A globalização da economia é capaz de reduzir conflitos internacionais, ou ela é geradora de mais conflitos? Uma das metas de *A Construção da Sociedade Econômica* é trazer uma perspectiva social ao enfrentamento dessas urgentes questões contemporâneas.

Assim, *A Construção da Sociedade Econômica* não é um simples livro de História. Sua meta é dar vida às dramáticas forças sociais em torno da produção e distribuição materiais que gradativamente criaram o mundo em que vivemos. O livro sustenta-se sobre a idéia de que é preciso conhecer a História para entender a situação econômica atual e ser capaz de antever os possíveis desafios econômicos. A ambição de Heilbroner foi descrever as mudanças dramáticas, por vezes cheias de sofrimento, da vida econômica e social que constituem o pano de fundo para a compreensão do mundo atual.

A 12ª edição de *A Construção da Sociedade Econômica* reflete essa mesma finalidade. Tentamos captar as grandes mudanças da economia mundial que vemos diante de nós – o explosivo crescimento econômico da China e seu grande sucesso na exportação; o declínio do crescimento populacional nos países ricos e as simultâneas pressões sociais do processo imigratório; e a terceirização dos serviços feita pelos países desenvolvidos nos países em desenvolvimento, bem como suas implicações para o trabalho e os salários nos países desenvolvidos. Acrescentamos um capítulo novo para investigar as conseqüências econômicas da rápida expansão da economia da informação, fundamentada nas novidades da informática e das comunicações. Nesse capítulo, perguntamos se estamos nos primórdios de uma nova revolução industrial, semelhante às ocorridas nos séculos 18, 19 e 20 em diferentes partes do mundo. Atualizamos tabelas e dados numéricos para mostrar as mais recentes tendências em relação à longa visão histórica oferecida por este livro.

Robert Heilbroner (Cortesia de David Heilbroner)

Foi com imensa tristeza que perdemos o amigo e colega Robert Heilbroner. Mas salientamos o grande prazer que foi trabalhar com ele em *A Construção da Sociedade Econômica*. O professor Heilbroner manteve-se até os últimos dias como um crítico severo da economia moderna; seu calor humano, sua gentileza, humanidade, compromisso com a igualdade, a oportunidade e a democracia, e seu amor pelo debate profundo e sério das questões sociais urgentes tornaram-no caro a um amplo grupo de economistas profissionais, cientistas sociais, estudantes e público com preocupações sociais.

Para concluirmos esta introdução, gostaríamos de manifestar nossa gratidão a David Lamoureaux pela assistência valiosa nas pesquisas. Agradecimentos ainda para Gary Gereffi, Andrew Glyn, Jeff Madrick, Ken Prewitt e Carlos Teixeira pela discussão de tópicos específicos, novos nesta edição, e a Diego Sanchez pela ajuda na edição anterior. Finalmente, agradeço a Jon Axelrod, da Prentice Hall, pela assessoria sábia e paciência admirável.

Capítulo 1

O Problema Econômico

Agora que decidimos o rumo de nossa investigação, seria conveniente iniciar, de imediato, o exame de nosso passado econômico. Antes, porém, de recompor a história econômica, precisamos saber o que é história econômica, e isso pede esclarecimentos sobre o que entendemos por *economia* e problema econômico em si.

Não é uma resposta complicada. Em seu sentido mais amplo, economia é o estudo de um processo encontrado em todas as sociedades humanas – *o processo de oferecer bem-estar material à sociedade*. Em termos mais simples, economia é o estudo de como a humanidade garante o pão de cada dia.

Isso não parece um assunto empolgante para uma análise histórica. De fato, quando revemos o espetáculo do que costumamos chamar de "história", falar de pão causa pouco impacto. Poder e glória, fé e fanatismo, idéias e ideologias são os aspectos da crônica da humanidade que enchem as páginas dos livros de história. Se a simples luta por pão é uma força motriz no destino da humanidade, esse fator está bem escondido por trás do que um filósofo chamou de "aquela história de crime internacional e assassinato em massa, anunciada como a história da humanidade".[1]

Mas não só de pão vive a humanidade, ainda que saibamos que não podemos viver sem ele. Como todos os seres vivos, o homem precisa se alimentar – a primeira regra que domina a continuidade da existência. Esse primeiro pré-requisito pode parecer algo garantido; todavia, o organismo humano não é, por si só, um mecanismo de sobrevivência altamente eficiente. Cada 100 calorias consumidas geram somente 20 calorias de energia mecânica. Alimentando-se bem, o homem consegue produzir apenas um HP(*horse-power*)-hora de energia de trabalho diário, e com isso deve nutrir seu corpo exaurido. Com o que sobra depois disso, pode então construir uma civilização.

Como resultado, em muitos países a frágil continuidade da existência humana está longe de garantida. No imenso continente asiático e no africano, no Oriente Médio, e mesmo em alguns países sul-americanos, a sobrevivência é o problema mais evidente da humanidade. Milhões de indivíduos morrem de inanição ou desnutrição na era atual, da mesma maneira que centenas de milhões morreram no passado. Nações inteiras co-

---
[1] Karl Popper. *The Open Society and its Enemies*, 3rd ed. (London, Routledge, 1957), II, 270.

nhecem bem o significado do enfrentamento da fome como condição para uma vida simples; diz-se, por exemplo, que um camponês de Bangladesh, do nascimento ao dia de sua morte, provavelmente jamais saberá o que é ter o estômago cheio. Em vários países conhecidos como subdesenvolvidos, o ciclo de vida da pessoa mediana é inferior à metade do nosso. Poucos anos atrás, um demógrafo indiano fez o cálculo assustador de que de 100 bebês asiáticos e 100 bebês americanos, mais americanos estariam vivos aos 65 anos que asiáticos aos 5! As estatísticas não de vida, mas de morte prematura, em quase todo o mundo, são avassaladoras e esmagadoras.

O INDIVÍDUO E A SOCIEDADE

Assim, vemos que a história econômica deve começar pelo problema fundamental da sobrevivência e de como a humanidade resolveu esse problema. Para a maioria dos americanos isso pode fazer a economia parecer algo mais distante. Poucos têm consciência de algo que se assemelhe a uma luta de vida ou morte pela existência. A experiência de querer muito alguma coisa, de nosso corpo passar pelas agruras da fome, à semelhança de um cidadão de um vilarejo na Índia ou de um trabalhador na Bolívia, é uma idéia quase impossível de ser levada a sério por alguns.[2]

A não ser por uma guerra de proporções catastróficas, é escassa a probabilidade de sabermos o significado pleno da luta pela existência. No entanto, mesmo em nossa sociedade próspera e segura, passa despercebido um aspecto da precariedade da vida, um lembrete do problema subjacente da sobrevivência. *É o nosso desamparo como indivíduos econômicos.*

É curioso que, à medida que abandonamos os povos mais primitivos do mundo, mais nos deparamos com a insegurança econômica do indivíduo, inúmeras vezes multiplicada. O esquimó, o aborígene, o indonésio ou o nigeriano, simples e solitários, se deixados à mercê do que possuem, sobreviverão por um período considerável. Próximos à terra ou a possíveis animais, essas pessoas conseguem manter suas vidas, pelo menos por algum tempo, apenas com sua destreza manual. Comunidades de apenas algumas centenas de pessoas são capazes de viver indefinidamente. Não há dúvidas de que uma parcela considerável da raça humana vive hoje assim – em comunidades pequenas, praticamente contidas em si mesmas, que garantem sua própria sobrevivência, com um mínimo de contato com o mundo exterior. Essa parte da humanidade pode sofrer pobreza extrema, embora, sabidamente, tenha certa independência econômica. Se não fosse assim, há muitos séculos esses povos teriam desaparecido.[3]

Quando voltamos a atenção ao morador de Nova York ou Chicago, por outro lado, somos abalados pela condição oposta – o predomínio de uma facilidade de vida material, acompanhada de extrema dependência dos outros. Já não podemos mais vislumbrar a pessoa solitária ou a pequena comunidade, sobrevivendo sem auxílio, nas grandes áreas metropolitanas habitadas pela maioria dos norte-americanos, a não ser que saqueiem depósitos ou lojas em busca de alimento e artigos necessários. A esmagadora maioria dos americanos jamais plantou ou caçou alimento, criou gado, moeu grãos para fazer farinha ou fez pão. Diante do desafio de fabricar roupas ou construir a moradia, estariam

---

[2] Apesar de que a visão de pessoas sem teto aglomeradas nas calçadas de nossas principais cidades nos mostra que mesmo países ricos podem apresentar pobreza.
[3] Pesquisas antropológicas evidenciam que sociedades tradicionais, pequenas, podem também se beneficiar de uma espécie de riqueza, no sentido de que, de maneira voluntária, passam muitas horas em momentos de lazer e não caçando ou pescando. Ver Marshall Sahlins, *Stone Age Economics* (New York: Aldine, 1972).

desamparados, sem preparo e treinamento. Simples consertos de máquinas ao seu redor levam as pessoas a contarem com outros membros da comunidade, os mecânicos ou encanadores, por exemplo. Como um paradoxo, talvez possamos dizer que quanto mais rico um país, mais aparente a incapacidade de seus habitantes de sobreviverem sem auxílio e solitários.

A divisão do trabalho

Existe, sem dúvida, resposta ao paradoxo. Sobrevivemos em países ricos porque nossas tarefas são feitas para nós por uma gama de outros indivíduos, com cuja ajuda podemos contar. Compramos o alimento se não o plantamos; se somos incapazes de satisfazermos às nossas necessidades, contratamos os serviços de alguém capaz disso. Essa imensa *divisão de trabalho* reforça nossa capacidade em milhares de vezes, já que conseguimos nos beneficiar das habilidades dos outros, além das nossas. O próximo capítulo tem isso como foco.

Esse enorme ganho traz um certo risco. É sabido, por exemplo, que dependemos dos serviços de apenas 200.000 pessoas, numa força de trabalho nacional de 130 milhões, no que se refere àquele bem básico, o carvão. Uma quantidade bastante menor – por volta de 60.000 – compõe a totalidade de nossos pilotos de avião. Um número ainda mais insignificante de trabalhadores dirige nossos trens que transportam a produção nacional. Uma falha de algum desses grupos na realização de sua função deixaria a nação aleijada. Diante de uma greve, toda a máquina econômica pode enfraquecer porque uns poucos indivíduos em posição estratégica – mesmo os lixeiros – interrompem a execução das suas tarefas habituais.

A abundância da existência material esconde uma vulnerabilidade: nossas garantias estão asseguradas à medida que podemos contar com a cooperação organizada de vários grupos. Não há dúvidas de que a continuidade de nossa existência repousa na pré-condição tácita de que o mecanismo da organização social continuará a funcionar com eficiência. *Somos ricos não como indivíduos, mas como membros de uma sociedade rica, e nossa certeza tácita de suficiência material é confiável somente na medida dos vínculos que nos estruturam em um todo social.*

Economia e escassez

Daí a estranheza de acharmos que devemos à humanidade, e não à natureza, a origem da maior parte de nossos problemas econômicos, pelo menos acima do nível de subsistência. Certamente, o problema econômico em si – isto é, a necessidade de lutarmos pela vida – tem origem, em última instância, na natureza. Se os bens fossem livres como o ar, a economia – pelo menos em um sentido da palavra – pararia de existir como preocupação social.

Se, entretanto, as limitações da natureza compõem o cenário do problema econômico, elas não impõem as únicas amarras contra as quais as pessoas precisam lutar. Isso porque escassez, algo que sentimos, não é culpa apenas da natureza. Se hoje os norte-americanos, por exemplo, se satisfizessem com uma vida igual à dos camponeses mexicanos, todos os nossos desejos materiais poderiam ser completamente atendidos com somente uma ou duas horas de trabalho diário. Teríamos pouca ou nenhuma escassez, e nossos problemas econômicos desapareceriam. Mas, pelo contrário, descobrimos nos Estados Unidos – e em todas as sociedades industriais – que a capacidade de aumentar a produção está acompanhada do aumento dos desejos individuais. Na verdade, em sociedades como a nossa, se dá que a "escassez", como experiência psicológica, fica *mais* acentuada à medida que ficamos mais ricos: nossos desejos em relação aos produtos da natureza ultrapassam em muito nossa crescente capacidade de produzir bens.

Os "desejos" que devem ser satisfeitos pela natureza não são de forma alguma fixos. Em relação a isso, entretanto, a própria produção natural não é uma constante; varia muito, dependendo da aplicação social de energia e habilidades humanas. Não é apenas à natureza que creditamos a escassez; ela é também passível de ser atribuída à "natureza humana". A economia preocupa-se, em última análise, não apenas com as carências do ambiente físico, mas, da mesma forma, com o apetite do ser humano e a capacidade produtiva da comunidade.

As tarefas da sociedade econômica

Iniciemos, então, a análise sistemática da economia, isolando as funções que devem ser realizadas pela organização social para que a natureza humana tenha coesão social. E, ao voltarmos a atenção a esse problema fundamental, rapidamente percebemos que ele envolve a solução de duas tarefas elementares relacionadas, ainda que separadas. Uma sociedade deve

1. organizar um sistema que assegure a *produção* de bens e serviços suficientes para sua própria sobrevivência, e
2. estruturar a *distribuição* de seus resultados para que possa ocorrer mais produção.

Essas duas tarefas de continuidade econômica parecem bastante simples, num primeiro momento, mas trata-se de uma simplicidade enganosa. Grande parte da história econômica preocupou-se com a forma como várias sociedades buscaram o enfrentamento desses problemas elementares. O que nos surpreende na pesquisa dessas tentativas é o fato de a maioria das sociedades ter parcialmente fracassado. (Não foram fracassos *completos*; nesse caso, nossa sociedade não teria sobrevivido.) É melhor então que analisemos com critério as duas maiores tarefas econômicas na busca das dificuldades ocultas em cada uma.

PRODUÇÃO E DISTRIBUIÇÃO

Mobilização de esforços

Com que obstáculos uma sociedade se depara ao organizar um sistema que produza os bens e serviços necessários?

Uma vez que a natureza, em seu estado mais puro, raramente oferece-nos exatamente aquilo de que necessitamos, o problema da produção geralmente significa aplicar habilidades de fabricação ou técnicas aos recursos disponíveis, evitar desperdício e utilizar os esforços da sociedade da maneira mais eficiente possível.

Esta é, sem dúvida, uma tarefa importante para qualquer sociedade, e muito do pensamento econômico formal, tal como sugere a própria palavra, dedica-se ao ato de economizar, embora não seja esse o elemento central do problema da produção. Muito antes de uma sociedade preocupar-se com o uso "econômico" de suas energias, ela deve, em primeiro lugar, arrolar e organizar as energias para executar o próprio processo produtivo. Isto é, *o problema básico da produção é a criação de instituições sociais que mobilizem a energia das pessoas com fins produtivos.*

Esta exigência básica nem sempre é atendida com facilidade. Por exemplo, no ano de 1933, nos Estados Unidos, as energias de quase um quarto de nossa força de trabalho foram, de certa maneira, impedidas de envolvimento no processo de produção. Ainda que milhões de homens e mulheres desempregados desejassem muito trabalhar, ainda que fábricas vazias estivessem disponíveis para seu trabalho, apesar da existência de desejos imperiosos, um colapso terrível e misterioso chamado depressão resultou no desaparecimento de um terço da produção anual anterior de bens e serviços.

Não somos a única nação que, uma vez ou outra, fracassou em encontrar trabalho para grandes quantidades de trabalhadores entusiasmados. Nos países mais pobres, onde a produção é necessária de maneira desesperada, ficamos sabendo, com freqüência, que o desemprego em massa é uma condição crônica. As ruas de muitas cidades na Ásia estão congestionadas por pessoas que não encontram trabalho; isso, no entanto, não é uma condição imposta pela escassez da natureza. Afinal, há uma interminável quantidade de trabalho a ser feito se nos concentrarmos apenas nas ruas imundas que precisam ser limpas, nas casas dos pobres que necessitam de reparos, na construção de estradas ou na escavação de poços. O que falta é um mecanismo social de mobilização da energia humana para produzir. Vemos muito isso, tanto quando os desempregados compõem apenas uma pequena parcela da força de trabalho, como quando eles formam um verdadeiro exército.

Esses são exemplos que mostram que o problema da produção não significa apenas um embate físico e técnico com a natureza. Desses aspectos do problema dependerá a facilidade com que um país é capaz de moldar o futuro e o nível de bem-estar que pode alcançar com determinado esforço. Mas a mobilização do esforço produtivo, por si só, é um desafio à *organização social* do país, e do sucesso ou fracasso dessa organização social dependerá o volume dos esforços individuais capaz de ser direcionado para a natureza.

Alocação de esforços

Viabilizar trabalho para homens e mulheres é apenas a primeira etapa do problema produtivo. Eles não devem apenas ser postos a trabalhar, mas devem trabalhar para produzir bens e serviços necessários à sociedade. Assim, *além da garantia de uma quantidade suficientemente grande de esforço social, as instituições econômicas da sociedade precisam também garantir uma alocação viável desse esforço social.*

Em países como a Índia e a Bolívia, em que a grande maioria da população nasce em vilarejos, a solução desse problema é de fácil compreensão. As necessidades básicas da sociedade – alimento e fibras para tecidos – são, precisamente, os bens que os camponeses nessa sociedade "naturalmente" produzem. Numa sociedade industrial, entretanto, a adequada alocação de esforços passa a ser tarefa bastante complexa. As pessoas nos Estados Unidos necessitam de muito mais que pão e algodão. Precisam de artigos como automóveis, ainda que ninguém, "de forma natural", produza um automóvel. Pelo contrário, para que um seja produzido, um extraordinário espectro de tarefas especializadas precisa ser realizado. Algumas pessoas devem fabricar o aço; outras, a borracha. Há os que devem coordenar o próprio processo de montagem. O que temos aqui é uma pequena amostra das tarefas nada naturais que precisam ser realizadas diante da necessidade de se produzir um carro.

Tal como na mobilização de seu esforço produtivo total, a sociedade nem sempre é bem-sucedida na alocação adequada de esforços. Pode ocorrer, por exemplo, a produção de carros em demasia ou em menor quantidade que a necessária. Ainda mais importante, ela pode dedicar suas energias à produção de artigos de luxo, enquanto um imenso número de pessoas sofre de inanição. A sociedade pode inclusive causar catástrofes pela incapacidade de canalizar seu esforço produtivo para áreas de importância essencial.

Fracassos na alocação podem influenciar o problema da produção de forma tão séria quanto o fracasso na mobilização de uma grande quantidade de esforços, porque uma sociedade viável precisa produzir não somente bens, mas os bens *certos*, e o problema da alocação constitui um alerta para uma conclusão ainda mais ampla. Ele nos mostra que o ato de produzir, por si só, não atende completamente às exigências da sobrevivência. Tendo produzido o suficiente dos bens corretos, a sociedade deve agora *distribuir* esses bens para que o processo produtivo possa continuar.

Distribuição do produto

Mais uma vez, no caso da família de camponeses que produz o próprio alimento, essa exigência de distribuição adequada pode parecer suficientemente simples; quando, entretanto, passamos além da sociedade mais tradicional e de pequena escala, o problema nem sempre tem solução rápida. Em muitas nações mais empobrecidas, trabalhadores urbanos com freqüência são incapazes de trabalhar de forma efetiva devido à minguada compensação. Ainda pior, eles costumam enfraquecer no trabalho, enquanto os celeiros se enchem de grãos e os ricos queixam-se da lerdeza incurável das massas. Do outro lado do quadro, o mecanismo de distribuição pode falhar porque as compensações que oferece não funcionam para persuadir as pessoas a realizarem suas tarefas. Logo após a Revolução Russa de 1917, algumas fábricas foram organizadas em comunas, onde administradores e serventes recebiam salários iguais. O resultado foi uma avalanche de ausências no trabalho entre os funcionários que antes eram mais bem pagos, além da ameaça de colapso na produção industrial. Só após o retorno das diferenças de salário é que o processo produtivo foi retomado assim como era antes.

Tal como as falhas no processo produtivo, falhas na distribuição não necessariamente desencadeiam um colapso econômico completo. As sociedades conseguem existir – e a maioria realmente existe – com esforços produtivos e distributivos ruins. Só raramente, como no caso acima, a má distribuição interfere na capacidade da sociedade de alocar recursos humanos para seu processo produtivo. O mais freqüente é uma solução inadequada ao problema da distribuição revelar-se num estado de agitação política e social, ou mesmo numa revolução.

Temos, ainda assim, um aspecto do problema econômico total. Se a sociedade deve garantir uma reposição material equilibrada, precisa administrar com parcimônia sua produção de modo a manter não somente a capacidade, mas ainda o desejo de continuar trabalhando. Mais uma vez, deparamo-nos com o foco do questionamento econômico voltado ao estudo das instituições humanas. Uma sociedade economicamente viável precisa, como vimos, não apenas vencer as limitações naturais, mas ainda conter e controlar a intransigência da natureza humana.

TRÊS SOLUÇÕES PARA O PROBLEMA ECONÔMICO

A sociedade, para o economista, apresenta-se na forma de algo que, para nós, não é habitual. Sob os problemas da pobreza, poluição ou inflação, o economista vê um processo em curso que precisa ser compreendido antes de voltarmos nossa atenção às questões do dia, ainda que urgentes. Esse processo é o mecanismo básico da sociedade para a realização das tarefas complicadas de produção e distribuição, necessárias à sua própria continuidade.

O economista também enxerga algo mais, que, a princípio, parece bastante surpreendente. Um exame superficial das sociedades contemporâneas e um retorno para uma análise de toda a história leva-o a ver que a humanidade teve sucesso na solução dos problemas de produção e distribuição em apenas três modalidades. Isso significa que, na enorme diversidade de instituições sociais atuais que orientam e modelam o processo econômico, o economista intui apenas três *tipos* mais abrangentes de sistemas que, em separado ou combinados, possibilitam à humanidade a solução do desafio econômico. Esses grandes tipos de sistemas podem ser chamados de economia regulada pela *tradição*, economia regulada pelo *comando* e economia regulada pelo *mercado*. Resumidamente, caracterizaremos cada um deles.

Tradição

Provavelmente a forma mais antiga e, até poucos anos, sem sombra de dúvida, a mais predominante de solução ao desafio econômico, é a tradição. Trata-se de uma modalidade de organização social em que produção e distribuição se baseiam em procedimentos criados no passado distante, ratificados por um longo processo de tentativas e erros históricos, e mantidos pelas forças poderosas dos costumes e da crença. Provavelmente, em suas raízes, o que encontramos é a necessidade universal dos jovens de seguirem as pegadas dos mais velhos – uma fonte profunda de continuidade social.

As sociedades baseadas na tradição resolvem os problemas econômicos de maneira bastante administrável. Primeiro, costumam lidar com o problema da produção – o de garantir que sejam realizadas as tarefas mais necessárias – designando o trabalho de pais para filhos. Assim, uma cadeia de hereditariedade assegura que as habilidades sejam passadas adiante e os cargos preenchidos a cada geração. No antigo Egito, conforme Adam Smith, o primeiro grande economista, "todos os homens tinham a obrigação, derivada de um princípio religioso, de seguirem o trabalho dos pais, cometendo o pior sacrilégio se o trocassem por outro".[4] Mas não foi somente a Antigüidade que mostrou a tradição como elemento conservador do ordenamento produtivo na sociedade. A própria cultura ocidental, até o século 15 ou 16, teve a alocação hereditária de tarefas como a principal força estabilizante na sociedade. Ainda que tenham ocorrido mudanças do campo para as regiões urbanas e trocas de trabalho, o nascimento costumava determinar os papéis na vida. Nascia-se para o cultivo ou para os negócios; em cada um, eram seguidos os passos antes dados pelos familiares.

A tradição, como se vê, tem sido a força estabilizante e motriz por trás de um grande ciclo repetitivo social, garantindo que o trabalho da sociedade seja realizado diariamente, quase que da mesma forma que no passado. Mesmo em nossos dias, entre os países menos industrializados, a tradição ainda desempenha esse enorme papel organizador. Na Índia, por exemplo, até recentemente os indivíduos nasciam numa casta para exercerem determinada ocupação. "Melhor ter o próprio trabalho, ainda que realizado com falhas", pregava o Bhagavad Gita, o grande poema filosófico indiano, "que fazer o trabalho de outros, mesmo que com excelência".

A tradição não somente oferece uma solução ao problema produtivo na sociedade, mas ainda regula o da distribuição. Tomemos, por exemplo, os bosquímanos (*bushmen*) do deserto de Kalahari, na África do Sul, dependentes de sua habilidade como caçadores. Em seu relato clássico, da década de 50, Elizabeth Marshall Thomas, observadora sensível desses povos, relatou como a tradição solucionava o problema da distribuição da caça por meio das "regras" de parentesco:

---
[4] Adam Smith, *The Wealth of Nations* (New York: Modern Library, 1937), 62.

O antílope desapareceu...Gai tomou para si duas pernas posteriores e uma anterior. Tsetchwe conseguiu a carne das costas. Ukwane ficou com a outra perna dianteira, sua esposa, com um dos pés e o estômago; os meninos conseguiram alguns pedaços do intestino. Twikwe recebera a cabeça e Dasina, as mamas.

Parece bastante desigual quando observamos os bosquímanos dividindo a caça, porém é o seu sistema, e acaba que ninguém come mais que o outro. Naquele dia Ukwane deu a Gai mais um pedaço por motivos de parentesco; Gai deu carne para Dasina por se tratar da mãe de sua esposa. Ninguém, naturalmente, contestou a porção maior de Gai, pois ele fora o caçador, e suas leis diziam que tudo aquilo lhe pertencia. Ninguém duvidou de que ele compartilharia sua parte maior com os demais, o que foi confirmado, naturalmente; ele assim o fez.[5]

A forma como a tradição é capaz de repartir um produto social pode ser, de acordo com o exemplo, bastante sutil e inteligente. Pode também ser menos sofisticada e, pelos nossos padrões, cruel. A tradição sempre deu às mulheres, nas sociedades não-industrializadas, a parte pior do produto social. Ainda assim, independente do quanto as conseqüências da tradição concordem com nossas visões morais, ou delas se afastam, temos que ver que se trata de um método eficiente de divisão daquilo que a sociedade produz.

O custo da tradição

As soluções tradicionais para os problemas econômicos da produção e distribuição são mais encontradas nas sociedades primitivas agrárias ou não-industrializadas, onde, além de atender a uma função econômica, a aceitação inquestionável do passado proporciona a perseverança e a resistência necessárias para amenizar destinos cruéis. Em nossa sociedade, ainda percebemos a tradição desempenhando um papel na solução do problema econômico. Tem menor papel na determinação da distribuição de nossos resultados sociais, embora a persistência de pagamentos tradicionais, como gorjetas aos garçons, mesadas aos filhos menores, ou bônus baseados no tempo de serviço, sejam resquício de formas mais antigas de distribuição de bens, tal como as diferenças no pagamento de homens e mulheres pelo mesmo serviço prestado.

Mais importante é a confiança continuada na tradição, mesmo nos Estados Unidos, como forma de resolver o problema da produção – isto é, a alocação de tarefas. Muito do processo atual de seleção de empregados na nossa sociedade tem forte influência da tradição. Conhecemos famílias em que os herdeiros mantêm a profissão ou o negócio dos pais. Em escala um pouco maior, a tradição também colabora para que não queiramos determinados empregos. Filhos de famílias norte-americanas de classe média, por exemplo, não costumam procurar trabalho em fábricas, ainda que esse tipo de emprego possa pagar melhor que o encontrado em escritórios; isso se dá porque ser operário de fábrica não pertence à tradição da classe média.

Mesmo em nossa sociedade, que sem dúvida não é "tradicional", os costumes constituem um mecanismo importante de solução do problema econômico. Temos, entretanto, que observar uma conseqüência importante do mecanismo da tradição. *É estática a solução que a tradição oferece aos problemas da produção e da distribuição.* Uma sociedade que segue o caminho da tradição na regulação dos assuntos econômicos age assim à custa de mudanças econômicas e sociais rápidas e em grande escala.

A economia de uma tribo de beduínos, então, ou de um vilarejo na Birmânia, é sob muitos aspectos igual ao que era há cem ou mil anos. A maior parte das pessoas que vivem em sociedades arraigadas às tradições repete, nos padrões diários de vida econômica,

---

[5]Elizabeth Marshall Thomas, *The Harmless People* (New York: Knopf, 1959), 49-50.

muito da rotina que caracterizou essas sociedades no passado distante. São sociedades que podem ter um auge e sofrer um declínio, fortalecerem-se e enfraquecerem; porém, acontecimentos externos – guerras, clima, aventuras e desventuras políticas – são os principais responsáveis pela mudança de sua sorte. Mudança econômica interna, gerada na própria sociedade, constitui fator menor na história da maioria dos Estados presos às tradições. *A tradição soluciona o problema econômico à custa do progresso econômico.*

Comando

Uma segunda forma de solucionar o problema da continuidade econômica também pode ser reportada à ancestralidade. É o método da autoridade imposta, do comando econômico. Essa solução fundamenta-se menos na perpetuação de um sistema viável, através da reprodução imutável de suas formas, e mais na organização de um sistema em conformidade com as ordens de um comandante-em-chefe da economia.

Não raro, encontramos esse método autoritário de controle econômico sobreposto a uma base social tradicional. Os faraós do Egito, por exemplo, exercem sua ditadura econômica sobre o ciclo interminável de práticas agrícolas tradicionais em que se baseava a economia egípcia. Através de ordens, os governantes supremos do Egito faziam acontecer o imenso esforço econômico que construiu as pirâmides, os templos, as estradas. Heródoto, o historiador grego, contou-nos como o faraó Quéops organizou a tarefa.

> Ordenou a todos os egípcios que trabalhassem para ele. Alguns, assim, foram escolhidos para arrastarem as pedras desde as pedreiras das montanhas árabes até o Nilo; a outros ordenou a recepção das pedras transportadas em embarcações pelo rio. E trabalharam até centenas de milhares de homens de uma só vez, cada turma por três meses. O período em que as pessoas foram assim atormentadas com trabalho extenuante durou dez anos na estrada que construíram e através da qual arrastaram as pedras; em minha opinião, um trabalho não muito inferior ao da Pirâmide.[6]

O modo de organização econômica autoritária não se limitou, de forma alguma, ao antigo Egito. Pode ser encontrada nos despotismos da China medieval e clássica, que produziram, entre outras coisas, a colossal Grande Muralha, ou na mão-de-obra escrava com que muitos trabalhos governamentais importantes da Grécia antiga foram feitos; isso se deu em qualquer economia escravocrata, inclusive naquela imediatamente anterior à Guerra Civil norte-americana. Apenas há poucos anos descobrimos essa modalidade nas ditaduras das autoridades econômicas soviéticas. De forma menos drástica, é ainda encontrada em nossa própria sociedade, por exemplo, sob a forma de impostos – isto é, na apropriação de parte de nossos salários pelas autoridades governamentais com fins públicos.

O comando econômico, tal como a tradição, oferece soluções aos problemas inseparáveis da produção e da distribuição. Em períodos de crise, como guerras ou escassez, pode ser a única maneira pela qual uma sociedade é capaz de organizar seus trabalhadores ou distribuir seus bens de forma efetiva. Mesmo nos Estados Unidos, é comum ser declarada lei marcial quando uma área é devastada por algum grande desastre natural. Em ocasiões assim, podemos obrigar as pessoas a trabalhar, requisitar suas casas, impor limites em relação ao uso de propriedade privada, como automóveis, ou até mesmo limitar a quantidade de bens de consumo das famílias.

Bastante próxima de sua utilidade óbvia no gerenciamento de emergências, o comando tem mais uma utilidade na solução de problemas econômicos. Diferente da tra-

---

[6]Cary, trans. *History* (Freeport, NY: Books for Libraries Press, 1972),II, 124.

dição, o exercício de comando não possui qualquer efeito inerente de desacelerar a mudança econômica. Na verdade, o exercício de autoridade é o instrumento mais poderoso de uma sociedade para *impor mudanças econômicas*. A autoridade na China e Rússia comunistas, por exemplo, ocasionou mudanças radicais em seus sistemas de produção e distribuição. Uma vez mais, mesmo na nossa sociedade, é necessário, às vezes, que a autoridade econômica intervenha no fluxo normal da vida econômica para acelerar ou fazer ocorrer mudanças. O governo pode, por exemplo, usar as receitas advindas dos impostos para construir uma rede de estradas que coloque uma comunidade isolada no fluxo da vida econômica ativa. Pode criar um sistema de irrigação que mude, de forma significativa, a vida econômica de uma vasta região. Pode, deliberadamente, alterar a distribuição de ganhos entre as classes sociais.

O impacto do comando

Sem dúvida, o comando econômico exercido numa estrutura de processo político democrático é bastante diferente daquele encontrado numa ditadura. Existe uma enorme distância social entre um sistema de impostos controlado pelo Congresso e a expropriação direta ou a obrigação do trabalho expressa por um soberano supremo e absoluto. No entanto, ainda que os meios possam ser mais suaves, o mecanismo é o mesmo. Nos dois casos, o comando direciona esforços econômicos na direção de metas escolhidas por uma autoridade superior. Nos dois casos, o comando interfere no ordenamento existente de produção e distribuição para criar um novo ordenamento vindo "de cima".

Por si só, o exercício do comando não se presta a elogios ou a condenação. A nova ordem imposta pelas autoridades pode ofender ou agradar nosso senso de justiça social, da mesma forma que pode melhorar ou reduzir a eficiência econômica da sociedade. Não há dúvidas de que o comando pode ser um instrumento de uma vontade democrática ou totalitária. Não há julgamento moral implícito a ser atribuído a esse segundo grande mecanismo de controle econômico. Em vez disso, é importante observar que nenhuma sociedade – com certeza nenhuma sociedade moderna – carece de elementos de comando, da mesma forma que nenhuma deixou de ser influenciada pela tradição. *Se a tradição constitui um grande freio de mudanças sociais e econômicas, o comando econômico pode ser um grande propulsor de mudanças.* Como mecanismos que garantem a solução bem-sucedida do problema econômico, ambos atendem a suas finalidades, têm seus usos e desvantagens. Entre eles, tradição e comando respondem pela maior parte da longa história das tentativas econômicas da humanidade de enfrentar o ambiente e a si mesma. O fato de a sociedade humana ter sobrevivido testemunha sua eficácia.

O mercado

Há, no entanto, uma terceira solução ao problema econômico, uma terceira via de manutenção de padrões socialmente viáveis de produção e distribuição. Trata-se da *organização de mercado da sociedade* – uma organização que, de forma realmente notável, permite à sociedade garantir seu próprio provisionamento, com um mínimo de auxílio da tradição ou do comando.

Como vivemos numa sociedade regida pelo mercado, tendemos a ter como certa a natureza confusa – de fato, quase paradoxal – da solução de mercado para o problema econômico. Vamos supor, entretanto, por um momento, que somos capazes de agir como conselheiros econômicos para uma sociedade que ainda não tenha decidido a forma de organização econômica. Suponhamos, por exemplo, que fomos convocados a atuar como consultores para um país que surge de uma história de organização atrelada à tradição.

Podemos imaginar os líderes desse país dizendo: "Conhecemos desde sempre uma forma de vida altamente associada à tradição. Nossos homens caçam e nossas mulheres colhem frutas, tal como ensinados pelo exemplo e pela orientação dos mais velhos. Conhecemos alguma coisa capaz de ser feita por comando econômico. Estamos preparados, se necessário, para a assinatura de um decreto que obrigue muitos de nossos homens a trabalharem em projetos comunitários para o desenvolvimento coletivo. Digam, existe outra maneira de organização de nossa sociedade para que ela funcione com sucesso – ou, ainda melhor, *com mais* sucesso?".

Suponha que a resposta seja: "Bem, há outra maneira. Uma sociedade pode ser organizada conforme as diretrizes de uma economia de mercado".

"Sei", dizem os líderes. "O que então diremos para as pessoas fazerem? De que forma cada um receberá suas diferentes tarefas?".

"É exatamente esse o ponto", respondemos. "Numa economia de mercado, ninguém tem uma tarefa específica. Na verdade, a idéia principal de uma sociedade de mercado é a de que cada pessoa pode decidir por si mesma o que fazer".

Espanto entre os líderes. "Quer dizer, ausência de delegação de alguns homens para o plantio e de outros para o trabalho de mineração? De forma alguma dar a certas mulheres a colheita e a outras a tecelagem? As pessoas é que decidem por si mesmas? O que acontece, no entanto, se não decidirem corretamente? O que ocorrerá se ninguém se oferecer para trabalhar nas minas ou dirigir um ônibus?"

"Tranqüilizem-se", dizemos a eles, "nada disso acontecerá. Numa sociedade de mercado todas as posições de trabalho serão preenchidas porque é vantajoso para as pessoas."

Os líderes aceitam isso com expressões de incerteza. "Veja bem", um deles diz, finalmente, "suponhamos que aceitemos seus conselhos e demos permissão às pessoas para fazerem o que quiserem. Tomemos algo específico, como a produção de roupas. Como, exatamente, estabeleceremos o nível certo de produção de roupas nessa sua 'sociedade de mercado'?"

"Não se faz isso" respondemos.

"Não! Como então saber que haverá produção suficiente de roupas?"

"Isso ocorrerá. O mercado dará um jeito nisso."

"Como, então, saber que não haverá produção *demasiada* de roupas?", ele pergunta exultante.

"Ah, o mercado também providenciará isso!"

"Mas que mercado é esse que fará essas coisas maravilhosas? Quem o controla?"

"Ninguém", respondemos. "Ele se auto-regula. Na verdade, não há essa coisa chamada 'mercado'. É apenas uma palavra que usamos para descrever a forma como se comportam as pessoas."

"Achei que as pessoas se comportassem como queriam!"

"E é assim", respondemos. "Jamais tenham medo, entretanto. Elas desejarão se comportar conforme a vontade de vocês."

"Receio", diz o chefe da delegação, "que estejamos perdendo tempo. Achamos que vocês pretendiam oferecer uma proposta séria. O que sugerem é inconcebível. Tenham um bom dia!"

Poderíamos, na verdade, sugerir a uma nação emergente como essa que confiasse numa solução de mercado para o problema econômico? Essa é uma pergunta a que retornaremos. A perplexidade, porém, que a idéia de mercado despertaria na mente de alguém não acostumado com ela pode funcionar para aumentar nossa própria admiração em relação ao mais sofisticado e interessante de todos os mecanismos econômicos. De que forma o sistema de mercado garante-nos que nossas minas encontrarão mineiros e nossas fábricas, operários? Como ele dá conta da produção de roupas? Como, num país regido pelo mercado, cada pessoa consegue, de fato, fazer o que quer e ainda satisfazer às necessidades apresentadas pela sociedade como um todo?

Economia e o sistema de mercado

A economia, como costumamos entendê-la e como a estudaremos na maior parte deste livro, preocupa-se, basicamente, com esses problemas. As sociedades que confiam, principalmente, na tradição para resolver seus problemas econômicos são menos interessantes ao economista profissional que ao antropólogo cultural ou ao sociólogo. As sociedades que solucionam seus problemas econômicos basicamente pelo exercício do comando apresentam questões econômicas interessantes; aqui, no entanto, o estudo da economia está mais a serviço do estudo da política e do exercício do poder.

É uma sociedade organizada pelo processo de mercado a que tem interesse especial para o economista. Muitos (embora nem todos) dos problemas encontrados hoje nos Estados Unidos têm a ver com o produtivo e o improdutivo do sistema de mercado, e exatamente *porque* nossos atuais problemas costumam surgir das operações mercadológicas é que estudamos a própria economia. Diferente do caso da tradição e do comando, em que captamos logo a natureza dos mecanismos de produção e distribuição da sociedade, numa sociedade de mercado estamos perdidos se não temos conhecimentos de economia. Isso porque, numa sociedade de mercado, não é claro se mesmo os mais simples problemas de produção e distribuição serão solucionados pela livre interação de indivíduos; também não fica claro como e em que extensão o mecanismo de mercado deve ser responsabilizado pelas mazelas de uma sociedade – afinal, podemos encontrar pobreza, alocação errada e poluição também nas economias que não são de mercado!

Nas demais partes desse livro, analisaremos essas perguntas perturbadoras com mais detalhe, mas a tarefa de nossa primeira investigação precisa estar esclarecida a esta altura. Tal como na entrevista imaginária com os líderes de um país emergente sugere, a solução de mercado parece muito estranha a alguém que cresceu junto à tradição e ao comando. Daí as perguntas: como surgiu a solução de mercado em si? Teria sido imposta, já pronta, à nossa sociedade algum tempo atrás? Ou surgiu de forma espontânea e sem ter sido deliberada? Esse será o foco da história econômica a que nos dedicaremos agora, à medida que recriarmos a evolução de nosso próprio sistema de mercado, diferente das antigas sociedades dominadas pela tradição e pela autoridade.

Conceitos e termos importantes

Desejo de provisionamento
1. Economia é o estudo de como a humanidade garante sua suficiência material, isto é, a forma como as sociedades organizam seu *provisionamento material*.

Escassez
2. Os problemas econômicos surgem porque os desejos da maioria das sociedades ultrapassam as dotações naturais, originando a condição geral a que chamamos *escassez*.

3. A escassez, por sua vez (tenha ela origem nos limites da natureza ou nos apetites pessoais), impõe duas tarefas severas à sociedade:

Produção
- A sociedade precisa mobilizar suas energias para a *produção* – produzindo não somente os bens suficientes, mas os bens certos; e

Distribuição
- A sociedade precisa resolver o problema da *distribuição*, organizando uma solução satisfatória para o problema de Quem Consegue o Quê?

Divisão do trabalho

4. Esses problemas existem em todas as sociedades, mas são de resolução especialmente difícil nas mais avançadas, em que há uma *divisão do trabalho* de longo alcance. Nas sociedades ricas, as pessoas têm uma interdependência social muito maior que aquela das sociedades simples.
5. No curso da história, surgiram três tipos de soluções para os dois maiores problemas econômicos. São a *tradição*, o *comando* e o sistema de *mercado*.

Tradição

6. A tradição resolve os problemas da produção e da distribuição obrigando à continuidade do *status* e das recompensas, por meio de instituições sociais como o sistema de parentesco. *Normalmente, a solução econômica imposta pela tradição é estática*, em que ocorre pouca mudança durante longos períodos de tempo.

Comando

7. O comando soluciona o problema econômico através da imposição de alocação de esforços ou recompensas por meio de uma *autoridade governamental*. O comando pode ser uma forma de alcançar *mudanças* econômicas rápidas e de longo alcance. Pode assumir a forma extrema de um totalitarismo ou a forma moderada de uma democracia.

Mercado

8. O sistema de mercado é uma forma complexa de organização da sociedade em que ordem e eficiência surgem "de maneira espontânea", a partir de uma sociedade aparentemente sem controle. Investigaremos detalhadamente o sistema de mercado nos próximos capítulos.

Perguntas

1. Se todo o alimento de que necessitamos pudesse ser produzido em nosso quintal, e a tecnologia estivesse tão avançada que pudéssemos fazer tudo que quiséssemos no porão de nossas casas, existiria um "problema econômico"?
2. Suponha que todos fossem completamente versáteis – capazes de realizar o trabalho de todos e o seu próprio. Seria ainda socialmente útil uma divisão do trabalho? Por quê?
3. A sociedade econômica moderna é às vezes descrita como dependente de "burocratas" que permitem que suas vidas sejam dirigidas pelas grandes corporações ou agências governamentais para as quais trabalham. Acreditando que essa descrição tenha um pouco de verdade, em sua opinião a sociedade moderna deveria ser descrita como ligada à tradição, ao comando ou ao mercado?
4. Como os seus próprios planos para o futuro coincidem com a profissão de seus pais ou diferem delas? Em sua opinião, a assim chamada distância entre gerações é observável em todas as sociedades modernas?
5. A economia costuma ser chamada de ciência da escassez. Como esse rótulo pode ser aplicado a uma sociedade de riqueza considerável como a nossa?
6. Que elementos da tradição e do comando são, em sua opinião, indispensáveis numa sociedade industrial moderna? Você acredita que a sociedade moderna existiria sem alguma dependência da tradição ou algum exercício de comando?
7. Grande parte da produção e da distribuição envolve a criação ou o manuseio de *coisas*. Por que a produção e a distribuição são mais problemas *sociais* que problemas de fabricação ou físicos?
8. Você vê os desejos da humanidade como insaciáveis? Isso implicaria que escassez deve sempre existir?
9. Analisemos alguns problemas principais que nos preocupam atualmente nos Estados Unidos: negligência, pobreza, inflação, poluição, discriminação racial. Até que ponto, em sua opinião, esses problemas são encontrados em sociedades regidas por tradição e por comando? Quais são suas idéias a respeito da responsabilidade que o sistema de mercado tem em relação a esses problemas em nosso país?

> **PENSAR NO PASSADO, OLHAR PARA O FUTURO**

A ECONOMIA VISTA DE CIMA

A maioria dos livros termina um capítulo com uma parte dedicada a revisões das idéias centrais e palavras importantes nele apresentadas. Numa edição anterior deste livro, lançamos como primeiro conceito importante de economia o seguinte: a economia é o estudo de como a humanidade garante sua suficiência material, isto é, a forma como as sociedades organizam seu *provisionamento material*.

Encontramos apenas um problema nesse enunciado totalmente verdadeiro: é pouco provável que ele o leve a *pensar sobre* o que acaba de aprender, portanto, oferecemos outra forma de você analisar o enunciado.

Suponhamos que, como membros de uma enorme espaçonave, tenhamos visitado um novo planeta e descoberto que sua cobertura abundante, semelhante a um gramado, é deliciosa e nutritiva. Na verdade, os suprimentos alimentares diários são colhidos com facilidade por apenas metade da tripulação. Não surpreende o nome dado a esse planeta: Plenitude.

Infelizmente, nosso capitão não é alvo de grande simpatia, por ter reservado uma parte suculenta da terra somente para os oficiais. Além disso, há uma discussão acalorada entre os tripulantes de ambos os sexos sobre quando voltar para casa.

Um dia na tela de comunicação lemos que todos os membros da tripulação precisam responder e assinar o seguinte questionário:

Há algum problema econômico em Plenitude? Há problemas políticos? Problemas sociais? Sua resposta imediata é importante.

Eis o que você deve analisar: o ato do capitão é econômico ou político? A discussão acalorada sobre a data de volta para casa é uma briga social ou política? Imagine que as mulheres se recusaram a colher alimento a menos que a espaçonave voltasse antes da data desejada pelos homens. Isso seria uma briga política ou social? Poderia haver conseqüências econômicas?

Eis o que deve ser analisado: o que torna um problema político, econômico ou social? Não existe uma resposta certa para essa pergunta aparentemente simples. No entanto, é por aqui que realmente se começa a pensar a economia.

Capítulo 2

A Economia Pré-Mercado

"Jamais alguém viu um cachorro fazer uma troca justa e deliberada de um osso por outro com outro cachorro", escreveu Adam Smith, em *A Riqueza das Nações*. "Jamais alguém viu um animal querer comunicar ao outro, através de gestos e sons naturais, isto é meu, aquilo é teu; quero muito trocar isto por aquilo".[1]

Smith escrevia sobre "uma certa propensão da natureza humana...; a de negociar, barganhar e trocar uma coisa por outra". Que tal tendência exista como uma característica universal da humanidade é, talvez, menos provável do que ele acreditava, embora não estivesse errado ao colocar o ato de trocar bem no centro de seu esquema da vida econômica. Não há dúvidas de que comprar e vender estão, precisamente, no centro de uma sociedade de mercado como a descrita por Smith. Assim, já que iniciamos o estudo do surgimento da sociedade de mercado, nada mais natural que começar pela busca da ancestralidade dos próprios mercados.

Talvez surpreenda descobrir que essa ancestralidade data de muito tempo. As comunidades negociam entre si pelo menos desde a Era do Gelo. Temos evidências de que os caçadores de marmota das estepes russas conseguiam, barganhando, conchas do Mediterrâneo, da mesma forma que os caçadores do Cro-Magnon, nos vales centrais da França. Nas terras altas da Pomerânia, a noroeste da Alemanha, arqueólogos depararam-se com uma caixa de carvalho, com restos da tira de couro original para carregá-la no ombro, onde estava uma adaga, a parte superior de uma foice e uma agulha – todos feitos na Idade do Bronze. Conforme especialistas, é provável tratar-se do mostruário de um protótipo do vendedor ambulante, um representante itinerante coletor dos pedidos a serem feitos à produção especializada da sua comunidade.[2]

Do início da civilização às primeiras sociedades organizadas, evidências de comércio e mercados aumentam com rapidez. Conforme Miriam Beard:

> Milênios antes dos cantos de Homero, ou de Rômulo e Remo serem amamentados pela loba, os ativos *damkars* (negociantes) de Uruk e Nippur... dedicavam-se aos negócios. Atidum, o mercador, precisando de instalações maiores para seu es-

---

[1] Adam Smith, *The Wealth of Nations* (New York: Modern Library, 1937), 13.
[2] M. M. Postan, and H. J. Habakkuk, general editors, Cambridge Economic History of Europe, 2nd ed (Cambridge, England: Cambridge University Press, 1966), II,4.

critério, concordara em alugar local adequado de Ribatum, Sacerdotisa de Shamash, por um e 1/6 *shekels* de prata por ano – um preço baixo, com as demais parcelas facilitadas. Abu-wakar, o rico mercador, regozijou-se com a filha pelo fato de ter se tornado Sacerdotisa de Shamash, podendo abrir uma imobiliária perto do templo. Ilabras escrevia a Ibi: "Que Shamash e Marduk te guardem! Como sabes, expedi um aviso de que queria uma escrava. É chegada a hora do pagamento."[3]

À primeira vista, parece que conseguimos descobrir evidências de uma sociedade de mercado num passado bastante longínquo. Essas observações desconcertantes de modernidade, todavia, devem ser interpretadas com cautela. Se os mercados, a compra e venda, e até mesmo organizações de comércio altamente organizadas foram aspectos quase onipresentes nas sociedades antigas, não devem ser confundidos com a presença de uma sociedade de mercado. O comércio existia como auxiliar importante para a sociedade desde tempos muito antigos, mas o impulso fundamental para produzir, a alocação básica de recursos entre usos diferentes, ou ainda a distribuição de bens entre as classes sociais estava bastante distanciada do processo de mercado. Isto é, os *mercados da Antigüidade não eram os meios pelos quais aquelas sociedades solucionavam seus problemas econômicos básicos.* Eles eram subordinados aos grandes processos de produção e distribuição, em vez de integrá-los; situavam-se "acima" do maquinário econômico crítico, mais do que em seu cerne. Como veremos, entre a atmosfera enganosamente contemporânea de muitos mercados do passado e a realidade de nossa atual economia de mercado, encontra-se uma enorme distância que a sociedade levaria séculos para percorrer.

A ORGANIZAÇÃO ECONÔMICA DA ANTIGÜIDADE

Teremos que percorrer essa distância por nós mesmos se quisermos compreender como a sociedade de mercado contemporânea surgiu e o que ela significa. Somente mergulhando nas sociedades do passado, observando o que realizaram para resolver seus problemas econômicos, é que começaremos a entender com clareza o que está envolvido na evolução da sociedade de mercado que é nosso próprio ambiente.

Como observadores, é desnecessário dizer que fará uma grande diferença qual das inúmeras sociedades pré-mercado antigas visitaremos. O rastreamento da história econômica, dos Estados-templos monolíticos da Suméria e Acádia, no terceiro milênio antes de Cristo, até a "modernidade" da Grécia ou da Roma clássica, por volta do quinto e quarto séculos antes de Cristo, entrando na era do cristianismo, significa iniciar uma longa viagem cultural. No papel apenas de historiadores da economia, fará bem menos diferença qual sociedade da Antigüidade focalizaremos, uma vez que o exame dessas sociedades nos mostrará, subjacente às suas profundas diferenças na arte, sistema político ou crença religiosa, semelhanças igualmente profundas na estrutura econômica. Essas semelhanças vêm-nos à mente com menor freqüência por se situarem no "pano de fundo" da história e por dificilmente estarem em suas páginas mais empolgantes. Essas características identificadoras da organização econômica são as que nos interessam no momento em que olhamos para o passado. O que vemos?

Fundamentos agrícolas das sociedades antigas

A primeira e talvez mais surpreendente impressão é o aspecto predominantemente agrícola de todas essas economias.

---

[3]Miriam Beard, *A History of the Business Man* (New York: Macmillan, 1938), 12.

Em um sentido, sem dúvida, todas as comunidades de pessoas, independente do grau de industrialização, subsistem por meio do solo. Tudo o que distingue uma sociedade "industrial" de uma "agrícola" é a quantidade da população não dedicada à agricultura capaz de ser suportada pelos que cultivam os alimentos. Um fazendeiro norte-americano, então, trabalhando num espaço de muitos hectares, com equipamento abundante, é capaz de alimentar cerca de cem indivíduos que não plantam, ao passo que o camponês na Ásia, arando seu pedacinho de terra, com quase nada além de um arado manual, pode ter dificuldades para manter a família, após o pagamento ao dono da terra.

Durante toda a Antigüidade, a capacidade da população agrícola para sustentar as populações que não plantavam foi bastante limitada. Não há estatísticas exatas, embora possamos retornar à situação que predominava em todos esses países antigos se observarmos hoje as regiões subdesenvolvidas do globo, onde os níveis da técnica e da produtividade agrícolas assemelham-se – e muito – aos da Antigüidade. Índia, Egito, Filipinas, Indonésia, Brasil, Colômbia e México mostram que são necessárias duas famílias de agricultores para manter uma que não planta. Na África tropical, uma pesquisa feita há alguns anos revelou que "a produtividade da cultura africana é tão baixa que há necessidade, em algum lugar, de duas a dez pessoas – homens, mulheres e crianças – para fazer surgir alimento suficiente para satisfazer às suas próprias necessidades e às de *um* adulto a mais que não cultiva alimentos".[4] Achados tristes como esse, de quase 50 anos atrás, ainda são muito verdadeiros.

A Antigüidade não foi *assim* tão ruim; houve períodos em que produziu resultados impressionantes na agricultura, ainda que nenhum, nem de longe, comparável à produtividade agrícola norte-americana, com sua enorme capacidade de sustentar uma população não-agrícola. Todas as sociedades antigas foram, basicamente, economias rurais. O que não foi impeditivo, como veremos, para uma sociedade urbana esplêndida e rica ou uma enorme rede de comércio internacional. O personagem típico da Antigüidade, entretanto, não era comerciante ou morador de regiões urbanas, mas um trabalhador agrário. Foi nas comunidades rurais que as economias desse período encontraram sua âncora.

Não podemos, porém, pressupor que a vida econômica, em conseqüência, teria sido comparável à de um país agrícola moderno como Dinamarca ou Nova Zelândia. Fazendeiros contemporâneos, tal como os homens de negócios, estão bastante envolvidos na rede de transações característica de uma sociedade de mercado. Vendem seu produto num mercado; compram os suprimentos em outro. A acumulação de capital, e não de trigo ou milho, é o objetivo de seus esforços. A contabilidade é que costuma, regularmente, mostrar se estão se saindo bem ou não. As novidades da tecnologia agrícola são estudadas e colocadas em prática quando lucrativas.

Nada disso descreve, de forma adequada, o "fazendeiro" do antigo Egito, da antiga Grécia ou Roma ou das grandes civilizações orientais. Com poucas exceções, aquele que cultivou o solo teria sido um camponês, e este teria sido uma criatura social bastante diferente de um fazendeiro. Não estava atento à tecnologia; apegava-se, com persistência teimosa – e, normalmente, com grande habilidade – às formas que conhecia bem. Precisava agir assim, já que um pequeno erro poderia significar grande escassez de alimento. Não comprava a maior parte dos suprimentos; fabricava-os. Da mesma forma, não produzia para um "mercado", mas para a família. Costumava não estar livre para consumir a própria colheita, tendo que entregar parte dela – um décimo, um terço, metade ou mais – ao dono da terra.

Em geral, o camponês da Antigüidade não era o dono da terra. Ouvimos sobre os cidadãos-fazendeiros independentes da Grécia clássica e da República romana, exceções à

---

[4] George H.T. Kimble, *Tropical Africa* (New York: Twentieth Century Fund, 1960), I, 572. (Adição do itálico.)

regra em que camponeses eram inquilinos de um grande senhor. Mesmo na Grécia e em Roma, os camponeses independentes tendiam a ser encampados como inquilinos de enormes propriedades comerciais. Plínio, o historiador romano, refere-se a uma desses enormes propriedades ou latifúndio (literalmente, "fazenda grande"), com um quarto de milhão de cabeças de gado e uma população de 4.117 escravos.

Concluímos que o camponês, a espinha dorsal das economias da Antigüidade, constituiu um exemplo central do aspecto extra-mercado dessas economias. Ainda que alguns trabalhadores da terra, livremente, vendessem parte da própria colheita nas feiras das cidades, a grande maioria dos produtores agrícolas raramente ingressava no mercado. Para muitos deles – em especial, os escravos – tratava-se de um mundo quase sem dinheiro, em que umas poucas moedas de cobre por ano, guardadas com cuidado e gastas somente nas emergências, constituíam o único vínculo com um mundo de transações de mercado.[5]

Assim, ao mesmo tempo em que a situação social e legal do camponês apresentava grandes variações em diferentes áreas e eras da Antigüidade, numa visão mais ampla o rumo de sua vida econômica foi constante, de uma forma peculiar. Pouco ou nada ele conhecia da rede de negociações, do impulso de lucrar do fazendeiro moderno. Geralmente pobre, subjugado pelos impostos e oprimido, presa dos caprichos da natureza e das explorações da guerra e da paz, atrelado ao solo pela legislação e pelos costumes, o camponês da Antigüidade – tal como o de nossos dias, que continua a oferecer a base agrícola em alguns países do leste e do sul – foi dominado pela regra econômica da tradição. Seu estímulo principal para mudar foi o comando – ou melhor, a obediência. Trabalho, paciência e incrível capacidade de resistência do ser humano foram suas contribuições para a civilização.

A vida econômica das cidades

A formação agrícola básica da sociedade antiga e sua típica exclusão do cultivador da terra de uma existência mercadológica ativa evidenciam ainda mais outro aspecto comum da organização econômica na Antigüidade. Trata-se da diversidade, vitalidade e efervescência da vida econômica das cidades.

Voltando nossa atenção ao Egito antigo, à Grécia clássica ou a Roma, não podemos deixar de nos surpreender com o contraste entre a vida rural relativamente estática e a cidade, com sua atividade. Na Grécia, por exemplo, toda uma gama de bens passava pelas docas do Pireus: grãos da Itália, metal de Creta e até da Inglaterra, livros do Egito e perfumes de origens ainda mais distantes. No século 4 a.C., Isócrates, no *Panegírico*, disse, com orgulho: "Os artigos de difícil obtenção, um aqui, um acolá, do resto do mundo; tudo é fácil de ser comprado em Atenas". Podemos concluir que Roma também desenvolveu um próspero comércio doméstico e exterior. Na época de Augusto, quatro séculos mais tarde, seis mil carregamentos de embarcações puxadas por bois eram necessários anualmente para alimentar a cidade,[6] enquanto no foro da cidade uma multidão de especuladores se reunia, como numa "imensa bolsa de valores".[7]

Podemos dizer que algo, ainda que bem pouco próximo de nossa própria sociedade, era visível em muitos dos maiores centros urbanos da Antigüidade. Mas não podemos nos iludir, concluindo que essa sociedade de mercado era semelhante à nossa. Pelo menos sob dois aspectos, as diferenças eram profundas.

---

[5]É bom que percebamos que não se trata de uma condição antiga, tão somente. Numa viagem ao Marrocos, John Gunther relatou sobre os servos-camponeses locais: "antes eles não recebiam salários – para que precisariam de dinheiro? –, mas isso agora está mudando."*Changing now – in 1953!* De John Gunther, *Inside Africa* (New York: Harper, 1955), 104.
[6]Postan and Habakkuk, *Cambridge Economic History of Europe*, II, 14.
[7]W.C. Cunningham, *An Essay on Western Civilization* (New York: 1913), 164.

O primeiro foi o caráter e a abrangência, essencialmente restrita, da função do mercado da cidade. Diferente da cidade moderna, não apenas receptora de bens embarcados, originários do interior, mas também exportadora importante de bens e serviços para o interior, as cidades antigas tendiam a assumir um papel econômico parasitário quando comparadas ao resto da economia. Grande parte das negociações que penetravam nos grandes centros urbanos do Egito, Grécia e Roma (bastante além do provisionamento necessário às massas urbanas) referia-se a artigos de luxo para as classes superiores, e não a materiais em estado natural a serem trabalhados e remetidos a uma economia consumidora de bens. As cidades eram as portadoras da civilização; entretanto, como centros da atividade econômica, estavam separadas por enorme distância do interior, o que os assemelhava mais a enclaves de vida econômica do que a componentes alimentadores de economias rural-urbanas integradas.

A escravidão

Mais importante ainda foi uma segunda diferença entre a economia das cidades antigas e a atual sociedade de mercado: sua dependência do *trabalho escravo*.

A escravidão, em grande escala, foi um elemento de sustentação fundamental de quase todas as sociedades econômicas antigas. Na Grécia, por exemplo, o ar enganosamente moderno do Pireus mascara o fato de que muito do poder de compra do mercador grego era proveniente do trabalho de 20.000 escravos, que passavam trabalho sob as condições insalubres das minas de prata do Laurêncio. Do alto da "democracia" ateniense, no século 4 a.C., estima-se que pelo menos um terço de sua população era composta por escravos. Na Roma de 30 a.C., cerca de 1.500.000 escravos – nos latifúndios, nas galés, nas minas, nas "fábricas", nas lojas – eram responsáveis pelo impulso principal que mantinha em movimento a máquina econômica.[8] Sêneca conta que uma proposta para os escravos usarem uma veste especial foi votada sem sucesso, sob a justificativa de que, identificando-se uns aos outros, os escravos poderiam ter consciência da própria força em decorrência do seu número elevado.

Os escravos não constituíam, todavia, a única fonte de trabalho. Grupos de artesãos e trabalhadores livres, normalmente agrupados em *collegia* ou corporações fraternais, também prestavam serviços à cidade de Roma, da mesma forma que trabalhadores livres na Grécia e em outros locais. Em várias cidades, em especial no término do auge romano, uma massa de trabalhadores desempregados (mas não escravizados) dava conta de uma fonte de trabalho ocasional. Ainda assim há dúvidas de que sem a força motivadora do escravo as brilhantes economias urbanas do passado teriam tido sustentação. O que nos traz ao ponto central: a florescente economia de mercado da cidade estava no bojo de uma estrutura econômica regulada pela tradição e pelo comando. Nada semelhante ao livre exercício e às inter-relações de auto-interesse orientaram o esforço econômico básico da Antigüidade. Ao nos maravilharmos com alguma moderna estrutura de mercado urbana, não podemos esquecer que ela está sobre os ombros de incontáveis camponeses e escravos.

O excedente social

A presença de grandes aglomerados de riqueza urbana entre cenários rurais bastante pobres alerta-nos para outra característica da sociedade econômica antiga: a relação especial entre sua riqueza e sua organização econômica subjacente.

Em qualquer sociedade, a existência de riqueza implica que um *excedente* foi extraído da natureza, que a sociedade não apenas solucionou o problema da produção

---

[8]K.J. Beloch, *Die Bevölkerung der Griechisch-Römischen Welt* (Rome:"L'Erma"di Bretschneider, 1968), 478.

econômica, mas alcançou uma margem de esforço acima da necessária à própria existência. O que talvez nos deixe perplexos, num primeiro momento, ao analisarmos as civilizações antigas, é o grande excedente obtido de uma população de camponeses, essencialmente, pobres. Os templos dos antigos reis assírios, os tesouros extraordinários dos astecas, as pirâmides, as demais obras para prazer dos faraós egípcios, a Acrópole e as estradas atenienses, além da arquitetura magnífica de Roma, tudo isso testemunha a capacidade de uma civilização, essencialmente agrícola, de atingir um enorme excedente, movimentar quantidades consideráveis de trabalho que nada tem a ver com a terra, manter essa mão-de-obra no nível mais baixo necessário e colocá-la na tarefa de construir algo para a posteridade.

Mas os feitos fabulosos do passado testemunham algo mais. O potencial produtivo excedente que a sociedade consegue atingir, seja pela tecnologia ou por uma engenhosidade na organização social, pode ser aplicado em várias direções. Pode voltar-se a aperfeiçoamentos agrícolas, como valas ou represas para irrigação, aumentando ainda mais o produto da colheita. Aplicado às ferramentas e ao equipamento do trabalhador urbano, aumentará sua capacidade produtiva. Ou o excedente poderá ser usado como apoio a ordens religiosas que não trabalham, ou a uma classe de empregados da corte e à nobreza que nada faz. Não fosse essa tremenda capacidade de produção de excedentes, os Estados Unidos jamais poderiam sustentar as suas forças armadas – não mais do que teria sido possível para a antiga União Soviética – se *sua* economia não tivesse feito surgir mais resultados que os necessários para uma simples autoperpetuação.

Assim, a forma social assumida pelo acúmulo de riqueza revela muito sobre qualquer sociedade. "Quem lucra com o excedente?" é uma pergunta que, invariavelmente, desvenda a estrutura de poder numa sociedade.

Riqueza e poder

Para quem ia o excedente na Antigüidade? Num primeiro olhar, parece impossível responder em poucas palavras. Imperadores, nobres, ordens religiosas, mercadores – todos tiravam proveito da riqueza da Antigüidade, num momento ou outro. Um olhar mais atento possibilita uma generalização interessante e importante: a maior parte da riqueza não ia aos que desempenhavam um papel estritamente *econômico*. Embora haja registros de escravos inteligentes no Egito e em Roma que enriqueceram, e ainda que mercadores e banqueiros ricos possam ser encontrados nos anais da Antigüidade, não foram eles que traçaram o caminho principal para a riqueza. *Nas antigas civilizações, a riqueza costumava ser a recompensa para o poder ou posição política, militar ou religiosa, e não para a atividade econômica.*

E a razão para isso é que as sociedades tendem a recompensar mais as atividades que mais valorizam, e, nos longos e turbulentos séculos da Antigüidade, lideranças políticas, tutela religiosa e bravura militar eram, sem sombra de dúvida, mais necessárias à sobrevivência política que a habilidade para negócios. Na verdade, em muitas dessas sociedades a atividade econômica em si ficava em segundo plano como essencialmente de qualidade inferior. Conforme Aristóteles escreveu na *Política*, "na pólis melhor governada... os cidadãos não podem seguir a vida dos artesãos ou dos comerciantes, uma vez que vidas assim carecem de nobreza e são hostis à perfeição de caráter". A esse tema, então ampliado, retornaria Cícero, no ensaio *De Officiis* (Livro 1), escrito no século I d.C.:

> A tarefa exaustiva de um trabalhador contratado, pago somente por tarefa e não pela habilidade artística, é indigna de um homem livre e sórdida em seu caráter. Pois neste caso, o dinheiro é o preço da escravidão. Também sórdido é a ocupação dos

que compram no atacado para vender no varejo, uma vez que eles só lucram porque mentem muito... O comércio em pequena escala no varejo é sórdido; se, no entanto, for em grande escala, incluindo a importação de artigos de todo o lugar e sua distribuição para muitas pessoas, sem qualquer enganação, não merece tanta censura...

Em especial, acrescentou o grande jurista, "se os que realizam esse comércio finalmente aposentam-se, passando a viver em propriedades no campo depois de saciados ou, pelo menos, satisfeitos com seus ganhos".

Além disso, a função social mais inferior do mercador quando comparada à do general, cônsul ou sacerdote, esse desdém dos ricos em relação à atividade econômica "ignóbil" refletia um fato econômico de grande importância: a sociedade ainda não integrara a produção de riqueza à de bens. A riqueza ainda constitui um excedente a ser conquistado, obtido pela pressão sobre as populações agrícolas e de escravos; ainda não era o resultado de um sistema de produção em crescimento constante, em que uma parte de uma produção social total em expansão pudesse ser acrescida a várias classes sociais.

E isso se repetiria durante séculos. Somente depois que as menores e as maiores atividades da sociedade foram devidamente valorizadas, até que as aquisições e as vendas, as apostas e as ofertas penetraram nas camadas mais inferiores da sociedade, o acúmulo de riqueza permaneceu mais como assunto do poder militar, político ou religioso que da economia. Resumindo: *Nas sociedades pré-mercado, a riqueza tendia a acompanhar o poder; a chegada da sociedade de mercado é que fez o poder acompanhar a riqueza.*

"Economia" e justiça social na antigüidade

Antes que passemos à análise do sistema econômico da Antigüidade, na sua transição e evolução, temos ainda mais uma pergunta: o que pensavam dele os economistas da época?

A resposta é interessante: não havia "economistas" na época. Historiadores, filósofos, teóricos políticos e escritores sobre costumes e moral eram abundantes durante o longo período da história aqui chamado de "Antigüidade", mas economistas propriamente ditos não existiam. E a razão é simples: a economia da sociedade – isto é, a maneira pela qual a sociedade se organizava para a realização das tarefas básicas da sobrevivência econômica – foi inexpressiva para provocar a curiosidade de um homem dado à reflexão. Havia pouco ou nenhum "véu" de moeda a ser desvelado, pouca ou nenhuma complexidade nas relações contratuais nos mercados a ser deslindada, pouco ou nenhum ritmo da sociedade a ser interpretado. À medida que as colheitas atingiam seu auge, a justiça ou a injustiça do sistema de coleta de impostos variava; à medida que os destinos das guerras e das políticas se modificavam, o mesmo ocorria com a gleba do proprietário camponês, o escravo, o artífice insignificante e o comerciante. A pulsação do comércio modificava-se, acompanhando o movimento de aumento ou declínio das forças militares, o enriquecimento maior ou menor dos mercadores, a prosperidade ou o insucesso das artes. Se existia o assim chamado "crescimento" econômico, era invisível – pequeno ou irregular demais para interessar ao observador. Na medida da permissão concedida pela eficiência na guerra ou na política, ou pela ditadura dos monopólios ou casamentos locais, era contabilizado o lucro de cada adquirente de riqueza. Em tudo isso pouco havia de tentador aos poderes analíticos de observadores preocupados com a economia.

Se existisse um problema econômico – independente dos eternos problemas de colheitas sem sucesso, de guerras e assim por diante –, ele estava fortemente misturado com o da justiça social. Desde os primitivos tabletes assírios, temos registros de reformadores que queriam reduzir impostos dos camponeses, e em toda a Bíblia – na verdade, até através da Idade Média – uma forte tendência de comunismo primitivo, de partilha igualitária, perpassa o pano de fundo do pensamento religioso. No Livro do Levítico, por exemplo, menciona-se o costume interessante do *jubileu*, um limite de cinqüenta anos sobre os contratos de terra, depois do qual cada proprietário deveria "devolver a posse a cada homem".[9] Apesar de a religião se preocupar com riqueza e pobreza e, assim, com o problema distributivo da economia, o período antigo pouco ou nada conheceu do questionamento sistemático sobre o *sistema social*, produtor de riqueza e pobreza. Se os ricos constituíam uma afronta, a causa estava nos fracassos pessoais dos gananciosos; se justiça social tinha que ser alcançada, isso se daria por redistribuição pessoal, donativos e caridade. A idéia de um estudo "econômico" da sociedade, contrastando com um estudo político ou moral, era notável essencialmente pela sua ausência.

Houve uma exceção a ser registrada. Aristóteles, o grande pupilo de Platão, voltou seu poderoso exame às questões econômicas; com ele, o estudo sistemático da economia, como tal, realmente teve início. Ele não foi um reformador social radical, não é isso. Muito pode ser resumido em sua famosa frase: "Desde o nascimento, alguns estão marcados para a submissão, outros, para o governo".[10] O estudante da história do pensamento econômico volta-se antes de mais nada a Aristóteles em busca de perguntas cujo tratamento ele consegue traçar até o momento atual, tais como: "o que é valor?"; "qual é a base da troca?"; "o que é juro?".

Não nos deteremos na formulação das idéias aristotélicas a respeito disso, embora um aspecto mereça nossa atenção, já que concorda com o que já vimos sobre a Antigüidade em relação à própria atividade econômica. Quando Aristóteles examinou o processo econômico, ele o separou em dois ramos – não a produção e a distribuição, como fizemos, mas *uso* e *ganho*. Mais especificamente, ele distinguiu *oeconomia* – que originou "economia"– de *chrematistiké*, para a qual não temos um termo exatamente derivado. Por *oeconomia*, o filósofo grego entendia a arte do controle doméstico, a administração do próprio patrimônio, a conservação criteriosa dos recursos. *Chrematistiké*, por sua vez, implicava o uso dos recursos da natureza ou da habilidade humana com fins de aquisição. *Chrematistiké* era comércio pelo bem do comércio, uma atividade econômica que tinha no lucro sua motivação e finalidade. Ele aprovava a *oeconomia*, mas não o *chrematistiké*, e considerando a estrutura de mercado da Antigüidade, onde o comerciante urbano freqüentemente explorava o camponês não fica difícil saber a causa. O problema bem mais difícil de aprovar ou não uma sociedade de mercado, em que *todos* batalham pelo ganho, jamais apareceu nos escritos do filósofo porque isso nunca apareceu na história antiga. A sociedade de mercado, com suas perguntas realmente surpreendentes sobre a ordem econômica e a moralidade da economia ainda estava por vir. Até que isso se deu, a filosofia precisou entender a ausência compreensível da ordem.

A SOCIEDADE ECONÔMICA NA IDADE MÉDIA

Nossa revisão da organização econômica examinou em detalhe somente as grandes civilizações da Antigüidade. Temos agora que focalizar uma sociedade bem mais próxima no tempo e, mais importante ainda, imediatamente anterior à nossa em termos de evolução social. Trata-se da imensa extensão da história a que chamamos de Idade

---

[9] Isto é, as terras perdidas por causa de dívidas e assim por diante deveriam ser devolvidas aos donos originais. A ira dos últimos profetas, como Amós, indica que essa exigência deve ter sido amplamente observada em caso de violação.
[10] Aristóteles, *Politics*, trans. T. Saunders (Oxford: Clarendon Press, 1995), I.

Média, extensão essa que abarca o mundo ocidental, da Suécia ao Mediterrâneo, "iniciando" com a queda de Roma, no século 5, e "terminando" na Renascença, mil anos mais tarde.

A academia moderna enfatiza, cada vez mais, a diversidade que caracteriza aquele enorme período de tempo e espaço, diversidade essa não somente de aparências sociais entre um século e outro, mas ainda de contrastes entre uma localidade e outra em qualquer período. Uma coisa é falar de "vida" na Idade Média quando se pensa na comunidade de camponeses do século 10, na Normandia, onde, estima-se, o habitante médio provavelmente nunca viu mais do que duzentas ou trezentas pessoas na vida ou dominou um vocabulário de mais de seiscentas palavras[11]; outra coisa é ter em mente a cosmopolita Florença, no século 14, sobre a qual Bocaccio escreveu de forma tão envolvente.

Mais relevante ainda para nossos fins é a necessidade de pensar a Idade Média em termos de variedade e mudança econômicas. Os anos iniciais da vida econômica dos feudos são bastante diversos dos intermediários ou finais, em especial no que se refere ao bem-estar social. O início do feudalismo coincidiu com um período de terrível escassez de recursos, provação e redução da população. Durante o século 5, a população de Roma caiu de 1,5 milhão para 300 mil. Por volta do século 12, entretanto, as cidades novamente expandiram-se (após 600 anos!) até os limites de suas antigas muralhas romanas, tendo até as ultrapassado; lá pelo início do século 14, reinava uma prosperidade bastante considerável em muitas partes da Europa.[12] Vieram, então, várias catástrofes: uma fome terrível por dois anos em 1315; em 1348, a Peste Negra, que levou a vida de um a dois terços da população das cidades; uma batalha devastadora por cem anos entre Inglaterra e França e entre os principados de menor importância da Alemanha e Itália. Todos esses infortúnios reduziram o nível de existência econômica a patamares assustadores. Nem estagnação, nem progresso linear lento, mas marés seculares imensas e irregulares marcam a longa história do feudalismo, e somos por ela alertados contra uma concepção simplista de seu desenvolvimento.

Não pretendemos refazer essas marés, mas compor um quadro geral da *estrutura econômica* que, sob os giros da sorte, marca a era feudal como uma das estações únicas da história da economia ocidental. Podemos iniciar observando o importante desenvolvimento subjacente à gênese dessa estrutura econômica: *trata-se do colapso da organização política de grande escala.*

A queda de Roma

Com a "queda" de Roma e à medida que sucessivos ataques e invasões do norte, leste e sul retalharam o interior da Europa, a grande estrutura administrativa da lei e da ordem foi substituída por uma colcha de retalhos de entidades políticas de pequena escala. Mesmo no século 9, quando o Sacro Império Romano de Carlos Magno assumiu fatias imensas do mapa, debaixo da fina camada de um "Estado" unificado existia, na verdade, o caos político. Idioma único, governo central coordenado, sistema legal, moeda única, ou, acima de tudo, uma consciência de total lealdade que aglutinasse os pequenos Estados do período de Carlos Magno numa coesão mais que temporária, nada disso existia.

Chamamos a atenção para essa diferença surpreendente entre a Antigüidade e a Idade Média para enfatizar as assustadoras conseqüências econômicas advindas com a dissolução política. Com a segurança e a proteção substituídas por autarquias e anarquia

---

[11] George G. Coulton, *Medieval Village, Manor and Monastery* (New York: Harper, Torchbooks, 1960), 15.
[12] Há evidências de que na Inglaterra, por volta de 1500, salários reais para trabalhadores comuns teriam chegado a um nível que não seria ultrapassado por um mínimo de três séculos (*Economica*, Novembro de 1956, 296-314.)

locais, as longas viagens dos artigos para comércio tornaram-se bastante arriscadas, e a vida até pouco tempo efervescente das grandes cidades ficou impossível. Desaparecida uma moeda e uma legislação comuns, os mercadores da Gália não conseguiram mais negociar com os mercadores italianos, e a rede já estabelecida das conexões econômicas foi rompida ou caiu em desuso. Com doenças e invasões afastando os moradores do campo, as pessoas passaram, necessariamente, para formas mais defensivas de organização econômica, na busca da mais tênue sobrevivência através da auto-suficiência. Surgiu uma nova necessidade: a de comprimir a organização viável da sociedade no menor perímetro possível. Durante séculos, o isolamento da vida econômica, esta extrema auto-suficiência, seria o marco econômico da Idade Média, e essa modalidade generalizada de ordenamento social e político seria chamada de *feudalismo*.

A organização manorial da sociedade

O feudalismo trouxe com ele uma nova unidade básica de organização econômica: a *propriedade manorial*.*

Como é uma propriedade assim? Costumava ser uma grande porção de terra, com milhares de hectares, cujo "proprietário" era um senhor feudal, espiritual ou secular.[13] A palavra "proprietário" está, adequadamente, entre aspas, porque o *manor* (a prioprieddade) não era essencialmente uma peça de propriedade econômica. Tratava-se de uma entidade social e política em que seu senhor não era apenas o dono da terra, mas protetor, juiz, chefe de polícia e administrador. Ainda que elemento, ele próprio, de uma grande hierarquia, em que cada senhor era servo de um outro (até o papa seria servo de Deus), o nobre feudal era, nos limites de sua propriedade, quase que literalmente "o senhor da terra". Não havia dúvidas de ser ele o dono e autoridade acima de muitas pessoas que moravam na terra; os servos de um *manor*, embora não fossem escravos, sob muitos aspectos eram propriedade do senhor, da mesma forma que suas casas, animais ou colheita.

No centro da propriedade situava-se a residência do senhor, uma imensa casa, normalmente armada contra ataques de invasores, murada e, por vezes, semelhante a um castelo. No pátio fechado dessa propriedade situavam-se oficinas para o fabrico de roupas, amassamento de uvas, armazenagem de alimentos, fabricação de objetos de metal e para o trabalho de ferreiros, além de moagem de grãos, e assim por diante. A partir do *manor* iniciava-se uma colcha de porções de terra, subdividida em lotes de 1 acre ou metade disso, cada um com seu ciclo próprio de colheita e descanso. Metade ou mais dessa terra pertencia, diretamente, ao senhor; o restante "pertencia", nos vários sentidos desse termo legal, à hierarquia de famílias livres, meio-livres e não-livres que compunham uma propriedade.

O sentido preciso da palavra *pertencia* estava na dependência das obrigações e direitos creditados a um servo, um homem livre ou qualquer outra categoria na qual se nascia. Deve ser observado, porém, que mesmo um homem livre que "possuía" sua terra não poderia vendê-la a outro senhor feudal. Na melhor das hipóteses, seu título de propriedade significava que não poderia ser retirado da terra exceto por circunstâncias extraordinárias. Um personagem menor que um homem livre não possuía nem mesmo

---

*N. de R. T: Manorialismo diz respeito à organização econômica da sociedade rural na Idade Média, onde um Senhor, revestido de poder legal, obtinha recursos econômicos de suas terras por meio de uso próprio (*Demesne*, como era conhecida essa parte das terras) e de contribuições obrigatórias (em forma de trabalho, espécie ou dinheiro) dos servos, ou vassalos, que viviam em sua propriedade. A propriedade manorial era parte integrante do sistema político de obrigações legais e militares recíprocas conhecido como Feudalismo.

[13]Isso significa que o senhor poderia ser o abade ou o bispo da localidade, ou um personagem secular, um barão que recebeu suas posses por herança ou por ter se tornado cavaleiro e recebido terras em pagamento de serviços excepcionais em batalhas ou por outros motivos.

essa segurança. Um servo comum estava, literalmente, amarrado a "seu" pedaço de terra. Não poderia – sem permissão específica e, normalmente, sem pagamento específico – deixar o local em que morava em busca de outro, fosse nos limites do *manor* ou nos de outro. Essa situação trouxe uma série de obrigações, situadas no cerne da organização econômica manorial. Essas consistiam da necessidade de fazer trabalhos para o senhor – arar os campos, trabalhar nas oficinas, dar uma porção de sua colheita. De *manor* a *manor* e conforme a época, havia variação nas obrigações trabalhistas. Em alguns locais, chegavam a até quatro ou cinco dias de trabalho por semana, significando que somente com a ajuda no campo da esposa e dos filhos a terra do servo poderia ser mantida. Finalmente, os servos tinham que fazer pequenos pagamentos em dinheiro, impostos por cabeça, como o *chevage*; deveres de morte, como o *heriot*; o *merchet*, o imposto para casar; ou algum dever decorrente do uso dos fornos ou do moinho do senhor.

Fornecimento de segurança

Havia, porém, uma retribuição em decorrência disso tudo. No caso de o servo dar ao senhor seu trabalho e muito dos resultados de suas tarefas, este, em contrapartida, oferecia certas coisas que o servo por si só não conseguiria.

Dentre o que era dado ao servo, o mais importante era um grau de proteção física. É difícil para nós a reconstrução do curso violento de muito da vida feudal; um pesquisador, entretanto, oferece-nos uma estatística que pode servir para o caso: entre os filhos de duques ingleses, 46% dos nascidos entre 1330 e 1479 tiveram mortes violentas. A expectativa de vida, excluindo-se mortes violentas, era de 31 anos; com esse tipo de morte, baixava para 24 anos.[14] O camponês, embora não fosse um guerreiro e, em conseqüência, não exposto, em decorrência do trabalho, aos perigos de combate ininterrupto, assassinatos e assim por diante, era presa fácil para os senhores saqueadores, indefeso diante da captura, incapaz de proteger as escassas posses contra a destruição. Assim somos capazes de começar a entender por que mesmo homens livres tornavam-se servos, "confiando suas vidas" a um senhor que, em troca da subserviência econômica, social e política, oferecia-lhe o manto valioso da proteção militar.

Junto com ela era dada ao servo certa segurança econômica. Em períodos de escassez de alimentos, era o senhor que alimentava os servos, com suas reservas nos armazéns manoriais. Embora mediante pagamento, o servo *tinha o direito* de usar os animais e o equipamento do senhor, tanto para o cultivo de sua terra quanto da do senhor. Numa época em que o servo médio possuía quase nenhum instrumento de trabalho, isso era uma bênção extraordinária.[15]

Esses fatos não devem nos levar a compor um quadro idílico da vida feudal. A relação entre o amo e o servo costumava ser de extrema exploração. Ainda assim, um ele-

---

[14] T.H. Hollingsworth, "A Demographic Study of the British Ducal Families," *Population Studies*, XI (1957-58).
[15] Para entendermos a vida entre as várias classes na Europa medieval, precisamos consultar *Medieval People* (Garden City, NY: Dubleday, Anchor Books, 1954), de Eileen Power, um relato acadêmico mas encantador da realidade da vida humana que se esconde por trás da história. Para captarmos o tom violento daquele tempo, vale a pena consultar *The Waning of the Middle Ages* (Garden City, NY: DOubleday, Anchor Books, 1954), Cap.1, de J. Huizinga. Outros dois livros que recriam as sensações da vida econômica feudal merecem ser citados: de H.S. Bennett, *Life on the English Manor* (Cambridge, ENgland: Cambridge University Press, 1965), e, de Marc Bloch, *French Rural Story* (Berkeley, CA: University of Califórnia Press, 1966). Este último, em especial, é uma das verdadeiras obras-primas da história econômica. Menos preocupado com a vida econômica (temos que ler nas entrelinhas para descobrir), mas maravilhoso como uma micro-história da vida medieval, é o relato de uma pequenina cidade do sul da França, cheia de heresias, no século 14, por Emmnuel Le Roy Ladurie, *Montailou: The Lord of Primised Error* (New York: George Braziller, 1978). Por fim, um clássico moderno, de Georges Duby, *The Three Orders: Feudal Society Imagined* (Chicago: University of Chicago, 1980).

mento a ser destacado era a reciprocidade de apoio. Cada um proporcionava ao outro os serviços essenciais para a existência num mundo onde a organização, e a estabilidade haviam praticamente desaparecido.

A economia da vida manorial

Apesar da extrema auto-eficiência da vida manorial, há muita semelhança com a organização econômica da Antigüidade.

Primeiramente, tal como naquelas sociedades mais antigas, tratou-se sem dúvida de uma forma de sociedade econômica organizada pela tradição. A participação dos costumes – os famosos "costumes antigos" do tribunal manorial medieval, que com freqüência funcionava como aconselhamento para o servo de outra forma indefeso – jamais foi mais poderosa. Na ausência de um governo central unificado, mesmo o exercício do comando foi fraco, de certa forma. Em conseqüência, o ritmo da mudança econômica, do desenvolvimento da economia, embora presente, foi lento demais durante os anos iniciais do período medieval.

Em segundo lugar, até mesmo mais que na Antigüidade, essa era uma forma de sociedade caracterizada por uma ausência surpreendente de transações monetárias. Diferente do latifúndio romano, que vendia sua produção para a cidade, o *manor* supria apenas a si mesmo e, talvez, a cidade local. Nenhuma propriedade manorial foi auto-suficiente o bastante para deixar de manter vínculos financeiros com o mundo externo; mesmo os servos compravam alguns itens e vendiam alguns ovos, e o senhor ocasionalmente tinha que adquirir suprimentos que não produzia por si só. No todo, porém, muito pouco dinheiro trocava de mãos. De acordo com Henri Pirenne, uma autoridade na história econômica medieval,

> ...os inquilinos pagavam suas obrigações ao senhor em espécie. Cada servo...tinha um número fixo de dias de trabalho e uma quantidade estabelecida de produtos naturais ou bens fabricados por ele, milho, ovos, gansos, galinhas, ovinos, porcos e roupas de fibras de cânhamo, linho ou lã. É verdade que havia algum pagamento pequeno, mas ele significava uma parte tão pequena do todo, que era impossível não concluir que a economia do feudo fosse natural... uma vez que não se envolvia em negociações comerciais, não havia necessidade de usar o dinheiro...[16]

Cidades e feiras

Faríamos, porém, uma interpretação errada da vida medieval se concluíssemos que o dinheiro e as transações financeiras, bem como as trocas de uma sociedade de mercado, fossem elementos estranhos a ela. Da mesma forma que na Antigüidade, temos que pensar a sociedade econômica medieval como uma fundação enorme de produção agrícola, estática e sem moeda, em cuja porção mais superior florescia uma variedade de atividades mais dinâmicas.

Por um lado, além dos *manors*, havia também pequenos remanescentes das cidades romanas (e, como veremos adiante, os núcleos de novas cidades), e essas cidades pequenas sem dúvida exigiam uma rede de mercados para atendê-las. Cada uma possuía bancas para as quais os camponeses traziam parte de sua colheita para ser vendida. Mais importante ainda era o fato de as cidades serem, sem qualquer dúvida, uma unidade social diferente dos *manors*, com outras leis e costumes aplicados a seus problemas. Mesmo quando as cidades passaram a ter proteção dos *manors*, seus habitantes pouco a

---

[16]Henri Pirenne, *Economic and Social History of medieval Europe*, traduzido por I. E. Clegg (New York: Harcourt, Harvest Books, 1956), 105.

pouco ficaram livres das obrigações feudais de trabalho e, mais significativamente ainda, das obrigações feudais da lei.[17] Diferente dos "costumes antigos" do *manor*, uma nova e sempre evolutiva "lei dos mercadores" regulava muito da atividade comercial que ocorria entre as paredes das cidades.

Outro local de vida econômica ativa era a feira. Estamos falando de uma espécie de mercado itinerante, estabelecido em localidades fixas, em datas também fixas, em que mercadores de toda a Europa realizavam um verdadeiro comércio internacional. Normalmente uma vez por ano, as grandes feiras eram ocasiões maravilhosas, misto de feriado social, festival religioso e atividade econômica intensa. Em algumas, como a de Champagne, na França, ou a de Stourbridge, na Inglaterra, uma ampla variedade de mercadorias era trazida para venda: seda do Oriente, livros e pergaminho, cavalos, artigos medicinais e especiarias. Quem visitou o Mercado Livre (Flea Market) nos arredores de Paris, ou alguma feira no interior da Nova Inglaterra ou Oriente Médio, por exemplo, saboreou um pouco a atmosfera desses mercados. Pode-se imaginar a efervescência das feiras injetada no ar parado da vida medieval.

As corporações de ofício (guildas)

Finalmente, dentro das próprias cidades, encontramos os pequenos embora bastante importantes centros de produção "industrial" medieval, porque, mesmo em seu auge, o *manor* não era capaz de prover todos os utensílios necessários para sua manutenção, muito menos para sua extensão. Os serviços ou produtos dos vidreiros e dos pedreiros, fabricantes de armas e de artigos de metal especializados, e os sofisticados tecelões e tingidores de tecidos tinham que ser trazidos quando necessário e normalmente eram encontrados em certas instituições medievais tão características da vida na cidade quanto os *manors* eram da vida no campo.

Essas instituições eram as *corporações de ofício* (guildas) – organizações comerciais, profissionais e artesanais com origem em Roma. Elas eram as "unidades de negócios" da Idade Média; na verdade, as pessoas só podiam abrir seu "negócio" se esse estivesse vinculado a uma corporação de ofício. As corporações de ofício, assim, eram uma espécie de união exclusiva, não de trabalhadores, mas de mestres. Suas figuras dominantes eram os mestres da corporação – fabricantes independentes, que trabalhavam em suas casas e se reuniam para eleger o governo de sua guilda. Os eleitos elaboravam as regras referentes à conduta interna nos negócios.[18] Sob a autoridade dos mestres das corporações ficavam seus poucos diaristas, pagos pelo serviço do dia, e sua meia dúzia de aprendizes, com 10 a 12 anos de idade, vinculados àqueles por períodos de 3 a 12 anos, sob sua tutela legal. Com o passar do tempo, um aprendiz poderia se tornar um diarista, para então, pelo menos no romanceiro medieval, graduar-se chegando à situação de senhor absoluto da guilda, quando completasse sua "obra-prima".

Qualquer levantamento da vida nas cidades medievais à luz das guildas nos fascina: bordadores e luveiros, chapeleiros e copistas, armadores e marceneiros, cada um na sua corporação de ofício, com seu diferente brasão e conjunto sofisticado de regras. Se a

---

[17]Daí o ditado "o ar da cidade liberta os homens", porque o servo que fugisse para uma cidade e ali permanecesse por um ano e um dia costumava ser considerado alguém que passara da jurisdição de seu senhor para a dos burgueses da cidade. A fuga era um dos vários meios acessíveis aos servos de protestarem contra sua condição. Servos fugitivos, da mesma forma que escravos fugitivos, recebiam punições horríveis. Mesmo assim, continuamente os servos fugiam para as cidades, usando essa forma menor e desesperada de fazer pressão econômica sobre seus senhores. Uma discussão sobre a importância desse assunto pode ser encontrada em *The Transition from Feudalism to Capitalism*, ed. Rodney Hilton (London: NLB, 1978).

[18]Observe-se a inexistência de mulheres numa guilda, a não ser como serviçais.

vida, entretanto, nas corporações de ofício e feiras oferece um contraste marcante com a vida monótona nos *manors*, não devemos nos confundir com as semelhanças superficiais e crer que o que se via era uma antecipação da vida moderna com vestes medievais. Há uma longa distância separando a corporação de ofício da empresa moderna, e é bom que tenhamos firme na mente algumas dessas diferenças.

As funções das corporações de ofício

Em primeiro lugar, a corporação de ofício ou guilda era muito mais que apenas uma instituição de organização da produção. Embora a maior parte de suas regras tivesse a ver com salários e condições de trabalho, bem como especificações do produto, elas ainda lidavam bastante com assuntos "não econômicos": contribuições de cada membro para caridade, papel cívico, roupa adequada, e até mesmo conduta diária. Quando um membro da guilda dos fabricantes de tecidos em Londres "agrediu" outro membro, numa discussão acerca de determinada mercadoria, ambos foram multados em dez libras, que passariam a duzentas libras se repetissem a desgraça. Numa outra corporação de ofício, membros envolvidos numa discussão barulhenta foram multados com um barril de cerveja a ser bebido pelos demais membros da corporação.

Entre uma corporação de ofício e uma empresa comercial moderna existe um abismo muito maior que esse paternalismo dominante: *diferentemente de uma firma moderna, a finalidade de uma corporação de ofício não era, antes de qualquer coisa, ganhar dinheiro.* O propósito era a conservação de uma determinada forma ordenada de vida – maneira essa que contemplasse uma receita decente para os artesãos-mestres, ainda que sem a pretensão de permitir que algum se tornasse um "grande" homem de negócios ou monopolizador. Ao contrário, as guildas foram criadas, especificamente, como proteção contra qualquer conseqüência de desentendimento significativo entre seus membros. Termos do serviço, salários e maneira de progredir dos aprendizes e diaristas, tudo era estabelecido por costume. O mesmo se dava com os termos de uma venda: um membro da corporação que monopolizasse a oferta de um item seria culpado por *estocagem*, conduta merecedora de penalidades rigorosas; o membro que comprasse mercadoria no atacado para vender no varejo era, da mesma forma, punido por *especulação*. A concorrência tinha limites rígidos, e os lucros, níveis estabelecidos. A propaganda era proibida, e mesmo o progresso técnico antecipado ao de outros companheiros da guilda era vista como uma deslealdade.

Nas grandes corporações de tecelões florentinos no século 14, por exemplo, não era permitido a nenhum comerciante atrair um comprador para sua loja ou achacar um cliente na porta do estabelecimento de outro comerciante, e nem mesmo processar suas peças de roupa de forma diferente daquela dos companheiros de ofício. Padrões de produção e processamento de tecido estavam sujeitos ao exame mais detalhado possível. Se uma tintura vermelha, por exemplo, tivesse sido adulterada, o autor da mudança seria condenado a uma multa elevadíssima, e se não a pagasse perderia a mão direita.[19]

Sem dúvida, as guildas representam um aspecto mais "moderno" da vida feudal se comparadas ao *manor*; entretanto o estado de espírito geral da vida numa corporação era bastante distante das metas e ideais do empreendimento comercial moderno. Não havia o jogo livre do estabelecimento de preços, a livre concorrência, a busca incansável de vantagens. Existindo à margem de uma sociedade relativamente sem moeda, as corporações de ofício, por força das circunstâncias, buscaram assumir os riscos derivados de seus pequenos empreendimentos. Como tal, estavam tão imersas na atmosfera medieval quanto os *manors*.

---

[19] Georges F. Renard, *Histoire du Travail à Florence* (Paris: 1913), 190ff.

A economia medieval

Além até mesmo dessas diferenças, precisamos observar uma fenda ainda mais profunda entre a sociedade econômica medieval e a da economia de mercado. Trata-se do abismo entre uma sociedade em que a atividade econômica está ainda bastante misturada com a atividade social e religiosa e outra em que a vida econômica ocupou um lugar, por assim dizer, numa categoria especial própria. No próximo capítulo falaremos sobre as maneiras pelas quais uma sociedade de mercado cria uma esfera especial de existência econômica. Enquanto concluímos nossa introdução à sociedade econômica medieval, o elemento principal a que devemos prestar atenção é o de que tal esfera especial ainda não existia. *Na sociedade medieval a economia era um aspecto subordinado da vida, e não um aspecto dominante.*

O que dominava então? A resposta é, sem dúvida, que nas questões econômicas, tal como em várias outras facetas da vida medieval, o ideal que orientava era religioso. Foi a Igreja Católica, o grande pilar de estabilidade numa era de desordem, que se constituiu na verdadeira autoridade sobre a economia, como sobre inúmeras outras questões.

Mas a economia do catolicismo medieval não se preocupava com os créditos e os débitos de uma operação de negócios bem-sucedida da mesma forma que se preocupava com os créditos e os débitos das almas dos operadores dos negócios. De acordo com o que escreveu R. H. Tawney, um dos grandes estudiosos do problema:

> ...as contribuições específicas dos escritores medievais à técnica da teoria econômica foram menos importantes que suas premissas. Seus principais pressupostos, que deixariam uma marca profunda no pensamento social dos séculos 16 e 17, foram dois: que os interesses econômicos estavam subordinados ao verdadeiro negócio da vida, a salvação, e que a conduta econômica constituía um aspecto da conduta pessoal sobre a qual, como sobre outras partes desta, estão as amarras da conduta moral. As riquezas materiais são necessárias... uma vez que sem elas os homens não se sustentam nem prestam auxílio ao outro... Mas os motivos econômicos são suspeitos. Porque são apetites poderosos, os homens os temem, embora não sejam suficientemente sórdidos para aplaudi-los. Tal como outras paixões poderosas, o que estes apetites precisam, acredita-se, não é um campo livre, mas repressão...[20]

O que encontramos, assim, em todo o pensamento religioso medieval é um desconforto predominante em relação às práticas da sociedade econômica. Basicamente, a atitude da Igreja em relação ao comércio foi cautelosa e acertadamente resumida na frase *"homo mercator vix aut numquam Deo placere potest"*– "o comerciante raramente ou jamais consegue agradar a Deus".

O preço justo

Deparamo-nos com essa suspeição em relação à motivação dos negócios na preocupação da Igreja com a idéia de um "preço justo". O que seria um preço justo? Seria a venda de alguma coisa pelo que vale, e nada mais que isso. "É pecado grave", escreveu Tomás de Aquino, "praticar fraude com a finalidade explícita de vender uma coisa por mais que o preço justo, na medida em que um homem engana seu vizinho para fazê-lo perder."[21]

O que *seria* o "valor" de uma coisa? Presume-se que seria o custo para adquiri-la ou fabricá-la. Suponhamos, porém, que um vendedor tivesse pago muito por um item – o que

---

[20]R.H. Tawney, *Religion and the Rise of Capitalism* (New York: Harcourt, 1947), 31.
[21]A.E. Monroe, ed., "Summa Theologica", in *Early Economic Thought* (Cambridge, MA: Harvard University Press, 1924), 54.

seria então um "preço justo" de revenda? Suponhamos também que um homem pagasse pouco – ele correria perigo de perda espiritual para contrabalançar o ganho material?

Essas perguntas foram objeto das considerações dos "teólogos-economistas" da Idade Média, e testemunham a mistura de economia e ética característica do período. Elas não eram, todavia, questões meramente teóricas. Temos registros da perturbação que a teologia econômica causou aos verdadeiros partícipes do processo econômico. Um certo St. Gerald of Aurillac, no século 10, tendo comprado um traje eclesiástico em Roma por um preço baixo demais, soube de alguns mercadores itinerantes que negociara uma "barganha"; em vez de ficar feliz, apressou-se em enviar ao vendedor uma quantia a mais para não cometer o pecado da avareza.[22]

Sua atitude foi, sem dúvida, excepcional. No entanto, se a admoestação para a cobrança de preços justos não funcionou para conter os apetites pessoais de lucro do homem, ao menos conteve seu entusiasmo. Os homens de negócios mais comuns com freqüência paravam para avaliar a condição de seus registros de equilíbrio moral. Cidades inteiras, uma vez ou outra, arrependiam-se da usura e pagavam uma correção pesada. Ou ainda comerciantes, como Gandoufle le Grand, no leito de morte ordenariam a restituição àqueles de quem teria obtido juros. Homens de negócios do século 12 e 13 ocasionalmente inseriam adendos a seus testamentos, obrigando os filhos a não os imitarem nas trapaças do comércio, ou tomavam providências para compensar os pecados comerciais, fazendo caridade. Um mercador medieval em Londres patrocinou uma bolsa de estudos eclesiástica com catorze libras, "pelo tanto de culpa de minha consciência por ter enganado nesta vida várias pessoas até esse total".[23]

Descrédito do ganho

Assim, a pressão teológica da suspeição injetou um aspecto totalmente novo no processo de ganhar dinheiro. Pela primeira vez, a *culpa* foi associada a esse processo. Diferente do adquirente da Antigüidade, que revelava sem vergonha alguma seus tesouros, o homem medieval que tivesse lucrado contava os ganhos sabendo que poderia estar colocando a alma em perigo.

Em lugar algum essa desaprovação ao processo de fazer fortuna foi tão evidente quanto no horror à usura – emprestar dinheiro a juros – pela Igreja. Desde a época de Aristóteles, esse tipo de transação era visto como uma atividade essencialmente parasitária, uma tentativa de fazer com que um bem improdutivo, a moeda, gerasse retorno. Entretanto, algo que sempre foi uma atividade vagamente impopular e de má reputação passou a ser, conforme a análise da Igreja, algo profundamente maléfico. A usura foi considerada pecado *mortal*. Nos concílios de Lyon e Viena, nos séculos 13 e 14, o praticante de usura foi declarado um pária social, para quem pessoa alguma, sob pena de excomunhão, poderia alugar um imóvel; cuja confissão poderia não ser ouvida, cujo corpo poderia não ter um enterro cristão, e cujo testamento poderia ser invalidado. Mesmo quem defendesse a usura era suspeito de heresia.

Esses poderosos sentimentos da Igreja não foram meros resultados de escrúpulos teológicos. Pelo contrário, muitas ordens da Igreja contra a usura e o lucro tiveram origem na mais secular das realidades. A fome, a calamidade endêmica da Idade Média, trouxe consigo a mais desumana extorsão econômica: empréstimos com juros de 40 a 60% – simplesmente para permitir que o tomador do empréstimo comprasse pão. Gran-

---

[22] Pirenne, *Economic and Social History of Medieval Europe*, 27.
[23] S.L. Thrupp, *The Merchant Class in Medieval London* (Chicago: University of Chicago Press, 1948), 177. Também Renand, *Histoire du Travail à Florence*, 220ff.

de parte do descrédito da busca de lucro e de juros decorreu de sua identificação com essas práticas impiedosas, abundantes no período medieval.

Finalmente, outra razão, talvez mais fundamental, permeia a má reputação dos ganhos e dos lucros: a organização essencialmente estática da própria vida econômica. Não nos esqueçamos de que se trata de uma vida, basicamente, agrícola, e que a agricultura, com sua complexidade infinita de lotes de camponeses, estava longe de ser eficiente. Citando Henri Pirenne uma vez mais:

> ...toda a noção de lucro, e, de fato, sua possibilidade, era incompatível com a posição ocupada pelo grande senhor de terra medieval. Incapaz de produzir para venda devido à falta de mercado, ele não precisou quebrar a cabeça para extorquir de seus homens e sua terra um excedente que seria simplesmente um encargo, e como ele era obrigado a consumir a própria produção, contentava-se em limitar-se às suas necessidades. Seu meio de existência estava garantido pelo funcionamento tradicional de uma organização que ele não tentou aperfeiçoar.[24]

Valia para a cidade o mesmo que para o campo. A idéia de uma economia *em expansão*, uma escala *crescente* de produção e uma *maior* produtividade era tão estranha ao mestre das corporações de ofício ou ao mercador quanto ao servo e ao senhor. A organização econômica da Idade Média foi concebida como uma forma de reproduzir, e não de incrementar, o bem-estar material do passado. A máxima adotada era a perpetuação, e não o progresso. Não nos surpreendamos se numa organização tão estática a busca de lucro era encarada mais como um incômodo do que como um fenômeno econômico a ser saudado.

PRÉ-REQUISITOS DA MUDANÇA

Recompusemos os contornos mais amplos da organização econômica ocidental até o século 10 ou 12, aproximadamente. Mais uma vez, é sábio enfatizar a diversidade das correntes encobertas por um quadro que com freqüência somos obrigados a tratar como uniforme. Na melhor das hipóteses, nossa viagem até a Antigüidade e a Idade Média pode oferecer uma visão rápida do sabor predominante das eras, uma noção da atmosfera econômica dominante, das instituições e idéias principais pelas quais as pessoas organizaram seus esforços econômicos.

Temos, no entanto, certeza de uma coisa: estamos muito distantes da atitude e do ritmo da vida econômica moderna. Os poucos impulsos testemunhados no mundo lento do *manor* e da cidade são sinais de uma mudança enorme que, ao longo dos séculos seguintes, alterariam de forma dramática a maneira elementar da organização econômica em si, substituindo as velhas amarras da tradição e do comando por novas, as das transações de mercado.

Teremos que esperar até o próximo capítulo para testemunharmos o verdadeiro processo de mudança em si. Talvez seja útil focalizarmos o que já vimos e o que iremos testemunhar, antecipando nossa linha evolutiva. Temos agora uma noção de uma sociedade pré-mercado, sociedade em que há mercados, mas que ainda não depende de um mecanismo de mercado para a solução do problema econômico. Que mudanças serão necessárias para transformar uma sociedade assim numa verdadeira economia de mercado?

1. Uma nova atitude quanto à atividade econômica será necessária

    Para que uma sociedade funcione assim, os homens precisam ser livres para buscar ganhos. A suspeição e o desconforto que cercavam as idéias de lucro, mudança e mo-

---
[24]Pirenne, *Economic and Social History of Medieval Europe*, 63.

bilidade social precisam ceder a vez a novas idéias que estimulem exatamente aquelas atitudes e atividades. Por sua vez, isso significou, nas famosas palavras do historiador jurídico da metade do século 19, Sir Henry Maine, que a *sociedade do status* desse lugar à *sociedade do contrato*, que a sociedade em que homens nasciam para suas posições na vida desse a vez a uma sociedade em que eles fossem livres para definir por si mesmos essas posições.

Para a mente medieval, essa idéia teria parecido algo injustificável. A noção de que uma liberdade completa para tudo e todos determinasse as compensações humanas, sem qualquer tipo de limite, teria parecido desprovida de sentido – até mesmo uma blasfêmia. Recorrendo mais uma vez a R.H. Tawney:

> Fundar uma sociedade com base no pressuposto de que o apetite para o ganho econômico fosse...aceito, como outras forças naturais..., teria parecido para o pensador medieval quase tão irracional ou imoral quanto tornar a premissa da filosofia social a operação ilimitada de atributos humanos tão necessários quanto a beligerância ou o instinto sexual.[25]

Todavia, uma tal liberdade para buscar o ganho econômico, uma tal concorrência agressiva na nova relação contratual entre as pessoas seria fundamental para o nascimento de uma sociedade de mercado.

2. A monetização da vida econômica terá que atingir seu ápice

Um dos pré-requisitos para uma economia de mercado deve já estar bastante claro: uma economia assim precisa envolver o processo de troca, de comprar e vender, em todos os níveis sociais. Para que isso se dê, porém, os homens devem possuir os meios para ingressarem no mercado; isto é, precisam possuir dinheiro (moeda). Em contrapartida, se a sociedade tiver que ser permeada pela moeda, os homens precisam ser pagos pelo seu trabalho. Em outras palavras, *para que exista uma sociedade de mercado, quase que a totalidade das tarefas deve ter uma recompensa monetária.*

Mesmo na nossa sociedade, altamente monetizada, não pagamos por todos os serviços: por exemplo, serviços de manutenção do lar e cuidado dos filhos realizados pelas donas de casa não são tarefas remuneradas. Mas durante todo o período pré-mercado, serviços sem pagamento – a quantidade de trabalho feito legalmente sem compensação monetária – eram em muito maior número que os encontrados em nossa sociedade. O trabalho escravo não era pago, bem como a maior parte do trabalho dos servos. Mesmo os aprendizes recebiam uma remuneração mais em bens, comida e abrigo que em dinheiro. Assim, é provável que 70 a 80% da população real de trabalhadores de uma economia antiga ou medieval trabalhassem sem qualquer coisa que se parecesse com um pagamento regular em dinheiro.

Numa sociedade assim, as possibilidades de uma economia de troca altamente envolvida eram limitadas; precisa ser observada, entretanto, uma conseqüência ainda mais importante. A ausência de uma monetização disseminada de tarefas significou *a ausência de um mercado disseminado para os produtores*. Não poderia estar por vir alguma coisa como o fluxo do "poder de compra", que domina e orienta nossos próprios esforços produtivos, numa sociedade em que receita em dinheiro era mais a exceção que a regra.

3. A pressão de uma "demanda" pelo jogo livre de mercado terá que assumir a regulamentação das tarefas econômicas da sociedade

Durante a Antigüidade e a Idade Média, como vimos, a tradição ou o comando solucionavam o problema econômico. Eram essas as forças que regulavam a distribuição

---

[25]Tawney, *Religion and the Rise of Capitalism*, 31-32.

de recompensas sociais. Numa sociedade de mercado, porém, outro meio de controle deve surgir para assumir seu lugar. *Um fluxo de demanda por moeda que a tudo se aplica, ele próprio derivado da monetização de todas as tarefas econômicas, precisa se tornar o grande mecanismo propulsor da sociedade.* Os homens precisam ir para suas tarefas não porque obrigados a isso, mas porque lá farão dinheiro, e os produtores precisam decidir quanto ao volume e à variedade de seus resultados não porque assim ditam as regras do *manor* ou da *guilda*, mas porque existe uma demanda de mercado para determinadas coisas. De alto a baixo na sociedade, uma nova orientação mercadológica precisa assumir as tarefas de produção e distribuição. O reabastecimento total, o provisionamento constante, o progresso da sociedade precisam estar submetidos à mão orientadora de uma demanda universal por trabalho e bens.

Quais as forças que, em última instância, direcionam o mundo da organização econômica medieval para um mundo da moeda, de mercados universais, de busca de lucro? Está posto o palco para tentarmos responder a essa pergunta profundamente importante e difícil. O próximo capítulo leva-nos a uma análise das causas capazes de influenciar uma mudança tão grande.

Conceitos e termos importantes

Mercados

1. Faremos uma distinção entre mercados, que possuem uma linhagem muito antiga, e sociedades de mercado, que não tem essa linhagem. *Numa sociedade de mercado, o problema econômico em si – produção e distribuição – é solucionado por meio de uma imensa troca entre compradores e vendedores.* Muitas sociedades antigas possuíam mercados, mas eles não organizavam as atividades fundamentais dessas sociedades.

2. As sociedades econômicas da Antigüidade tiveram vários aspectos comuns, muitos dos quais diferem bastante dos encontrados em economias de mercado modernas:

Trabalho de camponeses
- Fundamentavam-se numa base agrícola de *trabalho feito por camponeses*.
- Suas cidades eram – de um ponto de vista econômico – *centros parasitários de consumo, e não centros ativos de produção*.

Escravidão Excedente
- A *escravidão* foi uma forma de trabalho comum e muito importante.
- Além disso, produziam-se *excedentes* bastante consideráveis, da mesma forma que os sistemas econômicos modernos.

Riqueza e poder
3. Em conseqüência, nas sociedades econômicas antigas deparamo-nos com o lado econômico da vida a serviço do lado político. Os religiosos, os guerreiros e os governantes eram superiores aos mercadores e comerciantes; a *riqueza seguia o poder,* e não o contrário – como nas próximas sociedades de mercado.

Feudalismo
4. A vida econômica medieval surgiu a partir de uma desorganização catastrófica após o declínio da lei e da ordem romanas. Caracterizou-se por uma nova forma de organização, o *sistema manorial* em que

Senhores Servos
- *Os senhores locais eram os centros do poder político, militar, econômico e social.*
- *A maioria dos camponeses estava vinculada como servos* a um dado senhor, para quem deveriam trabalhar e a quem deviam trabalhos e impostos.
- *Proteção física* contra bandidos e outros senhores era oferecida pelo senhor, que ainda providenciava a segurança econômica nos momentos de sofrimento.

Sistema Manorial 5. *O sistema manorial*, em especial nos primórdios (séculos 6 a 10), *era um sistema econômico estático*, em que os pagamentos em moeda desempenhavam um papel menor. A auto-suficiência era a principal finalidade e a característica mais marcante do *manor*.

Feiras 6. Ao lado do *manor* existia a vida econômica das *cidades*. As trocas monetárias aqui sempre tiveram papel mais importante, da mesma forma que a organização de uma vida econômica mais ativa na instituição das *feiras*.

Corporações de Ofício 7. Uma *corporação de ofício* ou *guilda* era a principal forma de organizar a produção nas grandes e pequenas cidades. *As guildas eram muito diferentes dos negócios modernos*, uma vez que desestimularam a concorrência ou a busca de lucro e tentavam impor regras gerais sobre os métodos de produção, as taxas de pagamento, as práticas de mercado, e assim por diante.

Usura 8. Durante o período medieval, a Igreja Católica – a principal organização social do período – suspeitava das atividades de compra e venda. Em parte, isso refletia uma repriménda às práticas de exploração da época; por outro lado, era uma conseqüência do repúdio ao enriquecimento (não se esqueça de Aristóteles e seu desprezo quanto ao *chrematistiké*), e, em especial, ao ato de emprestar dinheiro (usura). Os líderes religiosos da época preocupavam-se com os "preços justos", não aceitando que comprar e vender sem regras pudesse dar margem a preços justos.

Sociedade de mercado 9. Três mudanças profundas e dominantes seriam necessárias para transformar a sociedade medieval numa sociedade de mercado:
- *Uma nova atitude quanto ao enriquecimento* como uma atividade legítima que teria que substituir a desconfiança medieval em relação à lucratividade.

Monetarização
- *A rede de monetização teria que se expandir* para além de seus limites estreitos – isto é, comprar e vender teria que controlar a produção de tudo e a realização de quase todas as tarefas.
- *O fluxo da "demanda" e da "oferta" teria que poder controlar o rumo da atividade econômica*, retirando-a do controle dos senhores e dos usos e costumes.

Perguntas

1. Quais são as diferenças, se existirem, que caracterizam as atitudes e o comportamento econômico do fazendeiro norte-americano e do homem de negócios norte-americano? Essa comparação é capaz de também descrever o comportamento e a atitude do camponês egípcio e do mercador egípcio? A que atribuir a diferença entre as duas sociedades?
2. Júlio César e J. P. Morgan foram homens ricos e poderosos. Que diferença há na origem de sua riqueza e poder? O poder ainda é conseqüência da riqueza nas sociedades econômicas modernas? A riqueza ainda é conseqüência de poder nas sociedades que não são de mercado?
3. Quais eram os usos dados aos excedentes da sociedade na Roma Antiga? Na sociedade feudal? Nos Estados Unidos de hoje? Na China? Qual é a importância agregada a esses diferentes usos? O que eles nos revelam sobre a estrutura dessas sociedades?
4. Qual é a sua opinião sobre a validade da distinção feita por Aristóteles entre atividade econômica para *uso* e para *enriquecimento*?
5. De que forma um servo seria uma criatura *econômica* diferente de um trabalhador nas fazendas modernas? Quais são as diferenças entre um escravo e um operário da indústria?
6. Que diferenças teriam que ocorrer numa corporação de ofício para que ela se assemelhasse a uma empresa moderna?

7. A Bíblia traz várias passagens contrariando o enriquecimento – "É mais fácil um camelo passar pelo buraco de uma agulha do que um homem rico entrar no reino de Deus". Como você justifica essa antipatia antiga da Igreja em relação à riqueza? Atualmente, a religião ainda apresenta desconfiança em relação à busca de enriquecimento? Por quê?
8. A idéia de preço "justo" (ou salário "justo") ainda é encontrada em nossa sociedade? Que sentido costuma ser atribuído a esses termos? Em sua opinião, tais idéias são compatíveis com um sistema de mercado?
9. O sistema manorial persistiu por quase mil anos. Por que as mudanças demoraram tanto a acontecer?
10. Grécia e Roma antigas foram muito mais "modernas" em suas características essenciais que a Europa feudal, embora nenhuma delas tenha tido, nem de longe, um sistema econômico moderno. Por que não?

> **PENSAR NO PASSADO, OLHAR PARA O FUTURO**

O QUE É HISTÓRIA ECONÔMICA?

No "Pensar no Passado, Olhar para o Futuro" anterior, analisamos o sentido, ainda não totalmente esclarecido, do termo economia. Para começo de conversa, a palavra "econômico" teria sido usada antes de existir a idéia de *economia*? Trata-se de uma pergunta interessante que, até onde sabemos, jamais foi feita. Que resposta *você* dá a ela?

Permita, porém, que tentemos esclarecer essa palavra estranhamente ambígua observando como realmente surgiu na história o que hoje conhecemos como sociedade econômica. Uma análise atenta dessa última frase destaca outro termo de cujo sentido dependeremos. Qual é? Exato! *História*.

Quais os sentidos da palavra *história*? O primeiro é sugerido, sem dúvida (pelo menos no inglês) por "story" (o antigo termo "estória"). História seria a "estória" de alguma coisa? Pode ser, certamente – embora aqui exista um truque interessante: costuma haver mais de uma "estória" na história – isto é, mais de uma possível leitura dos acontecimentos que tentamos organizar num todo em grande escala. Vejamos a história do progresso, ou seu oposto, o declínio. Em sua opinião, a conquista gradativa do direito de votar, iniciado há quatro séculos na Inglaterra, foi visto como "progresso" pelas classes superiores daquele país, ou como os primeiros sinais de declínio iminente? Não seria também verdade que essa mesma "estória" fora saudada somente por uns poucos aristocratas mais sábios, sendo hoje em dia comemorada como uma vitória para os que entendem a chegada da democracia como exatamente o processo pelo qual o progresso passou a existir?

O capítulo anterior tratou de uma mudança notável na sociedade européia, iniciada a partir de um ponto de vista quase literalmente bíblico, no qual o amor pelo dinheiro era descrito como a "raiz de todo o mal" (Timóteo 6:10), em que os próprios mercadores, o que não surpreende, eram repudiados e não respeitados. No final do capítulo, começamos a perceber uma nova ordem social em que o dinheiro cada vez mais era identificado com respeitabilidade, e os mercadores mais e mais vistos como praticantes de uma honrosa ocupação.

A mudança em si não ocorreu imediatamente; levou alguns séculos. Alguns de seus aspectos mais dramáticos serão examinados no próximo capítulo. Este capítulo, porém, já o fez perceber que a história costuma ser apresentada como um capítulo a ser lido em meia hora, ainda que tenha precisado de três séculos para acontecer. O capítulo que está por vir mostrará que história pode também ser entendida quando nos concentramos em seus "momentos" de clímax – simples lapsos de tempo de 50 anos – que surgem no contexto da "estória" maior que você agora começou a acompanhar. Focalizamos, até agora, uma era em que a história domina a economia. Iniciaremos uma era em que a ordem das coisas começará a mudar. As circunstâncias das instituições mercantilistas – em especial, os negócios e a busca do lucro – entram em cena para modelar e guiar a história.

Capítulo 3

O Surgimento da Sociedade de Mercado

Tradição, imutabilidade, ordem – eram esses os conceitos mais importantes na sociedade econômica medieval, e no capítulo anterior fomos apresentados a essa forma pouco familiar e estática de vida econômica. Nossa finalidade neste capítulo, entretanto, é outra: não é a descrição dos fatores que conservaram a estabilidade econômica da sociedade medieval, mas sim identificar as forças que a sabotou.

Mais uma vez, começamos com um alerta. Este capítulo aborda uma grande variedade de experiências históricas. Temos que evitar a crença de que as forças da mudança que dominam esse capítulo tenham sido idênticas em todas as regiões e séculos, ou que a transição que causaram tenha sido uniforme durante a enorme expansão européia. Ao contrário, a grande evolução que testemunharemos nestas páginas não teve contornos claros; foi imprecisa e irregular. Ao mesmo tempo em que as primeiras evidências de uma sociedade de mercado realmente moderna estavam começando a se manifestar nas cidades medievais italianas e holandesas, formas arcaicas de relações feudais ainda persistiam nos setores agrícolas desses países e na vida urbana de outros. Não podemos esquecer que os processos históricos descritos aqui abrangem o período entre os séculos 10 e 17 (e mesmo o 18 e o 19, em certos locais), manifestando-se nos países de formas diferentes.

Com isso esclarecido, tratemos da grande evolução em si. Que agentes foram suficientemente poderosos para ocasionar as principais mudanças históricas necessárias para que surgisse uma sociedade de mercado?

FORÇAS DE MUDANÇA

O mercador itinerante

Encontramos a primeira dessas forças em uma forma inesperada. Trata-se de uma pequena procissão de homens armados percorrendo uma das estradas rudimentares da Europa medieval: um condutor com um estandarte de brasão colorido na dianteira, seguido de um chefe militar, logo depois um grupo de caminhantes com arcos e espadas, e finalmente uma caravana de cavalos e mulas, carregados de barris, fardos, sacolas e outros pacotes.

Uma pessoa não familiarizada com a vida na Idade Média facilmente pensaria tratar-se de uma parte dos transportadores da carga de um pequeno exército, o que seria um engano. Não eram soldados, mas mercadores, os mercadores itinerantes a quem os ingleses do século 12 chamavam de "pie-powders", a partir do francês *pieds poudreux*, pés empoeirados. Muitos percorriam distâncias enormes por estradas ruins e empoeiradas. É conhecido o caso de uma estrada que precisou da intervenção de um religioso local para evitar que fosse arada, já que lembrava um campo para cultivo. Nas sacolas e pacotes levavam artigos que de uma maneira ou outra haviam atravessado a Europa, numa viagem cheia de riscos, ou que tinham vindo da Arábia ou da Índia, para serem vendidos nas cidades. Os mercadores, com seu espírito aventureiro, não tinham rumo certo pelo interior das cidades medievais.

E eram, realmente, aventureiros. Nas hierarquias estabelecidas das grandes propriedades manoriais européias, não havia posição natural para esses vendedores sem pátria, com suas características nada feudais de cálculo e contabilidade (normalmente, bastante rudimentar), além da insistência natural de negociarem em dinheiro. Os viajantes ocupavam posição bastante inferior na sociedade. Alguns, realmente, eram filhos dos servos, ou mesmo servos fugitivos. Como era difícil comprovar sua escravidão, possuíam, mesmo que só por ausência de outra condição, a dádiva da "liberdade". Não podemos estranhar o fato de que, aos olhos da nobreza, os mercadores causavam estranheza e desconforto, perturbando o *status quo*.

Ainda assim, ninguém poderia dispensar seus serviços. Iam para seus estandes de venda, cheios de mercadorias, os senhores e as senhoras dos *manors*, bem como os Bodos e as Ermentrudes do campo. Afinal, onde mais alguém poderia adquirir pimenta ou tinta violeta, ou uma lasca autêntica da Cruz? Onde mais poderiam ser comprados os tecidos maravilhosos da Toscana, ou serem ouvidas palavras tão esotéricas derivadas do árabe, como *jarra* ou *xarope*? Se o mercador era um agente de perturbação no amálgama da vida medieval, ele também era um discreto ingrediente ativo, sem o qual aquela mistura teria sido realmente insossa.

Encontramos pela primeira vez na Europa o mercador itinerante no século 8 e 9, e conseguimos acompanhar sua evolução até os séculos 14 e 15. Por essa época, em grande parte devido aos imensos esforços desses comerciantes, o comércio estava suficientemente organizado para que não mais necessitasse deles.[1] O que trouxeram, além das mercadorias, foi o primeiro sopro de comércio e relações comerciais para uma Europa que afundara numa estagnação manorial quase sem trocas e auto-suficiente. Mesmo cidades tão pequenas e isoladas como Forcalquier, na França – um pontinho no mapa, com uma estrada precária ligando suas escassas cem almas ao mundo exterior – foram alcançadas por esses intrépidos comerciantes: um livro bem antigo de relatos conta que em maio de 1331 trinta e seis mercadores visitaram Forcalquier para realizarem negócios na casa e na "loja" de um tal de Ugo Teralh, uma espécie de tabelião.[2] Assim, através de mil comunidades isoladas, eles lentamente teceram uma rede de interdependência econômica.

---

[1] Registros de um pedido de artigos feito quando do enterro de um nobre sueco em 1328 arrolam açafrão da Espanha ou da Itália, sementes de alcaravia do Mediterrâneo, gengibre da Índia, canela do Ceilão, pimenta do Malabar, anis do sul da Europa e vinhos do Reno e de Bordeaux. O pedido foi feito para entrega imediata por um comerciante local, apesar de a Suécia ser na época uma terra atrasada e primitiva. Cf. Fritz Rorig, *Mittelaterliche Weltwirtschaft* (Jena: 1933). (Estamos em dívida com Goran Ohlin por essa contribuição.)

[2] M. M. Postan, and H. J. Hubakkuk, general editors, *Cambridge Economic History of Europe*, 2nd ed. (Cambridge, England: Cambridge University Press, 1966), II, 325-326.

A urbanização

Um subproduto importante da atuação do mercador itinerante foi a lenta urbanização da vida medieval, a criação de novas cidades e vilarejos. Quando esses negociantes faziam suas paradas, eles naturalmente escolhiam o canto protegido de um castelo ou burgo local ou de uma igreja. Daí seu aumento em torno das muralhas de castelos situados em pontos bem escolhidos – nos *foris burgis*, que passou para *faubourg*, a palavra francesa para "subúrbio"–, locais mais ou menos permanentes de comércio que, por sua vez, se tornaram o coração das cidades pequenas. Localizados próximos das muralhas do castelo ou da catedral por proteção, os novos burgos ainda não "pertenciam" ao *manor*. Os moradores do burgo – *burgesses*, *burguers*, *bourgeois* –, na melhor das hipóteses, desfrutavam de uma relação anômala e insegura com o mundo manorial. Fica clara a dificuldade de aplicar a regra dos "costumes antigos", consagrada pelo tempo, às decisões sobre suas disputas, uma vez que não *havia* costumes antigos nos locais de comércio. Também inexistiam regras claras para a cobrança de impostos, ou graus determinados de lealdade que seriam devidos aos senhores locais. Ainda pior, algumas cidades que floresciam começaram a se cercar de muralhas. Por volta do século 12, o burgo comercial de Bruges, por exemplo, já havia envolvido a antiga fortaleza, como uma pérola ao redor de um grão de areia.

Curiosamente, essa mesma luta pela vida nos espaços não ocupados da sociedade feudal propiciou muito do impulso para o desenvolvimento de uma nova ordem econômica e social na cidade. Em todas as civilizações anteriores, as cidades haviam sido os postos avançados do governo central. Pela primeira vez, agora, existiam como entidades independentes fora da estrutura principal do poder social. Em conseqüência, conseguiram definir para si mesmas – *tiveram* que fazer isso sozinhas – um código legal e de comportamento social, bem como um conjunto de instituições governamentais que substituíram mais tarde as do interior feudal.

O processo demorou a ser concretizado porque a taxa de crescimento da cidade costumava ser muito lenta. Nos quase dois séculos que abarcam o período entre 1086 e 1279, por exemplo, a cidade de Cambridge, na Inglaterra, teve o acréscimo médio de somente uma casa por ano.[3] Uma razão importante para essa taxa de expansão quase imperceptível foi a dificuldade de movimentar pessoas ou materiais através das estradas bastante precárias. Uma das piores conseqüências do declínio do poder romano fora a decadência de seu anteriormente perfeito sistema de estradas, feitas daquelas mesmas pedras roubadas para uso em construções durante os anos das piores desorganizações sociais. Até a recuperação do sistema viário, a movimentação econômica foi limitada e vacilante. Vale a pena salientar que em muitas partes da Europa surgiu um sistema de transporte tão eficiente quanto o da antiga Roma somente no século 18, talvez 19. Napoleão precisou quase tanto tempo para invadir a Itália a partir da França quanto César para fazer o contrário.

O crescimento, ainda que lento, foi contínuo; em alguns lugares, foi muito mais rápido que em Cambridge. Durante os mil anos da Idade Média, quase mil cidades foram criadas na Europa, um estímulo considerável à comercialização e à monetarização da vida. Cada cidade possuía seus centros de comércio, postos de pedágio, muitas vezes seu próprio local para cunhar moedas, seus silos e lojas, tabernas e estalagens, e sua própria atmosfera de "vida urbana", que contrastava muito com a do interior. O crescimento lento e natural das vias urbanas foi um fator significativo para o aparecimento de um sabor de mercado na vida econômica européia.

---

[3] George Gordon Coulton, *Medieval Panorama* (New York: World Publishing, Meridian Books, 1955), 285.

As cruzadas

O aparecimento do mercador itinerante e da cidade foram dois fatores essenciais na lenta evolução de uma sociedade de mercado a partir da vida econômica medieval; um terceiro fator foram as Cruzadas.

Há uma ironia no fato de as Cruzadas, a suprema aventura religiosa na Idade Média, terem contribuído tanto para o estabelecimento de uma sociedade à qual a Igreja se opunha com tanta intensidade. Se analisarmos as Cruzadas não do ponto de vista de seu impulso religioso, mas simplesmente como grandes expedições de exploração e colonização, seu impacto econômico fica mais bem compreensível.[4]

As Cruzadas oportunizaram o encontro repentino e perturbador de dois mundos diferentes. Um deles foi a ainda sonolenta sociedade do feudalismo europeu, com toda sua inércia rural, sua aversão ao comércio e as concepções ingênuas de negócios; o outro foi a brilhante sociedade de Bizâncio e Veneza, com sua vitalidade citadina, seu aproveitamento nada disfarçado do enriquecimento e suas sofisticadas formas de negociar. Os cruzados, originários de seus castelos ventosos e de rotinas manoriais aborrecidas, acreditavam encontrar no Oriente apenas selvagens sem instrução e religião. Foram surpreendidos pelo encontro com um povo muito mais civilizado, infinitamente mais sofisticado e bastante mais voltado ao dinheiro que eles.

Uma das conseqüências foi o fato de os cruzados, mais ignorantes, passarem a ser os peões de interesses comerciais que eles pouco compreendiam. Durante as primeiras três Cruzadas, os venezianos, que ofereceram navios, enganaram-nos de maneira vergonhosa, como se fossem rudes camponeses numa feira. O fato de terem sido extorquidos não evitou, porém, que os cruzados chegassem à Terra Sagrada, embora com resultados inconclusos. Na admirável Quarta Cruzada (1202 a 1204), entretanto, Dandolo, o astuto Doge de Veneza de 94 anos, conseguiu transformar toda a expedição religiosa numa gigantesca operação de saque da qual Veneza saiu lucrando.

Primeiro, Dandolo tirou dos cruzados uma exorbitante quantia de 85.000 marcos de prata, alegando preço inicial de transporte, valor que um nobre sem recursos dificilmente obteria. Depois, quando a quantia foi levantada, ele se recusou a cumprir o acordo até que os cruzados concordassem em atacar a cidade de Zara, rica concorrente de Veneza. Como Zara era uma comunidade cristã e não habitada por "infiéis", o papa Inocente III horrorizou-se e sugeriu que o ataque se desse contra o Egito pagão. Esse país era, porém, um dos melhores clientes de Veneza, o que deixou Dandolo ainda mais aterrorizado. Os cruzados, imobilizados e presas de uma armadilha, não tiveram escolha: Zara foi logo abatida – após o que, diante do apetite de Dandolo, a Constantinopla cristã também foi saqueada. O Oriente "incivilizado" jamais foi alcançado, mas Veneza obteve lucros inimagináveis.

Não só Veneza lucrou. O impacto econômico sobre os próprios cruzados foi muito mais surpreendente que o religioso. Esse mesmo impacto foi desastroso para muitos: cavaleiros que derreteram sua prata para se unirem aos cruzados retornaram sem um tostão a seus *manors* empobrecidos. Mas os cruzados levaram a outras pessoas um novo impulso econômico. Quando em 1101, por exemplo, os genoveses atacaram a Cesaréia, um porto marítimo palestino, 8.000 soldados e marinheiros obtiveram uma recompensa de 48 moedas de ouro (*solidi*) e um quilo de pimenta – o que significou o nascimento de 8000 pequenos capitalistas.[5] Em 1204, quando Constantinopla se ren-

---

[4] Podemos notar parte da interação complexa do processo que observamos. As Cruzadas não apenas contribuíram para o desenvolvimento econômico da Europa; elas foram também um sintoma do desenvolvimento que ocorrera anteriormente.

[5] Postan and Habakkuk, *Cambridge Economic History of Europe*, II, 306.

deu, não somente cada cavaleiro recebeu vinte marcos em prata como sua parte na pilhagem, mas também os escudeiros e arqueiros foram recompensados com alguns marcos cada um.

As Cruzadas proporcionaram uma grande experiência fertilizadora na Europa. A antiga base de riqueza, com a terra como centro, entrou em contato com uma nova base financeira que se mostrou muito mais poderosa. Na verdade, a antiga idéia da vida em si teve que ser revista diante de um rápido aceno de uma existência não apenas financeiramente mais rica, mas mais alegre e vital. Como instrumento que tirou da rotina uma sociedade apática, as Cruzadas tiveram papel muito grande na aceleração da transformação econômica européia.

O crescimento do poder nacional

Um outro fator na lenta comercialização da vida européia foi a gradativa consolidação em partes maiores das entidades econômicas e políticas européias fragmentadas. Como a desintegração da vida econômica após o término do antigo Império Romano mostrou, uma sociedade econômica forte exigia uma base política firme e ampla. Com o início do lento processo de reunificação política da Europa, mais uma vez seu ritmo econômico começou a se acelerar.

Uma das características mais surpreendentes da Idade Média, e um dos obstáculos mais prejudiciais ao desenvolvimento econômico, foi a compartimentalização da autoridade. Durante uma jornada de 200 km, um mercador itinerante atravessaria uma dúzia de diferentes possessões, cada uma com suas regras, leis, sistema de peso e medida e dinheiro. Pior ainda era o fato de cada fronteira poder ter um posto de pedágio. Na virada dos séculos 13 e 14, dizia-se haver mais de trinta postos de pedágio ao longo do rio Weser e pelo menos trinta e cinco ao longo do rio Elba. Ao longo do Reno, um século depois, havia mais de sessenta desses postos, a maioria pertencente aos príncipes eclesiásticos locais. Thomas Eykes, cronista inglês, descreveu o sistema como "a fanática loucura dos teutos". Mas não se tratava de uma doença somente dos alemães. Na França, acompanhando o rio Sena, havia tantos postos de pedágio no final do século 15 que o custo do transporte de grãos por cerca de 300 km chegava à metade do preço de venda final desses mesmos grãos.[6] Entre as nações européias, na verdade, somente a Inglaterra se beneficiou com um mercado interno unificado durante a fase intermediária e final da Idade Média. Esse foi um poderoso fator que contribuiu para o aparecimento desse país como o primeiro grande poder econômico europeu.

A união dos mercados europeus fragmentados foi, em sua essência, um processo político e econômico; seguiu-se à gradativa centralização de poder que mudou o mapa da Europa, abandonando a complexidade sem fim do século 10 e passando a ser o mapa mais ou menos "moderno" do século 16. Aqui, mais uma vez, as cidades burguesas tiveram um papel central e fundamental. Foram os burgueses das cidades que se aliaram às monarquias nascentes, dessa forma separando-se ainda mais dos senhores feudais locais, ao mesmo tempo em que supriram as monarquias abaladas com um pré-requisito absolutamente essencial para seus reinados: dinheiro em espécie.

Monarcas e burgueses uniram-se para iniciar o lento crescimento dos governos centralizados. A partir desses governos, por sua vez, surgiu não apenas uma unificação das leis e da moeda, como também um estímulo direto ao desenvolvimento do comércio e da indústria. Na França, por exemplo, a manufatura da famosa tapeçaria Gobelin e da porcelana de *Sèvres* foi promovida pelo patrocínio real, e foram criados negócios para

---

[6]Postan and Habakkuk, *Cambridge Economic History of Europe*, II, 134-135.

incontáveis artesãos e artistas em conseqüência das demandas dos palácios reais e dos salões de banquete. Noutras áreas, o aumento do poder nacional também trouxe um novo estímulo. Navios foram construídos; exércitos tiveram que ser equipados, e essas novas forças armadas "nacionais", muitas delas compostas por mercenários, tiveram que ser pagas. Tudo isso aumentou o ritmo dos motores da circulação financeira.

As explorações

Outro impulso econômico advindo da consolidação lenta do poder político foi o encorajamento oficial das viagens exploratórias. Durante os longos anos da Idade Média, uns poucos aventureiros corajosos como Marco Pólo foram para regiões longínquas em busca de um caminho mais curto até as riquezas fabulosas da Índia. Por volta do início do século 14, o caminho para o Oriente já era bastante conhecido, fazendo com que a seda chinesa custasse metade do preço daquela produzida na área do mar Cáspio, distante apenas metade do caminho para a China.

A rede de todas essas arriscadas e corajosas investidas longe da Europa, no entanto, compôs apenas uma tênue teia. Ainda estava por acontecer a exploração do desconhecido, que aguardava o apoio dos reis a aventureiros locais. Colombo e Vasco da Gama, Cabral e Magalhães não se aventuraram em suas viagens que marcaram época como mercadores (embora esperassem fazer fortuna com a aventura). Eles se aventuraram em embarcações compradas e equipadas com dinheiro real, com o selo real de aprovação, e foram enviados para longe com a esperança de acréscimos aos tesouros dos reis.

As conseqüências econômicas dessas aventuras fascinantes foram imensas. Por um lado, elas iniciaram um fluxo vigoroso de metais preciosos para a Europa. Ouro e prata, oriundos das minas espanholas do México e do Peru, foram, pouco a pouco, redistribuídos a outros países, já que a Espanha pagava com ouro os bens que adquiria no estrangeiro. Resultou que os preços aumentaram em toda a Europa – entre 1520 e 1650, há estimativas de que esses preços duplicaram e quadruplicaram, trazendo tanto estímulo quanto tensão à indústria, embora movimentasse uma grande onda de especulação e comércio.

Além disso, as conseqüências de longo prazo das explorações causaram um estímulo econômico mais importante ainda. O estabelecimento de colônias no século 16 e 17 e o posterior desfrute do comércio com o Novo Mundo constituíram um tremendo reforço para levar a Europa a uma sociedade econômica cheia de energia. A descoberta do Mundo Novo foi, desde o começo, uma influência catalisadora e revolucionária sobre o Velho Mundo.

Mudança na atmosfera religiosa

As forças da mudança resumidas até aqui eram realmente visíveis. Testemunhamos, em momentos diferentes, durante a longa transição de uma sociedade de não-mercado para uma sociedade de mercado, os mercadores itinerantes, a expansão das cidades, as Cruzadas, evidências de crescimento de um poder nacional, explorações que foram para muito longe. Mas não foram essas as únicas forças que enfraqueceram o sistema feudal e permitiram o aparecimento de seu sucessor comercial. Também houve correntes poderosas, embora invisíveis, que modificaram a atmosfera intelectual, as crenças e as atitudes européias. Uma delas, de importância especial, foi uma mudança no clima religioso da época.

No capítulo anterior vimos o quanto a Igreja Católica estava impregnada de aversões teológicas ao princípio do lucro – e em especial à cobrança de juros ou usura. Uma história engraçada da época resume bem a posição da igreja. O monge Humbertus de

Romanis refere-se a uma pessoa que encontrou um demônio em cada canto e fresta de um convento florentino, mas somente um demônio no mercado. Humberto explica o motivo: somente um é necessário para corromper o mercado, ao passo que cada homem abriga um demônio no coração.[7] Um clima de tamanha desaprovação dificultou o florescimento do aspecto comercial da vida.

Para reforçar os ataques contra o lucro e a usura, a própria Igreja passou a assumir importante posição de comando econômico. Através de dízimos e benefícios, ela foi a maior coletora e distribuidora de dinheiro em toda a Europa; numa época em que bancos e cofres não existiam, a Igreja foi depositária de grande parte da riqueza feudal. Algumas subordens, como a dos Cavaleiros Templários, enriqueceram muito, agindo como instituições bancárias, fazendo empréstimos em termos difíceis a reis necessitados. Ainda assim, toda essa atividade timidamente desonesta foi realizada apesar das convicções mais arraigadas da igreja, e não por causa delas. Por trás da desaprovação eclesiástica do enriquecimento havia uma sólida convicção teológica, uma crença firme na natureza passageira da vida na terra e a importância da preparação para a Eterna Manhã. A Igreja elevou o olhar – e tentou fazer o mesmo com os olhos dos outros – para além da batalha diária pela vida. Lutou para minimizar a importância da vida terrena e denegrir as atividades aqui realizadas, diante das quais a carne fraca sucumbia.

O calvinismo

O que modificou essa influência opressora sobre o entusiasmo pelo enriquecimento? Conforme as teorias do sociólogo alemão Max Weber e o historiador da economia inglês R. H. Tawney, a causa subjacente está no aparecimento de um novo ponto de vista teológico, nas pregações do reformador protestante João Calvino (1509 a 1564).

O calvinismo foi uma austera filosofia religiosa, cuja essência foi a crença na *predestinação* – a idéia de que, desde o início, Deus já escolhera a quem salvaria e a quem condenaria, e que homem algum na Terra poderia alterar o que estava escrito. Além disso, conforme Calvino, a quantidade de condenados excedia muito a quantidade dos que seriam salvos. Segue a idéia de que para a pessoa média eram grandes as possibilidades de esse prelúdio terreno ser apenas uma graça momentânea oferecida antes do início do Inferno e da Danação eternos.

É possível que apenas um homem com a vontade de ferro de Calvino suportasse a vida sob essa sentença. Logo descobriremos que, nas mãos dos seguidores de Calvino nos Países Baixos e na Inglaterra, a qualidade inexorável e inescrutável da doutrina original começaria a ser suavizada. Embora fosse ainda pregada a idéia da predestinação, permitia-se a possibilidade de, no curso da vida pessoal na Terra, existir uma indicação do que ocorreria no futuro. Conseqüentemente, os religiosos ingleses e holandeses ensinavam que, enquanto até mesmo o mais santo dos homens poderia terminar no inferno, o frívolo ou o libertino com certeza acabaria lá. Somente em uma vida acima de qualquer suspeita poderia haver uma pequenina chance de demonstrar que a salvação ainda era possível.

Os calvinistas obrigavam a uma vida de retidão, severidade e, mais importante que tudo, diligência. Diferentes dos teólogos católicos, que tendiam a encarar as atividades mundanas como vaidade, os calvinistas santificavam e aprovavam o esforço como uma espécie de índice de valor espiritual. Na verdade, foi nas mãos dos calvinistas que floresceu a idéia do homem dedicado a seu trabalho, "chamado" a realizá-lo, por assim dizer. A busca zelosa do próprio papel na Terra, longe de evidenciar um desvio dos fins reli-

---

[7]Miriam Beard, *A History of the Business Man* (New York: Macmillan, 1938), 160.

giosos, foi entendida como evidência de uma dedicação à vida religiosa. O comerciante entusiasmado, para Calvino, era um homem *de Deus*, e não o contrário. Não demorou muito para essa identificação do trabalho e do valor fazer crescer a idéia de que quanto mais bem-sucedido o homem, maior o seu valor. O calvinismo proporcionou um clima religioso que, diferentemente do catolicismo, encorajou o enriquecimento e a disposição para um mundo dos negócios.

Talvez mais importante que esse estímulo ao enriquecimento tenha sido a influência do calvinismo sobre o *uso* da riqueza. A atitude predominante dos prósperos mercadores católicos era a de que o fim do sucesso no mundo era aproveitar uma vida de facilidades e satisfação. A nobreza católica, ocasionalmente, exibia um desdém positivamente absurdo pela riqueza. Numa orgia de apostas que assolou Paris, no final do século 17, um príncipe que dera à amante um anel de 5 mil *livres* reduziu-o a pedacinhos e espalhou-os sobre a carta-resposta da mulher que o rejeitara por ser pequeno demais. O mesmo príncipe, finalmente, perdeu no jogo uma quantia de 600 mil *livres* em um ano. Um marechal cujo neto torcera o nariz a um presente de uma bolsa de ouro, jogou-a na rua: "Que os varredores de rua fiquem com ela".[8]

O fabricante ou comerciante calvinista tinha uma atitude bastante diferente em relação à riqueza. Se sua religião aprovava o esforço constante e honesto, de forma mais enfática ainda não aprovava a indulgência. A riqueza deveria ser acumulada e bem utilizada, não podendo ser dissipada.

A ética protestante

O calvinismo promoveu um aspecto da vida econômica sobre o qual pouco temos escutado até agora: a parcimônia. Essa fez do ato de poupar, a abstinência consciente do prazer da renda, uma virtude. Fez do ato de investir, o uso do poupado com fins de produção, um instrumento tanto de piedade quanto de lucro. Até mesmo deu a aprovação tácita, com várias qualificações, ao pagamento de juros. Na verdade, o calvinismo estimulou uma nova concepção de vida econômica. No lugar do antigo ideal de estabilidade econômica e social, de saber e manter o próprio "lugar", ele trouxe respeitabilidade a um ideal de luta, melhora material e crescimento econômico.

Historiadores econômicos ainda discutem o grau exato de influência capaz de ser atribuído adequadamente à "Ética Protestante" por ter aberto espaço para o aparecimento de uma nova filosofia mundial centrada no ganho. Afinal, não havia muito que um calvinista holandês pudesse ensinar a um banqueiro católico italiano sobre as virtudes de uma atitude comercial de vida. Porém, se novamente nos remetermos ao curso posterior do progresso econômico, surpreende terem sido os países protestantes, sem exceção, com sua "veia puritana" de trabalho e parcimônia que moldaram daí por diante a corrida econômica. Como um dos ventos fortes de mudança dos séculos 16 e 17, a nova visão religiosa tem que ser contabilizada como um estímulo altamente favorável à evolução da sociedade de mercado.

Os ventos da mudança eram evidentes mesmo em escritos não-religiosos da época, inclusive trabalhos de cunho político e filosófico do século 17, em que as idéias feudais de valorização da busca da "glória" em vez da cobiça pelo dinheiro, poder e sexo pouco a pouco levaram a conceitos mais seguros e previsíveis de busca de interesses e auto-interesses. Já em 1638, o estadista huguenote Duque de Rohan escreveu que "[p]ríncipes controlam o povo, mas os interesses controlam os príncipes". Trata-se de uma distância

---

[8]Werner Sombart, *Luxury ad Capitalism* (New York: Columbia University Press, 1938), 120ff. Também H. Thirion, *La Vie des Financiers au XVIIIe Siècle* (Paris: 1895), 292.

bem curta entre a preocupação com interesses e uma ênfase na razão e na racionalidade. Parece que a idéia de um "homem econômico racional" teria sido anterior ao aparecimento de uma economia capitalista bem estruturada.[9]

A falência do sistema manorial

A citação de todas essas correntes não esgota o catálogo de forças contrárias à antiga ordem econômica estabelecida na Europa. A lista poderia ser aumentada e aperfeiçoada.[10] Ainda assim, com a devida cautela, podemos agora começar a compreender a enorme confluência de acontecimentos – alguns tão específicos como as Cruzadas, outros tão difusos como uma mudança nos ideais religiosos – que, em conjunto, colaboraram para destruir a estrutura medieval da vida econômica e preparar o caminho para uma nova e dinâmica estrutura de transações comerciais.

Um aspecto importante dessa alteração profunda foi a gradativa monetização das obrigações feudais. Em todo lugar conseguimos acompanhar a conversão dos antigos pagamentos feudais em *bens* – dias de trabalho, galinhas ou ovos que um senhor recebia de seus inquilinos – em pagamentos de dívidas ou aluguéis em *dinheiro*, com o qual estes colocavam em dia suas obrigações para com aquele.

Uma variedade de motivos está por trás dessa mudança nos pagamentos feudais. Uma delas é o aumento da demanda urbana por alimentos à medida que as cidades e suas populações começaram a inchar. Em círculos concêntricos em torno da cidade, o dinheiro era filtrado para o campo, ao mesmo tempo aumentando a capacidade do setor rural de adquirir bens da cidade e estimulando o desejo de fazer isso. Concomitantemente, na busca de mais receita financeira para comprar uma variedade maior de itens, a nobreza preferia receber os aluguéis e parcelas devidas em dinheiro, em vez de bens. Isso começou a provocar, inadvertidamente, um motivo para uma deterioração mais séria do sistema manorial. Normalmente, os antigos serviços feudais eram transformados em quantias fixas de pagamentos em dinheiro. Essa situação, por algum tempo, facilitou a situação financeira do senhor, embora logo o tenha colocado na posição de dificuldade que sempre incomoda o credor em tempos de inflação. Quando as parcelas devidas não eram fixas, aluguéis e pagamentos em dinheiro ficavam aquém das crescentes necessidades de dinheiro da nobreza; daí o surgimento de mais obrigações feudais que garantiriam dinheiro ao senhor feudal. Com a subida dos preços, porém, e a ainda maior expansão do estilo de vida monetizado, esses eventos fracassaram em mantê-lo solvente. Esse processo de declínio econômico foi bastante apressado pela inaptidão da monarquia em gerenciar suas propriedades. Os descendentes dos cruzados não eram tão hábeis nos negócios quanto seus ancestrais.

A conseqüência foi que a nobreza rural, cada vez mais dependente de aluguéis e pequenos pagamentos em dinheiro, perdeu muito do poder econômico. Na verdade, a partir do século 16, encontramos uma nova classe econômica – a nobreza empobrecida. Em 1530, no distrito Gevaudan da França, 121 senhores possuíam uma receita agregada

---

[9] Citado em Albert O. Hirschman, *The Passions and the Interests: Political Arguments for Capitalism Before Its Triumph* (Princeton: Princeton University Press, 1977), 34.

[10] Uma influência extremamente importante (de que trataremos no próximo capítulo) foi o aparecimento de um novo interesse em tecnologia, baseado na inquisição científica a respeito de eventos naturais. Outro fator causador significativo foi o desenvolvimento dos modernos conceitos e técnicas de comércio. O historiador da economia Werner Sombart, alemão, dizia que, se obrigado a oferecer uma única data para o "começo" do moderno capitalismo, escolheria 1202, o ano do aparecimento do *Líber Abaci*, o começo da aritmética comercial. Da mesma maneira, o historiador Oswald Spengler chamou a invenção da contabilidade de dupla entrada de feito de mesmo nível que as de Colombo ou Copérnico.

de 21.400 *livres*, embora apenas um desses senhores tivesse 5 mil *livres* desse total, outro, 2 mil *livres* – e os demais possuíssem uma média de 121 *livres* cada.[11] De fato, a falta de dinheiro atingiu não somente a nobreza menor, mas a própria monarquia. Maximiliano I, imperador do Sacro Império Romano, uma vez ou outra não tinha dinheiro para pagar até mesmo a hospedagem de seus acompanhantes nas viagens; quando dois de seus netos casaram com filhos do rei da Hungria, todos os enfeites dos casamentos – mantos para os cavalos, jóias, ouro e prata – foram pedidos emprestados a banqueiros mercadores, a quem Maximiliano escrevera cartas persuasivas, nas quais implorava que não o abandonassem neste momento de necessidade.

O surgimento da economia monetária

Sem dúvida, o sistema manorial era incompatível com a economia monetária. A nobreza estava comprimida entre os preços e os custos em elevação e rendas estáticas, e as classes mercantis para quem naturalmente gravitava o dinheiro aumentavam seu poder constantemente. No distrito de Gevaudan, por exemplo, onde o nobre mais rico tinha uma renda de 5 mil *livres*, os mais ricos mercadores da cidade tinham rendas de até 65 mil *livres*. Na Itália, os Gianfigliazzi de Florença, que começaram como uns "pobretões" que emprestavam dinheiro ao bispo de Fiesole, terminaram tirando dele todos os pertences, deixando-o na pobreza. Na Toscana, os descendentes dos nobres que desdenhavam os praticantes da usura no século 10 perderam suas propriedades para estes nos séculos 12 e 13. Na Alemanha, enquanto Maximiliano vivia com dificuldades de dinheiro, as grandes famílias de banqueiros de Augsburg comandavam rendas muito maiores que toda a receita do reino de Maximiliano. Por toda a Europa, homens sem posição social transformaram a economia monetária em gordas contas. Um certo Jean Amici, de Toulouse, fez fortuna com o butim dos ingleses na Guerra dos Cem Anos; Guillaume de St.-Yon enriqueceu com a venda de carne a preços exorbitantes para Paris; e Jacques Coeur, a figura mais extraordinária de todas, passou de mercador a cunhador de moedas para o rei, depois a agente de compras real, chegando a financiador, não para o rei, mas *do* rei. Nessa trajetória, acumulou imensa fortuna, estimada em 27 milhões de *écus*.[12]

O SURGIMENTO DO ASPECTO ECONÔMICO DA VIDA

Por trás de todos esses acontecimentos perturbadores, podemos entrever um enorme processo que literalmente revolucionou a organização econômica européia. Enquanto que no século 10 transações em toda a espécie de dinheiro eram apenas periféricas à solução do problema econômico, por volta do século 16 e 17 o dinheiro em moeda e papel já começava a constituir a força elementar da coesão econômica.

Acima dessa monetização geral da vida, porém, outra mudança, talvez mais profunda, estava ocorrendo. Foi o aparecimento de uma esfera econômica de atividade, visível de dentro da matriz circundante de vida social, e dela separada. Falamos da criação de todo um aspecto da sociedade que jamais existira, mas que dali para a frente formaria um aspecto de comando da existência humana.[13]

---

[11] Postan and Habakkuk, *Cambridge Economic History of Europe*, I, 557-558.
[12] Note, entretanto, que Coeu finalmente foi derrubado do poder, sendo levado à prisão e morrendo no exílio. A tesouraria ainda não era o mestre total do castelo.
[13] A parte a seguir deve muito à compreensão de Karl Polanyi, em seu livro *The Great Transformation* (Boston: Beacon Press, 1957, paperback ed.), Part II.

Na Antigüidade e no período feudal, não era possível separar as motivações econômicas ou até mesmo os atos econômicos da grande massa da humanidade da esfera da existência em si. O camponês que adotava formas antiqüíssimas de vida dificilmente percebia que agia conforme motivos "econômicos"; na verdade, ele não tinha consciência disso – seguia as ordens de seu senhor ou os ditames dos costumes. O próprio senhor não era voltado à economia; seus interesses eram militares, políticos ou religiosos, e não voltados à idéia de lucro ou crescimento. Mesmo nas cidades, como pudemos ver, a realização de negócios comuns estava totalmente misturada com preocupações não-econômicas. O fato inegável de que o homem era um ser propenso a adquirir, para não dizer avarento, ainda não espalhara sua aura pela vida em geral. Enriquecer, como viemos tentando explicar, era uma preocupação mais incidental que central na vida antiga ou medieval.

Trabalho, terra e capital ocupam espaço

No entanto, com o âmbito cada vez mais abrangente da monetização, um elemento verdadeiramente novo de vida sobressaiu-se. O trabalho, por exemplo, apareceu como atividade bastante diversa daquela que existia no passado. Ele não fazia mais parte de uma relação social explícita, em que um homem (servo ou aprendiz) trabalhava para outro (senhor ou mestre de ofício), sendo recompensado com no mínimo uma garantia de subsistência. Trabalho, agora, era uma simples quantidade de esforço, um "bem" a ser usado no mercado pelo melhor preço possível, bastante desprovido de quaisquer responsabilidades recíprocas da parte do comprador além do pagamento de salários. Se estes não fossem suficientes para a subsistência – bem, não era responsabilidade do comprador. Ele comprara seu "trabalho", e pronto.

Esse surgimento de um trabalho "abstrato" – trabalho como quantidade de esforço, independente da vida de um homem e adquirido no mercado por quantias fixas – podia ser comparado a dois outros elementos importantes da vida econômica. Um deles era a terra. Antes entendida como o território de um importante senhor, tão inviolável quanto o território de um Estado-nação moderno, a terra era agora encarada sob seu aspecto econômico, como algo a ser comprado ou arrendado em troca do retorno econômico produzido. Um pedaço de terra, antes o cerne do poder político e administrativo, passou a ser uma "propriedade" com um preço de mercado, disponível para vários usos, até mesmo para abrigar uma fábrica. As devidas taxas, os pagamentos em bens, elementos imateriais como prestígio e poder, antes atributos inerentes ao proprietário da terra, cederam lugar ao retorno único do aluguel; isto é, a um retorno em dinheiro, com origem no uso rentável da terra.

A mesma transformação passou a valer para uma propriedade. Tal como concebida na Antigüidade e durante a maior parte da Idade Média, uma propriedade era a soma de riqueza concreta, um estoque, um tesouro de utensílios domésticos, barras de ouro ou prata, ou jóias. Logicamente, isso se concretizava sob a forma de casas luxuosas, castelos e armamento, roupas e adornos caros. Com a monetização e a comercialização da sociedade, no entanto, a propriedade também passou a ter um equivalente em dinheiro: um homem agora "valia" tantos *livres*, ou *écus*, ou libras, ou o que quer que fosse. Propriedade passou a ser capital, não mais se manifestando em bens específicos, mas como uma soma abstrata, de uso infinitamente flexível, cujo "valor" era medido pela capacidade de gerar juros ou lucro.

Precisamos destacar que nenhuma dessas mudanças foi planejada, claramente antecipada ou mesmo bem recebida. As reações não foram impassíveis quando as hierarquias feudais viram suas prerrogativas reduzidas lentamente pelas classes de comerciantes. Nem o mestre de ofício, que prezava as tradições, desejava sua transformação obrigatória num "capitalista", um homem de negócios orientado pelos sinais do mercado e cercado pela concorrência. Mas foi, talvez, para o camponês que a transição foi mais dolorosa, uma vez que se viu presa de um processo da história que o deixou sem seu modo de viver, tornando-o um trabalhador sem terra.

Os cercamentos

Este processo, especialmente importante na Inglaterra, foi o *movimento do cercamento*, um subproduto da monetização da vida feudal. Com início já no século 13, a aristocracia proprietária de terras, cada vez mais espremida por causa de dinheiro, começou a ver suas propriedades não apenas como feudos ancestrais, mas como fontes potenciais de retorno financeiro. Para ter maior renda, os senhores começaram a "cercar" o pasto que antes era chamado de "terreno comum". Campos comunitários para plantio, que na verdade sempre pertenceram ao senhor, apesar do uso comunitário, eram agora usados para benefício exclusivo do senhor, transformados em campo para a criação de ovelhas. Por que ovelhas? Porque uma demanda crescente de tecidos de lã transformara a criação de ovelhas numa tarefa altamente lucrativa. Conforme a historiadora medieval Eileen Power:

> O visitante da Casa dos Lordes, olhando com respeito para aquela augusta assembléia, não pode impedir de se surpreender por um objeto grande e esquisito na frente do trono – um estranho objeto sobre o qual, em plena sessão do parlamento, ele verá sentado o Lorde Chanceler da Inglaterra. Trata-se de um banco com assento de lã, com recheio tão cheio de história verdadeira quanto a sala do próprio Lorde Chanceler....O Lorde Chanceler da Inglaterra está sentado em cima de um forro de lã porque foi sobre um desses forros que esse país promissor alcançou a prosperidade.[14]

O processo de cercamento inglês seguiu em ritmo irregular durante muitos séculos; seu ápice ocorreu no final do século 18 e inicio do século 19.[15] Quando terminou, algo como 10 mil *acres* de terra, quase metade da terra arável da Inglaterra, estava "cercada" – no início da era Tudor, pela conversão mais ou menos arbitrária dos "comuns" à criação de ovelhas; no final do período, pela obrigatória consolidação de pedaços de terra em porções maiores adequadas ao uso comercial, pelo que os arrendatários presumivelmente receberam "compensações justas".

De um ponto de vista estritamente econômico, o movimento do cercamento foi, sem dúvida, salutar, porque transformou em emprego produtivo uma terra que antes rendera muito pouco. Na verdade, especialmente no século 18 e 19, o cercamento foi a forma como a Inglaterra "racionalizou" sua agricultura e finalmente escapou da ineficiência do sistema manorial tradicional, com seus pequenos lotes de terra. Mas o cercamento teve um lado mais cruel. Com o cercamento dos campos comunitários, o arrendatário da terra teve mais dificuldade de se sustentar. No século 15 e 16, quando os cercamentos iniciais dos comuns chegaram ao auge, cerca de três quartos a nove décimos dos arrendatários de algumas propriedades foram postos para fora das terras. Vilarejos inteiros foram varridos. Sir Thomas More descreveu isso com certa fúria, no Livro I, de sua *Utopia*:

---

[14]Eileen Power, *Medieval People* (Garden City, NY: Doubleday, Anchor Books, 1954), 125.
[15]Em outros países europeus também ocorreu um processo de cercamento, ainda que de forma mais lenta. Na França, na Itália e no sul da Alemanha, o pequeno camponês continuou existindo por muito tempo depois de praticamente ter deixado de existir na Inglaterra; no nordeste da Alemanha, por outro lado, o pequeno camponês perdeu seus pertences, tornando-se um proletário sem terra.

Tuas ovelhas que costumavam ser tão dóceis e domesticadas, alimentando-se tão pouco, sei agora que se tornaram furiosas consumidoras, e tão selvagens que abocanham e engolem até os homens. Consomem, destroem e devoram campos inteiros, casas e cidades. Por isso, procurem em que partes do reino é produzida a mais fina lã e, assim, a mais desejada; lá, nobres e cavalheiros, e alguns abades, sim, santos homens, Deus sabe, não satisfeitos com os lucros anuais que tinham seus avós e antecessores na terra... não deixam espaço para cultivo, cercam tudo, transformam em pastagem, derrubam casas, saqueiam cidades e nada deixam de pé, exceto a igreja, para que se transforme num abrigo de ovelhas...

O processo de cercamento trouxe uma força poderosa à dissolução dos laços do feudalismo e à formação das novas relações de uma sociedade de mercado. Empobrecendo o camponês, criou um novo tipo de força de trabalho – os sem terra, sem os recursos tradicionais de renda, ainda que mínima, impelidos a encontrar trabalho por salários onde quer que este existisse.

Surgimento do proletariado

Junto com esse proletariado agrícola, começamos a ver o aparecimento de um proletariado urbano, em parte trazido pela transformação gradativa das corporações de ofício em firmas mais "semelhantes a negócios", em parte pela imigração para as cidades de alguns desses camponeses sem terra. Para piorar a situação, a partir da metade do século 18 uma população aumentada (atribuída, em grande medida, ao aumento da quantidade de alimentos, em decorrência dos cercamentos) começou a despejar mais e mais gente no mercado de trabalho. Em conseqüência dessa interação complicada de causas e efeitos, deparamo-nos com uma Inglaterra contaminada pelo problema dos "pobres andarilhos". Uma proposta não incomum do século 18 era a de seu confinamento no que o que um reformador denominou ingenuamente de "Casas do Terror".

O surgimento de um sistema voltado ao mercado fez surgir uma "força de trabalho", e embora o processo de adaptação das outras classes sociais não tenha sido tão brutal, teve também seu preço social. De forma incessante, os mestres de ofício lutaram contra a invasão de seus negócios protegidos por fabricantes que não obedeciam aos tradicionais limites, ou que invalidavam os modos de produção estabelecidos com seu novo maquinário. Obstinadamente, a nobreza ligada à terra tentou proteger os privilégios antigos contra o avanço dos endinheirados *novos ricos*.

O processo de expansão econômica, no entanto, rompendo com as rotinas estabelecidas no passado e reorganizando o poder e o prestígio de todas as classes sociais, não pôde ser interrompido. De maneira impiedosa, seguiu seu rumo na história e imparcialmente distribuiu recompensas e sacrifícios históricos. Embora ocupando um longo período, não foi uma evolução, mas uma lenta revolução que tomou conta da sociedade econômica européia. Somente após muito sacrifício, e o sofrimento de um dos deslocamentos mais violentos da história, o mundo das transações passou a ser "natural" e "normal", e as categorias de "terra", "trabalho" e "capital" tornaram-se tão óbvias que pareceram sempre ter existido.

Fatores de produção

Como vimos, não foi de forma alguma "natural" e "normal" existir trabalho contratual livre e assalariado, ou uma terra rentável e lucrativa, ou ainda capital líquido em busca de investimento. Essas foram criações da grande transformação de uma sociedade pré-mercado numa sociedade de mercado. A teoria econômica chama essas criações de *fatores de produção*, e grande parte dela preocupa-se em analisar como esses três elementos constitutivos básicos do processo produtivo combinam-se no mecanismo de mercado.

O que precisamos perceber a esta altura de nossa pesquisa é o fato de que "terra", "trabalho" e "capital" não existem como categorias eternas da organização social. Sabidamente, são categorias naturais, embora esses aspectos eternos do processo produtivo – solo, esforço humano e artefatos capazes de serem aplicados à produção – não assumam, em todas as sociedades, a separação específica que os diferencia numa sociedade de mercado. Nas economias pré-mercado, terra, trabalho e capital estão firmemente combinados e misturados na figura do escravo e do servo, do senhor e do mestre de ofício – nenhum dos quais ingressa no processo produtivo como a encarnação de uma função econômica específica, oferecida por determinado preço. O escravo não é um "trabalhador", da mesma forma que o mestre de ofício não é um "capitalista", nem o senhor feudal um "dono de terra". *Quando um sistema social tiver evoluído a ponto de o trabalho ter um preço, a terra ser arrendada e o capital ser livremente investido é que veremos as categorias da teoria econômica emergirem do fluxo da vida.*

Em lugar algum encontramos esse processo social surpreendente exemplificado de forma mais explícita do que na evolução do conceito de propriedade na própria humanidade. Numa sociedade antiga, como vimos, pessoas eram proprietárias de pessoas. Isto é, um escravo era literalmente uma propriedade de seu senhor, para ser usado, abusado ou até levado à morte sob determinadas circunstâncias. Na Idade Média, essa idéia de propriedade humana evoluiu até o conceito de servidão. Um servo era também propriedade de seu senhor e estava sujeito aos vínculos e elos discutidos, mas a posse não era tão completa a ponto de acarretar reciprocidade de obrigações de parte do senhor.

Finalmente, chegamos à sociedade comercial moderna, em que cada pessoa é dona de si mesma. Um trabalhador que passou a ser um "fator de produção" é dono do próprio trabalho, que ele está livre para vender da forma mais vantajosa possível, algo proibido a um servo ou escravo. Ao mesmo tempo, o trabalhador livre, aquele que não pertence a ninguém, não constitui obrigação de ninguém. O empregador compra o trabalho de seus empregados, não compra as suas vidas. Qualquer responsabilidade pelo trabalhador termina quando ele sai do escritório ou da fábrica do empregador, que é "propriedade" do dono.

Trabalho assalariado e capitalismo

O empregador ainda ganha uma vantagem econômica única quando o trabalho passa a ser um bem oferecido para venda. Em troca da compra do esforço do trabalho por um pagamento chamado *salário*, o empregador tem o direito a todo o resultado produzido por "seus" trabalhadores. Em outras palavras, homens e mulheres que iniciam uma relação assalariada com seus empregadores desistem de todas as reivindicações dos resultados que criarão enquanto fizerem o respectivo trabalho.

Trabalho pago (ou assalariado) é algo tão normal na sociedade moderna que sempre surpreende qualquer reflexão sobre o curioso acerto em que a força de trabalho é vendida sem quaisquer direitos de propriedade sobre seu produto. Analisemos, porém, por alguns momentos, a quem pertencem os carros numa linha de montagem. Seriam da força de trabalho que os fabricou? Dos engenheiros que os projetaram? Dos chefes que supervisionaram o processo de produção? Do presidente da empresa ou de seus acionistas? A resposta é que os carros não pertencem a nenhuma dessas pessoas. Mesmo o presidente da GM, ou o maior acionista dessa companhia, ninguém pode reivindicar a posse de um carro que sai da linha de montagem sem pagar por ele.

A quem então pertencem os carros? Qualquer operário ou chefe pode responder: são "propriedade da empresa". O que significa que pertencem à companhia, a "pessoa" jurídica fictícia que emprega o presidente, os supervisores e os engenheiros, além dos operários. Os acionistas, legalmente, são donos da empresa e controlam-na, mas é a empresa que faz um contrato de salário e, assim, é ela a dona dos carros. Num estabelecimento menor que tenha um único patrão – uma padaria, por exemplo – encontramos a mesma situação quando o patrão leva para casa os produtos feitos sem pagar por eles porque – de acordo com o que ele diz e que está correto – eles lhe *pertencem*.

O contrato com um salário, então, passa a ser um marco fundamental que identifica uma nova espécie de sociedade econômica, organizada a partir de elementos totalmente diferentes do estabelecido, antigamente entre um senhor feudal e o camponês ou entre um mestre de ofício e seu aprendiz. Nessas sociedades mais antigas, o excedente assumia a forma de grandes monumentos ou prédios, ou supérfluos luxuosos que iam diretamente para as mãos das classes dominantes, e lá permaneciam ou eram usados como objetos de prestígio. Na nova forma capitalista, o excedente gerado pela sociedade – isto é, toda a riqueza além do que é necessário para nutrir a força de trabalho e os outros fatores de produção – é acumulado pelo empregador-capitalista.

Duas mudanças estiveram presentes nessa virada na alocação do excedente. Primeiro, o excedente assumiu as formas muito mais despretensiosas de mercadorias produzidas em oficinas, fazendas ou novas fábricas que se instalam, em vez de monumentos majestosos, ornamentos nas cortes ou assemelhados. Em segundo lugar, as mercadorias, diferentemente desses monumentos ou artigos de luxo, tinham que ser vendidos antes de serem contabilizados como "riqueza".

O surgimento do capitalismo, com sua relação central salário-trabalho, marcou muito mais que uma mudança nas classes dominantes, de aristocratas a capitalistas. Sinalizou também um novo sentido para a riqueza: como mercadorias para serem vendidas, e não objetos para serem exibidos. Diferente das pirâmides, das catedrais e dos edifícios das sociedades anteriores, a riqueza do capitalismo só adquiriu status ao ser "transacionada" no mercado. Essa necessidade de venda introduziu uma nova nota de urgência, uma intensidade nervosa na vida econômica do capitalismo. Numa palavra, o capitalismo foi mais que apenas uma mudança nas instituições sociais, foi também uma ordem econômica totalmente nova.

Capitalismo e motivação para o lucro

Muito deste livro tem como foco o exame do funcionamento dessa nova ordem – os problemas inerentes a esse processo complicado de produção e venda de bens. O que nos leva à análise das formas institucionais em mudança criadas pelo capitalismo, além de uma investigação dos mecanismos econômicos que fazem o sistema funcionar.

É útil, porém, que nos concentremos de imediato num aspecto do capitalismo que ocuparia uma posição central e indispensável nesse esquema de coisas. Trata-se de uma forma nova de comportamento que o capitalismo generalizou na sociedade: um impulso para maximizar a renda (conforme descrição dos economistas), realizando a melhor troca possível no mercado, local em que todos se arriscaram seja para venda da força de trabalho ou de outros recursos, seja para adquirir bens. Na linguagem dos negócios, o mesmo impulso comportamental é descrito como o *motivo lucro*.

A sociedade de mercado não inventou esse motivo, é claro. Talvez nem mesmo o tenha intensificado; mas ela o tornou um aspecto onipresente e necessário do comportamento social. Embora na Antiguidade ou na Idade Média os homens tenham se sentido consumistas, eles não ingressaram em massa nas transações de mercado para as atividades econômicas básicas de suas vidas. Quando um camponês vendia alguns ovos na feira da cidade, a transação raramente tinha importância dominante para a manutenção de sua existência. As atividades de negócios numa sociedade que não era fundamentalmente de mercado foram uma atividade subsidiária, uma forma de suplementar a existência que, embora minguada, era independente de compra e venda.

A monetização do trabalho, da terra e do capital, porém, tornou as transações atividades universais e essenciais. Tudo estava à venda agora, e os termos das transações poderiam ser qualquer coisa menos algo subsidiário à própria existência. Para um homem que vendia seu trabalho no mercado, numa sociedade que não tinha responsabilidade por sua manutenção, o preço obtido em sua negociação era tudo. O mesmo ocorria com o proprietário e o novo capitalista. Para ambos uma boa negociação poderia significar riqueza – uma má negociação, ruína. O padrão de maximização econômica foi generalizado na sociedade, com um caráter de urgência que o tornou uma força poderosa de modelagem do comportamento humano. O impulso para aumentar a receita passou a ser uma nova forma de coordenação e controle social.

A INVENÇÃO DA ECONOMIA

A nova sociedade de mercado fez mais que somente criar um ambiente em que os homens não apenas eram livres, mas *obrigados* a buscar os interesses próprios: fez surgir também um problema de dificuldade considerável e grande importância. Tratava-se de compreender o funcionamento de um mundo em que pessoas em busca de enriquecimento não eram mais limitadas a seguir os seus antepassados ou a modelar suas atividades econômicas conforme os ditames de um senhor ou rei no comando.

A "filosofia" do comércio

Essa nova ordem precisava de uma "filosofia" – uma explicação razoável de como uma sociedade assim se manteria, "funcionaria". Sem dúvida, essa filosofia não saltava aos olhos. De muitas maneiras, o novo mundo de pessoas em busca de enriquecimento causava perplexidade e temor aos contemporâneos, a mesma impressão dos líderes imaginários de uma sociedade tradicional descritos no primeiro capítulo.

Não surpreende que os filósofos do comércio discordaram. Na Inglaterra, um grupo de panfletários e mercadores, os chamados mercantilistas, vieram com uma explicação de uma sociedade econômica que acentuava a importância do dinheiro e glorificava o papel do negociante ou mercador, cujas atividades tinham tudo para trazer "dinheiro" ao Estado pela venda de bens aos estrangeiros. Na França, uma escola de pensadores a quem denominamos *fisiocratas* teve idéias bastante diversas. Exaltaram as virtudes do fazendeiro e não as do mercador. Toda a riqueza, em última instância, provinha da abundância da natureza, diziam, indiferentes à riqueza dos comerciantes e até mesmo à dos fabricantes. Para os fisiocratas, estes pertenciam a uma classe "estéril" que nada acrescentava à riqueza produzida pelo fazendeiro. O trabalho deveria ser pobre, embora não necessariamente "miserável".

Visões tão diferentes dificultaram uma unanimidade predominante na política econômica. A concorrência deveria ser regulamentada ou deixada livre? A exportação de ouro deveria ser proibida, ou os "tesouros" poderiam entrar no reino ou dele sair conforme os ditames dos ventos do comércio? Os produtores agrícolas deveriam pagar impostos por serem a verdadeira origem de toda a riqueza, ou os impostos deveriam ser cobrados dos prósperos comerciantes? As respostas para essas perguntas perturbadoras aguardaram o aparecimento de Adam Smith (1723 – 1790), o santo patrono de nossa disciplina e uma figura de enorme envergadura intelectual. Sua obra maior, *A Riqueza das Nações*, publicada em 1776, ano da Revolução Norte-Americana, ofereceu ao mundo ocidental o primeiro relato completo de algo que ele desejava muito conhecer – o funcionamento de seus próprios mecanismos econômicos.

A divisão do trabalho

O mundo descrito por Adam Smith era diferente do nosso. Era um mundo de empresas muito pequenas: sua famosa descrição de uma fábrica de alfinetes envolve uma indústria com dez empregados. Era ainda limitada pelas restrições das guildas medievais: não havia na Inglaterra mestre chapeleiro que pudesse empregar mais que dois aprendizes. Na famosa casa da cutelaria de Sheffield, nenhum mestre podia ter mais que um aprendiz. Mais importante ainda, era um mundo em que monopólios protegidos pelo governo tinham acordos com alguns ramos do comércio, como o dos negócios com as Índias Ocidentais. Apesar de todas as diferenças em relação à sociedade econômica moderna, a visão básica que Smith ofereceu à sua época ainda é capaz de esclarecer as tarefas econômicas da nossa.

A atenção de Smith foi ocupada por dois problemas principais. O primeiro está implícito no título do livro: trata-se de sua teoria sobre a mais importante tendência de uma sociedade de "liberdade perfeita" – a tendência para o crescimento.[16]

O crescimento econômico – isto é, o crescimento contínuo da produção de bens e serviços para o bem da sociedade – não era uma preocupação para filósofos de sociedades apegadas à tradição ou mesmo de sociedades comandadas por imperadores com mentalidade imperial. O que Adam Smith distinguiu, todavia, no meio do aparente turbilhão de uma sociedade de mercado, foi um mecanismo escondido que agiria para aumentar a "riqueza das nações" – sobretudo das nações que gozavam de um sistema de liberdade perfeita e que nele não interfeririam.

O que teria levado a sociedade a aumentar suas riquezas? Basicamente, a tendência dessa sociedade a estimular um crescimento constante na *produtividade* de seu trabalho, para que com o tempo a mesma quantidade de trabalhadores pudesse gerar uma produção maior e mais constante.

O que está por trás do aumento na produtividade? A resposta, conforme Smith, é o ganho em produtividade a ser conseguido com o alcance de uma *divisão do trabalho* ainda mais sofisticada. Funciona aqui como exemplo a famosa fábrica de alfinetes de Smith:

> Um homem puxa o arame, outro o deixa reto, um terceiro corta-o, um quarto afina-lhe a extremidade, um quinto comprime a outra extremidade para colocar a cabeça; fazer a cabeça requer duas ou três operações distintas; colocá-la é uma operação única; deixá-la com brilho é outra; é uma operação independente colocá-los no papel....Vi uma fábrica pequena desse tipo em que dez homens estavam empregados e onde alguns, conseqüentemente, realizavam duas ou três operações distintas. Mas apesar de pobres, e portanto mal providos das máquinas necessárias, faziam

---

[16] Por "liberdade perfeita", Smith entendia uma sociedade em que todos os agentes eram livres para entrar ou não em transações econômicas, como contrato de salário, num contraste marcante com as *obrigações* impostas aos servos e aos escravos. Aquela "liberdade" pode não ter parecido muito valiosa ao dono do trabalho que "contratava livremente" num cortiço de Londres. Ainda assim, havia uma diferença – uma diferença legal ainda não inventada nessa época – que Smith identificou, acertadamente, como fundamental para o sistema capitalista. Incidentalmente, *capitalismo* era uma palavra que até Karl Marx usou apenas uma ou duas vezes.

com esforço cerca 12 libras de alfinetes por dia. Uma libra de alfinetes equivale a mais de quatro mil, de tamanho médio. Essas dez pessoas, assim, poderiam fazer sozinhas mais de quarenta e oito mil alfinetes num dia....Se, entretanto, fizessem tudo de forma separada e independente...com certeza, não fariam, cada um, vinte ou até mesmo um só alfinete por dia.

O modelo de crescimento de Adam Smith

Começamos agora a entender as razões pelas quais uma sociedade de livre iniciativa tende a crescer. A explicação completa do fenômeno, porém, ainda não temos. O que impele uma sociedade assim a dividir o trabalho? Como saber se a tendência ao crescimento não chegará à exaustão por alguma razão?

E isso nos leva ao todo pretendido por Smith, que poderíamos chamar de "modelo de crescimento", embora não fosse esse o termo utilizado por ele. O que queremos dizer é que Smith nos mostra tanto a força propulsora que colocará a sociedade num caminho de crescimento quanto um mecanismo de autocorreção que a manterá lá.

Em primeiro lugar, a força propulsora. Um dos fundamentos essenciais de sua concepção da natureza humana era por ele denominado de "desejo de melhorar"– o que já descrevemos como motivação para o lucro. O que esse desejo tem a ver com crescimento? A resposta é muito importante: *ele impulsiona qualquer fabricante a expandir seu negócio para aumentar seus ganhos.*

De que maneira a ampliação dos negócios resulta numa maior divisão do trabalho? A resposta é clara. A via principal para o lucro consiste em equipar os operários com as máquinas necessárias que Smith menciona na descrição da fábrica de alfinetes, uma vez que são essas máquinas que aumentarão sua produtividade. Assim, o caminho do crescimento situa-se no que Smith chamou de *acumulação*, ou, em termos mais modernos, o processo de *investimento em capital*. À medida que os capitalistas buscam dinheiro, eles investem em máquinas e equipamento. Máquinas e equipamento possibilitam maior produção dos empregados. Produzindo mais, aumentam os resultados da sociedade.

A dinâmica do sistema

Temos a resposta à nossa primeira indagação. Fica ainda a dúvida sobre como sabemos que uma sociedade continuará a crescer, e se sua trajetória não irá se estabilizar. É aqui que nos deparamos com a parte mais inteligente do modelo de Smith. Num primeiro exame, pode parecer que o impulso para aumentar os investimentos de capital leve à falência. O crescimento contínuo e sólido da demanda por trabalhadores para operar as novas máquinas poderia aumentar seus salários; subindo os salários, os lucros do fabricante diminuiriam. Reduzidos os lucros, por sua vez, evaporar-se-ia a fonte de novos investimentos, e a curva de crescimento logo se estabilizaria.

Nada disso, conforme Adam Smith. O que certamente ocorreria era que o aumento da demanda por trabalhadores *levaria* a uma subida de salários, mas isso seria apenas metade da situação. A mesma tendência de aumento de salários também tenderia a aumentar a oferta de trabalhadores. O motivo não é implausível. Na época de Smith, a mortalidade infantil era vergonhosamente alta: "Não é raro", comentou, "...nas Terras Altas da Escócia, que uma mãe de vinte filhos não tenha nem dois deles vivos". Todavia, um aumento nos salários promoveria uma tendência de diminuição na mortalidade de bebês e crianças menores; assim, mais pessoas sobreviveriam para chegar à idade de trabalho (dez anos ou até menos, na época de Smith).

Os resultados já devem estar claros. Junto com um aumento da demanda por trabalhadores (e de crianças que trabalham), vem um crescimento de sua oferta. Esse crescimento da quantidade de trabalhadores disponíveis significa que a concorrência por empregos aumenta. Assim, o preço do trabalho *não* subiria, pelo menos não o suficiente para sufocar futuro crescimento. Como uma imensa máquina auto-reguladora, os mecanismos de acumulação de capital proporcionariam exatamente o necessário para continuar sem obstáculos: uma força que evita que os salários engolfem os lucros. O processo de crescimento poderia permanecer imperturbável.

Não nos preocuparemos aqui com o detalhamento completo do modelo de crescimento de Adam Smith. É claro que esse "modelo" não tem aplicação direta no mundo moderno, onde (pelo menos nos países industrializados) a maioria das crianças chega à idade de trabalho, e onde a "válvula de segurança" de Smith, conseqüentemente, não tem importância. Todavia, em sua descrição, percebemos o alcance imaginativo e a capacidade para o entendimento que a análise econômica é capaz de proporcionar.[17]

O mecanismo de mercado

A riqueza (diríamos, a produção) dos países não constituía, porém, o único grande problema sobre o qual o tratado de Smith trouxe uma luz esclarecedora. Havia ainda a dúvida acerca de como um sistema de mercado se manteria, de como ofereceria uma solução ordeira aos problemas da produção e da distribuição.

Isso nos leva à descrição e à explicação de Smith sobre o mecanismo de mercado. Ele começa esclarecendo um problema atordoante. Os atores no drama de Smith, como sabemos, são impelidos pelo desejo de melhorar, principalmente orientados pelo interesse pessoal. "Não é pela benevolência do açougueiro, do cervejeiro ou do padeiro que podemos esperar pelo jantar," escreve, "mas pelo valor que conferem ao interesse próprio. Nós não nos voltamos à sua humanidade, mas ao seu amor próprio, e jamais falamos com eles sobre nossas necessidades, mas a respeito de suas vantagens."[18]

É um problema óbvio. De que forma uma sociedade de mercado evita que homens com interesses próprios e em busca do lucro assaltem-se em busca de dinheiro? De que maneira uma combinação socialmente funcional surge a partir de um conjunto de motivações socialmente perigoso?

A resposta apresenta-nos a um mecanismo central de uma sociedade de mercado, o mecanismo da concorrência. Cada pessoa, independentemente de fazer o melhor para si mesma sem pensar nos outros, está diante de uma gama de pessoas da mesma forma motivadas que se acham exatamente na mesma posição. Cada um deseja muito tirar vantagem da ganância do concorrente se esse concorrente aumentar seu preço acima do nível "estabelecido" pelo mercado. Se um fabricante de alfinetes tentar cobrar mais que a concorrência, os concorrentes eliminarão seu negócio; se um operário pedir além do salário normal, não conseguirá encontrar trabalho; se um senhor de terra tentar buscar um arrendamento de preço maior que o de outro com uma terra de mesma qualidade, não terá arrendatários.

---

[17] Parece necessário dizer algo ao estudante suficientemente interessado no modelo de Adam Smith a ponto de consultar o próprio livro desse autor. Esse estudante procurará em vão, nessa obra enorme e discursiva, por uma exposição esclarecedora das interações recém-descritas. O modelo está implícito na exposição de Smith, embora espalhado pelo texto como uma máquina desmontada a exigir que a montemos mentalmente. Mesmo assim, a explicação está ali, se tivermos êxito na união das peças. Para uma explicação mais completa, consulte R. Heilbroner, *The Essential Adam Smith* (New York: W.W. Norton, 1986).

[18] Adam Smith, *The Wealth of Nations* (New York: Modern Library, 193), 14.

Mercado e alocação

Mas o mecanismo de mercado faz mais que impor uma salvaguarda competitiva no preço dos produtos. Ele também planeja que sejam produzidas as *quantidades certas* dos bens necessários à sociedade. Suponhamos que os consumidores desejam mais alfinetes que a quantidade produzida, e menos calçados. O público comprará todo o suprimento existente de alfinetes, levando as lojas de calçados a um momento ruim. Os preços dos alfinetes tenderão a aumentar à medida que as pessoas fizerem de tudo para comprar os estoques reduzidos, e os preços dos sapatos tenderão a diminuir, na medida em que os negociantes tentarão se livrar dos estoques parados.

Outra vez, uma força restauradora aparece. A elevação do preço dos alfinetes aumenta o lucro do negócio de alfinetes, e a queda nos preços dos calçados causa o mesmo efeito em sua fabricação. Novamente, age o interesse próprio e o desejo de uma vida melhor. Os fabricantes de alfinetes aumentarão a produção para tirarem vantagem dos preços mais altos; as fábricas de calçados reduzirão a produção para reduzir as perdas. Os empregadores no negócio de alfinetes buscarão contratar mais fatores de produção – mais operários, mais espaço, mais equipamento essencial; já nas fábricas de calçados, haverá diminuição no uso dos fatores de produção – saída de empregados, desistência de arrendamento de terra, redução do investimento de capital.

A produção de alfinetes, assim, aumentará, e a de calçados sofrerá cortes, *mas é exatamente isso que o público, inicialmente queria!* Através do que Smith chamou, numa famosa frase, de "mão invisível" a motivação egoísta das pessoas é alterada pelo mecanismo de mercado para produzir o resultado mais inesperado: bem-estar social.

O sistema de auto-regulação

Smith mostrou que um sistema de mercado, longe de ser caótico e desordenado, é, na verdade, o recurso pelo qual é oferecida uma solução com disciplina e ordenamento rígido ao problema econômico.

Primeiro, ele explicou por que a motivação do interesse próprio propicia o impulso necessário para colocar em movimento o mecanismo. Em seguida, mostrou de que maneira a concorrência evita que qualquer indivíduo fixe um preço superior que o estabelecido pelo mercado. Em terceiro lugar, esclareceu a maneira como os desejos variáveis da sociedade levam os produtores a aumentar a produção dos bens desejados e a reduzir a dos bens que não mais são altamente desejados.

Não de menor importância, Smith mostrou que o sistema de mercado é um processo auto-regulador. A bela conseqüência de um mercado competitivo é que ele é seu próprio guardião. Se preços ou lucros saírem de seus níveis "naturais", determinados pelos custos, haverá forças que os reconduzirão à linha. Surge, então, um paradoxo curioso. O mercado competitivo, que tem em seu ápice a liberdade econômica individual, é ao mesmo tempo o mais rígido supervisor econômico. Pode-se solicitar o comando de uma diretoria ou a exoneração de um ministro; no entanto, não há diretoria ou exoneração que funcione em relação às pressões anônimas do mercado competitivo. A liberdade econômica é mais ilusória que parece. Você pode fazer o que quiser; se, no entanto, for algo que o mercado desaprove, o preço da liberdade será a ruína.

O sistema de mercado e o surgimento do capitalismo

O sistema de mercado funciona exatamente como sugere o grande tratado de Smith? Muito do que virá neste livro é dedicado a essa pergunta – isto é, delinear o crescimento e a ordem interna do sistema, cujas projeções o modelo de Smith descreveu com tanto brilhantismo. O fato de termos passado por ciclos de negócios e depressões, de terem aparecido indústrias e sindicatos enormes no lugar das fábricas de alfinetes e dos trabalhadores infantis, constitui evidência suficiente de que o modelo de Smith, por si só, não funciona como um orientador de confiança ao longo da história econômica. O fato de nossa economia crescer de forma espantosa e ainda se manter, apesar de todos os problemas, também evidencia uma essência de verdade importante na concepção de Adam Smith.

Voltemos à nossa narrativa histórica para entendermos o quanto as previsões de Smith se concretizaram e o tanto que não aconteceu, além das razões para isso. *A Riqueza das Nações* surgiu antes que o capitalismo assumisse qualquer coisa perecida com seu atual disfarce industrial. Afinal, a servidão ainda não estava abolida formalmente na Alemanha, o que ocorreria meio século mais tarde. Mesmo na Inglaterra de Smith, a sociedade de mercado ainda não atingira o estágio em que o capitalismo alcançaria pleno status legal e político. Por exemplo, as leis das corporações de ofício, que irritavam Smith, somente desapareceram quando o Estatuto dos Artesãos, da era medieval, foi repudiado em 1813. Da mesma maneira na França, até a revolução de 1789, existia uma imensa rede de regras limitadoras capitalismo que surgia. Regulamentos e editais, muitos na busca de uma padronização da produção, foram a origem da quantidade exata de fios a serem tecidos para compor os tecidos da indústria têxtil francesa. Desobedecer a essa regulamentação significava colocar em risco os alicerces – primeiro dos tecidos, depois, do fabricante.

Já no século 18, ainda encontramos incompleta a grande revolução do mercado. Para sermos mais claros, o que encontramos é um processo quase acabado de monetização e comercialização, inserido de forma pouco confortável numa estrutura de organização legal e social ainda não totalmente adaptada a ele. Teremos que acompanhar como o capitalismo abriu caminho através das limitações da era pré-capitalista e mercantilista, antes de conseguirmos ver em plena atuação o esplêndido mecanismo de mercado de Adam Smith.

Conceitos e termos importantes

Feudalismo

1. *Poderosas forças de mudança* estavam em ação no feudalismo europeu, agindo lentamente para introduzir a estrutura de uma sociedade de mercado. Importante entre essas forças era:
   - O papel do *mercador itinerante* como introdutor do comércio, do dinheiro e do espírito consumista na vida feudal.
   - O *processo de urbanização* como uma fonte de atividade econômica e como o lugar de uma nova posição de poder, centrada no comércio.
   - As *Cruzadas* como uma força de ruptura da vida feudal e da introdução de novas idéias.
   - O aparecimento de *Estados nacionais* unificadores e apoiadores do comércio.
   - O estímulo da *Era das Explorações* e do *ouro* que ela trouxe para a Europa.
   - O surgimento de *novas idéias religiosas* mais favoráveis à atividade comercial que as do catolicismo.
   - A *monetização das dívidas* no âmbito do sistema manorial.

Vida econômica	2. Uma das conseqüências dessas forças começa a ser vista na *separação da economia da vida social*. Os processos de produção e distribuição não estão mais combinados de forma indistinta com os costumes e práticas religiosas, sociais e políticas predominantes; começam agora a formar uma área da vida completamente diferente e independente.
Cercamentos	3. Com o aparecimento do aspecto econômico da vida encontramos *transformações profundamente estabelecidas* acontecendo. O camponês-servo não está mais atrelado à terra, mas passa a ser um trabalhador livre em sua mobilidade; o mestre das corporações de ofício não está mais limitado pelas regras da guilda, e passa a ser um empresário independente; o senhor feudal torna-se (na acepção moderna da palavra) um dono de terra. Foi uma transformação longa e violenta, especialmente, no caso complicado dos *cercamentos*.
Fatores de produção	4. A chegada dos trabalhadores livres, dos capitalistas e dos donos de terra, cada um vendendo seus serviços em troca de terra, capital e trabalho, possibilitou falarmos em "fatores de produção". Isso, porém, acarretou duas coisas: as *categorias físicas* da terra, do trabalho e do capital como agentes distintos no processo produtivo, e as *relações sociais* entre trabalhadores, donos de terra e capitalistas como grupos ou classes distintos ingressando no mercado.
Trabalho assalariado	5. Fundamental entre essas novas relações estava o *trabalho assalariado*. Numa relação salário-trabalho, um trabalhador recebe um salário pelo tempo de trabalho, e a posse de toda a produção é colocada nas mãos do empregador-capitalista.
Riqueza no capitalismo	6. O surgimento do capitalismo muda a concepção de riqueza, de objetos a serem exibidos ou de prestígio para mercadorias que precisam ser levados ao mercado e lá vendidos. Essa necessidade de venda introduz uma urgência até então desconhecida no sistema econômico.
Motivo de lucro	7. Como parte desse processo de mudança, deparamo-nos com o aparecimento do *motivo de lucro* em todos os níveis da sociedade; não se trata de um impulso consumista (que deve ter existido durante séculos), mas da necessidade predominante em todas as pessoas de numa *sociedade monetizada* de lutarem por aumento de suas receitas para a sobrevivência econômica.
A *Riqueza das Nações* de Adam Smith	8. Acompanhando a nova sociedade econômica veio um novo interesse no mecanismo de uma sociedade de mercado. O mais brilhante dos primeiros economistas foi *Adam Smith*, autor de *A Riqueza das Nações*. Basicamente um filósofo, Smith voltou seu espírito inquisidor poderoso e de longo alcance à compreensão de uma sociedade de "liberdade perfeita" (uma sociedade de agentes que livremente estabeleciam contratos).
Crescimento	9. Em *A Riqueza das Nações*, Smith descreve dois atributos dessa sociedade. O primeiro é sua *tendência ao crescimento*. Smith mostra como o crescimento é conseqüência de um aumento na *produtividade* do trabalho, que se deriva de uma *divisão do trabalho* mais sofisticada. Esse reforço na produtividade é conseqüência do *investimento* de capitalistas em *equipamento de capital*, como uma forma de aumentar os lucros.

Auto-regulação 10. Smith descreve ainda o *mecanismo de mercado*. Nele, a *concorrência* desempenha um papel essencial, evitando que as pessoas obtenham dos compradores o preço que lhes aprouver. O *mecanismo de mercado* também revela como as demandas sempre variáveis por bens de consumo modificam sua produção para o atendimento dessa demanda. Assim, o elemento a coroar o tratado de Smith é a demonstração da natureza *auto-reguladora* de um mercado competitivo, em que uma "mão invisível" origina fins socialmente úteis a partir de meios egoístas e particulares.

Perguntas

1. Que atividades do mercador causaram rupturas na vida feudal? Atualmente, as atividades comerciais são também causadoras de tensão?
2. Por que o trabalho assalariado é totalmente incompatível com o feudalismo?
3. Os países não-desenvolvidos atualmente costumam assemelhar-se às economias da Antiguidade ou da Idade Média, pelo menos até onde sua pobreza e estagnação estão envolvidas. Discuta a importância, se for o caso, das forças de mudança mencionadas nesse capítulo para a modernização dessas áreas. Há novas forças de mudança?
4. Os países que são líderes mundiais, no que diz respeito à renda *per capita*, são Estados Unidos, Alemanha e os países escandinavos. Entre os países ocidentais menos ricos estão Grécia e Portugal. Em sua opinião, isso seria prova da validade da tese de Weber-Tawney sobre a importância da ética protestante para o crescimento econômico? A adição do Japão mudaria o argumento?
5. O processo de monetização e comercialização foi normalmente violento na Europa. Você acredita que a Guerra Civil, que acabou com a escravidão e substituiu o sistema semifeudal das plantações sulistas, pode ser vista como parte da mesma transformação nos Estados Unidos?
6. A vida econômica é claramente separada da vida política e social americana?
7. Você acredita que a maior parte das pessoas nos Estados Unidos atende à motivação de lucro? Você conhece alguém que mudou de endereço por motivos econômicos? Que mudou de profissão? Você conhece alguém que voluntariamente optou por mudar o horário de trabalho, mesmo com redução da receita?
8. O desejo de comprar, com certeza, é tão antigo quanto a humanidade. As origens do capitalismo seriam tão antigas assim?
9. Descreva o que Smith quis dizer com a "mão invisível". Que mecanismo é esse – sem dúvida, o agente – que consegue tornar compatíveis interesses egoístas e provisionamento social de sucesso?
10. Haveria uma relação entre o modelo de crescimento de Smith e seu modelo de mercado? Esse modelo de crescimento funcionaria se as forças do mercado não agissem?

> **PENSAR NO PASSADO, OLHAR PARA O FUTURO**

VISÕES FUTURISTAS

A sociedade de mercado não surgiu de uma hora para outra; foram necessários centenas de anos para que se estabelecesse como a forma dominante de organização da sociedade econômica. Além do que, o grande motor de uma sociedade de mercado – máquinas e produção em massa que elas possibilitam – aparece somente no final desse período de "surgimento", indicando que a mudança tecnológica em si necessitou de pré-condições no âmbito social, tal como veremos no próximo capítulo. Neste capítulo, concentramo-nos no processo de surgimento e aparecimento de novas formas de organização social. Trata-se de algo mais difícil de ser compreendido do que uma época em que um conjunto claro de relações sociais já estava bem estabelecido.

Parte da dificuldade para compreender esse período reside no fato de que muito do processo de criação também envolveu certa destruição, como as crenças religiosas no pecado de ganhar dinheiro. No meio dessa desorganização e rompimento de estruturas sociais existentes, ficou difícil perceber o surgimento de uma nova entidade coerente, uma "sociedade de mercado", com todas as implicações de harmonia contidas nessa expressão. Assim, uma mudança histórica é mais difícil de ser captada do que "períodos" mais ou menos estacionários. Somente com a Revolução Industrial a mudança passou a ser uma norma, com todas as perturbações que possamos imaginar. Você acha que a presença cada vez maior de processos automatizados de produção é capaz de significar um desafio similar em nossa época? Essa pergunta leva-nos ao próximo capítulo.

Capítulo 4

A Revolução Industrial

Em nosso levantamento da história da economia, concentramo-nos quase que totalmente em duas correntes principais da atividade econômica: agricultura e comércio. Todavia, desde o passado mais remoto, havia uma terceira fonte essencial de riqueza econômica – a indústria – que, de forma deliberada, deixamos de lado. Diferentemente da agricultura e do comércio, a produção industrial não deixou uma marca importante na sociedade econômica em si. Como camponês, servo, negociante ou membro de uma guilda, os atores do drama econômico tipificavam de forma direta as atividades básicas da época, o que não era o caso em relação a alguém na indústria. Um "trabalhador de fábrica" – a própria idéia de um "proletário" industrial – era uma coisa que não existia nos longos anos anteriores a fim do século 17. Foi a chegada da fábrica de alfinetes de Adam Smith que fez esse conceito começar a ser parte do cenário.

O "capitalista industrial" também estava ausente. A maioria dos que queriam fazer fortuna no passado logrou êxito através de negócios, transportes ou empréstimos – e não pela manufatura. Diverte – mais que isso, instrui – listarmos aqui as melhores formas para enriquecer, citadas por Leon Battista Alberti, um arquiteto do século 15, além de músico e cortesão. São elas: (1) negócios por atacado; (2) busca de tesouros, (3) cair nas graças de um homem rico para ser seu herdeiro; (4) usura; (5) arrendamento de campos de pastagem, cavalos e assemelhados. Um comentarista do século 17 aumenta a lista com serviços ao rei, dedicação ao exército e alquimia. A produção de bens está visivelmente ausente nas duas listas.[1] Ela passa a fazer parte do mundo econômico a partir de Adam Smith.

Na Grécia antiga, Demóstenes tinha uma fábrica de armaduras e armários; bem antes de sua época, no antigo Egito, temos registro da presença de operários em "fábricas" para a produção de tecido. Mas não há dúvida de que essa forma de produção tinha muito menos importância na modelagem da textura econômica dos períodos que a agricultura ou o comércio. Por um lado, a escala típica de produção era pequena. Observe que mesmo a palavra *manufatura* (do latim *manus*, "mão", e *facere*, "fazer") implica um sistema de tecnologia manual, e não de máquinas. As fábricas de Demóstenes, por exemplo, não tinham mais que 50 homens. É fato que de tempos em tempos deparamo-nos com operações manufatureiras bastante grandes; já no século 2 d.C., uma olaria

---
[1] Werner Sombart, *The Quintessence of Capitalism* (New York: Dutton, 1915), 34-35.

romana tinha 46 trabalhadores. Ao chegarmos ao século 17, já temos notícia de fábricas com centenas de trabalhadores. Operações desse tipo, no entanto, foram mais a exceção que a regra. Em 1660, por exemplo, um ferreiro francês precisou de mais de três toneladas de ferro para produzir espadas, foices ou cutelaria artística. Da mesma maneira, a maioria das operações de uma guilda, como vimos, eram pequenas. Já em 1843, um censo na Prússia mostrou a existência de apenas 67 trabalhadores para cada 100 mestres.[2] No passado – tal como é hoje no Oriente e Oriente Médio –, quase que a totalidade da "indústria" estava nos fundos de pequenas lojas ou sótãos escuros das casas, em abrigos atrás dos bazares ou nas casas espalhadas de trabalhadores que recebiam seus materiais das mãos de um "capitalista" organizador.

UMA GRANDE VIRADA

O ritmo da mudança tecnológica

Além da pequena escala da indústria, outro aspecto da época atrasou a presença social da manufatura industrial. Foi a ausência de qualquer interesse sólido no desenvolvimento de uma *tecnologia industrial*. Durante a Antiguidade e a Idade Média, muito pouco da energia criativa da sociedade foi direcionada a um aperfeiçoamento sistemático das técnicas de produção. É indicativo da falta de interesse pela tecnologia da produção que uma invenção tão simples quanto a canga teve que esperar a Idade Média para ser descoberta. Egípcios, gregos e romanos, capazes de tanta tecnologia arquitetônica, não tiveram qualquer interesse pelas técnicas de produção diária.[3] Até na Renascença e na Reforma, a idéia de tecnologia industrial pouco atraiu preocupação séria. Exceto por Leonardo da Vinci, cuja mente fértil brincou com as mais variadas invenções, os mais reconhecidos pensadores da Europa ignoraram a tecnologia da produção básica ou não tiveram interesse por ela até quase metade do século 17.

Houve boas razões para essa indiferença dominante: nas sociedades de um mundo anterior ao mundo de mercado, faltava a necessária base econômica para qualquer manufatura industrial em grande escala. Nas economias mantidas pelo trabalho de camponeses, escravos e servos, economias em que o fluxo monetário era pequeno e a corrente da vida econômica era relativamente imutável ano após ano– deixando-se de lado os acidentes de guerra e os naturais –, quem poderia sonhar com um processo em que grandes quantidades de bens seriam produzidas? A própria idéia de produção industrial em larga escala era impensável num cenário não monetarizado e estático.

Por tudo isso, o ritmo da industrialização foi lento. Questiona-se se a Europa de 1200 teria sido significativamente mais avançada, do ponto de vista tecnológico, que a Europa do ano 200 a.C. O uso disseminado de água para gerar energia na indústria apareceu somente no século 15, e seria necessário todo um século até que os moinhos de vento fossem empregados para usar a energia natural. O relógio mecânico é do século 13, mas o mundo esperou cerca de 200 anos até aparecerem aperfeiçoamentos nos instrumentos de navegação, pesquisa ou medida. A tipografia, precursor indispensável da comunicação de massa, surgiu apenas em 1450.

---

[2] M. M. Postan and H. J. Habakkuk, general editors, *Cambridge Economic History of Europe*, 2nd ed. (Cambridge: Cambridge University Press, 1966), II, 34. John U. Nef, *Cultural Foundations of Industrial Civilization* (New York: Harper, Torchbooks, 1960), 131; R. H. Tawney, *Equality*, 4th ed. (London: Macmillan, 1952), 59.
[3] E. M. Jope, "Agricultural Implements", in *History of Technology*, ed. Charles J. Singer et al. (New York: Oxford University Press, 1956), II, 553. Houve, porém, avanços consideráveis nas técnicas de mineração, especialmente de prata e cobre.

Resumindo: apesar de haver importantes bolsões de produção altamente organizada, notadamente a indústria de tecidos de Flandres e cidades do norte da Itália do século 13, somente no final do século 16 vislumbramos os primeiros sinais de um entusiasmo geral pela tecnologia industrial. Mesmo nessa época, seria impossível prever que um dia a indústria dominaria a organização da produção. De fato, no final do século 18, quando a manufatura já começava a atingir proporções respeitáveis como forma de empreendimento social, não era pensamento corrente que um dia teria alguma importância mais que secundária. A agricultura, sem dúvida, era o fundamento visível do país. O comércio era tido como útil à medida que trazia ouro para o país. Na melhor das hipóteses, a indústria era percebida como algo a serviço dos outros, oportunizando ao negociante os bens de exportação, ou atendendo ao agricultor como um mercado secundário para os produtos da terra.[4]

O que, finalmente, teria conspirado para levar a manufatura a um lugar de destaque?

Foi uma concatenação complexa de eventos que deu origem à explosão denominada Revolução Industrial. Da mesma forma que a era da Revolução Comercial e Mercantilista, anteriores a ela e que a prepararam, é impossível em umas poucas páginas fazer justiça às várias correntes que contribuíram para a vitória da tecnologia industrial. Se, porém, não podemos acompanhar o processo detalhadamente, poderemos pelo menos ter uma idéia de sua energia e das forças principais por trás dela se nos concentrarmos na Inglaterra de 1750. Aqui, pela primeira vez a manufatura industrial como forma importante de atividade econômica começou a engendrar sua grande transformação social.

A Inglaterra em 1750

Por que a Revolução industrial teve origem na Inglaterra e não no continente europeu? Por que a fábrica de alfinetes atraiu a atenção de Adam Smith? As respostas a essas a perguntas requerem um exame das circunstâncias que tornaram a Inglaterra diferente da maioria dos países europeus no século 18.

O primeiro fator foi, simplesmente, o dado de a Inglaterra ser relativamente rica. Na verdade, um século de explorações bem-sucedidas, comércio de escravos, pirataria, guerras e comércio tornaram-na a nação mais rica do mundo. Mais importante que isso foi o fato de suas riquezas estarem nas mãos não somente de alguns nobres, mas também de uma grande camada da classe média superior, a burguesia comercial. A Inglaterra foi um dos primeiros países a desenvolver, ainda que em pequena escala, um importante requisito para uma economia industrial: um mercado consumidor "de massa". Assim, uma pressão crescente da demanda inspirou a busca de novas técnicas. Era de se esperar que a Sociedade de Estímulo às Artes e à Manufatura (ela própria uma importante filha da época) oferecesse um prêmio para uma máquina que enrolasse seis fios de algodão de uma só vez, possibilitando que o mecanismo de enrolar acompanhasse tecnologicamente o de tecer, mais avançado. Foi isso que levou, pelo menos em parte, ao tear hidráulico de Arkwright, sobre o qual falaremos em breve.

O segundo fator envolveu o fato de a Inglaterra ser o cenário da transformação mais bem-sucedida e abrangente da sociedade feudal em sociedade comercial. O processo de cercamento foi um indicador importante de uma mudança histórica que destacou

---

[4]Na metade do século XVIII, quando o médico francês François Quesnay propôs uma das primeiras explicações sistematizadas da produção e da distribuição econômicas (conhecida como *fisiocracia*), apenas o agricultor era visto como o produtor de valor no varejo; o fabricante, embora de utilidade não ignorada, era, ainda assim, relegado às classes "estéreis" (ou seja, que não produzem riqueza).

drasticamente a Inglaterra do continente. Lá, a aristocracia há muito tinha feito as pazes com o comércio (mais do que isso, lucrou com ele). Embora permanecessem conflitos fortes de interesse entre o "velho" poder da terra e o "novo" poder do dinheiro, por volta de 1700 as ordens dominantes inglesas haviam feito uma opção pela adaptação às demandas da economia de mercado e não pela resistência a elas.[5]

O terceiro fator: a Inglaterra era um local de um entusiasmo peculiar pela ciência e engenharia. A famosa Royal Society, de quem Newton foi um dos primeiros presidentes, foi fundada em 1660, e constitui a fonte imediata de muita agitação intelectual. Na verdade, um interesse popular em artigos engenhosos, máquinas e dispositivos de todo o tipo tornou-se uma obsessão nacional: a *Gentlemen's Magazine*, um dos periódicos de sucesso da época, anunciou em 1729 que manteria seus leitores "a par de todas as invenções" – tarefa que a enorme quantidade de inventos logo tornou quase impossível. Não menos importante foi o entusiasmo da aristocracia inglesa da terra pela agricultura científica: os donos de terra ingleses deixaram claro um interesse em questões como rotatividade das colheitas e fertilizantes, coisas que os franceses entenderam como muito aquém de sua dignidade.

E ainda resta uma grande quantidade de outras causas antecedentes, algumas tão fortuitas quanto os imensos recursos das minas de carvão e ferro existentes em solo inglês; outras tão propositais quanto o desenvolvimento de um sistema nacional de patentes que de forma deliberada estimulou e protegeu o próprio ato de inventar.[6] Iniciada a revolução, ela se auto-alimentou. As novas técnicas (em especial, na indústria têxtil) simplesmente acabaram com a concorrência do fabrico artesanal no mundo, aumentando assim de forma inimaginável os próprios mercados. O que em última instância fez funcionar todos esses fatores foi a energia de um grupo de Novos Homens que transformou as oportunidades latentes da história em um veículo de sua própria ascensão à fama e à fortuna.

O aparecimento dos novos homens

Um desses foi, por exemplo, John Wilkinson. Filho de um produtor de aço em pequena escala, à moda antiga, Wilkinson era fascinado pelas possibilidades tecnológicas de seu negócio. Foi autor de vários inventos: uma laminadora e um cortador a vapor, um processo para a fabricação de canos de ferro e um projeto para fabricar cilindros de precisão. Era de se esperar que Wilkinson decidisse que os antigos foles de couro, usados na fabricação do ferro, não eram eficientes, determinando-se a fabricar foles de ferro. "Todo mundo riu de mim", escreveu mais tarde. "Eu fabriquei e apliquei a máquina a vapor para assoprá-los, e todos gritaram: 'Quem teria pensado em algo assim?'"

Seu sucesso na produção foi seguido da paixão pela aplicação; tudo tinha que ser feito de ferro: canos, pontes, navios. Após o sucesso do lançamento ao mar de um navio feito de placas de ferro, Wilkinson escreveu a um amigo: " [O navio] atende a todas as

---

[5] Ver Barrington Moore, *Social Origins of Dictatorship and Democracy* (Boston: Beacon Press, 1966), Chap.1.
[6] Phyllis Deane, em *The First Industrial Revolution* (Cambridge: Cambridge University Press, 1965 paperback ed.), atribui o surgimento da industrialização na Inglaterra a um conjunto de causas um pouco diferentes: aumento populacional, técnicas melhores de produção de alimentos, florescimento das negociações com outros países e uma grande melhoria dos transportes. Não há dúvidas de que esses foram elementos indispensáveis no processo. Mencionei esse livro para que o estudante não pense existir apenas uma forma "correta" de justificar as transformações históricas bastante complexas. Outro excelente relato desse processo é o fascinante livro de David Landes, *Prometheus Unbound* (Cambridge: Cambridge University Press, 1969); ainda outro relato interessante é encontrado no livro de Joel Mokyr, *The Lever of Riches: Technological Creativity and Economic Progress* (New York: Oxford University Press, 1990).

minhas expectativas e convence os incrédulos, cerca de 999 em mil. Será algo extraordinário e, em seguida, um ovo de Colombo".[7]

Mas Wilkinson era um entre muitos. O mais famoso naturalmente foi James Watt – bem conhecido de Adam Smith – que, junto com Matthew Boulton, compôs a primeira empresa que fabricou máquinas a vapor. Watt era filho de um arquiteto, construtor de navios e fabricante de instrumentos náuticos. Aos 13 anos, já fazia modelos de máquinas, e na juventude teve sucesso como artesão. Planejou se estabelecer em Glasgow, mas a guilda dos forjadores opôs-se a que fabricasse instrumentos de precisão – os últimos remanescentes do feudalismo a provocar um irônico conflito pessoal com o homem que, mais que qualquer outro, criaria *a* invenção que destruiria a organização das corporações de ofício. De qualquer modo, Watt encontrou abrigo na universidade, onde em 1764 teve a atenção voltada a uma máquina a vapor antiga e bastante insatisfatória, inventada por Newcomen. Com seu jeito cuidadoso e sistemático, Watt fez experiências com pressões de vapor, projetos de cilindros e válvulas, até que em 1796 desenvolveu uma máquina verdadeiramente radical e (pelos padrões da época) extraordinariamente poderosa e eficiente. Interessante é o fato de Watt jamais ter sido capaz de criar suas máquinas se não fosse por Wilkinson ter aperfeiçoado uma maneira de fabricar boas bitolas de pistões e cilindros. Antes, essas peças eram feitas de madeira, e desgastavam-se com rapidez. É claro que foi Wilkinson quem comprou a primeira máquina a vapor para ser usada com fins que não o de bombeamento: nos foles de ferro.

Houve necessidade, porém, de algo mais que a habilidade de Watt. As novas máquinas tinham que ser produzidas e vendidas, e a fábrica que as produziu tinha que ser financiada e organizada. Inicialmente, Watt formou uma parceria com John Roebuck, um outro magnata do ferro; essa parceria logo fracassou. Dali em diante, a sorte passou a agir. Matthew Boulton, fabricante de botões e fivelas já rico e bem-sucedido, assumiu a parte de Roebuck no contrato com Watt, nascendo aí a fantástica combinação de habilidade técnica com tino para negócios.

Mas, ainda assim, o empreendimento não prosperou de imediato. Foram grandes os gastos com instalação, com dívidas que perduraram por 12 anos. Mas o interesse foi grande desde o início. Por volta de 1781, Boulton já podia alegar que as pessoas em Londres, Birmingham e Manchester estavam todas "impressionadas com o moinho a vapor"; em 1786, quando duas máquinas a vapor foram atreladas a cinquenta pares de pedras para moer grãos no maior moinho de farinha do mundo, toda a Londres quis ver essa maravilha.

A máquina a vapor foi a maior grande invenção isolada, mas de maneira nenhuma o único pilar da Revolução Industrial. Não menos importante foi um grupo de invenções têxteis, das quais a mais famosa foi o tear hidráulico de Arkwright, assim chamado para diferenciá-lo de outros teares manuais.[8]

A carreira de Arkwright é, por si só, interessante. Como barbeiro, trabalhava perto dos distritos têxteis de Manchester, onde ouvia a necessidade premente de uma máquina que permitisse às máquinas de bobinar acompanhar as máquinas de fiação, que tinham tecnologia mais avançada. A sorte levou-o ao encontro de um fabricante de reló-

---

[7] Paul Mantoux, *The Industrial Revolution in the Eighteenth Century*, 2nd ed. (Chicago: University of Chicago Press, 1983), 308.

[8] Basicamente, o que a estrutura hidráulica fez foi conferir ao fio de algodão mais resistência. Em consequência, pela primeira vez, foi possível usar o algodão em vez do linho para tecer (os fios longitudinais que aguentam a maior parte da tensão na tecelagem), bem como os fios latitudinais. Até a invenção de Arkwright, o "tecido de algodão" era feito totalmente desse fio. O novo tecido era incomparavelmente superior ao antigo, tendo, instantaneamente, uma enorme demanda.

gios, John Kay, que ele contratou para aperfeiçoar uma máquina que este já tinha inventado junto com outro empregador-inventor. Não se conhece bem o que houve depois: Kay deixou o negócio, acusado de roubo e apropriação indébita, e Arkwright apareceu como o "único inventor" de um tear em 1769.

Ele tinha agora junto de si dois negociantes ricos da indústria têxtil, Samuel Need e Jedediah Strutt, que concordaram em estabelecer um negócio com ele para a produção de teares hidráulicos, e em 1771 a empresa construiu seu próprio tear. Foi um sucesso instantâneo; em 1779, possuía vários milhares de bobinas, mais de trezentos operários e funcionava dia e noite. Em poucos anos, Arkwright construiu uma imensa fortuna e fundou uma indústria têxtil ainda maior para a Inglaterra. "Oh, leitor", escreveu Carlyle, recordando a carreira de Arkwright, "que fenômeno histórico é esse barbeiro de bochechas caídas e barriga saliente, tão perseverante e inventivo!... Foi esse homem quem deu à Inglaterra o poder do algodão".[9]

O empreendedor industrial

É interessante, à medida que acompanhamos as carreiras desses Novos Homens, fazermos algumas generalizações sobre eles. Eles foram parte de uma classe totalmente nova de pessoas economicamente importantes. Peter Onions, um dos inventores do processo para tornar maleável e resistente o ferro (*puddling*), era um chefe de fábrica desconhecido; Arkwright era um barbeiro; Benjamin Hunstman, o pioneiro do aço, originalmente fabricava relógios; Henry Maudslay, inventor da máquina automática de aparafusar, era um mecânico jovem e talentoso no Woolwich Arsenal. Nenhum desses importantes pioneiros da indústria tinha ascendência nobre. Com poucas exceções, como o caso de Matthew Boulton, nenhum possuía capital para investimento. Na agricultura, os novos métodos revolucionários para o cultivo científico tiveram patrocínio e liderança da aristocracia, especialmente do famoso Sir Jethro Tull e de Lord Townshend; na indústria, porém, a liderança ficou nas mãos de homens de origem e ascendência humildes.

O sistema social tinha que ser suficientemente flexível para permitir a prosperidade desses "aventureiros" desconhecidos. Somente após o efeito catalisador da liberação da energia de homens talentosos, pertencentes às classes pobre e média da ordem social, é que começamos a valorizar o grande efeito liberalizante das revoluções econômica e política anteriores. Na hierarquia medieval, as carreiras meteóricas desses Novos Homens seriam inimagináveis. Além disso, eles foram produto da singular preparação econômica da própria Inglaterra, sendo, sem dúvida, os beneficiários da crescente demanda e da curiosidade técnica da época. Concomitantemente, muitos pequenos fabricantes eram ex-pequenos proprietários que haviam vendido seus negócios durante o final do período de cercamentos, determinados a usarem seu pequeno capital na área promissora da manufatura.

Os novos ricos

Muitos desses Novos Homens conseguiram grandes somas de dinheiro. Alguns, como Boulton e Watt, tinham desejos modestos. Apesar dos direitos de patente, cobravam por suas máquinas apenas os custos básicos da máquina e da instalação, mais um terço da economia em combustível conseguida pelo cliente. Alguns, como Josiah Wedgwood, fundador de uma grande fábrica de porcelanas, na verdade recusava-se, por princípio, a utilizar patentes. A maioria, porém, não possuía tanta sensibilidade. Arkwright aposen-

---
[9]Mantoux, *The Industrial Revolution in the Eighteenth Century*, 225.

tou-se como multimilionário, vivendo num esplendor de ostentação. Huntsman, Wilkinson e Samuel Walker (que iniciou a vida como fabricante de pregos e roubou o segredo da fundição do ferro), fizeram muito dinheiro.[10] Na verdade, o negócio com ferro de Wilkinson tornou-se um pequeno Estado industrial, com crédito superior ao de muitos principados alemães e italianos. Ele cunhava o próprio dinheiro, e suas moedas de prata e cobre (com sua efígie e a legenda *John Wilkinson, Ironmaster*) foram bastante usadas entre 1787 e 1808.

Além de avarentos, os fabricantes foram descritos pelo historiador econômico Paul Mantoux como

> tirânicos, duros e, às vezes, cruéis; suas paixões e cobiças eram as dos novos ricos. Tinham a reputação de beberrões e de possuírem pouca consideração com a honra das operárias. Tinham orgulho da fortuna recém-adquirida e viviam em grande estilo, com mordomos, carruagens e casas suntuosas na cidade e no campo.[11]

Não surpreende que Adam Smith, embora reconhecendo sua utilidade, olhasse com desconfiança para a "avareza miserável e o espírito monopolizador" dos negociantes e donos de fábricas, alertando que eles "não eram, nem deveriam ser, os controladores da humanidade".[12]

Agradáveis ou não, as características pessoais desses homens desapareciam diante de uma qualidade maior: todos desejavam a expansão, o crescimento, o investimento pelo investimento. Todos se identificavam com o progresso tecnológico, e nenhum deles era indiferente ao contato com o processo físico de produção. Um empregado de Maudslay uma vez comentou: "Era um prazer vê-lo manusear uma ferramenta de qualquer tipo, mas ele era *esplêndido* com uma lixa para metal de 45 cm".[13] Watt era incansável nas experiências com máquinas; Wedgwood fazia barulho pela fábrica, com sua perna de pau, gritando "Isso é inaceitável para Jos. Wedgwood" sempre que se deparava com evidências de trabalho descuidado. Richard Arkwright era um feixe incansável de energia na promoção de seus interesses, quando se deslocava atabalhoadamente pela Inglaterra através de estradas péssimas numa carruagem guiada por quatro cavalos, controlando a correspondência enquanto viajava.

"Entre nós", escreveu um francês que visitou uma fábrica de algodão em 1788, "um homem suficientemente rico para instalar e dirigir uma fábrica como essa não se prestaria a permanecer numa posição reputadamente indigna em relação à sua riqueza."[14] Essa era uma atitude completamente estranha ao emergente capitalista da indústria na Inglaterra. Seu trabalho era sua própria dignidade e recompensa; a riqueza que trazia era outra coisa. Boswell, ao conhecer a grande fábrica de máquinas de Watt e Boulton, no Soho, declarou jamais ter esquecido a expressão de Boulton quando ele comentou: "Aqui eu vendo o que todo o mundo deseja ter – Energia".[15]

Os Novos Homens foram, em todos os momentos, empreendedores-organizadores. Trouxeram consigo uma nova energia, tanto inquieta quanto inesgotável. Num sentido econômico, e também político, merecem o epíteto de "revolucionários", porque a mudança que introduziram foi nada menos que total, avassaladora e irreversível.

---

[10] Diferentemente dos fabricantes, os inventores geralmente não obtinham sucesso. Muitos que não tiveram a boa sorte de Watt ao encontrar Boulton morreram pobres e abandonados, entrando na justiça, sem resultado positivo, por invenções roubadas, *royalties* não pagos ou alegações ignoradas.

[11] Mantoux, *The Industrial Revolution in the Eighteenth Century*, 397.

[12] Adam Smith, *The Wealth of Nations* (New York: Modern Library, 1937), 460.

[13] Lewis Mumford, *Technics and Civilization* (New York: Harcourt, 1934), 210.

[14] Mantoux, *The Industrial Revolution in the Eighteenth Century*, 404.

[15] H. R. Fox Bourne, *English Mechants* (London: 1866), 119.

Repercussões industriais e sociais

O primeiro e mais surpreendente elemento dessa mudança foi um marcante aumento na produção das fábricas recém industrializadas. A importação de algodão cru para os teares foi de cerca de 500 mil quilos em 1701; 1,5 milhão em 1740; e, em 1781, foi de 2,5 milhões. Tratava-se de uma taxa de aumento respeitável; mas então aconteceu a repentina explosão econômica na tecnologia têxtil. Por volta de 1784, os números chegavam a mais de 5,5 milhões de quilos; em 1789, esses números mais que triplicaram, chegando a 20 milhões de quilos em 1799; 25 milhões em 1800 e 30 milhões em 1802.[16] O mesmo podia ser acompanhado em todo o lugar em que a tecnologia penetrara. A produção carvoeira aumentou dez vezes em quarenta anos; a do ferro bruto pulou de 68 mil toneladas em 1788 para 1,347 milhão de toneladas em 1839.[17]

O impacto inicial da Revolução Industrial foi uma grande aceleração do ritmo de produção no novo setor industrial da economia, efeito esse que vemos repetido em todos os países que vivem uma "revolução industrial". Na França, por exemplo, o impacto das técnicas industriais só foi sentido por volta de 1815; entre essa data e 1845, a produção francesa de ferro bruto quintuplicou; a produção de carvão aumentou sete vezes e a taxa de importação, dez vezes.[18]

A Revolução Industrial não teve, de imediato, um efeito benéfico comparável sobre o aumento *geral* da produção. O setor industrial era pequeno; as taxas fenomenais de aumento naquelas indústrias onde aquele efeito foi aplicado primeiro e de forma mais rendosa não foram imitadas em todas as empresas. O que importa mesmo, porém, é o fato de a Revolução Industrial ter antecedido e introduzido a tecnologia através da qual o crescimento sustentado e em grande escala finalmente ocorreu. Trata-se de um processo que será melhor analisado no final deste capítulo.

O aparecimento da fábrica

Mas primeiro precisamos nos concentrar em outro resultado imediato e visível da Revolução Industrial inglesa. Podemos descrevê-lo como a transformação de uma sociedade essencialmente comercial e agrícola numa em que a manufatura industrial passou a ser o modo dominante de organização da vida econômica. Essa revolução caracterizou-se pelo aparecimento das fábricas como o centro da vida social e econômica. Depois de 1850, a fábrica era não apenas a principal instituição econômica da Inglaterra, mas era também a instituição econômica que moldou sua política, seus problemas sociais e o caráter da vida diária de forma tão decisiva quanto o *manor* ou a guilda alguns séculos antes.

Fica difícil para nós, hoje em dia, entendermos o ritmo ou a qualidade da mudança que esse aparecimento do trabalho fabril criou. Até a metade do século 18, Glasgow, Newcastle e Rhondda Valley eram terras sem uso ou terras agrícolas, e Manchester em 1727 foi descrita por Daniel Defoe como "um simples vilarejo". Quarenta anos depois, havia cem moinhos integrados e todo um aglomerado de fábricas de máquinas, forjarias e fábricas de couro e produtos químicos na área. Havia sido criada uma cidade industrial moderna.

Por volta de 1780, a forma do novo ambiente era visível. Um mineralogista francês em visita à Inglaterra em 1784 escreveu:

> O ruído esganiçado e penetrante das roldanas, o som ininterrupto do martelo, a energia incessante dos homens mantendo em movimento todas essas máquinas, apresentava uma visão tão interessante quanto nova... A noite é tão cheia de chamas

---
[16] Mantoux, *The Industrial Revolution in the Eighteenth Century*, 258.
[17] J. L. Hammond and B. Hammond, *The Rise of Modern Industry* (New York: Harcourt, 1937), 160.
[18] A. Dunham, *The Industrial Revolution in France, 1815-48* (New York: Exposition Press, 1955), 432.

e luzes que, olhada de uma certa distância, mostra aqui uma massa brilhante de carvão, ali chamas como flechas que sobem das explosões das fornalhas, ouvindo-se os pesados martelos atingindo os blocos de ferro e o assobio penetrante das bombas de ar, não sabemos se olhamos um vulcão em erupção ou fomos transportados, como num milagre, para a caverna de Vulcano...[19]

A fábrica proporcionava não apenas uma nova paisagem, mas um habitat social novo e nada agradável. No cotidiano, acostumamo-nos demais à vida urbana industrial, a ponto de esquecermos a virada violenta que é a transição do interior para a cidade. Para os camponeses, essa transferência exige uma adaptação drástica. Eles não mais trabalham conforme o próprio ritmo; acompanham o ritmo de uma máquina. As lentas estações não são mais determinadas pelo tempo, mas pela situação do mercado. A terra, ainda que pobre na colheita, não é mais a fonte de sustentação ao alcance da mão, mas apenas a terra compactada e estéril do chão de fábrica.

Não surpreende que o operário inglês, ainda mais acostumado com a lida rural que a urbana, tenha temido e odiado a chegada das máquinas. Durante os primeiros anos da Revolução Industrial, os trabalhadores literalmente atacaram o exército invasor das máquinas, queimando e arruinando as fábricas. Durante o final do século 18, por exemplo, quando foram construídos os primeiros moinhos têxteis, vilarejos inteiros insurgiram-se contra eles, em vez de seus moradores neles trabalharem. Liderados por um mítico General Ludd, os *luditas* constituíram uma oposição violenta embora infrutífera à industrialização. Em 1813, em um julgamento em massa que terminou em muitos enforcamentos e deportações levou o movimento a um fim.[20]

Condições de trabalho

Mais desagradáveis que o advento da fábrica em si foram as condições em seu interior. O trabalho infantil, por exemplo, era comum, e às vezes iniciava aos 4 anos de idade; as horas de trabalho iam, em geral, do nascer ao pôr-do-sol; abusos de todo o tipo eram freqüentes. Um Comitê Parlamentar, formado em 1832 para examinar as condições, oferece seu testemunho a partir de visitas às fábricas:

Pergunta: A que horas pela manhã, no período de maior movimento, essas garotas iam para os moinhos?
Resposta: Nesse período, durante umas seis semanas, iam às 3 da manhã e terminavam às 10 ou 10 e meia da noite.
Pergunta: Que intervalos havia para descanso e alimentação durante essas 19 horas de trabalho?
Resposta: Café da manhã durante quinze minutos, e jantar por meia hora; o tempo para beber era de quinze minutos.
Pergunta: Parte desse intervalo era usada para a limpeza das máquinas?
Resposta: Elas costumavam ter como tarefa o que chamavam de *dry down*, tendo que às vezes usar toda a pausa para o café da manhã ou para beber água.
Pergunta: Você não tinha dificuldades para acordar os filhos para o trabalho pesado?
Resposta: Sim. Bem cedo, tínhamos que levantá-los dormindo e sacudi-los.
Pergunta: Algum teria se acidentado em conseqüência do trabalho?
Resposta: Sim, minha filha mais velha... uma engrenagem prendeu a unha do dedo indicador, esmagando-o até a articulação.

---

[19] Mantoux, *The Industrial Revolution in the Eighteenth Century*, 313.
[20] Mesmo hoje em dia, usamos a palavra *ludita* para descrever uma tentativa de "reação" à ameaça das máquinas.

Pergunta: Ela perdeu o dedo?
Resposta: Foi cortado na segunda articulação.
Pergunta: Ela recebeu o salário durante a recuperação?
Resposta: Assim que houve o acidente, seu salário foi totalmente interrompido.[21]

Era um período cruel. As intermináveis horas de trabalho, a sujeira generalizada e o ruído pesado nas fábricas, a falta das mais elementares precauções de segurança, tudo combinado para conferir ao início do capitalismo industrial uma reputação de que jamais se recuperou na mente de muitas pessoas neste mundo. Pior ainda eram as favelas para as quais retornava a maioria dos operários após a jornada de trabalho. A expectativa de vida ao nascer, em Manchester, era de 17 anos – número que refletia uma taxa de mortalidade infantil acima de 50%. Não surpreende a leitura do relatório de um emissário do governo, datado de 1839, sobre uma região de operários em Glasgow, conhecida como "as vielas".

As vielas... abrigam uma população flutuante entre 15 mil e 30 mil pessoas. O distrito compõe-se de muitas ruas estreitas e praças, sendo que no meio de cada uma havia um monte de excrementos. Embora por fora esses locais parecessem revoltantes, ainda assim eu estava despreparado para a sujeira e a miséria que existia em seu interior. Em alguns quartos que visitamos à noite encontramos toda uma massa de indivíduos esparramada pelo chão. Costumava haver de 15 a 20 homens e mulheres amontoados, alguns vestidos, outros nus. Quase não havia mobiliário ali, e a única coisa que conferia a esses buracos uma aparência de moradia era o fogo na lareira. Roubo e prostituição são as únicas fontes de receita dessas pessoas.[22]

Início do capitalismo e da justiça social

Sem dúvida, a época era marcada por um grande sofrimento social. É bom, entretanto, ao retrocedermos aos primeiros anos do capitalismo industrial, que tenhamos vários fatos em mente:

1. Duvida-se que a pobreza representou uma deterioração na vida das massas em geral.

    Pelo menos em algumas partes da Inglaterra, a industrialização trouxe benefícios imediatos. Wedgwood (um empregador excepcionalmente bom, é verdade) costumava dizer aos empregados que pedissem aos pais uma descrição do país quando *eles*, pela primeira vez, o conheceram, para que o comparassem à situação atual. Assim, também, a jornada de 12 horas nos moinhos de Arkwright representaram uma *melhoria* de duas horas em relação aos padrões anteriores em Manchester. Além do mais, a pobreza existente não era, de forma alguma, nova. Como se sabe a partir das gravações de Hogarth, bem antes da Revolução Industrial, "A Viela do Gim" ("Gin Lane") já mostrava seus tipos lamentáveis. Conforme escreveu um reformador da metade do século 19, uma daquelas pessoas cuja sensibilidade se revoltou diante da idéia de crianças sofrendo nas fábricas, "quão mais adorável teria sido o jogo de pernas e braços livres nas colinas; a visão da grama verdinha com o brilho dos botões-de-ouro e das margaridas; a canção do pássaro e o zumbido da abelha... [mas] vimos crianças morrendo de pura fome em casebres úmidos ou fossas das sarjetas".[23]

---

[21]R. H. Tawney, A. E. Bland, and P. A. Brown, *English Economic History, Selected Documents* (London: Bell, 1914), 510.
[22]Citado em F. Engels, *The Condition of the Working Class in England* (New York: Macmillan, 1958), 46.
[23]Friedrich Hayek, ed., *Capitalism and the Historians* (Chicago: University of Chicago Press, 1954), 180.

2. Muito da crítica áspera a que esteve sujeito o início do capitalismo teve origem não tanto na sua economia, mas em seus acompanhantes políticos.

Coincidente com o surgimento do capitalismo, e sem dúvida elemento que contribuiu para este, houve uma mudança firmemente estabelecida no aspecto vantajoso da crítica política. Idéias novas de democracia, justiça social, "direitos" individuais cobraram da época uma condição mental crítica diante da qual *qualquer* sistema econômico sofreria censura.

Com certeza, os movimentos políticos através dos quais o capitalismo atingiu seu auge não foram movimentos da classe trabalhadora, mas movimentos da classe média burguesa; os donos de empresas em crescimento na Inglaterra e França tinham pouca consciência social que ultrapassasse alguma preocupação com seus próprios direitos e privilégios. O movimento de liberalismo político, porém, colocado por eles em ação teve um impulso para além dos limites estreitos de sua intenção inicial. Por volta do primeiro quarto do século 19, a condição das classes trabalhadoras, então expostas demais aos olhos do público no novo ambiente das fábricas de instalações precaríssimas, passou a gozar da simpatia do público.

Daí que uma das conseqüências inesperadas da Revolução Industrial foi uma drástica reorientação das idéias políticas. Na criação de uma classe de trabalhadores da indústria e de um ambiente industrial, a revolução conferiu uma nova estrutura econômica à política.[24] Karl Marx e Friedrich Engels escreveram em 1848 que "toda a história" era a história de uma luta de classes, mas que jamais essa luta emergiu de forma tão crua à visão de todos quanto após o aparecimento do ambiente industrial.

Da mesma forma importante foi o fato de o aparecimento do liberalismo político ter feito surgir não somente sentimentos hostis voltados à ordem dominante, mas ter iniciado o lento processo de aperfeiçoamento. Desde o início, um movimento reformador coincidiu com o capitalismo. Em 1802, aprendizes paupérrimos foram legalmente limitados a jornadas de trabalho de 12 horas, com proibição de trabalho noturno. Em 1819, o emprego de crianças com menos de nove anos foi proibido nos moinhos de algodão; em 1833, uma semana de trabalho de 48 a 69 horas foi decretada para trabalhadores com menos de 18 anos (que constituíam cerca de 75% de todos os trabalhadores dos moinhos de algodão), além da inauguração de um sistema de inspeção governamental das fábricas em 1842; crianças com menos de 10 anos foram impedidas de trabalhar nas minas de carvão; em 1847, um limite diário de 10 horas (mais tarde aumentado para 10 horas e meia) foi fixado para crianças e mulheres.

A natureza das reformas é por si só um testemunho eloqüente das condições da época, e o fato de as reformas serem extremamente combatidas e normalmente cumpridas é testemunha do espírito prevalente. Ainda assim, o capitalismo, diferente do feudalismo, esteve sujeito desde o início à força corretora da democracia. Utilizando o material da época de 1830, Karl Marx desenhou um quadro corrosivo do processo capitalista em toda a sua miséria econômica, embora ele tenha desconsiderado (ou minimizado a importância) essa força compensadora cujo poder cresceria de forma consistente.

3. Deixamos por último o efeito mais importante da Revolução Industrial: a influência a longo prazo que ela propiciou ao bem-estar econômico.

O impacto decisivo da Revolução Industrial foi o de introduzir um aumento nos padrões de vida em grande escala, diferente de qualquer coisa que o mundo já havia conhecido.

---

[24]Para um relato instigante do nascimento de um movimento autoconsciente da classe trabalhadora, consultar E. P. Thompson, *The Making of the English Working Class* (New York: Pantheon, 1964).

Isso não ocorreu da noite para o dia. Em 1840, conforme cálculos de Arnold Toynbee, Sr., o salário de um operário comum chegava a 8 *shillings* por semana, 6 *shillings* menos do que ele necessitava para comprar as necessidades mínimas da vida.[25] Para compensar o déficit, ele enviava os filhos ou a esposa, ou ambos, para o trabalho nos moinhos. Se, conforme observado, alguns segmentos da classe trabalhadora tiveram ganhos com o impacto inicial da industrialização, outros sofreram uma redução do padrão de vida gozado em 1795 ou por essa época. Um Comitê do Parlamento, por volta de 1830, por exemplo, descobriu que um tecelão manual naquela época anterior poderia comprar mais de três vezes as provisões que seu salário posterior permitia. Embora nem todos os negócios passassem pelos mesmos sofrimentos, as primeiras luzes da Revolução Industrial vieram acompanhadas das suas mais intensas agruras, e seus benefícios não foram percebidos de imediato.

Em 1870, entretanto, os efeitos a longo prazo da Revolução Industrial começaram a ser sentidos. O preço dos bens necessários já haviam chegado a 15 *shillings*, mas os ganhos semanais conseguiram alcançar e até ultrapassar essa quantia. As horas de trabalho encurtaram também. Na empresa Jarrow Shipyards e na New Castle Chemical Works, a semana de trabalho fora reduzida de 61 para 54 horas; até mesmo nas tecelagens, notáveis por suas grandes jornadas de trabalho, o período de trabalho foi reduzido para "apenas" 57 horas. Ainda se estava bastante distante de uma sociedade de abundância, mais distante ainda de uma sociedade "rica", mas o caminho até lá já havia sido iniciado.

A REVOLUÇÃO INDUSTRIAL NA PERSPECTIVA TEÓRICA

Revisamos rapidamente os aspectos históricos mais destacados do aparecimento do capitalismo industrial. Precisamos agora refletir sobre as grandes mudanças econômicas e sociais que testemunhamos, e fazer uma pergunta pertinente sobre economia: como o processo de industrialização elevou o bem-estar material? Para respondê-la, precisamos de uma teoria econômica que explique, de forma sistemática, as percepções já obtidas a partir do trabalho de Smith, *A Riqueza das Nações*.

Comecemos perguntando o que é necessário para um aumento do bem-estar econômico de uma sociedade. A resposta não é difícil. Se quisermos ter mais bem-estar material, genericamente falando, precisamos produzir mais. Isso é especialmente verdadeiro quando começamos no estágio "quase nada além da subsistência" que caracterizava a Europa antes da Revolução Industrial. Para que uma sociedade aumentasse o padrão de vida de suas massas populacionais, a primeira necessidade, sem dúvida, era uma maior produção. Apesar de todas as desigualdades na distribuição que contribuíam para a sociedade do servo e do senhor, do capitalista e da criança-trabalhadora, subjacente à maldade da época havia uma realidade prevalente: a absoluta inadequação da produção. Simplesmente não havia o suficiente para todos, e se é verdade que uma organização distributiva menos desequilibrada teria minorado a indignidade moral da época, ela não teria dado grande contribuição para uma melhora extensiva no bem-estar econômico básico. Mesmo diante da hipótese de que o salário do trabalhador urbano e a receita do camponês fossem duplicados, com os ricos sem a sua parte – pressuposto extravagante demais –, ainda assim a principal característica da vida rural e urbana teria sido sua pobreza.

---

[25] Arnold Toynbee, *The Industrial Revolution* (Boston: Beacon Press, 1956), 113.

Temos que acrescentar apenas uma qualificação importante a essa ênfase na produção aumentada como um pré-requisito de progresso econômico. Os padrões gerais de vida somente melhorarão se a população de um país não aumentar mais rápido que o aumento da produção. A produção de bens e serviços precisa crescer mais depressa que a população, caso seja desejado o progresso do bem-estar individual.

De que maneira uma sociedade aumenta a produção *per capita*?

Não conseguiremos fazer uma análise completa desse problema neste espaço, mas o que vislumbramos na fábrica de alfinetes e em nosso estudo da Revolução Industrial na Inglaterra possibilita que entendamos grande parte dele. Sem nenhuma dúvida, *a chave para uma produção maior está na expansão das energias da comunidade, com o auxílio do capital industrial.* Nossa compreensão analítica do crescimento precisa começar com uma observação mais atenta do poder extraordinário do capital.

Capital e produtividade

Usamos, com freqüência, o termo *capital*, embora ainda não o tenhamos definido. Fundamentalmente, capital consiste em qualquer coisa que possa fortalecer o poder de uma pessoa para realizar um trabalho economicamente útil. Uma pedra não-modelada é capital para o homem da caverna, que pode utilizá-la como implemento de caça. Uma enxada é capital para o camponês; um sistema de estradas é capital aos habitantes de uma sociedade industrial moderna. O conhecimento é capital também – na verdade, talvez seja a parte de maior valor do estoque de capital de uma sociedade.

Quando os economistas falam de capital, normalmente limitam seu sentido a *bens de capital* – o estoque de utensílios, equipamentos, máquinas e prédios produzidos pela sociedade a fim de acelerar o processo produtivo.[26] Todos esses bens de capital causam um efeito comum sobre o processo de produção: funcionam no sentido de tornar mais produtivo o trabalho dos indivíduos. David Ricardo, o economista do início do século 19 que modelou o pensamento econômico durante um século, disse o seguinte: "O capital é aquela parte da riqueza de um país empregada na produção e consiste da comida, das roupas, das ferramentas, dos materiais em estado bruto, das máquinas, etc. necessários para que ocorra o trabalho".[27] Os bens de capital permitem que um trabalhador produza mais bens em uma hora (ou em uma semana, ou um ano) do que produziria sem o auxílio daquele capital. Assim, capital é um método de elevar a produtividade *per capita*, que significa os resultados de uma pessoa em dado período de tempo; é a lição da fábrica de alfinetes ampliada a todos os ramos da produção. Por exemplo, numa semana de 40 horas, um trabalhador comum moderno, utilizando equipamento mecânico movido a energia, é capaz de fisicamente corresponder, do ponto de vista da produção, a meia dúzia de pessoas trabalhando 70 horas por semana, com os recursos mais simples à disposição, no começo do século 20. Em outras palavras, um trabalhador moderno, em um dia, produzirá mais bens que um colega de 1900 teria conseguido em uma semana – não pelo fato de aquele trabalhar muito mais, mas

---

[26] Há ainda outro sentido para o termo *capital*. É a relação social que vincula o trabalhador assalariado ao capitalista, o proprietário dos bens de capital (a fábrica), onde o trabalhador procura emprego. O capital como uma relação social estabelece as prerrogativas do capitalista e do trabalhador em seus mútuos afazeres. Inicialmente proposto por Marx, é, talvez, o significado mais importante da palavra caso busquemos definir *capitalismo* como um período distinto da história social. Neste livro, ficamos, porém, com o uso econômico convencional, e nos referimos a capital em termos de bens de capital.

[27] David Ricardo, On the Principles of Political Economy and Taxation, ed. Piero Sraffa (Cambridge: Cambridge University Press, 1981).

porque ele comanda milhares de dólares em equipamento, em vez dos poucos dólares disponíveis ao trabalhador em 1900.[28]

Por que o capital torna tão mais produtivo o trabalho?

A razão mais importante é o fato de os bens de capital permitirem às pessoas a utilização de princípios e dispositivos, como a alavanca e a roda, o calor e o frio, a combustão e a expansão, de maneiras que seriam impossíveis ao corpo sem auxílio. *Os bens de capital disponibilizam às pessoas poderes mecânicos e físico-químicos de dimensões literalmente sobre-humanas.* Ampliam de forma imensa a força muscular; aperfeiçoam poderes de controle; incorporam inteligência; investem homens e mulheres de capacidade de recuperação e resistência muito além daquelas da carne e dos ossos. Ao utilizar o capital, os seres humanos usam o mundo natural como um suplemento para suas próprias capacidades mais fracas.

Capital e especialização

Outra razão para o aumento da produção reside no fato de o capital facilitar a especialização do trabalho humano. Uma vez mais, o exemplo de Smith é útil para nós. Um grupo de pessoas trabalhando em conjunto, com cada uma atendendo a apenas uma tarefa na qual é especializada, consegue normalmente ultrapassar de longe a produção de um mesmo número de indivíduos quando cada um executa uma variedade de tarefas. O melhor exemplo é, naturalmente, a linha de produção de automóveis, em que mil trabalhadores colaboram para a produção de uma quantidade muito maior de carros que poderia ser alcançada se cada um deles produzisse, sem auxílio, um carro. Linhas de montagem de automóveis, sem dúvida, usam quantidades imensas de capital nas esteiras gigantescas, nos almoxarifados ao alcance das mãos, na enorme fábrica com seu sistema de energia, e assim por diante. Embora nem toda a especialização do trabalho dependa do capital, este costuma ser necessário às operações industriais em grande escala, quando a especialização se torna mais eficiente.

No próximo capítulo, voltaremos a esses assuntos no contexto do desenvolvimento da indústria moderna. Ao mesmo tempo em que ainda discutimos a pergunta básica do aumento da própria indústria, fica um problema fundamental para análise: como é feito o capital, em primeiro lugar; como a sociedade gera o equipamento principal necessário ao seu crescimento.

Capital e poupança

A pergunta leva-nos, pela primeira vez, a uma relação que encontraremos muitas vezes neste estudo da economia, tanto da perspectiva da história, quanto da teoria. A relação é entre a criação dos artefatos físicos que chamamos de capital e o inevitável ato anterior que chamamos de *poupança*.

Quando o assunto é poupar, costumamos visualizar algo em termos financeiros, isto é, uma espécie de decisão de não gastarmos parte da receita financeira. Por trás desse ato financeiro, porém, está um ato "real" que temos que compreender aqui com clareza. Ao pouparmos dinheiro, também deixamos de usar uma determinada quantidade de bens e serviços que poderíamos ter adquirido. Com certeza, nossa poupança em dinheiro representa uma demanda de bens e serviços, demanda essa a que po-

---

[28]Precisamos, aqui, de um qualificador importante. Pouquíssimos bens permanecem invariáveis durante o período de um século. Procuramos itens – pregos? alfinetes? tijolos? – que tivessem permanecido iguais desde 1900. Não foi encontrado nada que tivesse estatísticas condizentes. Assim, nossos dados constituem "estimativas possíveis" sobre o aumento da produtividade.

demos atender mais tarde. Até o fazermos, porém, liberamos recursos que poderiam ter sido utilizados para satisfazer nossos desejos imediatos. Quando o fabricante de alfinetes de Smith deliberadamente "acumulou", ele negou a si mesmo o padrão de vida mais alto de que poderia ter desfrutado se gastasse seu lucro numa forma de vida exuberante. A partir desses recursos liberados – o trabalho e o capital que poderiam ter produzido sedas e carruagens – a sociedade constrói seu capital, ou, numa linguagem mais técnica, pratica o ato de investir. Cabe observar que *investimento* em economia significa dedicar trabalho e outros componentes de produção à criação de bens de capital. Não significa colocar dinheiro em ações e títulos, embora isso possa também levar – ou ajudar – ao processo de acúmulo de capital. Os economistas chamam o processo de investir com dinheiro de investimento *financeiro* para diferenciá-lo de investimento real em bens de capital.

Poupança e investimento

Os atos de poupar e investir estão bastante vinculados. Poupar é liberar recursos de consumo; investir é empregar esses recursos no acúmulo de capital. Na verdade, do ponto de vista da sociedade, poupança e investimento constituem apenas dois lados da mesma moeda. Por que, então, nós os separamos no discurso econômico? A razão é que pessoas diferentes podem realizar as funções de poupar e investir, principalmente nas sociedades modernas. Os que liberam recursos da sociedade não costumam ser as mesmas pessoas que acumulam recursos para investir. Ainda assim, podemos perceber que todo o ato de acúmulo de capital, independente de quem o faça, exige a alocação de recursos para esse fim.

Isso não significa que investir ocasione, necessariamente, uma diminuição no consumo. Uma sociedade rica não percebe o ato normal e recorrente de poupar como "privação" de gastos, e os fabricantes de Smith não era conhecidos por seus estilos de vida modestos. Mais importante ainda, uma sociedade com fatores não utilizados pode colocar seus recursos inativos para agirem na construção de capital sem que seus gastos de consumo diminuam. Ainda é poupar, na medida em que não há o emprego desses recursos recém usados para a produção de bens de consumo. Quando, porém – e esse é um aspecto fundamental –, uma sociedade está totalmente ativa, por exemplo, no meio de uma guerra, ela só poderá gastar mais para capitalizar se diminuir seu consumo. Em outras palavras, com emprego total, gasto no consumo e gasto em capital são concorrentes; havendo desemprego, gastos de consumo e de capital podem aumentar.

Podemos perceber agora que a taxa de investimento de uma economia – isto é, o tamanho do acréscimo anual que ela pode fazer em seu estoque de bens de capital – depende de sua capacidade de poupar. Se seus padrões de vida já se aproximam da margem de existência, ela não será capaz de transferir muito trabalho do esforço de consumo para o de acúmulo de capital. Independentemente do quanto ela pode desejar mais instrumentos e do quanto esses recursos podem se mostrar produtivos, a sociedade não consegue investir além do ponto em que sua atividade de consumo restante não mais se mostre adequada à manutenção da subsistência. No outro extremo, se uma sociedade é próspera, poderá conseguir se abster de muito esforço de consumo para preparar-se para o futuro. Assim, seu crescimento será maior. *Independentemente de o crescimento ser acelerado ou lento, é uma realidade econômica difícil o fato de a quantidade de investimentos jamais poder exceder a quantidade de recursos e esforços não utilizados para outros fins, em especial, consumo.*

Crescimento no início do capitalismo

Parece implícito que o processo de crescimento econômico deva, obrigatoriamente, ser bastante lento numa economia pobre, algo que realmente ocorre. Na Inglaterra, como já examinamos, quase três quartos de século foram necessários para que o novo processo de industrialização ocasionasse um aumento na produtividade suficientemente grande para ser percebido como uma melhora generalizada na sorte do trabalhador. Nos países subdesenvolvidos, como veremos no Capítulo 13, a perspectiva é igualmente lenta, ou até mais. Na melhor das hipóteses, o crescimento é um fenômeno mais gradual e cumulativo que instantâneo, sendo baixo o nível inicial de poupança devido à pobreza, fazendo com que seja mais lenta a taxa de progresso.

Talvez consigamos entender melhor esse determinante geral do ritmo de crescimento ao examinarmos as reais circunstâncias sociais sob as quais a poupança aumentou na Inglaterra do começo do século 19.

Quem poupou? Quem deixou de consumir? Agricultores donos de terra e fabricantes prósperos (apesar de toda sua ostentação) foram, sem dúvida, poupadores importantes, que abriram caminho para que quantias substanciais fossem colocadas em mais e novos investimentos de capital. Os poupadores, entretanto, não foram somente os donos de fábricas ou a aristocracia; houve a participação de uma outra classe – a dos trabalhadores da indústria. Aqui, no nível mais baixo dos salários da indústria, foi feito um grande sacrifício – não foi voluntário, de forma alguma, mas significou a mesma coisa. A partir dos recursos que poderiam ter sido consumidos pelos operários, foi construída a base industrial futura.

Podemos também vislumbrar algo talvez ainda mais importante. É o fato de a Inglaterra ter tido que colocar um freio no nível de consumo de sua classe trabalhadora para liberar o esforço de produção para o acúmulo de bens de capital. Na verdade, o "freio" foi conseguido, em grande parte, pelas forças de mercado – com uma ajuda liberal, para ser franco, de capitalistas e de um governo que foi rápido em fazer oposição às demandas do trabalho em prol de interesses das classes superiores. Colocadas de lado as desigualdades sociais, no entanto, permanece a dura realidade: se os salários na indústria tivessem aumentado muito, uma grande demanda por bens de consumo teria mudado o rumo da economia inglesa, afastando-a do acúmulo de capital na direção da satisfação dos desejos momentâneos. O que, com certeza, teria redundado na imediata prosperidade do operário inglês (embora o aumento no consumo *per capita* tivesse sido pequeno). Ao mesmo tempo, teria sido adiado o dia em que os poderes gerais de produção da sociedade seriam capazes de gerar um resultado agregado tão grande.

Essa escolha amarga deve ser confrontada por todas as sociedades em processo de industrialização, capitalistas ou socialistas, democráticas ou totalitárias. Mitigar as necessidades de hoje ou construir um futuro, é essa *a* decisão que precisa ser tomada por uma sociedade em desenvolvimento.

Incentivos para o crescimento

Resta-nos apenas uma dúvida. Conseguimos entender parte da mecânica do crescimento, mas ainda não respondemos à pergunta: de que resulta essa mecânica? Como a sociedade organiza a realocação de seus fatores de produção para que seja criado o capital de que necessita?

Essa é uma pergunta que nos leva, uma vez mais, à análise daquela divisão original das sociedades econômicas em três tipos: tradicional, de comando e de mercado. Leva-nos ainda a algumas conclusões bastante importantes.

A primeira delas é óbvia: sociedades apegadas à tradição não estão aptas ao crescimento. Nelas, não há meios sociais diretos de indução da realocação necessária de fatores. Ainda pior, com freqüência há poderosas barreiras sociais e religiosas que criam obstáculos às mudanças necessárias no emprego.

A situação é bastante diversa quando focalizamos as sociedades de comando. Observamos uma utilização marcante do comando como recurso de industrialização nos tempos modernos. Pelo menos num país em determinado período, a União Soviética, o comando foi o principal mecanismo para uma transição dramática de uma economia baseada no campo para a industrialização. E, em muitas outras economias coletivistas, o comando tem sido utilizado, com resultados variados, para concretizar essa transição. A China é o caso mais surpreendente em questão, atualmente, com o comando sendo empregado para criar um setor de mercado dinâmico.

O comando também foi uma das formas principais pela qual a Europa começou sua industrialização. No estabelecimento de estaleiros e fábricas de armamento estatais, na construção de palácios e propriedades reais, nas fábricas de peças de tapeçaria e porcelana, um impulso organizador muito importante foi conferido à criação de um setor industrial na era mercantil. De fato, naquela época, o comando jamais foi aplicado de forma tão impiedosa e tão amplamente direcionada do que nos países comunistas. Todavia, independente da dosagem, o remédio era basicamente o mesmo: a transferência *inicial* do trabalho das lutas tradicionais pela terra às novas tarefas da fábrica dependeu de uma autoridade no comando que ordenou o novo padrão a ser utilizado. Há alguns anos, Barbara Ward escreveu em *India and the West:* "Uma sociedade em desenvolvimento precisa, em algum momento, começar a poupar, mesmo que ainda pobre. É esse o difícil estágio inicial do crescimento encontrado por Marx na Inglaterra vitoriana e, infelizmente, entendeu como permanente. É uma fase difícil em qualquer economia – tanto que a maior parte das sociedades passou por ela por *força maior*... Ninguém perguntou aos operários ingleses que se mudaram para as favelas imundas de Manchester se queriam poupar... Os operários russos que foram para Sverdlovsk e Magnitogorsk, vindos das estepes primitivas, não tiveram voz na escala ou nas condições de seu trabalho. Nem os chineses, atualmente, em suas comunidades."[29]

O mercado como mecanismo de acumulação de capital

O comando não foi, sem sombra de dúvida, o fator principal da industrialização final do Ocidente. Pelo contrário, a força organizadora que fez as pessoas trabalharem no fabrico de equipamento de capital foi o mercado.

De que forma o mercado resultou nessa notável transformação? Ele atingiu suas finalidades através da atração exercida pelas recompensas financeiras. Foi a esperança de lucrar que atraiu os fabricantes a produzirem mais bens de capital. Foi a atração exercida por salários melhores (ou, às vezes, por *algum* salário) que colocou os operários no rumo das novas fábricas. Foi a sinalização do aumento dos preços que estimulou, e sua queda que desencorajou, a produção deste ou daquele bem de capital específico. O que temos aqui é o mecanismo de mercado de Smith unido ao seu modelo de crescimento.

Podemos, em seguida, perguntar: o que abriu a possibilidade de lucros suficientemente grandes para induzir os empreendedores a arriscarem suas poupanças em novos bens de capital? A resposta leva-nos de volta ao ponto central deste capítulo, já que pode ser encontrada, basicamente, no corpo do avanço tecnológico que constitui o cerne da Revolução Industrial. Foi a máquina para fabricar alfinetes que abriu a possibilidade para uma indústria de alfinetes lucrativa e passível de expansão.

---

[29] De Barbara Ward, *India and the West* (New York: W. W. Norton, 1964), 113.

Não podemos inferir que cada nova invenção tenha trazido fortuna a seus promotores pioneiros, ou que cada produto novo tenha encontrado um mercado à sua espera. O caminho do progresso técnico é cheio de invenções nascidas cedo demais e de empresas fundadas com enormes esperanças e fechadas seis meses depois. Numa retrospectiva do enorme processo de acúmulo de capital que, iniciado no final do século 18, alçou em primeiro lugar a Inglaterra e depois a América ao longo vôo do desenvolvimento industrial, resta pouca dúvida quanto ao fato de que a força propulsora foi a seqüência de invenções e novidades que, com sucesso, abriu novas facetas da natureza para controle do homem. A máquina a vapor, o moderno e eficiente tear, a primeira produção em massa de ferro e, posteriormente, de aço – foram esses os grandes avanços da ciência industrial que abriram caminho para o acúmulo colossal de capital. Quando as grandes invenções haviam deixado marcas no canal do progresso, aperfeiçoamentos secundários e invenções subsidiárias assumiram importante papel de apoio. Ao empreendedor com inovações redutoras de custos, coube o prêmio de uma vantagem mercadológica nos custos, com o correspondente aumento nos lucros. Mais do que isso, quando um pioneiro numa área obtinha vantagem tecnológica, a concorrência rapidamente obrigava todos na mesma área a ficarem à sua altura o mais rápido possível. A maior parte das novidades na redução de custos envolveu adição de máquinas ao processo de produção – o que, em contrapartida, impulsionou a formação de capital.

O capitalismo como um todo provou ser uma máquina sem precedentes para o acúmulo de capital. Em seu desenvolvimento, encontramos o primeiro sistema econômico da história em que o crescimento econômico passou a integrar a vida diária. Conforme Marx e Engels registraram no *Manifesto Comunista*, "a burguesia, durante seus parcos cem anos, criou forças de produção mais exuberantes e colossais que todas as gerações anteriores juntas". O elogio, bastante importante pelo fato de ter sido dado pelos dois maiores inimigos dessa ordem social, era verdadeiro.

Conceitos e termos importantes

Revolução Industrial
1. A Revolução Industrial foi *um grande e decisivo período* da história durante o qual as atividades manufatureira e industrial tornaram-se as principais formas de produção social.
2. A Revolução Industrial começou na Inglaterra, da metade para o final do século 18 (embora suas raízes estejam mais longe). Há várias razões para sua ocorrência entre elas:
   - A Inglaterra era uma *rica nação comercial*, com uma classe média bem desenvolvida.
   - A *aristocracia* inglesa *era muito mais preocupada com o comércio* do que as aristocracias do continente.
   - A Inglaterra abrigou uma moda disseminada de *investigação científica* e de "fazendeiros nobres", interessados nas novidades para a agricultura.
   - A relativamente *aberta estrutura social* inglesa permitiu o surgimento dos Novos Homens, como Watt e Wilkinson, que trouxeram à manufatura uma explosão de novas energias sociais.
   - Muitas outras causas poderiam também ser mencionadas. A Revolução Industrial foi *uma cadeia de eventos, com muitas facetas*.

Produção
3. A Revolução Industrial gerou mudanças da maior importância social.
   - Introduziu um *aumento na produção,* lento mas cumulativo, que finalmente tirou o mundo industrial de uma pobreza ancestral.
   - Trouxe a *fábrica* (e a *favela industrial*) como um novo ambiente de trabalho e de vida.

Acúmulo de capital

- Fez surgir novos tipos de *abusos sociais*, mas também possibilitou a *percepção* generalizada *das condições econômicas*.

4. A Revolução Industrial foi, basicamente, um *processo de acumulação de capital* (máquinas, prédios, canais, vias férreas); em conseqüência disso, a produtividade do trabalho aumentou muito.

Produtividade

5. *Em geral, o capital aumenta a produtividade* porque confere às pessoas capacidades físicas e técnicas muito superiores às de que desfrutariam tão somente com o trabalho. Ele ainda possibilita às pessoas a combinação e a *especialização* de seu trabalho, tal como ocorre nas modernas linhas de produção das fábricas.

Poupança

6. *Acumulação de capital exige poupança*. O capital pode ser acumulado apenas se a sociedade tem uso de recursos normalmente empregados para satisfazer às suas necessidades de consumo. Poupar libera esses recursos; investir utiliza-os.

Investimento

7. Uma sociedade não consegue dedicar mais recursos ou energia ao acúmulo de capital do que aqueles que libera de outros usos (ou os que ela tem disponíveis como recursos não utilizados). Em geral, *poupar regula o ritmo em que o investimento pode continuar*. Sociedades pobres, em que há dificuldade para abdicar do consumo, têm grandes problemas para reunir recursos suficientes para investimento.

Consumo

8. A poupança necessária para investir pode vir da agricultura, de empresas manufatureiras e de vários outros recursos. Em países pobres, costuma ser possível sua obtenção a partir dos trabalhadores ou dos camponeses, quando lhes é negado o uso de todo o potencial econômico do país para o atendimento de suas necessidades de consumo.

9. *Poupar em países pobres costuma ser um processo involuntário*. Atualmente, a acumulação de capital em muitos países em desenvolvimento, especialmente os de regimes totalitários, é tentada através do comando, sem muito sucesso em geral. Na Revolução Industrial, o acúmulo foi conseguido em parte pelo comando, mas principalmente pelo sistema de mercado. As invenções notáveis da Revolução Industrial serviram de fontes de lucro que resultaram num grande acúmulo de capital.

Perguntas

1. É interessante observar que aperfeiçoamentos técnicos na agricultura ou na manufatura normalmente tiveram aparecimento lento em países que contaram com o trabalho escravo. Qual poderia ser uma razão para isso?
2. Em sua opinião, quais seriam as forças necessárias hoje em dia para levar uma nova "revolução industrial" ao mundo subdesenvolvido? Nos países subdesenvolvidos, poderia uma revolução industrial ser parecida com a ocorrida na Inglaterra do século 18?
3. A industrialização na Inglaterra foi marcada por um crescimento notório de um sentimento político amargo por parte do novo proletariado fabril. Em sua opinião, essa característica é encontrada sempre onde ocorre a industrialização, ou trata-se de algo apenas do começo do capitalismo?
4. De que forma o capital ajuda a produtividade humana? Discuta isso em relação aos seguintes tipos de trabalho: agricultor, auxiliar de escritório, professor, funcionário do governo.
5. Quando a General Motors faz um novo investimento de 1 bilhão de dólares (por exemplo, construção de novas fábricas, locais de armazenagem, escritórios), quem faz a poupança necessária? Os acionistas? Os operários? O público? Os compradores de carros?

6. Calcula-se que o valor das estruturas e equipamento de capital privado nos Estados Unidos, em 1992, totalizassem cerca de 18 trilhões de dólares. Se supuséssemos que metade desse valor se perdesse devido a uma catástrofe, o que ocorreria à produtividade norte-americana? E ao bem-estar médio norte-americano? De que forma esse dano poderia ser reparado?
7. Todo investimento requer poupança? Por quê?
8. O acúmulo de capital nos Estados Unidos está, atualmente, voltado apenas ao mercado? O governo acumula capital? O capital público melhora a produtividade da mesma forma que o capital privado?
9. Construir uma escola é "investimento"? E construir um hospital? E um estádio esportivo? E o projeto de uma moradia? E um laboratório de pesquisa? Em sua opinião, o que diferencia investimento, em geral, de consumo?

> **PENSAR NO PASSADO, OLHAR PARA O FUTURO**

A FIRMEZA DA ECONOMIA

As páginas anteriores, cheias de fatos, conduzem a uma indagação econômica básica que, curiosamente, é difícil responder. Existiria um elemento central neste elemento complicado a que denominamos "história econômica"– a "estória", se preferir, por trás do título do nosso livro?

A tecnologia seria tema dessa história mais abrangente? Com certeza, parece certa a existência desse elemento central no período recém-estudado. Se for assim, qual teria sido a força modeladora da história econômica durante os milhares de anos anteriores ao do nascimento daquela tecnologia dinâmica? Obrigações de parentesco, sem dúvida, eram a força organizadora das sociedades caçadoras e coletoras, e as relações de comando e obediência foram o elemento central da formação social posterior. Qual seria a relação entre parentesco, comando e obediência com a economia tal como a conhecemos? A economia está sempre respaldada por algum aspecto fundamental sociológico, psicológico ou político da sociedade? Sendo assim, existiria alguma força *econômica* de organização? Isso significaria que, para ser um historiador da economia, precisaríamos conhecer muito de engenharia e relações sociais e políticas? Ou, observando o mundo dos sistemas de mercado diante de nós, isso significaria que os economistas teriam que ser especialistas em psicologia de compra e venda de todos os tipos, além de entendidos em ações e títulos? Em caso positivo, o que ainda precisaria ser acrescentado à economia?

Nossa resposta é a seguinte: entendemos a economia como um campo singular de análise social que nos auxilia a compreender por que a história da humanidade assumiu os rumos passados e para onde ela poderá ir num futuro passível de ser imaginado.

Isso com certeza não nos transforma em pensadores limitados, que só enxergam produção e distribuição, os mercados, ou até mesmo a poderosa dinâmica do capitalismo por trás de tudo, por maior que seja e tenha sido a importância dessas forças. Há mais de uma forma de se descrever a natureza e o impacto do capitalismo na política, nas culturas nacionais ou na imaginação humana. Olhar à frente usando Economia não é melhor nem mais árido do que acreditamos que tenha sido a análise do passado.

Pedimos que você leia os próximos capítulos com uma percepção aguda de nosso interesse em como a Economia pode nos ajudar a ver, mais claramente, o passado e o futuro. No momento, você já deve ter determinado em que grau a Economia o ajudou a entender o passado. Começando pelo Capítulo 5, você deverá tentar descobrir como a Economia poderá ou não ser útil para compreendermos o futuro.

Capítulo 5

O IMPACTO DA TECNOLOGIA INDUSTRIAL

Com este capítulo, ingressamos num novo período da história econômica. Até agora, tratamos principalmente do passado, oferecendo somente uma visão ocasional dos problemas com que nos deparamos. Nosso foco passará a ser o presente. Alcançamos o estágio da história da economia cujo limite mais próximo é a nossa própria época. Ao mesmo tempo, nosso ponto geográfico muda. À medida que a história econômica entra na metade do século 19, o centro dinâmico dos acontecimentos começa a direcionar-se aos Estados Unidos. Não somente começamos a entrar no mundo moderno, como também as tendências econômicas pelas quais nos interessaremos irão nos levar diretamente à nossa própria sociedade.

Qual é o tema deste capítulo? Basicamente, ele continua um assunto iniciado na Revolução Industrial – o impacto da tecnologia na sociedade econômica. Retrocedendo um pouco, conseguimos perceber que a explosão das invenções que marcou a revolução não foi de forma alguma o final de um acontecimento histórico. Foi apenas o início de um processo de mudança que, de forma ininterrupta, iria acelerar-se até o momento atual.

Podemos distinguir três, ou mesmo quatro estágios desse processo contínuo. A primeira revolução industrial concentrou-se em grande parte no novo maquinário da indústria têxtil, aperfeiçoou os métodos de produção de carvão e fabricação de ferro, revolucionou as técnicas agrícolas e a energia a vapor. Foi seguida, na metade do século 19, por uma segunda revolução industrial: um aglomerado de invenções industriais centradas no aço, nas vias férreas e no transporte com embarcações a vapor, no maquinário agrícola e na química. No começo do século 20, ocorreu uma terceira onda de invenções: energia elétrica, automóveis e motor a gasolina. A Segunda Guerra Mundial trouxe a onda seguinte de avanços tecnológicos, envolvendo a eletrônica, as viagens aéreas e a energia nuclear. Algumas pessoas se referem à atual explosão da informação e da tecnologia de computadores como elementos de uma nova revolução, quem sabe a mais importante de todas.

É difícil, talvez impossível, exagerar o impacto desse avanço contínuo. Ora ocorrendo com rapidez, ora de forma mais lenta; ora com um grande alcance, ora como um pequeno apêndice; ora na mais prática das invenções, uma vez mais na mais pura descoberta teórica, a aplicação cumulativa da ciência e da tecnologia no processo produtivo foi *a* grande mudança do século 19 e 20. Assim, em retrospecto, a primeira Revolução Industrial foi uma espécie de salto interrompido na história da humanidade, salto esse tão importante como o que ergueu os primeiros assentamentos de pastores um pouco acima das primeiras comunidades de caçadores. Já vimos que na fábrica a nova tecnologia trouxe um outro local de trabalho para as pessoas; seu impacto, porém, foi muito além disso. Os poderes quase inalcançáveis do transporte e da comunicação, os meios muito mais eficazes de se fazer uma colheita, a capacidade bastante intensificada de aplicação de força para erguer, rebocar, modelar, aglutinar, cortar – tudo isso conspirou para a ocorrência de um verdadeiro remodelamento do ambiente humano, e de maneira nenhuma um remodelamento completamente benéfico.

O IMPACTO DE UMA INVENÇÃO

Neste livro, não podemos fazer mais do que questionar algumas conseqüências econômicas do ingresso da tecnologia industrial na sociedade moderna. Pode ser útil, entretanto, tentarmos entender as dimensões desse processo de aprofundamento, o que podemos conseguir se acompanharmos, a certa distância, uma única invenção introduzida há mais de um século.

Recordemos a Exposição de Paris de 1867, onde visitantes curiosos reúnem-se em torno de algo interessante: uma máquina pequena, na qual gás de iluminação e ar são introduzidos numa câmara de combustão e acesos por uma fagulha. A explosão resultante empurra um pistão; este gira uma roda. Só ocorre um movimento eficaz a cada quatro, e a máquina exige um grande volante para regularizar seus movimentos, mas, conforme o historiador Allan Nevins, o efeito da máquina "era comparável ao som repentino de uma luminária esférica numa sala que homens tentavam iluminar com velas fumegantes".[1] Tratava-se do primeiro motor a combustão interna no mundo.

Não demorou muito para que o motor inventado pelo Dr. N. A. Otto da Alemanha fosse facilmente encontrado na paisagem norte-americana. Adaptado para funcionar a gasolina, até então um subproduto nada interessante da fabricação do querosene, era uma usina ideal de energia fixa. Conforme Nevins, "logo, cada fazenda, loja e silo progressista possuía seu motor de um só cilindro produzindo um som explosivo, bombeando água, serrando madeira, moendo carne e fazendo outras operações mais simples".[2] Por volta de 1900, havia mais de 18.500 motores a combustão interna nos Estados Unidos. Enquanto o modelo mais potente na Feira Mundial de Chicago, em 1893, era o com 35 hp, na Exposição de Paris, sete anos mais tarde, já eram 1.000 hp.

O motor a combustão interna foi um recurso extraordinário para o aumento, a difusão e o oferecimento de mobilidade a uma exigência básica do progresso material: energia. Logo, a nova máquina abriu caminho para um avanço ainda mais surpreendente. Em 1886, Charles E. Duryea, de Chicopee, Massachusetts, já havia decidido que o motor a gasolina era uma fonte de energia muito mais promissora que o motor a vapor para um veículo de autopropulsão para uso em estradas. Em 1892, ele e o irmão haviam produzido o primeiro "automóvel" movido a gás, um ainda frágil brinquedinho. O modelo seguinte, em 1893, foi melhor; em 1896, os irmãos Duryea, chegaram a vender treze carros. Naquele mesmo ano, um mecânico de 32 anos de nome Henry Ford vendeu seu primeiro "quadriciclo". Começava então a história da indústria automobilística.

---

[1] Allan Nevins, *Ford: The Times, the Man, the Company* (New York: Scribner's, 1954), I, 96.
[2] Allan Nevins, *Study in Power, John D. Rockefeller* (New York: Scribner's, 1953), II, 109.

A automobilização da América

Seu crescimento foi fenomenal. Em 1905, havia 121 estabelecimentos fabricando automóveis, e 10.000 assalariados estavam empregados na indústria. Em 1923, o número de fábricas havia aumentado para 2.471, o que fazia dessa indústria a maior do país. Em 1960, sua folha de pagamentos anual era tão grande quanto a receita nacional dos Estados Unidos em 1890. E tem mais: a indústria automobilística havia se tornado o maior consumidor individual de folhas de aço, zinco, borracha, chumbo e couro. Era a compradora de um a cada três rádios produzidos no país. Absorvia cerca de 12,5 bilhões de quilos de substâncias químicas por ano. Era o segundo maior usuário de talento de engenharia no país, perdendo apenas para a defesa nacional. Originou um sexto de todas as patentes registradas no país e objeto de um décimo de todos os gastos dos consumidores. Por volta de 1980, calculava-se que um em cada sete empregos devia sua existência, direta ou indiretamente, ao carro, o que significa um negócio em cada seis – não apenas fábricas, é claro, mas oficinas, garagens, postos de gasolina e departamentos de fiscalização de trânsito.

Essa quantidade impressionante de dados de forma alguma esgota o impacto do motor a combustão interna do automóvel. Em 2001, 96 milhões de lares norte-americanos eram donos de carros de passageiros; mais de um em cada dois possuíam dois ou mais carros. Em conseqüência, cerca de 50.000 cidades conseguiram prosperar sem transporte ferroviário ou fluvial, uma antiga impossibilidade. Pelo menos sete em cada dez trabalhadores não moram perto do local de trabalho; usam o automóvel para ir até lá. Nossa economia tornou-se uma economia "do automóvel" – o que significa dizer que ela é dependente da existência do transporte autopropulsionador sobre rodas para funcionar. Se, por uma estranha coincidência, nossa frota de automóveis deixasse de operar – digamos, por uma mudança espontânea na natureza da molécula da gasolina, que a tornasse não-combustível – o efeito seria tão grave e socialmente desastroso quanto uma carência catastrófica de alimentos na Idade Média.[3] Não surpreende que os embargos árabes ao petróleo, ocorridos em 1974 e 1979, tenham sacudido o mundo industrializado!

O IMPACTO GERAL DA TECNOLOGIA

Enfatizamos o impacto do automóvel para chamar atenção sobre as conseqüências econômicas da tecnologia, que talvez não sejam suas conseqüências mais importantes. Nosso mundo está ameaçado de várias maneiras pelo extraordinário poder desorganizador da capacidade inventiva do homem. A tecnologia evoluiu a um ponto em que espécies inteiras (inclusive a própria humanidade) estão em risco pelos venenos que fabricamos e que descuidadamente espalhamos no ar e na água, pelas enormes quantidades de calor que jogamos na atmosfera e, naturalmente, pela capacidade de desintegração explosiva que acompanhou o domínio do núcleo atômico.

Mais adiante examinaremos alguns desses problemas ao tratarmos das questões imediatas que desafiam os Estados Unidos. Agora, enquanto estudamos os efeitos gerais dos poderes tecnológicos do homem que gradativamente aumentam, deixaremos de lado aqueles problemas maiores, concentrando-nos nas formas pelas quais a tecnologia influenciou de forma silenciosa nosso sistema econômico. Vejamos alguns desses efeitos.

---

[3] O economista Kenneth Boulding sugeriu uma vez que, se os Estados Unidos fossem visitados por seres inteligentes de outra parte do universo, sua primeira impressão provavelmente seria a de que a forma de vida dominante aqui consistiria de criaturas com envoltórios resistentes e com interior de polpa macia, impulsionados por rodas, embora as criaturas fossem capazes de movimentos arrastados por si mesmas quando não encapsuladas em seus exoesqueletos.

Urbanização

O primeiro é o grande aumento do grau de urbanização da sociedade. A tecnologia intensificou de modo extraordinário a capacidade do fazendeiro em dar apoio ao não-fazendeiro. Conseqüentemente, a sociedade vem assumindo os aspectos e os problemas da cidade mais do que os do campo. Em 1790, apenas 24 grandes centros e cidades em todo os Estados Unidos tinham uma população de mais de 2.500 pessoas cada, e juntos respondiam por somente 6% da população total. Por volta de 1860, as 392 maiores cidades continham 20% da população; 140 anos após, mais de 80% dos cidadãos norte-americanos habitavam 276 grandes "áreas metropolitanas padronizadas ou consolidadas", e o cinturão de Boston a Washington constituiu, na verdade, se não em governo, no mínimo uma imensa "cidade" espalhada de forma desordenada. A tecnologia industrial havia literalmente renovado o ambiente humano, trazendo com ela todos os ganhos – e todos os problemas terríveis – da vida na cidade em escala maciça.

Interdependência

Em segundo lugar, o crescimento contínuo e firme da tecnologia industrial reduziu muito o grau de independência econômica do cidadão médio. No capítulo de abertura, observamos a extrema vulnerabilidade dos habitantes "sem apoio" de uma sociedade moderna, dependentes do trabalho de milhares de outros para o sustento de sua própria existência. Isso também nos remonta atualmente ao efeito da ininterrupta revolução industrial. A tecnologia não somente tirou as pessoas da terra e levou-as para a cidade, como ainda aumentou a natureza especializada do trabalho. Diferentemente da pessoa que tudo fazia do início do século 19 – os fazendeiros que realizavam, eles mesmos, as inúmeras tarefas necessárias –, o trabalhador comum de fábrica ou do escritório é treinado e empregado para fazer apenas uma parte pequena de uma operação social que atualmente atinge uma complexidade assustadora. A tecnologia aumentou de forma desmesurada o grau de interdependência econômica da comunidade moderna, tornando a solução do problema econômico dependente da coordenação serena de uma rede de atividades conectadas de forma sofisticada que não cessa de se ampliar.

Efeitos sociológicos

Em terceiro lugar, a expansão da tecnologia industrial transformou radicalmente o caráter do próprio trabalho. Durante a maior parte da história humana, o trabalho foi uma atividade física desgastante, executada por uma só pessoa ou por pequenos grupos, a céu aberto, exigindo destreza considerável para adequar a força humana às variações infinitas do ambiente natural, culminando num produto final de identificação tão clara quanto a de um grão no campo ou um fio de algodão num tear.

A Revolução Industrial alterou de maneira profunda esses atributos do trabalho. O trabalho agora consistia em movimentos cada vez mais repetitivos que, ainda que exaustivos após todo um dia, raramente envolviam mais de uma parte de toda a capacidade muscular de um indivíduo. No lugar das decisões e aptidões necessárias para dar conta das variações naturais, o trabalho demandava apenas a capacidade de repetir uma única tarefa adaptada a uma superfície de trabalho sempre igual. Não mais só na natureza, os trabalhadores agora executavam seu trabalho num grande espaço físico, com outros grupos de pessoas. Mais angustiante que todo o resto, em vez de "seu" produto, os trabalhadores viam surgir de seu trabalho um objeto no qual não mais podiam localizar, muito menos admirar, sua própria contribuição:

Trabalho numa pequena esteira que faz um movimento circular. Chamamos de "carrossel". Faço molas em ziguezague para os bancos da frente dos carros. A cada tantos centímetros, passam na esteira moldes para as peças que compõem as molas dos bancos. Quando os moldes se aproximam, prendo várias peças juntas com um grampo, usando uma pistola especial. Coloco depois as peças sobre o molde e ele continua até onde outros homens agregam mais peças com grampos. A única operação que executo é manusear a pistola de grampos. São necessários alguns segundos para prender de seis a oito grampos na mola e eu faço isso ao mesmo tempo em que dou uns poucos passos. Em seguida, começo tudo outra vez....[4]

Não causa surpresa o fato de essa mudança no caráter do trabalho ter causado profundas repercussões sociológicas às quais retornaremos posteriormente. Precisamos agora comentar dois efeitos "econômicos" mais imediatos da ininterrupta revolução industrial.

PRODUÇÃO EM MASSA

O primeiro deles já está implícito em nossa descrição da nova tecnologia. Trata-se do desenvolvimento de um novo método de produção contínua – a chamada produção em massa – que ultrapassou muito os ganhos de produtividade da fábrica de alfinetes de Adam Smith, dependente apenas da divisão do trabalho.

O historiador Allan Nevins descreveu como lhe pareceram as técnicas de produção em massa nas primeiras linhas de montagem da Ford:

De que forma se harmonizavam as principais linhas de montagem e as linhas de produção de componentes e suprimentos? Somente para o chassi, de 1.000 a 4.000 peças de cada componente tinham que ser fornecidas diariamente, exatamente no local e no minuto corretos; uma única falha e todo o mecanismo pararia ruidosamente.... Os superintendentes tinham que saber, de hora em hora, quantos componentes estavam sendo produzidos e quantos havia no estoque. Aparecido o perigo de falta, o investigador de faltas – figura conhecida em todas as fábricas de automóveis – ele próprio se atirava na falha. Os que contavam e os que supervisionavam reportavam-se a ele. Ao verificar pessoalmente as ocorrências ameaçadoras, mobilizava o encarregado de consertar deficiências. Três vezes por dia ele datilografava relatórios em várias cópias para a central da empresa, ao mesmo tempo em que escrevia nos quadros do escritório no prédio central uma declaração dos resultados de cada departamento de produção e de montagem da fábrica.[5]

Essa sistematização resultou em aumentos surpreendentes da produtividade. Com a análise e a separação de cada operação em seus componentes mais simples, o fluxo de tarefas contínuo que passava diante de pessoas paradas, além de um ritmo de trabalho incessante, mas passível de gerenciamento, o tempo total necessário para montar um carro caiu de maneira impressionante. Num único ano, o tempo necessário para a montagem de um motor diminuiu de 600 minutos para 226 minutos; para a construção de um chassi, foi de 12 horas e 28 minutos para 1 hora e 33 minutos. Foi designado um controlador de tempo que observava uma montagem de três minutos, em que homens combinavam bastões e pistão, uma operação simples. A tarefa foi dividida em três, e metade dos homens obtinha o mesmo resultado.[6] Atualmente, essa rotina de trabalho é chamada, normalmente, de *fordismo*. Embora desaparecendo, ainda é encontrada.

---

[4]Charles R. Walker and Robert H. Guest, *The Man on the Assembly Line* (Cambridge, MA: Harvard University Press, 1952), 46.
[5]Nevins, *Ford*, II, 507.

Economias de produção em grande escala

O que nos interessa, porém, no contexto deste estudo não são as conquistas técnicas da produção em massa, mas seu resultado econômico: aumentos na escala de produção podem trazer grande redução de custos. Mesmo com os altos preços das máquinas necessárias para a produção em massa, os resultados aumentam tão depressa que os custos por unidade produzida caem de forma significativa.

Imaginem, por um momento, uma fábrica pequena com produção de 1.000 itens/dia, com um contingente de dez operários e uma pequena quantidade de máquinas. Suponham que cada operário receba 50 dólares, que cada item de material antes da produção custe 50 centavos de dólar, e que o *overhead* diário – isto é, a porção diária de custos do tipo aluguel, manutenção da fábrica, salários administrativos e desgaste de equipamento – alcance 500 dólares. O custo diário total da produção seria de 1.500 dólares (500 de folha de pagamento, 500 de custos de material e 500 de despesas/*overhead*). Divididos entre 1.000 itens produzidos, nosso custo por item ficaria em 1,50 dólares.

Imaginem agora que nosso produto se preste a técnicas de produção em massa. A folha de pagamentos poderia assim passar para 1.000, e com o aumento da fábrica e do equipamento o *overhead* diário chegaria a 5.000 dólares. Ainda assim, a produção em massa poderia ter aumentado os resultados em até 100 vezes. O custo diário de produção seria de 56 mil dólares (1 mil de folha de pagamentos, 5 mil de *overhead* e 50 mil de custos com material). A divisão entre os 100 mil itens produzidos daria um custo por item de 56 centavos de dólar. Apesar de um aumento de mais de trinta vezes nas despesas gerais, o custo por unidade teria sofrido redução de um terço.

Esse é um exemplo nada improvável do que os economistas chamam de produção em grande escala, ou, de forma mais simples, economias de escala. Uma rápida análise de Tabela 5-1 mostra como as técnicas de produção em massa realmente aumentaram a produção de carros Ford em mais de cem vezes, ao mesmo tempo em que o custo foi reduzido em sete oitavos.

Mesmo a dinâmica do processo industrial não foi interrompida com essas formidáveis economias de produção em grande escala. Esse feito tecnológico traz ao sistema de mercado um novo elemento de importância fundamental: tamanho.

Não fica difícil entender o motivo. Quando uma empresa – em virtude de um gerenciamento especializado, produto melhorado, vantagens do local, ou qualquer outra razão – passa à frente da concorrência em tamanho, a economia da produção em grande escala funciona no sentido de impulsioná-la ainda mais a distanciar-se dos concorrentes. Tamanho maior costuma significar custos menores, pelo menos no caso de uma indústria jovem e em expansão. Custos menores significam lucros maiores. Lucros maiores significam capacidade de crescimento ainda maior. As técnicas de fabricação em grande escala produzem uma situação que ameaça alterar todo o sentido da concorrência. A competição passa de um mecanismo que evita que uma única empresa domine o mercado a uma força capaz de encaminhar uma parcela ainda maior do mercado para as mãos do fabricante mais eficiente e maior.[7]

---

[6]Ibid., 504, 506.
[7]Num livro importante, *The Visible Hand: The Managerial Revolution in American Business* (Cambridge, MA: Harvard University Press, 1977), Alfred D. Chandler analisa o motivo pelo qual algumas indústrias evidenciaram uma tendência ao surgimento de um grande negócio (como o dos carros) e outras não (como a de móveis). Os elementos fundamentais, segundo o autor, foram uma tecnologia de produção em massa e com corte de custos, que não ocorreu em todas as empresas, e uma igualmente importante tecnologia de distribuição em massa, também não disponível para todas as empresas.

TABELA 5-1 Vendas e Preços dos Carros Ford, 1907-1917

Ano	Vendas de unidades, carros Ford	Preço do modelo característico (de passeio)	
1907-1908	6.398	$2.800	(Modelo K)
1908-1909	10.607	850	
1909-1910	18.664	950	
1910-1911	34.528	780	
1911-1912	78.440	690	
1912-1913	168.304	600	(Modelo T)
1913-1914	248.307	550	
1914-1915	221.805 (10 meses)	490	
1915-1916	472.350	440	
1916-1917	730.041	360	

Fonte: Compilado de Nevins, *Ford: the Times, the Man, the Company*, 644, 646-647.

AGENTES DE MUDANÇA INDUSTRIAL

Os grandes empreendedores

No final deste capítulo abordaremos um pouco mais a economia da produção em grande escala ao estudarmos a evolução do sistema de mercado. Neste momento, pode ser útil analisarmos mais uma vez o cenário histórico atual em que esse crescimento interno ocorreu. Os processos de mudança econômica descritos aqui não ocorreram num vácuo; foram motivados por um "tipo" social e um contexto comercial que aceleraram e encorajaram o processo de aumento industrial, da mesma forma que os Novos Homens influenciaram o processo inicial de industrialização inglês no final do século 18.

Os agentes de mudança nos Estados Unidos durante o final do século 19 em grande medida descendiam dos precursores da indústria de um século antes. Como Arkwright e Watt, muitos empreendedores norte-americanos importantes tiveram origem humilde, mas eram dotados de um impulso indomável para o sucesso no mundo dos negócios. Houve Carnegie no aço, Harriman na viação férrea, Rockefeller no petróleo, Frick na Coca-Cola, Armour e Swift na carne enlatada e McCormick nas máquinas agrícolas – só para mencionarmos alguns. Na verdade, o homem de negócios típico nada tinha do estereótipo Horatio Alger de herói dos negócios. Historiadores da economia, como F. W. Taussig, numa retrospectiva das carreiras dos líderes nesse mundo dos negócios do final do século 19, descobriram que o empreendedor médio não fora o jovem imigrante pobre e trabalhador, mas o filho de famílias bem posicionadas, normalmente elas mesmas parte do mundo da indústria. Também o homem de negócios comum não chegou perto do sucesso de um Carnegie ou um Rockefeller.

Capitães de indústria

Em quase todos os ramos de atuação empresarial, apareceu pelo menos um "capitão de indústria", dominando a área com sua personalidade e capacidade. Embora poucos tenham alcançado o grau supremo de sucesso financeiro, a quantidade dos que passaram à "classe dos milionários" foi impressionante. Em 1880, havia 100 milionários no país. Por volta de 1916, o número havia crescido para 40 mil.

Diferenças interessantes e importantes diferenciaram esses líderes empresariais do século 19 daqueles de um século antes. Os capitães de indústria norte-americanos não eram homens comuns cuja liderança estava em habilidades criativas ou de engenharia.

Com o crescimento da produção em grande escala, as funções de engenharia passaram a ser território de especialistas em produção assalariados, administradores de segundo escalão de fábrica. O necessário no momento era o toque de mestre para orientar uma estratégia industrial, para fazer ou romper alianças, para escolher os que se destacavam ou supervisionar a logística de toda a operação. Cada vez mais, os grandes empreendedores preocupavam-se com a estratégia financeira, competitiva, de vendas, mais do que com as técnicas sem alma da produção em si.

Temos também que ressaltar as táticas empresariais e o espírito do período. Em uma expressão que surpreendeu, Matthew Josephson uma vez chamou os grandes homens de negócios de seu tempo de "os barões ladrões". Por muitos anos, eles de fato lembraram os senhores predadores da era medieval. Por exemplo, na década de 1860, um pequeno grupo de empreendedores californianos sob o comando de Collis Huntinton realizou a surpreendente façanha de construir uma estrada de ferro através de até então intransponíveis regiões rochosas e montanhosas. Atento ao fato de Huntington e seus sócios poderem assim ter o monopólio de todas as linhas férreas da Califórnia, o Congresso autorizou a construção de três linhas concorrentes. Os legisladores, porém, não conheciam o tirocínio dos pioneiros. Antes que sua própria linha estivesse concluída, eles secretamente compraram o contrato que garantia uma das linhas concorrentes; quando a segunda se mostrou mais difícil de ser comprada, esses senhores simplesmente construíram a sua, incansavelmente lançando suas linhas em seu território, até que ela foi forçada a render-se. Dali em diante não foi difícil comprar a terceira, não sem antes bloqueá-la numa passagem montanhosa crítica. Só sobrou uma fonte concorrente de transporte, a Pacific Mail Steamship Company. Felizmente, o proprietário era o obsequioso Jay Gould, ele mesmo um famoso barão-ladrão. Através do pagamento de uma quantia adequada, ele concordou em eliminar São Francisco como um porto de cargas. Não havia mais como trazer bens pelo país até o sul da Califórnia sem utilizar as vias controladas pelo grupo de Huntington. Contando as linhas menores e as subsidiárias que passavam por seu controle, ao todo 19 sistemas férreos pertenciam ao grupo. Não causou surpresa o fato de que entre os moradores da Califórnia o sistema unificado resultante ficou conhecido como "o Polvo", e que sua taxa média de frete foi a mais alta do país.

O truste onipresente

Mas não foi apenas a indústria ferroviária que utilizou o poder econômico para criar uma posição monopolizadora. Na fabricação de uísque e de açúcar, no tabaco e nos alimentos para o gado, em pregos, anéis de aço, aparelhos elétricos, lâminas de metal, em fósforos e carne, existia um polvo semelhante ao que se estendeu sobre a Califórnia. Um comentarista do final da década de 1890 descreveu o cidadão norte-americano como nascido para dar lucro ao truste do leite e morrendo para dar lucro ao truste dos caixões fúnebres.

Se os barões ladrões exauriram o público como consumidor (e, em maior grau, frustraram-no como acionistas), eles não mostraram remorso por prejudicarem os concorrentes. Na luta pelo controle financeiro da Albany and Susquehanna Railroad, por exemplo, James Fisk e J. P. Morgan viram-se na posição nada confortável de cada um ser o proprietário de um terminal no final de uma única linha. Tal como seus protótipos feudais, solucionaram as controvérsias pelo combate, montando vagões em cada extremidade e colocando-os em movimento, a toda velocidade, um contra o outro – após o que os perdedores ainda não desistiriam: retiraram-se interrompendo a linha e destruindo os dormentes em sua saída. Com o mesmo estado de ânimo, o grupo de Huntington, que construíra a Central Pacific, contratou o General David Colton para dirigir uma empresa subsidiária para eles, e o general escreveu a seus empregadores:

Aprendi uma coisa: *não* temos amigos *verdadeiros* além de nós cinco. Não podemos depender de uma só alma que não nós mesmos, e assim precisamos todos ser amáveis, permanecer unidos e obedecer a nossos próprios conselhos.

Mas ele continuou a fraudar os amigos em vários milhões.

Junto a essa falta de escrúpulos, ficou em moda ainda outra marca dos tempos: algo a que o economista Thorstein Veblen chamaria de Consumo Conspícuo. Um membro arrependido da Era de Ouro recordou em suas memórias festas em que cigarros eram enrolados em dinheiro pelo puro prazer de inalar riqueza; um cachorro que fora presenteado com uma coleira de diamantes de 15 mil dólares; um bebê, descansando num berço de 10 mil dólares, cuidado por quatro médicos que divulgavam boletins regulares sobre sua (excelente) saúde; o desfile das mansões forradas de obras de arte fabulosas e não tão fabulosas assim na Quinta Avenida de Nova York, e a coleção de membros da realeza européia sem dinheiro, feitos genros dos ricos.

Foi uma época de frivolidades, algumas vezes cruel, mas sempre marcada pelo dinamismo. Nossa tarefa aqui, porém, não é repetir sua história social cheia de matizes, mas compreender suas profundas conseqüências econômicas. É impossível analisar o período que é alvo de nossa preocupação sem levar em consideração o tipo social dos barões ladrões e o meio em que agiram. Corajosos, agressivos, avaros e competitivos, os grandes empreendedores foram os agentes naturais ao longo do processo pelo qual a tecnologia de hoje preparou seu caminho. Até agora, porém, apenas iniciamos as mudanças engendradas pelo impacto conjunto de homens fortes e máquinas ainda mais complexas. Observamos principalmente os efeitos técnicos diretos da produção em massa; precisamos agora investigar seus efeitos econômicos mais amplos.

A MUDANÇA NA ESTRUTURA DE MERCADO

Esses efeitos podem ser descritos com simplicidade. Sob a influência conjunta do impulso de empreendedores corajosos e das tendências auto-alimentadoras da produção em massa, mudanças dramáticas começaram a surgir na estrutura do próprio mercado. Um sistema produtivo, originalmente caracterizado por grandes números de pequenas empresas, cada vez mais abriu caminho a outro, em que a produção ficava concentrada nas mãos de relativamente poucas unidades de negócios, grandes e poderosas.

Uma análise da economia mostra o quanto a transformação foi dramática. Em 1900, por exemplo, a quantidade de fábricas têxteis, ainda que grande, diminuiu em um terço desde a década de 1880; durante o mesmo período, o número de fabricantes de implementos agrícolas despencou em 60%, e a quantidade de fabricantes de couro, em três quartos. Na indústria de vagões, duas empresas dominavam o cenário em 1900, num contraste com as 19 em 1860. A indústria de biscoitos doces e salgados passou de umas poucas empresas, menores e espalhadas, para um mercado em que um só produtor detinha 90% da capacidade industrial, na virada do século. Enquanto isso, no aço, existia a colossal US Steel Company, que sozinha dava conta de mais da metade da produção de aço no país. No petróleo, a Standard Oil Company possuía entre 80% e 90% da produção nacional. Na indústria de tabaco, a American Tobacco Company controlava 75% da produção de cigarros e 35% da produção de charutos. Controle nos mesmos moldes estava com a American Sugar Company, a American Smelting and Refining Company, a United Shoe Machinery Company, e dúzias de outras empresas.

Numa visão geral, pode-se perceber que a mudança foi muito mais impressionante. No começo da década de 1800, conforme estimativas de Myron W. Watkins, não havia uma única fábrica que controlasse 10% da produção da indústria manufatureira. Por volta de 1904, 78 empresas controlavam mais da metade da produção de suas indústrias; 57 controlavam 60% ou mais, e 28 controlavam 80% ou mais. De indústria em indústria, esse grau de concentração variava – de nenhuma concentração importante na impressão e publicação, por exemplo, até à altamente concentrada estrutura de mercado de indústrias como a de cobre ou borracha. Não se podia ignorar a mudança geral. Em 1896, com exceção das estradas de ferro, não havia uma dúzia de companhias de 10 milhões de dólares no país. Por volta de 1904, existiam mais de 300 dessas companhias, com uma capitalização combinada de mais de sete bilhões. Juntos, esses gigantes controlavam mais de dois quintos do capital industrial do país e influenciavam quatro quintos de suas importantes indústrias.[8]

Sem dúvida, alguma coisa próxima de uma importante revolução na estrutura de mercado havia ocorrido, não apenas nos Estados Unidos, mas em todos os países capitalistas. Passemos a examinar mais de perto o curso dos acontecimentos que levaram a isso.

O APARECIMENTO DOS GRANDES NEGÓCIOS

Mudança na competição

O primeiro impacto da tendência ao grande negócio foi inesperado. Mais do que diminuir o grau de competitividade da estrutura de mercado, ele o ampliou e intensificou. Na economia do início do século 19, que tinha pequenas fábricas e era predominantemente agrícola e artesanal, o "mercado" consistia principalmente de pequenos mercados localizados, cada um isolado do outro pelo custo elevado dos transportes, e cada um com fornecedores locais que não possuíam os meios ou a motivação para invadir o mercado de qualquer forma que se assemelhasse a uma escala nacional.

O surgimento da produção em massa modificou de maneira radical essa estrutura de mercado fragmentada e, com ela, o tipo de concorrência dentro do próprio mercado. À medida que canais e ferrovias cortavam o país e à proporção que novas técnicas de fabricação aumentavam muito a produção, a qualidade provinciana do sistema de mercado mudou. Cada vez mais, um mercado unificado e interconectado aglutinou todo o país, e os insignificantes quase-monopólios dos fornecedores locais foram invadidos por produtos de grandes indústrias localizadas em cidades distantes.

Rapidamente ocorreu um segundo avanço. Com o impulso dado às novas técnicas de produção, capitalistas agressivos não apenas levantaram prédios, mas levantaram-nos de forma exagerada. "Empreendedores confiantes competiam para tirar vantagens de cada aumento efêmero nos preços, de cada avanço nas agendas tarifárias, de cada novo mercado aberto pelas ferrovias e inchado de imigrantes", escreveram Thomas Cochran e William Miller, numa história desses períodos de industrialização, "... eles, de forma incansável, expandiram e mecanizaram suas fábricas, cada um buscando a maior fatia do novo melão".[9]

A conseqüência foi uma explosão fenomenal na produção, com a concomitante ocorrência de uma grave mudança na natureza da competição, que ficou não apenas mais abrangente, mas também mais cara. À medida que o tamanho da empresa e a complexidade do equipamento cresciam, as "taxas fixas" de uma empresa de negócios – juro

---

[8]John Moody, *The Truth About Trusts* (Chicago: Moody, 1904). Ver ainda Ralph Nelson, *Merger Movements in American Industry, 1895-1956* (Princeton, NJ: National Bureau of Economic Research, 1959).
[9]Thomas Cochran and William Miller, *The Age of Enterprise*, rev. ed. (New York: Harper, Torchbooks, 1961), 139.

sobre o capital emprestado, depreciação de bens de capital, custo da equipe administrativa, aluguel da terra e despesas gerais, normalmente – também cresciam. Na década de 1880, por exemplo, os custos fixos significavam, na média, dois terços do custo total da operação de uma via férrea. Esses custos tendiam a permanecer bastante constantes, independentemente de as vendas serem boas ou ruins. Diferentemente do pagamento de salários a uma força de trabalho, que reduzia quando os operários era despedidos, não existia fórmula fácil para reduzir o dreno constante dos pagamentos desses gastos fixos. A conseqüência era que, quanto maior o negócio, mais vulnerável sua saúde econômica quando a concorrência reduzia as vendas.

A ebulição do período, acompanhada do crescimento firme de uma tecnologia que exigia investimentos de monta, tornou cada vez mais drástica a concorrência. À medida que negócios gigantescos crescentes entravam em conflito, via férrea contra via férrea, empresa de aço contra empresa de aço, cada um buscava assegurar a cobertura de suas despesas fixas, lucrando o máximo que o mercado permitisse. O resultado foi o aparecimento de uma competição impiedosa entre os maiores produtores, substituindo a concorrência local, mais limitada, do mundo dos pequenos negócios e dos mercados menores. Em 1869, por exemplo, o frete da ferrovia de Nova York para cerca de 45 quilos de grãos despencou de 1,80 dólares em 4 de fevereiro para 40 centavos de dólar vinte dias mais tarde, subindo para 1,88 em julho, e voltando a cair, de forma dramática, em agosto, para 25 centavos de dólar, quando foi iniciada outra "guerra". No ramo petrolífero, nos campos de carvão, entre os produtores de aço e de cobre, guerras semelhantes de preços ocorreram repetidas vezes, na medida em que os produtores buscaram captar os mercados necessários para atingirem um nível lucrativo de produção. Tudo isso era, sem dúvida, favorável ao consumidor, como ocorre em todas as situações de concorrência, embora trouxesse ameaça de bancarrota às próprias empresas concorrentes – e uma bancarrota em escala multimilionária.

Limitação da competição

Diante dessas circunstâncias, fica fácil compreender a fase seguinte do desenvolvimento econômico: os gigantes decidem não competir.

Como, porém, evitar a concorrência? Uma vez que a legislação impediu qualquer contrato obrigando um concorrente a fixar preços fixos ou esquemas de produção, a única alternativa pareceu ser a de uma cooperação voluntária: associações de comércio, "acordos de cavalheiros" ou "conglomerados", tratados informais para a divisão do mercado. Na década de 1800, havia um conglomerado de cordas e de uísque, outro de carvão, mais um de sal e inúmeros conglomerados de ferrovias, tudo calculado para livrar os produtores individuais de um jogo mutuamente suicida de concorrência de todo o tipo. Mas as vantagens foram pequenas. A divisão do mercado funcionou bem durante os períodos positivos; a aproximação de maus períodos acabou com os conglomerados. A queda das vendas tornou irresistível a tentação de reduzir os preços, começando outra vez o antigo e desastroso jogo da concorrência.

A ética do dia, a dos "barões ladrões", contribuiu para as dificuldades. "Um homem faminto conseguirá pão se tiver que consegui-lo", dizia James J. Hill, um grande magnata das ferrovias, "e uma ferrovia faminta não manterá os preços".[10] O esperado ocorreu: numa reunião de chefões das ferrovias que tinha como pauta a busca de um acordo sobre um esquema comum de fretes, o presidente de uma delas saiu às escondidas, durante um breve intervalo, para transmitir as novas taxas para a sua ferrovia, o que o tor-

---

[10]Cochran e Miller, *The Age of Enterprise*, 141.

nou o primeiro a reduzi-las. (Por acaso, sua transmissão foi interceptada, de forma que na reunião seguinte do grupo forçosamente foi reconhecido que mesmo entre ladrões nem sempre existe honra.)

Trustes, fusões e crescimento

Na década de 1880, um dispositivo mais eficiente de controle foi disponibilizado. Em 1879, Samuel Dodd, advogado da nova Standard Oil Company, teve a brilhante idéia de regular a concorrência assassina que regularmente arruinava a indústria petrolífera. Criou a idéia de um truste. Aos acionistas de empresas que desejassem se unir ao Standard Oil Trust era solicitado o repasse de sua parcela real de capital à mesa diretora do novo truste. Eles abririam mão do controle vigente sobre suas empresas; em contrapartida, obteriam certificados de truste que lhes dariam o direito a obter participação nos lucros proporcional à sua parcela de capital. Assim, os diretores da Standard Oil exercitavam o controle sobre todas as empresas associadas, ao mesmo tempo em que os antigos acionistas compartilharam totalmente os lucros.

Até que chegou um dia em que, como veremos, os trustes foram declarados ilegais. Nessa época, já haviam sido criados dispositivos ainda mais eficientes. Em 1888, o legislativo de Nova Jersey aprovou uma lei que permitia às empresas com filiais no Estado a compra de ações de outra corporação. Tratava-se de um privilégio jamais disponibilizado a empresas com filiais em qualquer local nos Estados Unidos. O resultado foi o rápido surgimento das fusões corporativas – a aproximação de duas corporações para a formação de uma nova e maior. Só na manufatura e na exploração de minério, ocorreram 43 fusões em 1895 (afetando o valor de 41 milhões de dólares em ativos de corporações); 26 fusões em 1896; e 69 em 1897. Em 1898, havia 303 – e finalmente, em 1899, um clímax de 1.208 fusões combinavam 2,26 bilhões de dólares em ativos corporativos.[11] Uma outra onda de fusões ocorreu na década de 1920. No total, de 1895 a 1929, cerca de 20 bilhões de dólares da riqueza corporativa industrial fundiram-se em unidades maiores.

A esta altura, precisamos chamar a atenção para um desdobramento que merece um capítulo especial. Trata-se da importância da *corporação*, como uma forma maravilhosa de adaptação de organização da produção para apressar o crescimento da economia. Diferentemente da propriedade pessoal ou da parceria, a corporação existia de forma quase independente de seus proprietários, sobrevivia à sua morte e era capaz de entrar em contratos de vínculo em *seu* próprio nome. E mais, a limitação da dívida de seus proprietários ao valor da ação adicionada à corporação protegia o capitalista contra perdas ilimitadas. Muito foi escrito, de forma bastante correta, sobre os abusos corporativos; é importante, porém, o reconhecimento de seu valor como uma criativa inovação legal para estimular o acúmulo de capital e criar meios organizacionais para supervisionar e orientar o capital para a produção.

As *holdings* foram outro meio eficiente de limitação da concorrência. Pela aprovação de uma lei que permitiu às corporações a compra de ações umas das outras, o Estado de Nova Jersey agora permitia que suas corporações fizessem negócios em qualquer estado. A fundamentação legal possibilitou que uma corporação central pudesse controlar empresas subsidiárias, simplesmente comprando uma parte do controle de suas ações. Em 1911, quando o combinado da Standard Oil foi finalmente dissolvido, a Standard Oil de Nova Jersey havia utilizado esse dispositivo para adquirir o controle direto sobre 70 empresas e indireto sobre outras 30.

---

[11]Susan B. Carter, ed., *Historical Statistics of the United States: Colonial Times to 1970* (New York: Cambridge University Press), Ser. V, 30-31, em CD-Rom.

Não podemos achar, porém, que foi apenas o movimento na direção da ocorrência de trustes e fusões que causou o aparecimento da firma gigantesca, com sua capacidade de limitar – ou eliminar – a concorrência. Tão importante quanto, talvez até mais, foi simplesmente o processo de crescimento interno. A Ford e a General Motors, a General Electric e a AT & T, bem como a Du Pont e a Carnegie Steel (mais tarde o cerne da US Steel) cresceram, basicamente, pela expansão de seu mercado, no que elas foram rápidas, capazes e eficientes, além de suficientemente agressivas para crescerem com mais velocidade que qualquer concorrente. Todas açambarcaram alguns negócios menores pelo caminho, e a maior parte delas foi beneficiada com acordos para não competir. Entretanto, sua elevação gradativa para uma posição de dominação no âmbito de suas indústrias não foi, em última análise, algo que se possa atribuir a esses fatos – foi mais o dinamismo de sua própria capacidade de liderança empresarial, acoplado a uma técnica de produção que tornou possível e lucrativo o seu imenso tamanho.

Ameaça do capitalismo monopolista

Pela primeira vez, o tamanho dos negócios começou a rivalizar com o tamanho das unidades governamentais. Por volta do final do século 19, algumas unidades de negócios já eram consideravelmente maiores que os estados em que estavam localizadas. Charles William Eliot salientou que, em 1888, uma única ferrovia, com matriz em Boston, não apenas empregava o mesmo número de pessoas que todo o governo do Estado de Massachusetts, mas gozava de receitas brutas cerca de seis vezes maior que as do governo estadual que as criara. Comparando-se com os achados do Comitê Pujo do senado norte-americano, nem 25 anos mais tarde, a ferrovia era bastante pequena. O comitê indicou que os interesses do banco Morgan tinham em suas mãos 341 diretorias em 112 corporações, cuja riqueza agregada ultrapassava em três vezes o valor de todas as propriedades reais e pessoais da Nova Inglaterra. O processo de formação de trustes não estava apenas erodindo a estrutura competitiva de mercado, mas o surgimento de impérios imensos, financeiramente controlados, também constituía um problema político de presságio ameaçador. Conforme declaração de Woodrow Wilson, "persistindo o monopólio, ele estará sempre no controle do governo. Não tenho expectativas de que o monopólio contenha a si mesmo. Se houver homens neste país com estatura suficiente para se apropriarem do governo, eles o farão".[12]

O aparecimento da legislação antitruste

Não surpreende a veemente oposição de muitos à tendência aos grandes negócios. A partir da década de 1880, uma série de leis estaduais lutou para desfazer os trustes que exauriam seus cidadãos. A Louisiana processou o Cottonseed Oil Trust; Nova York, o Sugar Trust; Ohio, o Oil Trust – ainda que de pouca serventia. Quando um estado, como Nova Iorque, reprime seus trustes, outros estados, buscando o retorno disponibilizado por uma mudança das matrizes corporativas, praticamente convidavam os trustes a se estabelecerem lá. Quando a Suprema Corte decretou que as corporações, como "pessoas", não poderiam ser privadas de propriedades sem o "devido processo legal", a legislação estadual passou a ser quase completamente inútil.

Logo ficou claro que alguma coisa além tinha que ser feita, e que isso caberia ao governo federal. "Somente o Congresso é capaz de lidar com os trustes", disse o

---

[12] Richard Hofstadter, *The Age of Reform* (New York: Knopf, 1955), 231.

senador Sherman, em 1890, "e se não quisermos ou não pudermos, logo haverá um truste para cada produto e um comandante para fixar o preço de todas as necessidades vitais".[13]

A conseqüência foi o Sherman Antitrust Act, que trouxe em seu bojo um remédio eficaz para o problema. "Qualquer contrato, combinação... ou conspiração que limitar o comércio" seria declarado ilegal. Os violadores estariam sujeitos a multas pesadas e a sentenças de prisão, e indenizações triplicadas poderiam ser obtidas por pessoas que comprovassem lesão econômica em razão de manipulação fraudulenta e injusta de preços.

De fato, esse Ato fez aparecerem muitos processos contra alguns trustes. Numa famosa ação de 1911, o grande truste da Standard Oil recebeu ordem de ser dissolvido. Ainda assim, apesar do desaparecimento de alguns trustes, o ato se mostrou fraco. As multas por violações foram pequenas demais para serem eficazes, e, de qualquer forma, poucas foram cobradas: foi somente na época de Franklin Roosevelt que a Divisão Antitrustes do Departamento de Justiça obteve cerca de um milhão de dólares que lhe permitiu investigar e controlar os negócios de uma economia de vários bilhões de dólares. Na verdade, durante os primeiros 56 anos de sua existência, apenas 252 ações criminais foram instituídas, com base na lei de Sherman. Além disso, a opinião judicial predominante na década de 1890 e início da década de 1900 não nutria muita simpatia pelo Ato. A Suprema Corte já de início enfraqueceu gravemente essa lei de forma grave ao concluir, no caso da American Sugar Refining, que a manufatura não era "comércio", e conseqüentemente que a American Sugar Refining, que adquirira o controle acionário de seus quatro maiores concorrentes, não se cometera ato "limitador do comércio". Não surpreende que a concentração de negócios tenha sido lentamente desacelerada numa atmosfera de opiniões como essa. De acordo com um humorista da época, "o que parece uma parede de pedra para um leigo, é um arco do triunfo para o advogado de uma corporação".

Esses pontos fracos conduziram a mais leis em 1914; essencialmente o Clayton Antitrust Act, que proibiu tipos específicos de discriminação de preços e fusões através da aquisição de ações em corporações concorrentes, e a Federal Trade Commission, que buscou definir e evitar práticas comerciais injustas. Esses *atos* tiveram algum efeito. Ainda assim, existia um fato crítico e corruptor minando todo o movimento antitruste. A finalidade do antitruste era basicamente recuperar as condições competitivas para os mercados que corriam o risco de serem monopolizados por empresas muito grandes. Contra essa tendência, a legislação antitruste seria capaz de impor uma barreira apenas até onde o processo de monopolização resultasse da *combinação* de concorrentes antigos. Contra uma condição muito mais fundamental – a capacidade dos grandes negócios de gozarem de vantagens decisivas em detrimento dos pequenos nas finanças, na venda e na pesquisa – ela nada conseguiu fazer. Ao mesmo tempo em que as tentativas antitruste se concentraram contra acordos secretos ou a consolidação de duas ou mais corporações, elas não tiveram poderes contra o fato do crescimento interno espontâneo.

O estudo Berle e Means

Assim, o crescimento continuou. Durante a maior parte dos primeiros 25 anos do século 20, as maiores corporações não apenas cresceram, mas cresceram de forma muito mais rápida que seus concorrentes menores. Conforme indicaram Adolf Berle e Gardiner Means num famoso estudo de 1932, entre 1909 e 1928 as 200 maiores corporações não-financeiras aumentaram seus ativos brutos mais que 40% mais rápido do que todas as corporações do mesmo tipo.[14]

---
[13]Richard Hofstadter, *The Age of Reform* (New York: Knopf, 1955), 231.
[14]Adolf Berle e Gardiner Means, *The Modern Corporation and Private Property* (New York: Macmillan, 1948), 36.

Projetando o futuro, Berle e Means concluíram:

> O que, exatamente, esse crescimento rápido das grandes companhias promete para o futuro? Tentemos fazer uma projeção da tendência de crescimento dos anos recentes. Se a riqueza das grandes corporações e a de todas as corporações continuar a aumentar durante os próximos 20 anos na taxa anual média dos 20 anos entre 1909 e 1929, 70% de toda a atividade corporativa será executada somente por 200 corporações em 1950. Se as taxas mais rápidas de crescimento de 1924 a 1929 forem mantidas durante os próximos 20 anos, 85% da riqueza corporativa estará nas mãos de 200 unidades gigantescas.... Se o crescimento indicado das grandes corporações e da riqueza nacional for efetivo daqui até 1950, metade da riqueza nacional estará sob controle das grandes empresas no final desse período.[15]

Na verdade, alertaram os autores, se a tendência do passado continuasse, a previsão seria de que, em 360 anos, toda a riqueza corporativa no país teria se fundido numa só empresa gigantesca, que poderia então ter a expectativa de um período de vida igual ao do Império Romano.

A projeção de Berle e Means estava correta? Retornaremos a essa pergunta. Mas antes precisamos examinar um acontecimento de importância extraordinária, a chamada Grande Depressão. Como veremos, ela mudou nossa percepção da economia de uma maneira fundamental, inclusive nossa visão do impacto da tecnologia sobre sua atividade produtiva.

Conceitos e termos importantes

Progresso técnico	1. A Revolução Industrial deu origem a não apenas uma, mas a *sucessivas ondas de progresso técnico* e avanço econômico.
	2. No estudo do impacto dessas descobertas industriais, temos que ampliar nossa lente para ir além do efeito sobre a produtividade por si só (ainda que esse, sem dúvida, tenha sido o resultado mais importante). A industrialização trouxe:
Urbanização	• Um enorme aumento na *urbanização*.
	• Um crescimento cumulativo no grau de *interdependência econômica* de cada pessoa na sociedade.
Efeitos sociais	• Uma nova atmosfera para o trabalho e um novo caráter a ele, inclusive os problemas perturbadores de um *trabalho industrial monótono* (alienação).
Produção em massa	3. A nova tecnologia acarretou ainda uma mudança no caráter da produção e da concorrência. A produção passou a ser cada vez mais um processo de submontagens altamente integradas, o que possibilitou
Economias de escala	a *produção em massa* de bens. As grandes quantidades de capital necessárias à produção em massa levaram a *economias de escala* muito grandes.
Concorrência destrutiva	4. Com a chegada da produção em massa, *a natureza da concorrência também se transformou numa força destrutiva*. Economias de escala levaram a situações em que uma empresa na liderança podia vender a preços inferiores, passando assim a dominar o mercado.
Barões ladrões	5. O potencial dinâmico da nova tecnologia ganhou ainda maior impulso com a *era agressiva dos "barões ladrões"* na liderança dos negócios.

[15]Ibid, 40-41.

Concentração 6. A combinação de um empreendedorismo agressivo e das economias de escala, características da tecnologia industrial, deu origem a uma *concentração de poder econômico* em muitos mercados no final do século 19 e começo do século 20.

Fusão 7. O aparecimento de grandes empresas, com estruturas maciças de capital, levou a uma competição "cruel" muito mais perigosa às empresas envolvidas. Houve, então, *muitas tentativas de estabilização da batalha competitiva*, através de conglomerados, trustes, posse de empresas e fusões.

Antitruste 8. À medida que os grandes trustes e conglomerados ascenderam ao poder, ocorreu um movimento político "compensatório" de legislação anti-truste, que culminou no Sherman Antitrust Act (1890) e, mais tarde, no Clayton Antitrust Act (1914) e em emendas posteriores criadas para dificultarem as fusões.

Crescimento interno 9. Nenhuma dessas leis proibiu o *crescimento interno*, ou nele interferiu. Em conseqüência, os grandes negócios mantiveram sua expansão. Um levantamento famoso, feito por Berle e Means, em 1933, previu que, se a taxa de crescimento das 200 maiores corporações não-financeiras se mantivessem, logo seriam donas de praticamente toda a economia.

Perguntas

1. Descreva as repercussões sociais e econômicas das seguintes invenções: a máquina de escrever, o avião a jato, a televisão e a penicilina. Em sua opinião, qual seria o maior em cada caso – o impacto social ou o econômico?
2. O filósofo Karl Jaspers defendeu que a moderna tecnologia traz uma "imensa tristeza". Você concorda? O trabalho numa fábrica é desagradável para você? E o trabalho no escritório de uma empresa muito grande, como uma seguradora? Na sua opinião, a natureza do trabalho industrial pode ser mudada em sua essência?
3. Suponhamos que você tenha um negócio em que contrata cinco trabalhadores, aos quais paga 4 dólares/hora; suponhamos ainda que seus custos fixos totalizem 100 dólares/dia, e que você pague 1 dólar em custos de material para cada item fabricado em sua empresa. Na suposição de que você mantenha todos os cinco funcionários, qual será seu custo médio por unidade de produção se sua fábrica produzir dez itens a cada dia de 8 horas? Cem itens? Mil itens?
4. Qual é a mais econômica: uma fábrica com uma folha de pagamento de 400 dólares/semana, 100 dólares de despesas/semana e uma produção de 100 unidades/semana, ou uma fábrica com uma folha de pagamento de 80 mil dólares/semana, despesas de 100 mil dólares/semana e uma produção de 50 mil unidades/semana?
5. De que maneira você explica economias de produção em grande escala? Por que alguns negócios, como a fabricação de cigarros, parecem tirar maior proveito da produção em grande escala, ao passo que outros, como uma barbearia, não?
6. Por que um custo fixo elevado leva a uma competição cruel? Quais são os perigos que essa competição acarreta?
7. Suponhamos que o Congresso tenha decidido incentivar uma volta à concorrência de meados do século 19. Que mudanças teriam que ocorrer no mundo empresarial? Em sua opinião, isso poderia ser alcançado através de leis?
8. Compare a situação de um fazendeiro que vende sua colheita de trigo e a de um executivo de uma empresa de automóveis vendendo sua "colheita" de carros. Quais seriam as principais forças a pressionar cada um deles, em se tratando de precificar seu respectivo produto?

> **PENSAR NO PASSADO, OLHAR PARA O FUTURO**

TECNOLOGIA COMO UM PROCESSO SOCIAL

Temos curiosidade por saber quantos leitores tiveram a sensação, tal como nós ao escrevermos este capítulo, de um repentino deslocamento do passado para o presente. Até agora, observamos a transformação bastante lenta do que era essencialmente uma sociedade de base agrícola numa sociedade de base comercial, e em seguida numa sociedade no início da industrialização. Acompanhamos o surgimento – pensem nisto! – de locais de trabalho chamados de *fábricas*, e de veículos puxados não por animais, mas impulsionados por motores; num outro momento, de fios transportadores de vozes inaudíveis e de força invisível. Abandonamos um cenário em que nos sentimos como turistas em visita a uma terra estranha para ingressarmos num mundo não exatamente como o nosso, embora sem dúvida alguma familiar. Foi o mundo em que nossos avós e bisavós cresceram.

A sensação de viagem continuará à medida que nos aproximamos da vida contemporânea. No momento, porém, outro pensamento deve surpreender os leitores. A tecnologia não seria a força motivadora da história econômica? Não seria a origem da pressão que mudou a face interna e externa do mundo em que vivemos? Mais do que isso, a mudança tecnológica não seria a chave do enredo – queremos dizer daquele enredo histórico importantíssimo – que constitui a finalidade de nosso livro?

Acreditamos que você já conheça a resposta para essas perguntas. Pensar nela, ainda assim, pode nos ajudar a entender por que apenas a tecnologia sozinha não seria capaz de constituir o elemento modelador e construtor da história que procuramos.

Agora que lançamos o desafio de descobrir uma força por trás do poder incontestável da mudança tecnológica, suspeitamos que você saiba onde procurar. A força modeladora original deve estar nos desenvolvimentos que concretizaram a mudança tecnológica (num nível que hoje nos parece simples) em primeiro lugar. O que mais poderia ser além do domínio gradativo do ambiente natural? Os primeiros homens das cavernas conheciam o fogo, que passou a fazer parte de suas vidas através dos relâmpagos; mais tarde, esses homens começaram a controlar o fogo, depois que a curiosidade e a sorte lhes ensinaram que gravetos, quando friccionados, produziam fagulhas que colocavam folhas secas em chamas. Da mesma forma, a humanidade aprendeu que alguns animais podiam ser domesticados, embora tenha sido só na Idade Média que uma pessoa de grande criatividade produziu uma canga na forma de "u" para o pescoço de um cavalo, para fazê-lo puxar uma carga sem sufocá-lo.

O processo de tentativa e erro, desde a Antigüidade, permitiu o aparecimento de partes de um conhecimento que num primeiro momento abriu a natureza a um certo grau de controle. Não causa surpresa que muitas dessas primeiras afirmações de domínio sobre a natureza se cristalizaram em procedimentos dogmáticos que muitas vezes constituíram obstáculos para que o grau de controle fosse além de certos limites. As tecnologias de tribos isoladas na África ou na América do Norte permaneceram intocadas, do seu desenvolvimento original até passarem a ser artigos exibidos em museus. A tecnologia, como se vê, não é dinâmica por natureza. Requer um cenário social que mais estimule do que proíba o ir além do já "tentado e utilizado". O progresso tecnológico surge quando a sociedade deixa de proteger formas antigas e passa a patrocinar novas maneiras de se fazer as coisas.

Que sociedade é essa? Observamos o aparecimento de uma sociedade estruturada como várias organizações *econômicas* – modos de produção e distribuição de necessidades materiais da sociedade – que se afastou de sua subordinação à tradição e ao comando na busca da orientação e do estímulo do mercado.

A formação da sociedade econômica oportuniza o incentivo e as diretrizes que vitalizam as descobertas, as experiências e o ato de assumir riscos – o tipo de tecnologia que atende às necessidades de um sistema de mercado, um mundo dos negócios, um capitalismo em sua juventude.

Capítulo 6

A Grande Depressão

No capítulo anterior, concentramo-nos em aspectos importantes do desenvolvimento da economia industrial – o rápido aumento da produtividade, o impacto da produção em massa e o aprofundamento das relações de mercado. Mencionamos muito rapidamente um dos efeitos da tecnologia que, em retrospecto, coloca-se acima dos demais: trata-se do enorme impulso dado pela tecnologia ao processo de crescimento econômico. É esse o assunto que assume agora lugar destacado.

Antes da Revolução Industrial, um gráfico do bem-estar da pessoa média na Europa teria mostrado um perfil adversamente horizontal, que aumentava em alguns anos ou séculos e diminuía em outros, evidenciando pequena elevação como um todo, embora com certeza não mostrando um aumento estável ano após ano na produção de bens e serviços *per capita*. Mesmo com a introdução da nova tecnologia, o padrão de vida não melhorou de imediato. Com início no terceiro quarto do século 19, a acumulação de capital e o aumento de conhecimento começaram a mostrar seus poderes ocultos. Em quase todos os países industrializados, e de forma mais dramática nos Estados Unidos, o perfil de bem-estar econômico começou a mostrar aquela melhora constante, por vezes irregular, que se tornou a marca registrada da moderna era econômica.

O CAMINHO DO CRESCIMENTO

A Figura 6-1 traz o caminho geral desse crescimento nos Estados Unidos a partir da década de 1870, quando o processo se encontrava a todo vapor, até 1929, quando chegou a um pico dramático a que logo retornaremos. Se traçarmos uma linha pelo gráfico que sobe de forma irregular para chegarmos à taxa média de crescimento, levando em conta os bons e os maus anos, encontraremos cerca de 3,5% (eliminadas todas as mudanças de preços), o que significa que o volume total da produção estava dobrando a cada 20 anos. Como a população estava dobrando, embora de modo mais lento, as parcelas *per capita* nesse volume crescente de bens obviamente aumentaram mais lentamente também. Numa estimativa grosseira, as pessoas tiveram melhoras de 1,5 a 2% ao ano, o que não parece muito, embora, na verdade, suas rendas reais dobraram em cerca de

40 anos.[1] Não há dúvida de que o período como um todo evoluiu e melhorou como jamais se viu. Estranho, então, que esse mesmo período tenha terminado no maior desastre da história do sistema de mercado – desastre esse que por pouco não ditou o final do capitalismo e alterou o sistema de maneira permanente, o que precisamos aprender agora.

Os Estados Unidos em 1929

Hoje, nos Estados Unidos, estamos mais próximos da vitória final sobre a pobreza do que jamais testemunhamos na história de qualquer país. Os abrigos para os pobres estão sumindo entre nós. Ainda não alcançamos a meta, mas, diante de uma oportunidade...logo, com a ajuda de Deus, estaremos vislumbrando o dia em que a pobreza será banida deste país.

Essas são palavras de Herbert Hoover em novembro de 1928, e realmente, em 1929 a economia norte-americana mostrava progresso extraordinário. A população havia aumentado de 76 milhões em 1900 para mais de 121 milhões, e mais dez anos haviam sido adicionados à expectativa de vida no nascimento para os brancos e 13 para os não-brancos. Para fixar, sustentar e alimentar esses números crescentes, o país testemunhou o crescimento de duas novas cidades com população de mais de 1 milhão cada uma, cinco cidades com meio milhão e cerca de 1.500 de classificação rural a urbana. Enquanto isso, havia empregos para 48 milhões de pessoas – toda a força de trabalho de 1929 exceto 3,2%. Além disso, esses empregados deixaram para trás a média de 60 horas semanais na manufatura de 1900 para chegar a 44. Os ganhos médios por hora mais que dobraram, ao mesmo tempo em que os preços para o consumidor não aumentaram tão rapidamente permitindo um aumento real nos salários em torno de 10 a 20%. Não causa surpresa,

---

[1]Observe que a Figura 6-1 mostra o bem-estar agregado em termos de PIB e o bem-estar *per capita* como PIB *per capita*. O PIB significa *produto interno bruto* (GDP: *gross domestic product*), termo econômico que passou a fazer parte do vocabulário (embora ainda não bem compreendido) da maioria dos norte-americanos. Produto interno bruto é o valor de mercado de todos os bens e serviços finais que produzimos durante um ano. A palavra "final" significa que não incluímos o valor de mercado de cada item, apenas dos bens acabados ou finais. Por exemplo, os estatísticos do governo incluem no PIB o valor de mercado (o preço de venda) de todos os automóveis fabricados durante o ano, embora não incluam também o valor do aço, da tinta, do estofamento, da borracha, e assim por diante, comprados pelas indústrias automobilísticas. O preço de venda do produto final – o carro – inclui esses bens "intermediários", e seria contagem duplicada adicioná-los novamente ao PIB.

Os economistas distinguem quatro tipos gerais de bens finais. Um são os bens e serviços de consumo comprados pelas famílias – comida, roupas, ingressos para o cinema. Um segundo tipo consiste nos bens de capital comprados pelos homens de negócios – investimento em prédios e equipamento, estoques adicionais e coisas do tipo. Uma terceira categoria consiste nos bens e serviços comprados pelo governo municipal estadual e federal – serviços policiais, educação, rodovias, custos da defesa nacional e assim por diante. O último item é composto pelos bens produzidos aqui e vendidos para fora do país, subtraídos os bens feitos lá fora e vendidos aqui – exportação menos importação. Esses quatro tipos de resultados compõem nosso produto interno bruto agregado. O PIB *per capita* é a soma agregada dividida pela população. Observar que não incluímos no PIB o custo dos "pagamentos de transferência", como previdência social, seguro-desemprego e benefícios. Isso ocorre porque esses pagamentos não decorrem diretamente da produção. Eles simplesmente redistribuem a receita derivada da produção.

Uma observação final: Até poucos anos atrás, a medida de nossa produção total era chamada de PNB e não PIB – produto nacional bruto, e não produto interno bruto. A diferença em valor monetário é pequena. O PIB conta o valor de todos os resultados que ocorrem dentro dos Estados Unidos, seja por uma empresa norte-americana, seja por uma empresa estrangeira. O PNB ignora o local da produção e conta somente seu proprietário: uma fábrica que pertença a um norte-americano na França é incluída no PNB, mas não no PIB. Atualmente, o PIB é muito mais utilizado que o PNB.

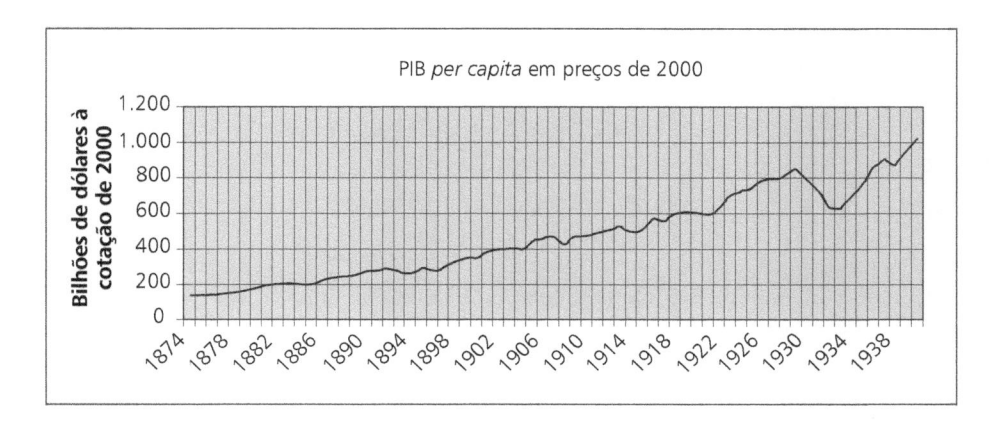

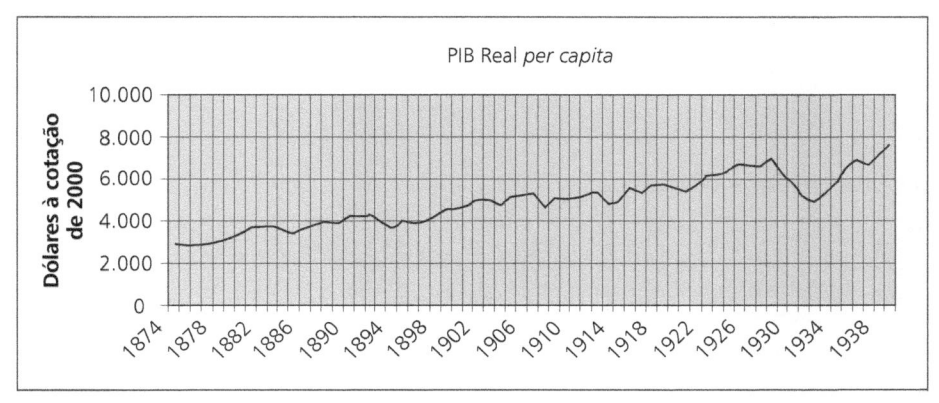

FIGURA 6-1 Produto Interno Bruto Real (PIB/GDP).
Fonte: Statistical Abstract of the United States.

assim, que uma atmosfera de otimismo inundava a América do Norte em 1929, e que as palavras oficiais do presidente Hoover apenas refletiam um sentimento informal que predominava no país.

O *boom* do mercado de ações

Sem dúvida, poucos norte-americanos suspeitavam de uma enorme calamidade econômica que estava por vir. Pelo contrário, a maioria das pessoas estava preocupada com uma outra possibilidade da economia norte-americana, bastante atraente. Estamos nos referindo ao grande *boom* do mercado acionário – um *boom* que, por volta de 1929, tinha atraído talvez 10 milhões de pessoas para o "mercado", investidores que com prazer observavam seu dinheiro aumentar sem problemas e esforço. De acordo com uma descrição de Frederick Lewis Allen, um historiador social da década de 1920:

> O motorista do homem rico dirigia com os ouvidos atentos para captar a notícia de uma movimentação iminente na Bethlehem Steel; ele possuía 50 ações com uma margem de 20 pontos. O limpador de janelas no escritório do corretor fez uma pausa para observar o contador, já que estava pensando em converter sua poupança guardada com muito trabalho em algumas ações da Simmons. Edward Lefevre (um repórter articulado no mercado que poderia ser considerado como tendo grande

experiência pessoal) comentou sobre o empregado de um corretor que conseguira quase um quarto de milhão no mercado, sobre a enfermeira que chegara a mais de trinta mil colocando em prática as indicações oferecidas por pacientes agradecidos, e a respeito de um criador de gado do Wyoming, a cerca de trinta milhas da ferrovia mais próxima, que comprara ou vendera mil ações num dia.[2]

Era, sem dúvida, especulação, e ainda assim os riscos pareceram bastante justificados. Uma pessoa que havia investido 1 mil dólares por ano, desde 1921, num grupo de ações representativas, valeria mais de 6 mil em 1925, quase 9 mil em 1926 e bem mais que 11 mil em 1927, além de inacreditáveis 20 mil em 1928 – mais do que 100 mil dólares nos valores de hoje. E era apenas o começo: durante os meses de junho e julho de 1929, as médias das ações industriais subiram quase tanto quanto subiram durante todo o ano de 1928, que fora um ano de aumento jamais visto. Em agosto de 1929, o repentino aumento nos três meses do verão já era muito maior do que aumento ocorrido em todo o ano de 1928. Só nesses três meses, um investidor que tivesse comprado 100 ações da Westinghouse teria quase duplicado seu dinheiro; até mesmo um comprador da sóbria AT & T teria tido sua fortuna aumentada em um terço. Parecia que só bastava pedir ou pegar emprestado dinheiro para comprar ações para ficar rico.

A grande quebra da bolsa

O que teria furado a bolha? Ninguém sabe com exatidão qual o acontecimento final a ser culpado. Quando o *boom* foi interrompido, o que se viu parecia uma enorme represa desmoronando. Todo o frenesi que por mais de dois anos fizera as ações subirem concentrou-se em algumas poucas semanas inacreditáveis que as derrubaram. Na terça-feira de 29 de outubro de 1929, uma avalanche de vendas tomou conta dos negócios. Nesse dia *não* houve oferta alguma de compra de ações – apenas de venda. A Goldman Sachs, um truste de investimentos muito procurado, perdeu quase metade do valor de sua cotação nesse único dia. No final do pregão (o contador, atrasado, estendeu a agonia por duas horas e meia a mais que as transações reais do mercado), 16.410.000 ações do mercado haviam despencado, um valor jamais visto na época. Num único dia, todos os ganhos do ano anterior desapareceram. Poucas semanas depois, 30 bilhões de dólares de "riqueza" haviam desaparecido no ar. Milhões que haviam contado seus ganhos em dinheiro e acreditavam estar ricos descobriram-se pobres.

A *grande quebra* é, por si só, um capítulo fascinante na "loucura das multidões". Parecia, inicialmente, desconectada de qualquer coisa maior. Na verdade, as primeiras semanas após a quebra foram uniformemente marcadas por manifestações de confiança: o clichê generalizado do dia era de que as coisas eram "fundamentalmente sólidas". Mas as coisas *não* eram fundamentalmente sólidas. A quebra aterrorizante levou à mais assustadora depressão.

A Grande Depressão

Frederick Lewis Allen escreveu:

> Foi um fenômeno estranhamente invisível, essa Grande Depressão. Observada de perto, permite perceber que havia muito menos pessoas nas ruas que em anos anteriores, que havia muitas lojas fechadas, que mendigos e pedintes estavam em grande evidência; havia filas para comida em todo o lugar, e *Hoovervilles* em terrenos vazios na periferia da cidade (grupos de depósitos de lixo habitados por desabri-

---

[2]Frederick Lewis Allen, *Only Yesterday* (New York: Bantam, 1946), 349.

gados); trens, com menos vagões Pullman, e havia muitas chaminés de fábricas sem qualquer sinal de fumaça. Mas, fora isso, pouco havia para ser visto. Havia grandes quantidades de pessoas sentadas em casa, tentando se manter aquecidas.[3]

Apesar de invisível ao observador casual, a depressão estava longe de ser apenas uma idéia fantástica. Para começo de conversa, o produto interno bruto – a medida da produção total do país – caiu em quase metade de 1929 a 1933. A cada 2 dólares de produto final, praticamente um dólar simplesmente desapareceu. Em conseqüência, o desemprego disparou. Em 1929, havia 1,5 milhão de desempregados. Em 1933, esse número aumentara oito vezes, ao ponto de uma em cada quatro pessoas em toda a força de trabalho estar sem emprego. No país como um todo, a construção civil caiu em 90%; praticamente não se construía casas. Nove milhões de contas-poupança foram perdidas quando os bancos fecharam as portas. Ocorreu falência de 85 mil empresas. Na Pensilvânia, em 1932, o Departamento do Trabalho estadual registrou que os salários chegaram a 5 centavos de dólar por hora nas madeireiras, a 6 centavos de dólar na produção de tijolos e telhas, e a 7,5 centavos de dólar na construção em geral. No Tennessee, as mulheres nos moinhos recebiam cerca de 2,39 dólares pela semana de 50 horas. No Kentucky, os mineiros comiam o mesmo pasto ingerido pelos animais; na Virginia Ocidental, as pessoas começaram a roubar as lojas em busca de comida.[4]

Causas da depressão: especulação

Como ocorreu tal tragédia?

Uma causa imediata e precipitante foi sem dúvida a febre especulativa que tomara conta da economia. A mania não se limitou a Wall Street. Em todo o país, uma filosofia de enriquecimento rápido havia destruído os negócios e a cautela bancária normais. Títulos estrangeiros de validade dúbia foram avidamente (por vezes, de forma grosseira) empurrados pelos bancos para as mãos de investidores, ou, ainda mais arriscado, colocados em suas próprias carteiras.[5] Além disso, enormes estruturas piramidais de trustes e conglomerados de empresas de investimentos levantaram um castelo de cartas localizado acima da base de operações da empresa. Por exemplo, a Georgia Power & Light Company era controlada pela Seabord Public Service Corporation, controlada pela Middle West Utilities Company, que por sua vez era controlada pela Insull Utility Investments, Inc., controlada pela Corporation Securities Company of Chicago (que era controlada, por sua vez, pela Insull Utility Investments, que presumidamente, *ela* controlava). Dessas empresas, somente uma – a Georgia Power – realmente produzia eletricidade. As restantes produziam somente lucro e oportunidades de especulação. O império da Insull era apenas um de 12 *holdings* de empresas que possuíam 75% de todas as plantas de geração de energia no país.

Todas essas atividades especulativas ajudaram a pavimentar o caminho para a depressão. Quando o mercado de ações finalmente ruiu, trouxe com ele uma imensa e frágil estrutura de crédito. Investidores individuais, que haviam tomado dinheiro emprestado para comprarem ações e títulos, tiveram suas ações completamente vendidas por preços baixos para saldarem as dívidas com os corretores. Bancos e instituições

---

[3]Frederick Lewis Allen, *The Big Change* (New York: Harper, 1952), 248.
[4]Arthur Schlesinger, Jr., *The Crisis of the Old Order* (Boston: Houghton Mifflin, 1957), 249-250.
[5]Muitos desses acordos careceram de correção. O filho do presidente do Peru, por exemplo, recebeu 450.000 dólares pelos títulos e ações filiados ao *National City Bank* pelos serviços que prestou junto a uma emissão de títulos de 50.000.000 de dólares que o banco filiado fez circular em nome do Peru. Os "serviços" do filho do presidente consistiram, quase que totalmente, de uma promessa para não bloquear o acordo. Finalmente, é claro, os títulos não foram resgatados. [John K. Galbraigth, *The Great Crash, 1929* (Boston: Houghton Mifflin, 1955), 186].

financeiras, cheios de títulos estrangeiros duvidosos, ficaram de repente insolventes. Enquanto isso, para acalmar o pânico terrível, as autoridades monetárias implementaram políticas que, de forma não intencional, enfraqueceram ainda mais o sistema bancário, prolongando muito mais a duração da depressão.[6]

Enfraquecimento das fazendas

Na vulnerabilidade de uma economia atrelada a uma superestrutura especulativa e frágil, localizamos uma das razões da Grande Depressão – ou, mais especificamente, uma razão pela qual o *crash* de Wall Street derrubou com ele tantas atividades comerciais. Estamos longe, porém, de esgotar as explicações para a depressão em si. Porque o *crash*, afinal, poderia ter sido menos devastador, como os vários desastres especulativos anteriores. Por que ele foi prolongado e se constituiu em um sofrimento crônico e profundamente enraizado?

A pergunta desvia nossa atenção dos infortúnios espetaculares de 1929 e nos leva a uma análise da situação da economia como um todo nos anos que antecederam o colapso. Já caracterizamos o primeiro quarto do século 20 como um período de expansão inigualável. Seria possível, porém, que por trás dos dados gerais de resultados e receitas crescentes houvesse bolsões de problemas escondidos?

Sem dúvida, existia esse setor preocupante. Tratava-se do setor agrícola, em especial os todo-poderosos grãos. Ao longo da década de 1920, o fazendeiro era o "fracassado" da economia norte-americana. Ano após ano, viam-se cada vez mais fazendeiros arrendando suas terras, até que, em 1929, quatro em cada dez fazendeiros do país não eram mais operadores independentes. A cada ano, o fazendeiro parecia ficar mais atrás do morador da cidade em termos de bem-estar relativo. Em 1910, a receita por trabalhador da fazenda não chegava a 40% daquela do trabalhador de outro setor; em 1930, esse número estava abaixo de 30%.

Parte do problema dos fazendeiros, sem dúvida, derivava da herança de dificuldades passadas. Acossado ora pela seca, ora pela exploração das combinações poderosas de ferrovias e silos e por seu próprio gosto pela especulação da terra, o fazendeiro era proverbialmente um coadjuvante da economia. Além disso, os fazendeiros norte-americanos haviam sido, por tradição, descuidados em relação à terra e indiferentes à ecologia da agricultura. Uma análise do fazendeiro médio permite dizermos que sua pobreza teve origem na improdutividade. Entre 1910 e 1930, a produtividade das fazendas melhorou um pouco, mas não tão depressa quanto a produtividade fora dela. Para a maior parte dos produtores agrícolas do país, o problema surgiu porque eles não conseguiram cultivar ou produzir o suficiente para construírem uma renda decente.

Demanda inelástica

Uma observação da agricultura como um todo, porém, apresenta-nos uma resposta bastante diversa da que ela própria sugere. Suponhamos que a produtividade do campo tivesse acompanhado a do país. A renda agrícola como um todo teria aumentado? A resposta é perturbadora. A demanda por produtos agrícolas era bastante diferente, em geral, da demanda de produtos manufaturados. No setor da manufatura, quando a produtividade aumentou e os preços caíram, os preços mais baratos dos bens manufaturados atraíram um grande número de novos mercados, como o do automóvel Ford. O mesmo não se deu com os produtos agrícolas. Quando o preço dos alimentos caiu, as

---
[6]Ver Milton Friedman e Anna Schwartz, *The Great Contraction* (Princeton, NJ: Princeton University Press, 1965).

pessoas não se inclinaram a aumentar o consumo real. Os aumentos na produção agrícola geral resultaram em preços muito mais baixos, mas não trouxeram com eles receitas financeiras maiores para o fazendeiro. Diante da chamada demanda "inelástica" – uma demanda que não reage na proporção das mudanças de preço – os vendedores ficam em pior situação diante de uma avalanche de produção.

Isso é muito do que ocorreu durante a década de 1920. De 1915 a 1920, os fazendeiros prosperaram por causa da Primeira Guerra Mundial, o que aumentou demasiadamente a demanda por sua produção. Os preços subiram para os produtos agrícolas, da mesma forma que sua receita. Na verdade, eles mais que dobraram. Quando as fazendas européias, no entanto, retomaram sua produção após a guerra, as colheitas dos fazendeiros norte-americanos simplesmente inundaram o mercado. Embora os preços caíssem demais (40% no único ano de 1920 a 1921), as compras dos produtos não reagiram em igual medida. A conseqüência foi o colapso da receita financeira, quase tão depressa quanto o dos preços. Enquanto isso, os impostos subiram cerca de 70%, e os pagamentos de suas hipotecas, bem como o custo de vida, em geral, quase que dobraram. Os negócios melhoraram um pouco durante o final da década de 1920, embora não o suficiente para proporcionar novamente aos fazendeiros uma prosperidade substancial.

Temos aqui uma lição de economia e de história. Se os fazendeiros tivessem criado uma indústria de oligopólios de alguns vendedores, como a de aço e de automóveis, o declínio em sua receita teria sido limitado. Uns poucos produtores, diante da demanda inelástica de seus produtos, pode encontrar certo sentido na produção reciprocamente restringida. Mais do que inundar o mercado que não deseja seu produto, eles podem concordar, de forma tácita ou outra, em conter a produção até determinada quantidade que o mercado absorva a um preço razoável. O fazendeiro da década de 1930 estava o mais distante de ser um adepto de oligopólios do que se possa imaginar. Quando o preço de sua produção cai, não há nada que cada fazendeiro faça para reduzir a produção. Pelo contrário, nessa situação altamente competitiva, o melhor que ele tem a fazer é correr para vender o máximo possível antes que as coisas piorem – assim, piorando a situação de maneira não intencional.

Essencialmente, o problema com o setor agrícola foi que o mecanismo de mercado, nesse caso em especial, não desencadeou um resultado satisfatório.[7] Isso não teria sido tão grave se não tivesse surgido outra questão: enquanto a agricultura permanecia estática e estagnada, o setor manufatureiro crescia em largas e rápidas passadas. Seu crescimento, porém, foi frustrado porque um quinto do país – o setor agrícola – não foi capaz de acompanhar o volume crescente de produção com um volume crescente de poder aquisitivo. O atraso do poder de compra dos agricultores reduziu a demanda por tratores, carros, gasolina e motores elétricos, além de bens de consumo manufaturados em geral. O enfraquecimento nas fazendas foi, assim, sintomático de um enfraquecimento de toda a economia, um fracasso do poder de compra em todo o estrato mais inferior do país em acompanhar o momento da produção industrial nacional.

---

[7] Teoricamente, há uma cura para situações em que os produtores de uma mercadoria não obtêm compensação suficiente em relação a outros interesses: os produtores abandonam o setor em que sofrem perdas na busca de afazeres mais lucrativos. De fato, o fazendeiro norte-americano tentou esse remédio. Avalia-se que a cada trabalhador urbano que buscou o campo tenham correspondido vinte fazendeiros que deixaram o campo em busca de trabalho na cidade. Infelizmente, essa cura não funcionou tão depressa. Embora o setor agrícola tenha reduzido seu tamanho de forma firme e constante, ele não foi capaz de encolher de maneira significativa seus números. De 1910 a 1930, cerca de dez milhões de fazendeiros permaneceram "presos" às fazendas; possivelmente, metade deles contribuindo com quase nada para o produto nacional além de sua própria parca subsistência.

Enfraquecimento das fábricas

A maioria dos economistas da década de 1920 concordaria com o fato de existir nas fazendas uma origem potencial do problema. Se tivéssemos sugerido outro motivador de problemas, nas fábricas ou nas minas, teríamos encontrado pouca concordância. Grande parte dos olhares das pessoas na década de 1920 concentrava-se num aspecto do setor industrial – a produção –, e aqui com certeza existia pouco motivo para queixas.

Um exame mais detalhado teria permitido a identificação de sinais mais sérios nesse setor, presumidamente o mais flutuante da economia. Enquanto a produção crescia de modo sólido, o emprego não evidenciava o mesmo. Na manufatura, por exemplo, a produção física em 1929 foi mais de 49% superior à de 1920; o emprego permaneceu o mesmo. Na mineração, a produção subiu 43%; o emprego diminuiu por volta de 12%. No transporte e na indústria de serviços, de novo a produção foi maior – um pouco mais nos transportes, e muito mais na produção pública de eletricidade –, e aqui o emprego realmente, diminuiu.

Ainda que os níveis de emprego tivessem caído em alguns setores, o nível total de empregos aumentara de forma significativa na construção, no comércio e nas finanças, nas indústrias de serviços e no governo. Todas essas indústrias que absorveram empregos, porém, caracterizavam-se por um denominador comum: careciam todas de avanços tecnológicos. Em outras palavras, todas as indústrias em que o nível de empregos caiu caracterizavam-se por avanços tecnológicos rápidos. A pressão contra a tendência geral de aumento da economia foi uma maré de deslocamento tecnológico, uma força negativa de mudança tecnológica que guiava de forma poderosa o sistema.

Tecnologia e emprego

Nossa análise da tecnologia levou-nos a jamais parar de perguntar sobre seus efeitos sobre o emprego. De forma implícita, pressupomos que esses efeitos foram positivos, na medida em que tentamos entender a capacidade da tecnologia industrial de aumentar a produção. Não é difícil, entretanto, ver que essa tecnologia nem sempre precisa ser favorável ao emprego. Quando uma nova invenção cria uma nova indústria, como o caso do automóvel, não há dúvida de que seu efeito gerador de empregos possa ser imenso. Mesmo em um caso assim há uma contracorrente, embora pequena, como a do crescimento da indústria automobilística, que pressionou a indústria de vagões. Ao nos voltarmos para invenções que não criaram novas demandas, mas que simplesmente tornaram mais produtiva uma indústria já estabelecida, fica claro que o primeiro impacto da mudança tecnológica pode gerar desemprego grave.

Trabalhadores desempregados podem eventualmente ser reabsorvidos, em especial se a economia estiver crescendo com rapidez. Voltaremos a esse problema mais adiante no capítulo. Agora queremos examinar mais a fundo o efeito da rápida mudança tecnológica nas "próprias indústrias deslocadas" durante a década de 1920. Percebemos aqui um fato interessante. Com o aumento da produção acompanhado pela queda do nível de emprego, a produção por pessoa aumentou com rapidez; na verdade, entre 1920 e 1929, aumentou mais de 30% nos transportes, mais de 40% na mineração e mais de 60% na manufatura. Esse maior fluxo produtivo por hora significou que os salários poderiam ter aumentado de forma substancial, ou os preços poderiam ter sido reduzidos. Não foi esse o caso, pelo que vimos. Somente nas ferrovias sindicalizadas é que os salários aumentaram (cerca de 5%). Na mineração, o salário-hora caiu em 20%, e na manufatura permaneceu estável. Uma vez que as horas semanais também diminuíram, os ganhos anuais médios dos empregados dessas indústrias ficaram longe de acompanhar o aumento em sua produtividade. Nas minas, os ganhos anuais médios caíram de 1.700 para 1.481 dólares. No transporte e na manufatura, os salários anuais caíram entre 1920 e 1922, recuperando os níveis de 1920 somente entre 1928 e 1929.

Assim, os ganhos decorrentes do aumento da produtividade não foram repassados ao trabalhador da indústria em termos de salários mais altos. Teriam sido repassados através de preços menores? Sim, de certa forma. O custo de vida geral, entre 1920 e 1929, caiu em cerca de 15%. Parte dessa queda, como vimos, deveu-se à redução dos preços dos alimentos. Os preços dos bens não-alimentícios reduziram-se drasticamente a partir dos picos pós-guerra de 1920 a 1921; dali em diante, caíram cerca de 15% até 1929, embora a queda não tenha sido suficiente para distribuir todos os ganhos decorrentes da tecnologia industrial. Como sabemos disso? Porque os *lucros* das grandes corporações manufatoras subiram muito entre 1920 e 1929. De 1916 a 1925, os lucros dessas empresas evidenciaram uma média de mais de 730 milhões de dólares por ano; de 1926 a 1929, a média foi de 1,4 bilhões de dólares. Na verdade, em 1929 os lucros foram o triplo dos obtidos em 1920.

Má distribuição de renda

A partir do que acabamos de descobrir, podemos generalizar sobre a tendência dos salários e dos lucros, trazendo mais uma razão para o repentino enfraquecimento que acometeu a economia, com início em 1929. A renda foi distribuída de uma forma que deixou o sistema vulnerável a choques econômicos.

Isso *não* significa que de alguma forma a economia norte-americana estaria fracassando em gerar poder de compra suficiente para adquirir sua própria produção. Uma economia sempre cria poder de compra potencial em grau suficiente para a aquisição do que produziu.

Pode haver, porém, uma má distribuição bastante séria dos pagamentos de renda oriunda da produção. Nem todos os avanços da produção podem ser colocados em mãos de pessoas que exercitarão seu poder de compra. As quantias pagas aos estratos de mais baixo pagamento da força de trabalho na verdade retornam à corrente do poder de compra, já que o trabalhador tende a gastar rapidamente seu salário. No entanto, as receitas que assumem a forma de lucro, lucro acumulado ou compensações individuais muito elevadas podem não se refletir tão rapidamente em poder de compra. Lucros ou receitas mais altas podem ser poupadas. Podem, em dado momento, retornar à grande corrente da demanda de aquisições, embora as quantias poupadas não retornem de forma automática pela via de gastos de consumo. Podem, em vez disso, encontrar uma via diversa – a dos investimentos, de acumulação de capital.

Voltando à economia de 1929, podemos agora perceber o que tenha sido, talvez, a razão mais profunda de sua vulnerabilidade: o fato de os pagamentos de renda não terem ocorrido em volume suficiente para aqueles que com certeza iriam gastá-los. Já entendemos os motivos pelos quais os fazendeiros e os operários, com certeza possuidores de um desejo ilimitado de consumo, tiveram sua capacidade de compra reduzida. Precisamos agora finalizar o quadro, entendendo como o fracasso na distribuição de ganhos de produtividade aos grupos de mais baixa renda inchou os ganhos dos potenciais *não*-gastadores.

O que encontramos aqui é uma concentração de renda que piora de forma extraordinária e constante. Em 1929, as 15.000 famílias ou indivíduos no ápice da pirâmide nacional, com ganhos de 100 mil dólares cada, receberam provavelmente quase tanto quanto as 5 a 6 milhões de famílias na base da pirâmide (ver a Tabela 6-1). Havia muito mais envolvido aqui do que igualdade no sentido moral. Essa extraordinária concen-

TABELA 6-1 As mais altas rendas

Parcelas em porcentagem da renda total recebida pelo 1% e pelos 5% de pessoas no topo do total populacional[a]

Ano	1% na porção superior	5% na porção superior
1919	12,2	24,3
1923	13,1	27,1
1929	18,9	33,5

Fonte: Historical Statistics of the United States: Colonial Times to 1970, editado por Susan B. Carter (New York: Cambridge University Press).

[a]A tabela mostra a "renda disponível", isto é, a renda após o pagamento de impostos e o recebimento de ganhos do capital.

tração de renda significou que a prosperidade da década de 1920 – e, na maior parte do país, uma prosperidade de alcance jamais visto – na verdade encobria uma situação econômica com potencial de um grave enfraquecimento. Se o impulso contínuo do país tivesse sido examinado, teria sido encontrado um problema sério nessa distribuição desproporcional do poder aquisitivo. Não haveria problema algum se os lucros e salários elevados, bem como os dividendos, continuassem retornando ao fluxo de renda. Mas e se não estivesse ocorrendo isso?

PAPEL CRÍTICO DA FORMAÇÃO DO CAPITAL

O assunto leva-nos a uma relação crítica que determina o nível de atividade numa sociedade de mercado: a relação entre o que uma sociedade deseja economizar, de um lado, e suas oportunidades de investimentos lucrativos, do outro lado. Não conseguiremos explicar os principais acontecimentos da Grande Depressão a menos que tenhamos uma compreensão geral desse problema econômico básico de uma sociedade de mercado.

Na verdade, já discutimos metade da relação entre poupar e investir. No capítulo sobre a Revolução Industrial, vimos que a poupança constituía pré-requisito indispensável à formação de capital. Temos agora que concluir nosso entendimento, adicionando a etapa seguinte ao processo de crescimento. A não ser que tenhamos gastos suficientemente grandes em capital para absorver nossas poupanças, não conseguiremos manter a economia em expansão. Se poupar é essencial para os investimentos, estes são essenciais para a prosperidade.

De fato, uma vez que entendemos que gastos em investimentos constituem a forma de fazer voltar a poupança ao fluxo de renda, podemos ver que a taxa de acréscimos ao todo que compõe nosso equipamento capitalizado terá um efeito profundo sobre o bem-estar econômico como um todo. Quando gastos em investimento forem baixos, estaremos diante de tempos ruins. Quando gastos em formação de capital se acelerarem, estaremos novamente diante de bons tempos. Em outras palavras, a taxa de formação de capital é o elemento central para a prosperidade ou a recessão.

Mas isso ainda não informa o motivo pelo qual os gastos de capital têm que flutuar. A resposta, porém, aparece diante de nós após pequena reflexão. Gastos de consumo tendem a ser um processo contínuo e confiável. A maior parte dos bens de consumo é usada rapidamente, tendo que ser reposta. O desejo de manter determinado padrão de vida não está sujeito a trocas ou mudanças repentinas. Como consumidores somos todos, até certo ponto, criaturas de hábitos.

Investimento e expectativas de lucro

O mesmo não ocorre com gastos em capital. Diferente dos bens de consumo, a maioria dos bens de capital é durável, com reposição capaz de ser facilmente adiada. Mais uma vez, diferentemente dos bens para o consumidor, os bens de capital não são adquiridos por hábito ou prazer pessoal: eles são adquiridos somente porque há neles uma expectativa de geração de lucro quando colocados em uso. Costumamos ouvir que uma nova loja, uma nova máquina ou mais um acréscimo ao estoque precisa "se pagar". Novos investimentos aumentam a produção, e esse aumento adicional da produção precisa ter uma venda lucrativa. Se, por algum motivo, não se vislumbrar um aumento futuro de lucros, não será feito o investimento.

Isso nos possibilita ver que a expectativa de lucro (que pode ser maior ou menor que os lucros realmente concretizados no momento) tem papel fundamental na taxa de formação de capital. Por que, entretanto – e essa é a última pergunta e, sem dúvida, a principal – poderia *não* haver expectativa de lucro decorrente de um novo bem em investimentos?

As respostas trazem-nos de volta ao ponto de partida, no começo da década de 1930. Uma delas é a de que um colapso especulativo, como a grande quebra, destrói a confiança ou prejudica a integridade financeira, levando a um período de contenção, até que sejam colocadas em ordem as questões financeiras. Outra razão pode ser a de que aumento de custos e problemas financeiros impedem o *boom*: os bancos podem emprestar demais e pode repentinamente escassear o dinheiro para novos projetos de capital. Uma outra razão pode ser a de que os gastos dos consumidores sejam lentos, talvez por uma má-distribuição de renda como a do final da década de 1920, dessa forma desestimulando a expansão das fábricas. A taxa de crescimento populacional ou de formação de famílias pode diminuir, trazendo uma desaceleração na demanda de residências. Ou o *boom* pode, simplesmente, ter morte natural – isto é, a onda de avanço tecnológico em que se alicerçou pode se esgotar, os grandes investimentos necessários à construção de uma grande indústria podem estar concluídos, e nenhuma segunda onda de semelhante magnitude para atrair capital será capaz de imediatamente assumir seu lugar.

Efeitos da queda dos investimentos

Muitas dessas razões, como vimos, serviram para cessar a formação de capital na Grande Depressão. O próprio *crash*, com o terrível golpe na confiança e na solvência dos bancos e nas empresas de *holding*, o enfraquecimento do setor agrícola, o deslocamento tecnológico do emprego e a má-distribuição dos ganhos, tudo se combinou para causar uma parada no crescimento econômico. Os números na Tabela 6-2, relativos a investimentos domésticos privados brutos – os termos corretos para formação de capital privado –, narram sua própria história triste.

TABELA 6-2 Investimento doméstico privado bruto

Ano	Construção residencial (excluindo fazendas)	Outras construções	Equipamento durável dos produtores	Mudança nos estoques
	Bilhões de dólares correntes			
1929	3,8	5,0	5,6	1,7
1932	0,7	1,2	1,5	–2,5

Fonte: Susan B. Carter, ed., *Historical Statistics of the United States: Colonial Times to 1970* (New York: Cambridge University Press).

Assim, a Grande Depressão pode ser caracterizada, basicamente, como um colapso imenso e duradouro na taxa de formação de capital. No setor habitacional, nas fábricas e no equipamento do setor manufatureiro, na construção de estabelecimentos comerciais, no acúmulo de estoque, a economia foi acometida de uma paralisia. Entre 1929 e 1933, a produção em bens de investimento encolheu em cerca de 88% em termos reais – isto é, após as diferenças nas mudanças de preços. Embora as indústrias de bens de capital empregassem somente um décimo do total da força de trabalho em 1929, em 1933 um terço do desemprego total havia sido causado pelo enxugamento dessas indústrias essenciais. Esse é um dado importante para a compreensão da depressão.

Efeito multiplicador

O problema, porém, não acaba aqui. Quando a poupança não retorna ao poder aquisitivo ativo por causa de investimento inadequado, a queda nas compras começa a se disseminar. Se um operário na indústria do aço é despedido devido à redução na construção civil, com certeza ele irá reduzir o orçamento familiar ao máximo. Isso, por sua vez, cria mais perda nos ganhos do comércio onde a família desse operário costumava gastar. Outros perderão seus empregos ou terão os salários reduzidos. Assim, ocorre uma espécie de efeito bola de neve, ou, utilizando o termo correto, um *efeito multiplicador*.

O exposto acima ajuda-nos a compreender o mecanismo da Grande Depressão. À medida que os gastos em capital caíam no começo da década de 1930, esses gastos reduzidos diminuíram os gastos de consumo – devido ao efeito multiplicador, em uma quantidade até maior que a queda nos investimentos. De 1929 a 1933, o consumo diminuiu de 79 bilhões de dólares para 49 bilhões de dólares, quase duas vezes maior que a queda absoluta nos investimentos. A redução do consumo, por sua vez, diminuiu ainda mais o fluxo de gastos em capital.

Podemos dizer que o processo também funciona ao contrário. Quando os gastos de capital novamente começam a aumentar, os gastos de consumo costumam subir muito mais. Por exemplo, em 1949, o presidente Truman chamou a atenção, através do rádio, ao fato de que 1 bilhão de dólares de novos gastos públicos, que geraram uma renda inicial para cerca de 315 mil pessoas, também aumentaram os ganhos de cerca de mais 700 mil pessoas. Seja na expansão, seja na contração, há um padrão cumulativo típico na atividade econômica, à medida que sucesso gera mais sucesso e fracasso gera mais fracasso.

Nossa breve incursão pela teoria das flutuações na economia chega ao fim. A compreensão obtida, porém, possibilita que tenhamos da Grande Depressão uma visão não somente como um fenômeno histórico, mas como um exemplo de um problema mais endêmico numa sociedade de mercado. Fomos capazes de ver como aquela sociedade pavimentou o caminho para a Grande Depressão por meio de seus fracassos no funcionamento na década de 1920. Acompanhemos agora as lutas da economia na década de 1930, quando ela buscou fugir da depressão mais profunda e destrutiva de que se tem notícia.

Conceitos e termos importantes

Crescimento

1. O fato econômico notório dos cem anos anteriores a 1929 foi a longa tendência de *crescimento econômico* – tendência essa que dobrava a renda *per capita* nos Estados Unidos a cada 40 anos e que levou a prosperidade norte-americana em 1929 a níveis jamais vistos.

Depressão

Estrutura de crédito

Desemprego tecnológico

Distribuição de renda

Formação de capital

Renda nacional

Gastos em investimentos

Efeito multiplicador

2. A longa tendência de crescimento foi interrompida de forma desastrosa – por quase uma década – com a chegada da *Grande Depressão*. As causas da depressão foram variadas:
   - *Uma estrutura de crédito especulativa e instável*, derrubada pelo *crash* do mercado de ações, de 1929, e por uma *política monetária inepta*.
   - Uma *deterioração contínua do poder de compra dos fazendeiros*, agravada pela demanda inelástica por produtos agrícolas.
   - Uma onda considerável de *desemprego tecnológico*.
   - Uma *distribuição de renda* ruim e que *só piorava*.

3. O efeito conjunto dessas causas foi um tremendo *colapso na formação de capital*. Entre 1929 e 1933, os investimentos (em termos reais) diminuíram em cerca de 88%.

4. *Uma queda nos investimentos é a principal causa da queda na renda nacional*, porque o investimento é a via pela qual a poupança retorna ao fluxo de dispêndios nacionais. Quando os investimentos fracassam em fazer retornar a poupança, tem início uma recessão.

5. Investimentos são, assim, um elemento essencial na determinação do nível de prosperidade. Trata-se, porém, de um elemento altamente volátil, uma vez que os *gastos em investimentos dependem da expectativa de lucros*. Quando as expectativas não são otimistas, não haverá construção de novos capitais.

6. Um declínio relativamente pequeno nos gastos em investimento pode espalhar-se pela economia. A isso chamamos *efeito multiplicador*.

Perguntas

1. Discuta as causas da Grande Depressão, em termos do que você conhece sobre a economia atual. Em sua opinião, há possibilidade de outra Grande Depressão?
2. Dentre as famílias que você conhece, quantas trabalham para empresas que oferecem bens e serviços para formação de capital – isto é, mais para fins de investimento que para consumo?
3. Suponhamos que você estivesse no mundo dos negócios e desejasse construir uma fábrica para produzir um novo item promissor – digamos, um lápis de duração duas vezes superior aos encontrados hoje. Que tipos de desdobramentos poderiam desencorajá-lo a fazer o investimento? O quanto sua decisão final estaria vinculada ao que você teria antecipado para o futuro, em comparação ao que você conhece da situação atual?
4. De que maneira o dinheiro que você colocou em um banco volta às mãos de alguém como renda própria? E o dinheiro que você investe num negócio recém-iniciado? E o dinheiro que você investe em seguro?
5. Se sua renda (ou a de seus pais) fosse, de repente, reduzida à metade, em quanto diminuiriam seus gastos? Que tipos de negócios seriam atingidos devido à sua redução de gastos? Eles, por sua vez, reduziriam seus gastos?
6. Por que os investimentos são tão importantes na determinação do nível de prosperidade?

> **PENSAR NO PASSADO, OLHAR PARA O FUTURO**

LIÇÕES DA GRANDE DEPRESSÃO

Viemos de um capítulo dominado pela mudança tecnológica, em que buscamos o papel da economia, e fomos para outro em que temos que identificar o papel de – o quê? Nossa sugestão: uma economia de outro tipo. Até agora, *economia* tem se referido às combinações sociais pelas quais a humanidade organiza a atividade mais importante da vida – a garantia de sua sobrevivência coletiva. Nesse contexto, economia tem a ver com as muitas e variadas formas pelas quais a tradição, o comando e o mecanismo de mercado trouxeram resultados diferentes, com diferentes graus de sucesso e fracasso ao longo do tempo.

O surpreendente em relação ao capítulo anterior é o fato de sua economia não se adequar a esta sucessão de modos diferentes de busca de suficiência social. Em vez disso, nos anos da depressão, a economia concentra-se mais em processos de desintegração social que de ordenamento, mais em declínio que em avanço.

Uma vez mais, o aspecto central do capítulo sobre a depressão, tal como do anterior sobre a tecnologia, pode na verdade desviar a atenção de uma compreensão da dinâmica da história econômica, nossa meta mais ampla. O foco de um exame da tecnologia não foi as invenções por si só, mas a mudança nas atitudes e nas ambições sociais que levaram à sua descoberta e aperfeiçoamento. Da mesma maneira, a principal tarefa para nós, estudantes da história econômica focando a época da depressão, não será um exame dos danos que esta causou, mas um entendimento dos processos que acarretaram uma subutilização profunda e persistente da capacidade das pessoas e das máquinas onde não muito antes ocorrera uma expansão profunda e persistente. Como veremos no próximo capítulo, a economia encontraria um foco novo e bastante importante na busca das causas do fracasso econômico do funcionamento do próprio sistema que, durante os dois séculos anteriores ao grande *crash*, tivera desempenho tão notável.

Que conseqüência construtiva pode ter surgido da tragédia que foi o colapso econômico sem precedentes? A resposta é a lenta conquista de uma compreensão de como uma economia capitalista deu certo – e, às vezes, *não* deu certo. É um tema a que retornaremos nos próximos capítulos.

Capítulo 7

O Aparecimento do Setor Público

"Este país pede ação, e ação agora... Precisamos agir e, depressa."

As palavras acima foram ditas no discurso de posse do presidente eleito Franklin Delano Roosevelt. É difícil, atualmente, reconstruir a pressa e o senso de desespero contra os quais essas palavras foram ditas, em 4 de março de 1933. Poucas horas antes da cerimônia de posse, todos os bancos norte-americanos haviam trancado as portas. O sistema financeiro estava à beira de um colapso. Quase 13 milhões de norte-americanos não tinham trabalho. Uma marcha de veteranos em Washington, com 15 mil participantes, foi dispersada com gás lacrimogêneo, tanques e baionetas. Nas fazendas, a suspensão de hipotecas, em que houve uma armadilha estratégica, funcionou como empecilho poderoso a que qualquer representante de seguradoras ou bancos levasse as terras em litígio a leilão. Enquanto isso, um desfile de líderes empresariais diante do Comitê de Finanças do Senado produzia uma sensação depressiva de impotência. Disse o presidente de uma importante ferrovia: "A única forma de vencer a depressão é chegar ao fundo do poço e em seguida construir devagar". "Não tenho solução", disse o presidente de um dos maiores bancos de Nova York. "Não tenho nenhuma solução na cabeça", falou o presidente da US Steel. "Antes de tudo, precisamos equilibrar o orçamento", pressionava uma imensa corrente de especialistas.[1] A crise era profunda e real; não há dúvidas de que os Estados Unidos estiveram mais próximos do que nunca do colapso econômico e da violência social.

O NEW DEAL

A reação do novo presidente foi imediata e vigorosa: nos três meses que se seguiram à posse, escreve Arthur Schlesinger, "o Congresso e o país estiveram sujeitos a uma barragem de idéias e programas presidenciais jamais experimentada pela história norte-americana". Foram os famosos Cem Dias do *New Deal* – os dias em que, meio por vontade própria, meio por acidente, foram colocadas as bases para um novo padrão de relação entre governo e economia privada, um padrão que desencadearia uma mudança importante na organização do capitalismo norte-americano.

---

[1] Arthur Schlesinger, Jr., *The Crisis of the Old Order* (Boston: Houghton Mifflin, 1957), 457-458.

A mudança se constituiu do surgimento do setor público como uma força importante na economia, mudança essa marcada por um aumento jamais visto da amplitude e do alcance dos poderes governamentais no sistema de mercado. Neste capítulo, acompanharemos essa amplitude desde os dias do *New Deal* até as décadas de 1970 e 1980; no próximo capítulo, acompanharemos um rumo similar nos negócios europeus. A partir de então, focalizaremos aspectos mais recentes dos problemas domésticos, junto com novos desafios que exigem capítulos próprios. Não podemos, porém, fazer uma análise dessas questões contemporâneas sem antes aprendermos alguma coisa sobre a grande mudança que diferencia o capitalismo inicial daquele de todos os países industrializados na metade do século 20.

Começamos o acompanhamento desse plano geral pelas principais medidas dos Cem Dias. Ao todo, 15 projetos de lei principais foram transformados em lei: o *Emergency Banking Act,* que reabriu os bancos sob supervisão governamental;[2] o estabelecimento do *Civilian Conservation Corps* para absorver, pelo menos, alguns jovens desempregados; o *Federal Emergency Relief Act,* que suplementou as instalações estaduais e municipais de ajuda, já exauridas; o *Emergency Farm Mortgage,* que, em sete meses, emprestou aos fazendeiros quatro vezes mais que todos os empréstimos federais nos quatro anos anteriores; o *Tennessee Valley Authority Act,* que estabeleceu o TVA, um empreendimento completamente novo do governo; o *Glass-Steagall Banking Act,* que separou a atividade bancária de investimentos em ações e títulos, além de garantir os depósitos bancários, e os primeiros *Securities Acts,* voltados à restrição da especulação acionária e à irresponsável organização piramidal das corporações.

Os chamados Cem Dias foram apenas o início do *New Deal*; eles não constituíram todo ele. Previdência social, legislação habitacional, o *National Recovery Act,* a dissolução de *holdings* de utilidade pública e o estabelecimento de uma *Federal Housing Authority* ainda estavam por vir. Da mesma forma que o *Wagner Act,* que protegeu os direitos dos sindicatos de trabalhadores. Na verdade, somente em 1938 é que o *New Deal* seria concluído, com a aprovação dos *Fair Labor Standard Acts,* que estabeleceram salários mínimos e o máximo de horas de trabalho, além de proibirem o emprego infantil no comércio interestadual.

Teríamos que ir além dos limites de nosso levantamento da história geral da economia para investigarmos o conteúdo de cada uma dessas importantes leis, mas podemos ter uma visão geral do *New Deal* ao resumirmos suas vitórias contra o cenário dos problemas e questões da história econômica com que já nos deparamos. Veremos que o *New Deal* marcou uma mudança verdadeira no desenvolvimento da própria economia de mercado. Com sua chegada, começamos a traçar a evolução de um novo tipo de capitalismo, diferente em importantes aspectos daquele que estudamos. Precisamos compreender a natureza dessa evolução se quisermos levar nosso levantamento da história econômica geral até sua conclusão atual em nossa própria sociedade.

Intervenção nos mercados

Na indústria, tal como na agricultura, durante os primeiros anos do grave sofrimento econômico, as intervenções assumiram principalmente a forma de uma tentativa de limitar a oferta. Sob o *National Industrial Recovery Act* (NIRA), aprovado em 1933, foi permitido às firmas elaborarem amplos acordos de preço e produção (em troca de acordos salariais voltados a melhorarem os ganhos dos trabalhadores com menores salários).

---

[2] Pode-se ter uma noção do desespero do período a partir do fato de essa lei ter sido aprovada pelo Congresso (House of Representatives) *sem exame prévio!*

Em outras palavras, tentou-se uma recuperação através da legalização de uma oligopolização parcial dos negócios. *Oligopólio* refere-se à concentração de poder em poucas mãos, em vez de em uma só, como no monopólio.

O NIRA foi saudado com grande entusiasmo, e quase 800 códigos industriais foram elaborados sob essa lei. No entanto, à medida que os mercados desmoralizados do início da década de 1930 recuperaram certo ordenamento, uma nova fonte de queixas surgiu. Produtores menores, no âmbito de muitas indústrias, alegaram que os códigos favoreciam o grande fabricante. Quando a experiência foi declarada inconstitucional pela Suprema Corte, em 1935, já estava claro que o problema não era tanto concorrência demais, mas concorrência de menos.

E isso fez surgir um desvio radical nas políticas, sinalizadas por processos legais decorrentes da legislação antitruste (desdobramento que analisamos no Capítulo 5). Embora o ângulo de ataque fosse totalmente outro, o objetivo era quase o mesmo: fazer o mercado funcionar.

Até que ponto um governo pode fazer os mercados funcionarem? A resposta não é clara. Contra as forças poderosas do oligopólio, de um lado, e os efeitos autoderrotantes da concorrência atomista, como as fazendas, de outro lado, os poderes governamentais de modelar o mercado podem se mostrar bastante inadequados. A tentativa deliberada de uso dos poderes governamentais, porém, para levar os mercados a funcionar melhor marcaram um novo capítulo na evolução da filosofia capitalista.

Nessa nova filosofia, o *laissez-faire* não mais constituiria necessariamente a melhor relação entre o governo e a economia. Em vez disso, surgiu um reconhecimento de que tipos diferentes de mercados devem beneficiar-se de diferentes relações com o governo, desde o *laissez-faire*, que na verdade se manteve como regra geral, até regras e regulamentos de uma espécie ou outra.

Novas intervenções

Na verdade, já encontramos um reconhecimento inicial dessa visão mais recente no final do século 19, quando tentativas de dissolução de trustes e monopólios corporativos foram aprovadas como uma forma de intervenção governamental, cuja justificativa era levar o mercado a funcionar melhor. Esse reconhecimento foi ampliado com a filosofia do *New Deal*. Por exemplo, surgiu uma necessidade admitida de o governo intervir nos mercados que haviam dado origem a externalidades negativas – efeitos colaterais ruins, como dejetos venenosos ou poluição do ar, em algumas operações fabris, como o caso do aço. Também surgiu um consenso de que as empresas deveriam informar completamente seus clientes sobre os produtos que vendiam, independente de serem medicamentos, ações e títulos, e a *Fair Trade Commission* e a *Securities and Exchange Commission* foram criadas para tais fins. Mais tarde, nos anos posteriores à Segunda Guerra Mundial, houve consenso geral de que o governo deveria obrigar padrões de segurança em mercados como o de viagens aéreas e o de produtos cujas falhas pudessem causar danos graves, como automóveis e pneus, bem como um acordo no sentido de o governo ter que garantir padrões mínimos de saúde e segurança a homens e mulheres expostos a ambientes perigosos de trabalho.

Dúvidas como a quantidade de intervenção e o tipo desta permanecem ainda em discussão. Existe mais de uma forma de fazer um mercado trabalhar melhor, e tentativas bem-intencionadas de consertar as carências do mercado podem acabar em interferências burocráticas desastrosas. Assim, a herança do *New Deal* não é uma carta branca para o governo regular o que ele quiser e da forma como quiser. Mais do que isso, trata-se de um reconhecimento de que os mercados nem sempre trabalham pelo interesse público quando deixados por si sós, e de que o governo é o único recurso pelo qual uma política democrática é capaz de resolver as tensões previsíveis entre as atividades econômicas e seus valores não-econômicos.

Um desvio histórico na direção dos bancos

A redefinição da relação entre o governo e os mercados foi a primeira forma pela qual a estrutura do capitalismo começou a mudar durante o *New Deal*. Uma segunda forma foi a nova concepção de como o governo deveria exercitar seus poderes sobre a quantidade de moeda. Precisamos retornar rapidamente ao passado para entendermos essa questão.

Os governos sempre tiveram uma prerrogativa singular dentro de seus limites: sozinhos, podiam criar dinheiro, originalmente cunhando moedas em metais preciosos mantidos nos Tesouros reais. A partir desses períodos iniciais, esse monopólio foi, no entanto, quebrado por ricos banqueiros que faziam negócios emprestando sua própria moeda a outros mercadores – e ocasionalmente aos próprios monarcas. Não foi apenas esse tipo de empréstimo que ameaçou os direitos monopolistas do governo. O fato foi que os mercadores banqueiros nem sempre possuíam, eles próprios, os recursos emprestados, entregando em seu lugar promessas escritas de entregar as moedas ou o metal precioso assim que disponíveis. Uma vez que sua riqueza era demasiadamente grande e sua reputação, demasiadamente elevada, as notas promissórias desses banqueiros-mercadores eram "tão boas quanto ouro". Passaram a ser, na verdade, dinheiro não-governamental.

As atuais transações bancárias, como sabemos, somente se disseminaram no século 18. Isso foi, na verdade, mal-compreendido, tanto que Adam Smith achou útil incluir uma explicação sobre o funcionamento dos bancos em *A Riqueza das Nações*, publicado em 1776:

> Quando as pessoas de qualquer país possuem tamanha confiança na fortuna, probidade e prudência de determinado banqueiro que crêem que ele está sempre pronto a pagar, sempre que solicitado, notas promissórias apresentadas, essas promissórias acabam tendo o mesmo valor que o dinheiro de ouro ou prata, em decorrência da confiança de que esse dinheiro pode voltar para eles a qualquer momento.[3]

SURGIMENTO DOS BANCOS NACIONAIS

Não causa surpresa o fato de o crescimento dos bancos particulares ter acabado com os direitos exclusivos anteriores dos governos de estabelecerem a quantidade de moeda em seu território; também não causa surpresa que esse direito dos soberanos tenha sido pouco a pouco reinstituído durante o século 19, à medida que os governos estabeleceram os bancos nacionais, nos quais os bancos particulares deveriam depositar suas próprias reservas. Assim, os bancos nacionais conseguiram exercer determinado grau de controle sobre a capacidade dos bancos privados de emitir notas promissórias, agora chamadas de notas bancárias. As próprias notas eram diferentes de um banco para outro, daí ainda não haver uniformização das notas como no dólar ou em qualquer outro dinheiro em papel-moeda.[4]

Nos Estados Unidos, tentativas de criação de um banco nacional foram infrutíferas durante muito tempo, em grande parte pela relutância dos estados em terem tanto poder

---

[3] Adam Smith, *The Wealth of Nations* (New York: The Modern Library, 1937), 277.
[4] Se você examinar a nota de um dólar, verá nela impresso: "Esta nota serve para saldar todas as dívidas, públicas e privadas". Nenhum banco privado seria capaz de alegar tal coisa.

centralizado sobre a moeda. Foi apenas em 1913 que o sistema bancário norte-americano assumiu a forma atual, com a criação do sistema do Federal Reserve (o famoso Fed, o Banco Central dos Estados Unidos), com um Conselho de Governadores (Board of Governors) e 12 bancos Federal Reserve por todo o país. Todos os bancos importantes tiveram que manter suas próprias reservas no banco do Fed de seu distrito.

Em conseqüência disso, o Fed conseguiu controlar a quantidade de dinheiro no sistema bancário como um todo. Com o aumento ou diminuição da porcentagem dos depósitos de clientes que aqueles bancos filiados tiveram que manter nos Fed locais como reservas, o novo sistema permitiu o aumento ou a redução da capacidade de empréstimo dos bancos filiados. Através do aumento ou da diminuição dos juros cobrados pelo Fed de seus filiados, que freqüentemente precisavam pedir a seus Fed dinheiro emprestado para cobrirem retiradas excessivas temporárias, eles ainda ampliavam ou contraíam a capacidade de os bancos particulares emprestarem a seus clientes em geral. Dessa forma, o sistema do Federal Reserve passou a ser o "monarca" norte-americano encarregado da quantidade de moeda em circulação.

POLÍTICA MONETÁRIA

Nosso rápido exame da história dos bancos possibilita então que entendamos como a política monetária surgiu como mais um instrumento novo do capitalismo do setor público, não apenas neste país, mas em todas as economias avançadas no mundo.

Antes da Grande Depressão, tentativas nacionais de regular a oferta de moeda limitavam-se em grande parte a igualar as capacidades de dar empréstimo dos bancos e as necessidades de pedir dinheiro emprestado de seus clientes. Na época do Natal, por exemplo, sempre havia demanda por dinheiro por parte dos clientes dos bancos; em conseqüência, o Fed costumava baixar as taxas de juros para ajudar a atender à demanda. Durante as crises, como quedas ou ondas especulativas, o Fed igualmente tentava "facilitar" ou "restringir" o dinheiro, dependendo do julgamento da Board of Governors quanto à política que melhor conduziria o sistema bancário como um todo durante uma crise.

Houve, porém, um objetivo da política monetária que não foi tentado naqueles dias iniciais do que hoje chamamos de sistemas de banco central. O Fed não tentou utilizar sua capacidade de aumentar ou reduzir o poder de empréstimo do sistema bancário como uma forma de acelerar ou desacelerar o ritmo geral de crescimento econômico. Os ritmos dos ciclos de negócios, cada vez mais discutidos, foram vistos com grande interesse, mas sem a idéia de se utilizar a política bancária como uma força contrária sobre o funcionamento natural da economia.

A nova política do *New Deal*

Foi esse o ambicioso ponto de partida ocorrido durante os anos do *New Deal*.[5] Jamais tinha ocorrido um anúncio dramático de uma mudança de um padrão passivo para um padrão ativo de política monetária. Em vez disso, sob a pressão da Grande Depressão, o novo objetivo começou a ser manifestado pelos governadores do Federal Reserve e por vários líderes da administração Roosevelt: tratava-se de *uma meta central da política monetária de ajudar a recuperar o crescimento da própria economia.*

---

[5]Temos que observar que uma das principais reformas introduzidas pelo *New Deal* foi a de prover seguro federal para os depósitos bancários. A conhecida sinalização encontrada em todos os bancos – *Garantido pelo FDIC* (Federal Deposit Insurance Corporation) – foi, provavelmente, a maior força estabilizadora no capitalismo moderno, garantindo aos indivíduos que eles não perderiam seu dinheiro caso o banco quebrasse.

Isso pode não parecer uma política particularmente ambiciosa, mas vamos compará-la à visão que predominara nos dias anteriores ao *New Deal*. No início da década de 1930, por exemplo, ao mesmo tempo em que a economia sofria uma queda e o desemprego aumentava de forma alarmante, o Board of Governors do Federal Reserve desacelerou o aumento no suprimento de dinheiro através de uma *elevação* da taxa de juros! Mais uma vez, em 1931, quando o Board receou a possibilidade de uma fuga de capital norte-americano para o estrangeiro, elevou a taxa de juros da forma mais acentuada da sua história para manter o dinheiro no país.[6] Se contrastada com aquela psicologia de passividade, a nova política de tentar contornar o curso "natural" dos acontecimentos era realmente ousada.

Gastos públicos como uma nova força

Por último, focalizamos a terceira e, definitivamente, mais importante mudança a ser estudada. Trata-se do aumento do gasto público de uma pequena e essencialmente passiva parcela do gasto nacional para um fluxo maior e então estratégico, com o objetivo de funcionar como estímulo econômico, à moda dos investimentos privados.

Curiosamente, a administração Roosevelt não teve essa idéia assim que assumiu o mandato. O mesmo ocorreu com a comunidade empresarial. Na verdade, quase todos, inclusive os economistas, acreditavam que o único "remédio"' para a depressão seria um orçamento equilibrado para o governo.

Ocorreram, porém, emergências que tiveram que ser enfrentadas sem a possibilidade de serem postas de lado, mesmo que desequilibrassem o orçamento. Muitos desempregados estavam à beira da inanição, e os recursos das instituições de caridade privadas, estaduais e municipais já estavam exauridos na maior parte dos casos. O presidente Roosevelt, diferentemente do antecessor, não acreditava que o recebimento de uma ajuda federal "desmoralizasse" os desempregados mais do que o recebimeno dos empréstimos federais obtidos na Reconstruction Finance Corporation havia "desmoralizado" os negócios. Em maio do primeiro ano de administração, uma organização de ajuda havia sido estabelecida; um ano depois, *quase um em cada sete norte-americanos* estava recebendo auxílio. Em nove estados, uma em cada cinco famílias – num deles, uma em cada três – dependia da ajuda governamental. Essa ajuda não fez mais do que manter essas famílias desafortunadas longe da inanição – o montante médio por família era inferior a 25 dólares/mês –, mas constituía um piso econômico, independente da fragilidade do auxílio.

As metas imediatas dessa ajuda eram humanitárias. Em seguida, porém, foram acompanhadas de idéias sobre as possibilidades utilitárias dos gastos nesse tipo de auxílio. Não demandou muito tempo e a maior parte dessa ajuda estava sendo paga por serviços públicos de todo o tipo: escolas, rodovias, parques, hospitais, urbanização de favelas – e até mesmo projetos artísticos, escritos e de teatro, do governo federal.

Com o aumento dos programas de serviços públicos, as finanças do governo federal entraram num mau momento, até que, na metade da década de 1930, ficou clara a existência de um déficit crônico de 2 a 3 bilhões de dólares por ano. *Déficit* significa pedir empréstimo. Assim, com o governo gastando mais do que arrecadava com impostos

---

[6]Precisamos chamar atenção ao fato de que, diferentemente dos bancos nacionais de outros países, explicitamente orientados por seus governos, o sistema do Federal Reserve foi criado como uma entidade independente. Seu Board of Governors é escolhido pelo Presidente, mas nem o Presidente nem o Congresso tem o direito de estabelecer ou mudar a política do Federal Reserve. A conseqüência não surpreende: a ocorrência de muitos atritos, quando a visão do Federal Reserve, relativa a possibilidades econômicas, é diferente daquela do Executivo ou do Legislativo.

– não apenas em auxílios, mas na conservação, nos subsídios aos fazendeiros, nos auxílios aos veteranos de guerra, na habitação pública e na ajuda aos estados –, ele tomou emprestado da população o dinheiro necessário através da venda de títulos do governo a pessoas individuais, a corporações e a bancos comerciais. É óbvio que a soma total dos títulos cresceu demasiadamente a cada ano, da mesma forma que a dívida total do país. Em 1929, a dívida pública nacional total chegou a 16,9 bilhões de dólares. Em 1935, aumentara para 28,7 bilhões, e, a cada ano, subia constantemente: para 36 bilhões em 1937, para 40 bilhões em 1939 e para 42 bilhões de dólares em 1940.

Falta de reação da economia

No começo, os gastos pesados do governo federal foram saudados com desconfiada aceitação pelas comunidades empresariais e bancárias como um recurso necessário, mas temporário. Não demorou muito para que, dentro da própria administração, o déficit cada vez maior começasse a ser visto com muita suspeita. O excesso recorrente dos gastos do governo acima dos impostos arrecadados recebeu, a partir de então, a desculpa de ser um "estímulo" – uma espécie de injeção de combustível do governo que deveria dar partida ao motor vacilante dos gastos privados, o que tornariam desnecessárias outras injeções. Assim, havia a expectativa de que alguns bilhões dos gastos do governo passariam a movimentar uma espiral ascendente de gastos e expansão de empregos do setor privado.

A espiral ascendente não se concretizou. Depois de 1933, ajudados pelos gastos do governo, os gastos do consumo começaram a aumentar, embora gastos do capital privado não tenham acompanhado esse aumento. Embora apresentando melhora depois de 1933, por volta de 1938 os gastos do capital privado ainda se encontravam 40% aquém do nível alcançado em 1929.

Por que o investimento privado não cresceu? A resposta está, em parte, no fato de os próprios déficits do governo, presumidamente hábeis para curarem a depressão, terem apenas assustado os negócios que se viram numa condição de paralisia econômica que a prolongou. Junto da legislação reformista do *New Deal*, a nova presença da atividade econômica governamental em grande escala fez com que o mundo empresarial perdesse a antiga confiança. O executivo empresarial sentia-se pouco à vontade numa atmosfera econômica e política em mudança, sem espaço para planos futuros ousados. O perfil geral deixou clara a necessidade de cautela, mais do que de promessas; de ciclos, mais do que de crescimento, e de segurança, mais do que de ganhos. Além disso, por trás dos fatores psicológicos, havia a ação de forças concretas. Uma taxa muito mais lenta de crescimento populacional na década de 1930 deprimiu o importante mercado habitacional. Mais grave ainda foi o fato de nenhuma inovação tecnológica importante por parte da indústria, comparável às ferrovias ou ao automóvel, ter garantido promessa suficiente de crescimento rentável a ponto de tentar o capital privado a, por si só, ser parte de um *boom* importante de acúmulo de capital.

Assim, por várias razões, os novos gastos do governo federal fracassaram em se constituir num estímulo. Os investimentos privados não aumentaram de forma espontânea a ponto de assumirem sua tradicional função propulsora, agora temporariamente executada pelo governo. O que não significou, porém, que a influência econômica do governo foi relegada a um papel menor. Pelo contrário, o fracasso em ser um estímulo – concebido como uma medida de emergência – ocasionou uma expansão do seu papel. O governo, a partir de então, passou a ser visto como uma instituição permanente de estabilização e promoção do crescimento para a economia de mercado como um todo.

Gasto compensatório do governo

A idéia demorou a se concretizar e só incorporou, na verdade, um formato teórico completo na metade da década de 1930. O livro mais influente que deixou clara a idéia – ainda que em termos muito técnicos – foi escrito por John Maynard Keynes, *General Theory of Employment, Interest and Money*, publicado em 1936. Poucos livros levantaram tamanha controvérsia ou deixaram uma marca tão permanente. Como costuma ocorrer com novas idéias, o livro pareceu complicado e difícil no começo, e mesmo entre os próprios economistas suas idéias básicas foram objeto de discussões nebulosas durante vários anos. Em retrospectiva, parece um argumento simples – assunto para alunos iniciantes de cursos de economia!

A chave da prosperidade ou da depressão, era cada vez mais evidente, estava no volume total de gastos que uma sociedade de mercado oferecia para seus bens e serviços. Quando esse volume fosse elevado, emprego e renda seriam elevados; seu declínio faria também declinar a produção e o emprego. O que determinaria o volume de gastos? Gastos de consumo tendiam a ser um fator passivo, que aumentariam mediante o aumento das rendas individuais, diminuindo com sua queda. O item volátil, estabelecido com clareza pela história e pela teoria, era o fluxo de gastos em investimentos.

A partir daí, não é difícil dar o próximo passo. Se um atraso nos gastos do capital privado era o responsável por uma redução no emprego e na produção, por que o governo não poderia tomar a iniciativa de compensar quaisquer deficiências oriundas a partir dos gastos privados? Sempre existira, afinal, um fluxo bastante regular de gastos públicos, grande parte com fins de criação de capital, como as rodovias e as represas. Por que essa maré de gastos públicos não poderia ser deliberadamente ampliada diante de uma exigência da ocasião? Na verdade, isso exigiria do governo a realização de empréstimos e de gastos, aumentando, assim, sua dívida; mas muito dos gastos em capital privado não exigiriam também pedidos de empréstimos de corporações? Por que a própria dívida não poderia ser gerenciada como as dívidas corporativas, que jamais eram "saldadas" no valor agregado, mas refinanciadas mediante emissão de novos títulos a serem colocados à venda, assumindo o lugar dessa dívida futura?

Para os economistas da administração Roosevelt, as respostas a essas perguntas pareciam claras. O governo não somente podia, mas devia usar o gasto como um instrumento econômico para garantir pleno emprego. Como eles não pretendiam isso, tinham em mente uma revisão radical do capitalismo, mas planejavam a evolução de uma nova forma de capitalismo *orientado* – uma sociedade de mercado em que os níveis mais importantes de emprego e produto não mais seriam deixados ao capricho do mercado, mas seriam protegidos da derrocada e estimulados para crescer através de ação pública.

Receios da intervenção governamental

Mas não foi assim que as coisas soaram para muitos norte-americanos, em especial para a comunidade empresarial. Ela viu o governo gastando de forma desbragada, e a dívida, cada vez maior, foi entendida como evidência de que entrariam em bancarrota. Tais argumentos encobriam uma suspeita mais profunda, a de que o gasto governamental, independentemente dos protestos contrários, seria o divisor de águas para o ingresso num socialismo ou algo pior.

A controvérsia adentrou o ano de 1940 e, como veremos, continua presente. Num certo sentido, porém, foi um debate vazio nos anos do *New Deal*. Em seu auge, o déficit anual jamais chegou a 4 bilhões de dólares, e as compras do governo federal jamais contribuíram com mais de 6% para o PIB. A julgar pela importância do governo na economia como um todo, é provável que país industrial algum no mundo tenha sido *menos* socialista que os Estados Unidos. Ainda assim, se os receios dos conservadores nada tinham de realistas, também não o eram as esperanças dos liberais. Nesse clima predominante de desconfiança, o remédio dos gastos governamentais jamais poderia ser aplicado com muito entusiasmo. Os déficits, na década de 1930, mantiveram um determinado nível em vez de apresentar uma tendência de crescimento. Em 1939, embora as condições tivessem melhorado de forma considerável em relação aos níveis de 1932, ainda havia 9,5 milhões de pessoas – 17% da força de trabalho – sem emprego.

O impacto da guerra

No final, não foi a teoria que originou a história dos gastos compensatórios do governo, mas foi a história que deu origem à teoria. A eclosão da Segunda Guerra Mundial acarretou uma tremenda expansão obrigatória dos gastos do governo. Ano após ano, aumentaram os gastos devido à guerra, até que em 1944 chegaram a mais de 100 bilhões de dólares, e, com esse aumento jamais visto, veio uma elevação igualmente rápida do PIB. Em 1945, o PIB norte-americano havia aumentado 70% em termos reais em relação a 1939, e o desemprego diminuiu a ponto de desaparecer. A demonstração de que gastos públicos poderiam movimentar a economia para frente – de fato, foi capaz de erguê-la para além de todos os limites imaginados – era inquestionável. Também assim foi o fato de um governo ser capaz de, com facilidade, ter uma dívida muitíssimo maior (dívida essa que agora chegava a mais de 250 bilhões de dólares) desde que o PIB fosse ainda maior.

A guerra trouxe uma mudança marcante na atitude em relação ao governo e à economia em geral. Após quatro anos de esforços sem precedentes, os norte-americanos encaravam um setor público forte com olhar mais habituado; da mesma forma também, depois de quatro anos de produção recorde, eles passaram a recordar os dias de desemprego em massa com um novo sentimento de vergonha. Mais importante que tudo, talvez, seja o dado de eles olharem o futuro, no período pós-guerra, com uma grande sensação de medo. Praticamente, todos os economistas, ao contemplarem a imensa redução dos gastos em conseqüência do término das hostilidades, temeram o aparecimento de um novo e imenso exército de desempregados. Até a opinião mais conservadora não estava à vontade diante das possibilidades políticas de uma volta à década de 1930.

A conseqüência da mudança de atitude foi a aprovação do *Employment Act* de 1946, que declarou ser "a política e a responsabilidade contínua do Governo Federal... de oferecer o máximo emprego, produção e poder de compra". Uma coisa, como veremos, foi a redação dessa lei; outra foi sua implementação. Sem dúvida, porém, a lei marcou o final de uma era. A convicção, antes defendida com tanta firmeza, de que a melhor coisa que o governo tinha a fazer para promover a recuperação era não fazer nada, e a confiança nas forças cegas do mercado como inerentemente deflagradoras da prosperidade, pareciam, no momento, completamente antiquadas. A discussão, no âmbito do capitalismo, não era mais se o governo deveria ou não assumir a responsabilidade pelo funcionamento geral do sistema de mercado. O que se questionava no momento era qual a melhor maneira de se atingir aquele fim.

Conseqüências da guerra

A guerra terminou em 1945; em um ano, os gastos do governo federal reduziram-se em cerca de três quartos, e o país aguardou, sob tensão, pela queda prevista no emprego, na receita e nos preços.

TABELA 7-1 PIB, 1930-2005 (bilhões de dólares do ano 2000)

Ano	Produto interno bruto	Investimento privado	Compras do governo federal	Compras de governos estadual e municipal
1930	790,7	60,9	23,9	109,0
1940	1034,1	107,9	87,3	115,5
1950	1777,3	227,7	225,2	179,3
1960	2501,8	266,6	410,9	304,5
1970	3771,9	427,1	491,7	521,2
1980	5161,7	645,3	480,3	635,1
1990	7112,5	895,1	659,0	871,0
2000	9817,0	1735,5	578,8	1142,8
2005	11.134,8	1919,8	738,1	1249,0

Fonte: Bureau of Economic Analysis, National Income and Product Accounts.

Em vez disso, o país viu-se diante da eventualidade menos antecipada: um estado entusiasmante de prosperidade econômica. É verdade que o desemprego dobrara, chegando a 2 milhões, mas isso ainda era menos que 4% da força de trabalho. Enquanto isso, a quantidade de pessoas trabalhando apresentou crescimento constante: 54 milhões de empregos em 1945; 57 milhões em 1946; 60 milhões em 1947; 63 milhões em 1950. A produção industrial, após uma rápida queda após a guerra, mostrava-se pujante.

Isso pode ser visto na Tabela 7-1, que mostra a tendência (em dólares atuais) que retira o efeito dos preços em elevação de um pouco antes da Grande Depressão, baixando-os até o limiar de nosso próprio tempo. A magnitude do *boom* pós-guerra fica evidente a partir da segunda coluna à esquerda: o PIB em 1960 estava mais que três vezes acima em termos reais – isto é, com a inflação eliminada – do encontrado em 1930.

Onde encontrar a origem de crescimento tão extraordinário? Os investimentos privados mais que quadruplicaram durante o período, um aumento enorme. Observe, porém, os gastos estaduais e municipais, que quase triplicaram; em seguida, analise o crescimento explosivo dos gastos federais, de quase oito vezes. Sem dúvida, o setor público desempenhou papel estratégico na transformação econômica desses anos cruciais.

A POLÍTICA FISCAL ENTRA EM CENA

Nossa rápida incursão pelo impacto dos gastos do governo proporciona uma compreensão adicional da mudança que é o centro de nosso capítulo. Essa mudança envolve o uso de políticas fiscais, isto é, dispêndio como uma nova forma de controle econômico, utilizando gastos governamentais ou cortes de impostos para impulsionar toda a economia para frente, ou taxação para controlá-la. Política fiscal e política monetária compõem, juntas, os recursos pelos quais qualquer economia capitalista moderna controla seus negócios.

Diferentemente da política monetária, a política fiscal não é capaz de buscar suas origens no século 19, ou mesmo no 18. Na época de Adam Smith, não existia a idéia de que o governo pudesse ou devesse tentar interferir no funcionamento do sistema econômico, a não ser promovendo o jogo mais livre possível de forças de concorrência. A única força motriz que Smith conhecia residia no "desejo de melhorar nossa condição", força essa, segundo ele, que "nos acompanha desde o ventre materno e só nos abandona no túmulo".[7]

Surpreendentemente, porém, Smith vê para o governo um importante papel econômico:

> ...o dever de erigir e manter certas funções públicas e determinadas instituições, o que jamais deverá ser de interesse de qualquer indivíduo...erigir e manter porque o lucro jamais será capaz de compensar as despesas....embora freqüentemente possa fazer muito mais que compensar esse gastos para uma grande sociedade.[8]

UMA ANÁLISE DO SETOR PÚBLICO

Smith, assim, percebeu a necessidade do provisionamento de investimentos públicos – rodovias, represas, escolas, e outros projetos assim, a que denominamos de *infra-estrutura*. Esse "dever" governamental não era, porém, política fiscal porque não pretendia manter ou acelerar o crescimento econômico. Sua meta era a promoção do bem-estar. Em outras palavras, Smith não tinha uma noção de gastos do governo como um "setor" da economia.

Essa idéia também não foi explicitada com clareza no livro de Keynes, que tanto ajudou a esclarecer nossa compreensão do que hoje conhecemos como *macroeconomia* – o estudo dos grandes fluxos de gastos que determinam o tamanho de nosso produto interno bruto. Keynes escreveu de modo um tanto vago sobre a necessidade de o Estado intervir: "o Estado terá que exercer uma influência direcionada sobre a propensão de consumir, parcialmente por meio de seu esquema de taxação, parcialmente estabelecendo a taxa de juros, talvez, de outras maneiras".[9] Mesmo hoje em dia, algumas pessoas percebem a existência de alguma coisa inerentemente errada em relação ao uso do governo como uma entidade econômica e política da sociedade. Elas esquecem que, no capitalismo, sempre existe uma relação entre governo e economia, na medida em que se espera daquele a ajuda para que uma sociedade de mercado vença os obstáculos com que se depara ou que origina. Tal como a política monetária, a política fiscal, em última instância, quer fazer funcionar uma sociedade empresarial. A Grande Depressão mostrou, com todas as suas cores, que sem um sistema de banco central e uma política fiscal reativa à continuidade de uma ordem capitalista é capaz de ser colocada em risco muito grande.

Para terminar: o que descrevemos aqui é nada mais que o aparecimento de um novo estágio do capitalismo, agora equipado, pela primeira vez, com os recursos para limitar ou mesmo vencer a depressão; talvez até para garantir um rumo mais suave na direção do futuro. Como veremos, as visões otimistas presentes no nascimento da política fiscal eram simplistas demais, como sempre ocorre com curas milagrosas econômicas. Ainda assim, foi virada uma página. Nos próximos capítulos deste livro, enquanto investigarmos a modernização da Europa e, em seguida, o aparecimento de problemas novos e desconcertantes na economia norte-americana e global, a política fiscal manter-se-á como um recurso importante com o qual tentaremos dominar os desafios do século 21.

---

[7]Smith, *The Wealth of Nations*, 324-325.
[8]Ibid., 65.
[9]John Maynard Keynes, *The General Theory of Employment, Interest and Money* (New York: Harcourt Brace, 1964, publicado pela primeira vez em 1936).

Conceitos e termos importantes

New Deal
1. O *New Deal* apareceu pela incapacidade do capitalismo tipo *laissez-faire* do final do século 19 e começo do século 20 em lidar com os problemas que ele próprio originou. Entre eles, citamos as graves falhas de mercado, tanto no mundo corporativo quanto no mundo agrícola. Três inovações políticas marcaram o impacto duradouro do *New Deal*.

Política de mercado
2. Inicialmente, o *New Deal* interferiu na estrutura dos mercados que funcionavam mal de forma jamais vista. O mercado agrícola e o industrial foram reorganizados (conforme o *Agricultural Adjustment Act* [AAA] e o *National Industrial Recovery Act* [NIRA]) para auxiliar a minimizar os danos causados pelas forças do mercado. Apesar de muitas dessas tentativas terem fracassado, elas deixaram uma herança de responsabilidade governamental e o término da filosofia do *laissez-faire*.

Política monetária
3. Uma segunda política inovadora importante envolveu a visão governamental na busca da regulação da oferta de moeda. A visão pré-*New Deal* buscara pouco mais que garantir uma condição ordenada no mercado para o crédito. A nova política constituiu o uso de poder do Sistema Federal Reserve para dar um impulso expansionista, reduzindo as taxas de juro, dessa forma estimulando empréstimos bancários em épocas ruins e aumentando as taxas de juros para desestimular os empréstimos em períodos propensos a inflação.

Política fiscal
4. Em terceiro lugar, e o ponto de partida mais importante das novas políticas, estava o uso deliberado dos poderes governamentais de taxar e gastar para dar um impulso a uma economia estagnada. Essas políticas começaram como uma espécie de *estímulo*, na esperança de uma torrente de gastos públicos ser capaz de rapidamente gerar uma retomada dos investimentos privados. Quando isso fracassou – em parte devido à sua pequena escala, em parte pelo desconforto nos negócios –, a *política fiscal* tomou outra direção, em que os gastos do governo eram vistos como um acessório normal dos gastos privados, em especial em períodos de desemprego. A nova política baseou-se, em grande parte, nas idéias do economista inglês John Maynard Keynes. Foi um ponto de partida que surgiu nas economias no mundo inteiro.

Perguntas

1. Como você explica a mudança na filosofia política entre a administração de Hoover e a de Roosevelt? Haveria a sugestão de que as políticas econômicas refletiriam tanto as pressões políticas, quanto as idéias econômicas? Ou isso mostraria que, sem novas idéias, fica difícil ocorrerem mudanças políticas?
2. Por que as estruturas de mercado são tão importantes? Quais as políticas que fazem sentido para você em relação aos mercados de trigo e milho norte-americanos? E em relação aos mercados de automóveis e aviões? Por que você (é o que esperamos!) optaria por políticas diferentes para cada um? E, em relação a novas invenções, como computadores, antibióticos ou pastas de dente? Há aqui necessidade de determinadas regras? Em caso negativo, por que não?
3. Em sua opinião, os gastos governamentais apresentam, inerentemente, uma tendência ao gasto, ainda que não ao desperdício? O desperdício pode também ser um estímulo? As mesmas considerações – e as mesmas respostas – aplicam-se aos gastos das corporações? De que forma o "desperdício" pode ser medido?
4. O que invalidaria a idéia de que gastos de governo constituem uma política adequada e útil para uma economia capitalista? O que validaria essa idéia? O impacto da Segunda Guerra Mundial sobre a economia seria um teste disso? Por que, ou por que não?

> **PENSAR NO PASSADO, OLHAR PARA O FUTURO**

FLUXOS DE GASTOS E O NASCIMENTO DA MACROECONOMIA

O Capítulo 7 constitui um clímax – ainda que não *o* clímax, como veremos – na história da evolução do capitalismo e da economia. É claro que um aspecto imediato desse clímax é anunciado no título deste capítulo: o que nós, economistas, chamamos de *setor público* surge como um elemento estratégico – até mesmo crucial – na determinação do desempenho do capitalismo. O surgimento dramático do governo não é apenas uma virada na formação da sociedade econômica, como também um desdobramento decisivo em algo mais. Como você sem dúvida já deve ter captado, estamos na entrada de uma nova compreensão da própria economia. Qual seria essa nova percepção dramática? Trata-se de uma mudança de *x* para *y*, como o elemento mais importante na economia como um sistema de esclarecimento social.

Por alguns momentos deixamos a você a tarefa de substituir *x* e *y* por palavras. Tente recordar a variável mais importante nos modelos e cenários econômicos de todos os grandes economistas, de Smith a Marx. Qual termo é o mais indispensável ao projeto de seus modelos de funcionamento dos sistemas de mercado?

A resposta é *preço* – termo tão conhecido que parece nem valer a pena ser mencionado. Não foi, porém, o preço das coisas que determinou as ações de compradores e vendedoras, mesmo quando o mesmo preço provocou ações diferentes, até mesmo opostas, entre os dois grupos? Quando nos referimos a *preço*, o que temos em mente é o fato de os preços, num sistema de mercado, funcionarem como forças de atração e aversão que transformam o que poderia parecer uma receita de caos num recurso de estabelecimento da ordem econômica.

Ainda nos lembramos de que o preço determina o que fazem vendedores e compradores. Sabemos que, diante de qualquer preço, cada um dos lados quer fazer coisas diversas. Os compradores do bem A reduzem sua demanda por esse produto quando seu preço se eleva, os vendedores aumentam sua disposição de vendê-lo quando seu preço se eleva.

Alguém que desconheça a economia poderia esperar que essa situação levasse a um desastre e a uma incoerência. Os economistas, por outro lado, vêem que ela leva à estabilidade, ao equilíbrio e ao bom senso. Entender a questão dos preços significa começar a compreender a economia.

Temos algo diferente aqui: um termo novo, completamente desconhecido antes da Grande Depressão, passa a ser o elemento central da linguagem econômica. Que termo é esse? Embora tenhamos empregado essa palavra neste capítulo, ela pode não ser imediatamente lembrada, tal como o outro termo mencionado. Quando, porém, pensamos no capítulo anterior, percebemos que *dispêndio* passou a ser uma palavra estratégica em economia. Com certeza, o preço a que são oferecidas as coisas ou pelo qual elas são compradas sempre será importante numa economia de mercado; o gasto total, entretanto, que flui dos compradores para os vendedores – o volume de gastos – passa agora a ser o termo fundamental para os que querem compreender o funcionamento de nosso sistema econômico.

Como sabemos, não são os gastos de um único comprador que nos interessam no momento, mas de todos eles, um rio imenso de gastos que direciona a própria sociedade. O total de gastos, assim, sempre foi a força motriz de todos os sistemas de mercado; entretanto, enquanto o foco central residiu na forma como os preços, tomados individualmente, poderiam trazer ordenamento ao que talvez se assemelhasse à desorganização, o papel dos gastos na determinação da vitalidade da vida econômica ainda não era reconhecido.

O que são gastos? No capítulo anterior, vimos que consistem em duas categorias. Uma delas é o fluxo de gastos privados, conhecido de todos nós como os valores anotados no canhoto de cheques de todas as famílias. Além desses gastos, temos aqueles feitos pelas empresas de negócios; incluem o desembolso feito pelos materiais *in natura*, as máquinas, os salários dos operários e os dos executivos.

Logo, o grande rio dos gastos privados, é, na verdade, dois rios. Um deles compõe os *gas-*

tos de consumo – o desembolso que permite que famílias e negócios tenham boas relações com as atividades simples da vida. O segundo fluxo é conhecido como *gastos em investimentos* – o desembolso não tão comum, utilizado para a compra de uma casa nova ou, no ramo empresarial, para a criação de uma nova linha de produção, a construção de uma nova empresa ou a compra de um novo negócio.

Por que o conceito de gastos assumiu novas acepções em nossa compreensão da formação de uma sociedade econômica? Duas são as razões: uma delas foi o drama da Grande Depressão, uma virada violenta da vida econômica que não pode ser explicada por mudanças nos preços – a conseqüência, e não a causa, do colapso nacional. A depressão pôs em evidência a importância vital dos fluxos de gasto, em especial os de investimento, uma importante fonte de crescimento econômico.

Não menos importante foi o papel desempenhado pelos gastos do governo no tratamento da depressão. A descoberta principal aqui foi que gastos de governo – para armamento, transportes ou alívio da pobreza – eram uma maneira de aumentar os gastos para, de forma dramática, mudar o futuro econômico de um país. Assim, a importância do preço como recurso fundamental para trazer ordem a um sistema de mercado ficou em segundo plano, sendo substituída pela contribuição essencial do termo *gastos*, públicos ou privados, seja para investimento, seja para consumo. Gastos, atualmente – privados ou governamentais –, é uma palavra que assumiu seu lugar como nosso principal conceito econômico. Na verdade, os gastos formam a base para o que os economistas chamam de *macroeconomia*, o estudo do sistema econômico como um todo (inclusive os resultados, o emprego e a produtividade). No próximo capítulo, acompanharemos o caminho dos gastos.

Capítulo 8

ASCENSÃO DO MODERNO CAPITALISMO EUROPEU

Concentramos nosso relato da história da economia no surgimento do capitalismo moderno nos Estados Unidos; nosso relato inicial, porém, ainda não está concluído. O assunto principal dos capítulos iniciais não foi somente o aparecimento do capitalismo norte-americano, mas o surgimento do próprio sistema de mercado. A descrição de seu desenvolvimento nos Estados Unidos não pode ser generalizada para qualquer lugar. Focalizemos a Europa agora, uma vez que há lições a serem aprendidas através da comparação do rumo que o capitalismo tomou lá e seu rumo nos Estados Unidos. Nosso foco será as *mudanças institucionais*, mais que a tentativa de acompanhar em detalhe seus altos e baixos.

A HERANÇA FEUDAL

O capitalismo europeu evoluiu de um arcabouço social e político muito diferente daquele nos Estados Unidos. Lá, surgiu um sistema de mercado numa sociedade que não havia se livrado dos resquícios feudais do Velho Mundo. Neste, muitas das crenças e hábitos sociais do passado ainda permaneciam. Uma percepção de posição de classes – e, mais que isso, um reconhecimento explícito da hostilidade entre as classes – era tão evidente por sua presença na Europa quanto por sua ausência nos Estados Unidos. Um historiador social na Viena de 1847 escreveu:

> No topo estavam os nobres, que se consideravam o único grupo digno de nota. A raça humana começa pelos barões, dizia um deles. Vinham, depois, os grandes homens de negócios que desejavam comprar seu lugar na raça humana; os pequenos negociantes; os intelectuais orgulhosos embora pobres; os estudantes, ainda mais pobres e orgulhosos; e os trabalhadores, que eram pobres e sempre foram muito, muito humildes.[1]

O resultado era uma atmosfera completamente diversa para o desenvolvimento de uma sociedade econômica. O capitalismo norte-americano, alicerçado em fundações novas e vigorosas, desde o início foi um sistema de consenso social. O capitalismo europeu,

---
[1]Priscilla Robertson, *Revolutions of 1848* (New York: Harper, Torchbooks, 1960), 194.

construído sobre uma base feudal, foi profundamente marcado por conflitos de classe. Foi sem esforço que o capitalismo norte-americano obteve o apoio leal de suas "ordens mais inferiores"; na Europa, à época das revoluções de 1848, aquelas ordens mais inferiores já estavam desiludidas com o capitalismo como veículo para suas esperanças e crenças.

Rivalidades nacionais

Em segundo lugar, e não menos importante como explicação à divergência da evolução econômica entre norte-americanos e europeus, estava a diferença profunda entre a complexidade política dos dois continentes. Nos Estados Unidos, a não ser pela terrível crise da Guerra Civil, havia um único propósito nacional unindo o continente; na Europa, uma divisão histórica de idiomas, costumes e nacionalidades reciprocamente suspeitas evitava tal união.

Assim, o capitalismo na América do Norte apareceu num ambiente em que a unidade política permitiu o crescimento desimpedido de um mercado imenso e sem obstruções. Na Europa, um labirinto de fronteiras nacionais obrigou o crescimento industrial a ocupar seu lugar em regiões restritas e numa atmosfera de ininterrupta rivalidade entre os países. É curioso observar que, ao mesmo tempo em que a Europa era considerada "mais rica" que os Estados Unidos durante todo o século 19, a produtividade norte-americana começou a suplantar a européia em muitos campos, pelo menos a partir da década de 1850, e quem sabe muito antes. Por exemplo, na Exposição de Paris de 1854, uma máquina norte-americana para debulhar grãos era duas vezes mais produtiva que sua rival mais próxima (inglesa) e onze vezes mais produtiva quanto o modelo menos competitivo (belga).[2]

Vantagens como espaço geográfico, riqueza de recursos e unidade política foram aumentadas pelos desenvolvimentos subseqüentes na indústria européia. Não surpreende que os produtores europeus, tal como os norte-americanos, tenham procurado limitar o impacto destrutivo da concorrência industrial; para isso, optaram pelos *cartéis* – acordos contratuais (mais do que simplesmente voluntários) no sentido de repartirem mercados ou fixarem preços. Diferente dos Estados Unidos, onde testemunhamos o aparecimento ilegal dos trustes, semelhantes aos cartéis em seus fins, esse movimento autoprotetor recebeu a bênção, explícita ou não, dos governos europeus. Embora existissem leis "anticartéis" em vários países europeus, essas leis quase nunca foram colocadas em prática. Em 1914, havia mais do que cem cartéis internacionais, representando as mais variadas indústrias, dos quais participava a maioria dos países europeus.[3]

A cartelização foi, sem qualquer dúvida, boa para os fins de lucro das empresas participantes; em relação ao crescimento, porém, essa condição pouco ajuda – sejam as empresas cartelizadas, sejam as novas. O estabelecimento de coisas a serem "conservadas" de forma criteriosamente planejada e protegida, que é o que fazem os cartéis, no caso europeu recompensou mais os comportamentos não-agressivos que as inovações econômicas. Junto do problema sempre presente da limitação das fronteiras nacionais, a cartelização levou os produtores europeus a um padrão típico de custos elevados, ampla margem de lucros e volume reduzido, em vez de levar ao padrão norte-americano de fábricas grandes e altamente eficientes. A diferença na escala econômica é exemplificada de forma incisiva com o aço. Em 1885, a Grã-Bretanha liderava o mundo na produção de aço; 14 anos mais tarde, todo o seu império ficara reduzido a menos que o da Carnegie Steel Company sozinha.

---

[2] Thomas Cochran and William Miller, *The Age of Enterprise*, rev. ed. (New York: Harper, Torchbooks, 1961), 58.
[3] Estima-se que, em 1939, 109 cartéis também tinham participação norte-americana, uma vez que as empresas norte-americanas não eram proibidas pelas leis antitruste de participarem de acordos restritivos internacionais.

Atraso na produtividade

A conseqüência foi que, no início do século 20, a produtividade européia estava seriamente aquém da norte-americana. Um estudo de 1918 mostrou que a produção diária de carvão por trabalhador no subsolo era de 4,68 toneladas nos Estados Unidos para 1,9 tonelada na Grã-Bretanha, 1,4 tonelada na Prússia e 0,91 tonelada na França. Em 1905, a produção de tijolos por pessoa empregada era de 141 mil nos Estados Unidos e de 40 mil na Alemanha; a produção de ferro cru nos Estados Unidos era de 84,5 toneladas por trabalhador em 1909, comparada a apenas 39 toneladas na Grã-Bretanha em 1907.[4] Parte dessas diferenças poderia ser creditada a características geológicas, embora essas também tenham se tornado piores em decorrência de práticas comerciais restritivas. A conseqüência foi um atraso vertiginoso da Europa enquanto o século 20 seguia em frente.

A divergência foi notadamente percebida na renda *per capita*. Em 1911, por exemplo, quando a renda *per capita* norte-americana era de 368 dólares, a correspondente na Grã-Bretanha era de 250 dólares; na Alemanha, 178 dólares; 161 dólares na França e 108 dólares na Itália. Em 1928, os ganhos *per capita* norte-americanos aumentaram quase a metade; na Grã-Bretanha, na Alemanha e na França, menos de um décimo, e na Itália, na verdade, sofreram redução.

Papel fundamental do comércio europeu

Uma outra conseqüência surgiu por causa da divisão da indústria e da agricultura européias em compartimentos nacionais. Muito mais do que nos Estados Unidos, isso fez com que o desenvolvimento do capitalismo europeu ficasse sujeito à expansão do comércio internacional.

A divisão do continente europeu em várias unidades nacionais fez do comércio internacional uma preocupação contínua e crucial da vida econômica fora de suas fronteiras. Por exemplo, um estudo mostra que em 1913, quando as importações de bens manufaturados representavam 3,6% do consumo norte-americano de bens manufaturados, representavam 9% na Alemanha, 14% na Inglaterra e 21% na Suécia. Mais estarrecedor, talvez, seja o grau em que alguns países europeus dependiam do comércio internacional para os alimentos de que precisavam para viver: nos cinco anos anteriores à Primeira Guerra Mundial, por exemplo, a Inglaterra produzia menos que 20% do trigo que consumia, e não mais que 55% da carne.[5] A mesma dependência do comércio com o estrangeiro é encontrada no aspecto exportador da situação. Ao mesmo tempo em que os Estados Unidos exportavam, em 1913, somente 15% da produção nacional, a França e a Inglaterra exportavam um quinto, e a Inglaterra, quase um quarto.

Assim, em muito maior grau que os Estados Unidos, a Europa vivia do comércio internacional. Conseguimos aqui vislumbrar com clareza a vantagem para os Estados Unidos de seu imenso mercado sem repartições, em relação aos mercados nacionais fragmentados da Europa. Muitas economias de escala, concretizadas na elevação rápida da produtividade norte-americana, foram negadas à Europa. Em outras palavras, nos Estados Unidos era permitida a divisão do trabalho para o alcance de grau de eficiência possibilitado pela tecnologia, para que, depois de tudo, praticamente todos os produtos passassem a participar de um único e vasto mercado em que podiam ser trocados entre si.[6]

---

[4]Heinrich E. Friedlaender and Jacob Oser, *Economic History of Modern Europe* (Upper Saddle River, NJ: Prentice Hall, 1953), 224.
[5]*Der Deutsche Aussenhandel* (Berlin: 1932), II, 23; Friedlaender and Oser, *Economic History*, 206.
[6]Para uma análise fascinante dos diferentes "estilos" nacionais de enfrentamento da tecnologia ver Alfred Chandler, *Scale and Scope: The Dynamics of Industrial Capitalism* (Cambridge, MA: Harvard University Press, 1990).

Obviamente, pode-se tirar algumas lições para nossa época nessa história. Aguardemos, porém, um pouco até terminarmos nossa história concisa do capitalismo europeu. Na Europa, o comércio internacional lutou contra o atraso provocado pelas suspeitas, rivalidades e desconfiança nacionais – e perdeu essa batalha. Temos um exemplo contundente com o grande conglomerado do aço europeu e da indústria do carvão, perto da fronteira entre Alemanha, Bélgica e Luxemburgo, no início da década de 1950. Aqui, num triângulo de cerca de 375.000 metros de lado, foram reunidos 90% da capacidade européia de fabricar aço. Essa divisão geográfica natural do trabalho, no entanto, teve que lutar contra as barreiras políticas que arruinaram sua produtividade física. Normalmente, as minas de carvão alemãs no Ruhr vendiam a produção aos fabricantes de aço franceses a preços 30% mais altos que para às fábricas alemãs. Em contrapartida, os produtores de minério de carvão franceses cobravam preços ainda mais altos na Alemanha que em casa. Como resultado que a produção norte-americana de aço aumentou 300% entre 1913 e 1950; na Europa, a produção do triângulo do aço subiu somente 3% durante o mesmo período.

Colapso do comércio internacional

Nosso próprio exemplo coloca uma questão. Antes de 1913, algo como uma grande divisão internacional do trabalho caracterizava o mercado europeu, ainda que de alcance nada semelhante ao encontrado nos Estados Unidos. Naquele ano, um fluxo bastante considerável de comércio internacional estava intensificando a produtividade européia, apesar dos empecilhos dos cartéis e das divisões nacionais. Tratava-se apenas do começo de um mercado internacional verdadeiramente livre e desimpedido, mas já era um começo.

O que acabou com esse feito promissor? Em primeiro lugar, o choque da Primeira Guerra Mundial, com o rompimento violento dos canais comerciais europeus, a sua não menos destrutiva conseqüência das reparações punitivas, dívidas de guerras e problemas monetários. Num certo sentido, a Europa jamais se recuperou da experiência da Primeira Guerra Mundial. A mudança lenta na direção do separatismo econômico nacional às custas da cooperação econômica internacional acelerou-se então como algo inexorável. Tarifas e cotas multiplicaram-se para colocar novos empecilhos ao crescimento do comércio internacional.

O golpe decisivo foi a Grande Depressão de 1929 que se iniciou nos Estados Unidos. À medida que ela se disseminou, de forma contagiosa, cada país buscou a própria quarentena, instituindo novas barreiras aos contatos econômicos com outros países. Com início em 1929, uma contração muito acentuada do comércio começou a estrangular a vida econômica mundial. Durante 53 meses nebulosos após janeiro de 1929, o volume do comércio mundial diminuia a cada mês. Entre o final da década de 1920 e a metade da década de 1930, as importações de bens manufaturados (com preços constantes) caiu um terço na Alemanha, cerca de 40% na Itália e quase 50% na França. Com o colapso do comércio internacional, reduziram-se também as oportunidades européias de crescimento econômico. Durante duas décadas intermináveis, seguiu-se um período de estagnação que valeu ao continente europeu o nome de "continente cansado".

Socialismo europeu

Diante desse pano de fundo de disfunção econômica, fica mais fácil compreender a crescente insegurança que atingiu o capitalismo europeu. Durante a década de 1930, graves insatisfações eram ouvidas aqui e ali. Na Inglaterra, o Partido Trabalhista Socialista deslocara, sem qualquer dúvida, os Liberais de classe média como a Oposição. Na França, um governo de "Frente Popular" levemente socialista apareceu, ainda que de maneira insegura. Mesmo na Itália e na Alemanha, os ditadores fascistas repetidas vezes declararam sua simpatia pelos objetivos "socialistas" – e, ainda que suas declarações possam ter sido não mais que uma isca para as massas, certamente constituíram indícios das opiniões que as massas desejavam ouvir.

Observe que os movimentos socialistas não eram comunistas – isto é, eles defendiam veementemente os princípios políticos democráticos e pretendiam "assumir o controle" pela educação e persuasão, e não pela revolução e coerção. Além disso, os socialistas buscavam converter apenas os centros estratégicos de produção em empresas públicas, e não "socializar" toda a indústria e a agricultura. Assim, o socialismo sempre foi um programa mais evolucionário que o comunismo. No entanto, para os conservadores europeus da década de 1930, os líderes socialistas pareciam tão perigosos quanto seus mais ferozes inimigos dos socialistas, os comunistas.

Por volta do final da Segunda Guerra Mundial, os ideais socialistas sem dúvida já tinham relevância por quase toda a Europa. Mesmo antes do final da guerra, o Partido Trabalhista assumiu o poder na Inglaterra e rapidamente nacionalizou o Banco da Inglaterra (antes, um banco privado), as indústrias de carvão e eletricidade, muito das indústrias de transportes e comunicação, e finalmente o aço. Com a formação dos primeiros governos pós-guerra, ficou evidente que um espectro socialista se estendia sobre a Europa, desde a Escandinávia, passando pelos Países Baixos, até a França e a Itália (onde os comunistas estiveram perto de obter o poder). Para muitos observadores, parecia que o capitalismo na Europa terminara.

RECUPERAÇÃO DO CAPITALISMO EUROPEU

Capitalismo de bem-estar social

O capitalismo europeu, porém, não terminou. Em vez disso, após a guerra iniciou-se um período de crescimento econômico nunca visto. Como mostrado na Tabela 8-1, de 1948 a 1973 os países europeus não apenas duplicaram ou triplicaram (no caso da Itália, houve aumento de oito vezes) suas taxas de crescimento *per capita* de antes da Primeira Guerra Mundial, como também superaram desempenho contemporâneo da economia norte-americana. Mesmo no período entre 1974 e 2004, as taxas de crescimento na França, na Itália e no Reino Unido foram mais elevadas do que na época que antecedeu a

TABELA 8-1 Taxas comparativas de crescimento

	Taxas médias de crescimento anual de renda *per capita*				
	França	Alemanha	Itália	Reino Unido	Estados Unidos
Pré-Primeira Guerra Mundial (1870-1913)	1,4	1,8	0,7	1,3	2,2
Pós-Segunda Guerra Mundial (1948-1973)	3,7	5,3	5,0	2,3	2,0
Pós-Bretton Woods (1974-2004)	1,8	1,5	1,9	2,2	2,0

Notas: Os números alemães de 1948 a 1991 são para a Alemanha Ocidental. Os dados norte-americanos do pós-Segunda Guerra Mundial correspondem ao período de 1950 a 1973.

Fonte: M. M. Postan, *An Economic History of Western Europe* (London: Methuen, 1967), 17. European Commission, AMECO database, 2006.

Primeira Guerra Mundial. Apenas a Alemanha mostrou pequena desaceleração, e essa queda reflete a absorção, extremamente cara, da Alemanha Oriental pela Alemanha unificada em 1991.

Para que esses resultados fossem testemunhados, mudanças importantes devem ter ocorrido nessas sociedades econômicas. Uma delas, por mais estranho que pareça, foi política. Os governos socialistas do pós-guerra rapidamente mostraram que não eram revolucionários, mas administrações com intenções reformistas. Quando no poder, instituíram várias medidas de bem-estar e planejamento social, como seguro de saúde pública, benefícios e descontos para as famílias e melhoria da previdência social; mas eles não se engajaram em mudanças institucionais importantes. Apesar da retórica socialista durante as décadas de 1960 e 1970, a Europa era ainda, sem qualquer dúvida, capitalista.

Quando muitos governos socialistas, diante das exigências do período pós-guerra, perderam as eleições, legaram aos conservadores a estrutura de um estado de bem-estar social, que foi em grande parte aceita por estes. Voltando a um dos pontos fracos tradicionais do capitalismo europeu, podemos dizer que ele representava uma tentativa conservadora de criar um estado de serviços sociais capaz de colocar um fim no antagonismo histórico da classe trabalhadora – um *New Deal* ao estilo europeu. Em conseqüência, vemos hoje em dia que na maior parte dos Estados europeus os gastos com benefícios compõem uma parte consideravelmente mais elevada dos gastos dos governos, em comparação com os Estados Unidos. Por exemplo, os gastos com a previdência social, na maioria dos países da Comunidade Européia, são 50 a 100% mais altos que os dos Estados Unidos, incluindo coisas como atendimento obrigatório no pré-natal, férias generosas e atendimento universal da criança, nada disso oferecido pelo governo norte-americano.

A segunda razão para a sobrevivência do capitalismo europeu foi ainda mais importante. Trata-se do surgimento de um movimento dentro das fileiras conservadoras para a derrota de uma herança do passado ainda mais perigosa – a divisão nacional dos mercados. Esse passo significativo na direção da criação de um mercado continental em grande escala para os produtores europeus é chamado de Comunidade Econômica Européia (CEE) – ou, como que é mais conhecido, Mercado Comum.

O mercado comum

Até certo ponto, o Mercado Comum teve origem no impulso vital dado à produção européia após a guerra pelo chamado Plano Marshall, mediante o qual a Europa recebeu cerca de 12 bilhões de dólares em subsídios e empréstimos dos Estados Unidos para reconstruir a indústria esmagada pela guerra. Em valores atuais, o Plano Marshall transferiu cerca de 75 bilhões de dólares em ajuda à Europa. Apesar da ajuda do Plano, logo ficou claro que a ascensão européia deveria ser limitada se a produção fosse, mais uma vez, coibida por cartéis e protecionismo nacional. Com fins de prejudicar uma volta à estagnação do período anterior à guerra, algumas personalidades corajosas e visionárias, destacando-se entre elas Jean Monnet e Robert Schumann, propuseram um plano verdadeiramente ousado para a abolição das tradicionais barreiras econômicas européias.

À medida que tomava forma, o plano exigiu a criação de uma organização supranacional (e não apenas internacional) para integrar a produção de aço e carvão da França, Alemanha, Itália, Bélgica, Luxemburgo e Países Baixos. A nova Comunidade do Carvão e do Aço teria uma Alta Autoridade (*High Authority*) com poder para eliminar todas as tarifas alfandegárias sobre os derivados do aço e do carvão entre os membros da Comunidade, declarar ilegais todas as práticas discriminatórias de preços e comércio, aprovar todas as grandes fusões corporativas, ordenar a dissolução dos cartéis e oferecer serviços e benefícios sociais a todos os mineiros e trabalhadores do aço da Comunidade. Por volta do outono de 1952, a Comunidade do Carvão e do Aço era uma realidade, e 40% a mais de carvão e aço estavam sendo embarcados para outros países, em comparação ao que era exportado antes da criação da Comunidade.

A isso se seguiu, em 1957, a criação do Euratom, um centro transeuropeu para pesquisa nuclear e poder atômico, e, em 1968, o estabelecimento do EEC – um verdadeiro Mercado Comum, sem barreiras comerciais internas e uma única tarifa "externa" em relação ao mundo. Dez anos após, uma organização similar (ainda que com um "governo" interno muito menos unificado) já havia conectado o trio escandinavo com Áustria, Portugal, Inglaterra e Suíça (mais tarde com a adesão da Finlândia e da Islândia) na EFTA, European Free Trade Association (Associação Européia de Livre Comércio).

Em 2000, já existia uma verdadeira economia pan-européia, coroada pela criação de uma moeda comum européia – o euro – e um Banco Central Europeu. Vários países europeus, mais notadamente o Reino Unido, ainda não adotaram o acordo monetário, preocupados por perder o controle de um braço importante do governo: a política monetária. De acordo com as esperanças dos apoiadores do acordo europeu em relação à moeda, o euro um dia irá rivalizar com o dólar norte-americano e o iene japonês como moeda internacional, aumentando o poder e melhorando o desempenho da economia européia. A União Européia continua a expandir-se, abrangendo atualmente 25 países. Oito passaram a participar em 2004 (Chipre, República Tcheca, Estônia, Hungria, Letônia, Lituânia, Malta, Polônia, Eslováquia e Eslovênia), com expectativa de adesão da Romênia e da Bulgária em 2007. Está havendo uma forte discussão a respeito de permitir também o ingresso da Turquia.

CORPORATIVISMO

Apresentamos uma visão geral da transformação das instituições européias; precisamos, porém, de um olhar mais atento a um aspecto específico dessa questão: a tentativa de criação de uma relação mais cooperativa entre o setor público e o privado e entre o trabalho e os empresários. Iniciado na década de 1980, esse desdobramento recebeu o nome de *corporativismo*, o que não significa que agora as corporações de negócios dominem explicitamente o sistema. O termo referia-se mais a uma tentativa real de unir, o máximo possível, os objetivos e as políticas dos negócios, do governo e do trabalho.

O corporativismo variou de país para país, mas acarretou pelo menos duas mudanças institucionais. A primeira assumiu a forma de "contratos sociais" entre empresários e operários. Esses contratos buscavam oferecer o máximo possível de segurança de emprego aos assalariados, em troca da obtenção de uma perspectiva salarial o mais aceitável possível para os empresários. Na Alemanha, por exemplo, representantes dos sindicatos faziam parte de vários comitês corporativos, passando a conhecer estratégias importantes das empresas. Em contrapartida, concordavam em não pressionar a realização de acordos salariais que pudessem exercer pressões inadministráveis sobre a empresa.

Um segundo aspecto do corporativismo foram os acordos que buscaram reforçar a posição do país na produção mundial. Por exemplo, mediante a sanção dos trabalhadores e do governo, produtores de aço do Ruhr concordaram em unir as forças de operários especializados e equipamento especializado de capital na produção de equipamento antipoluição altamente sofisticado, evitando assim os gastos proibitivos que ocorreriam se cada produtor tentasse capturar sozinho o mercado. Uma outra forma de cooperação público-privada foi a combinação das finanças governamentais e do gerenciamento empresarial para a produção de produtos de alta tecnologia e sofisticação financeira que assegurassem seu lugar no mercado mundial. Sucesso enorme foi a criação da Airbus, que se tornou um forte concorrente da Boeing Company. Na década de 1980, certa forma de corporativismo era visível na Áustria, Dinamarca, Finlândia, Alemanha, Países Baixos, Noruega, Suécia e Suíça, com alguns de seus aspectos identificados também na França e na Itália. Enquanto isso, muito longe dali, o Japão projetara uma forma de corporativismo em que uma íntima relação de trabalho entre agências governamentais, bancos e grandes empresas passaram a integrar a Japan Incorporated.

DESACELERAÇÃO EUROPÉIA

Com o foco na evolução das mudanças institucionais européias, perdemos de vista sua trajetória econômica. Já iremos recuperar essa trajetória. Não se esqueça de que o Plano Marshall ajudou na recuperação extraordinária da economia européia, que pela década de 1960 sem qualquer dúvida já estava restabelecida como uma entidade poderosa e com bom funcionamento. Aquele *boom* pós-guerra continuou pelos anos 80. O crescimento começou então a desacelerar, refletindo um atraso similar nos Estados Unidos (a que retornaremos no próximo capítulo). Como costuma ocorrer quando o ritmo do crescimento aumenta ou diminui durante certo tempo, não estão claras as razões da desaceleração. Falou-se muito em "Eurosclerose", com suas vagas implicações de excesso de proteção e um enfraquecimento das energias econômicas, mas isso só mascarava o fato de que os observadores não entendiam muito bem por que o grande *boom* pós-guerra se esgotou – fenômeno que analisaremos em um capítulo posterior.

Sejam quais forem as causas, não há dúvida de que o desaceleramento teve efeitos negativos sobre um desenvolvimento maior do corporativismo. Uma vez que o desemprego na Europa aumentou para níveis além do dobro do norte-americano – acima de 10% em grande parte do continente, comparados com 5% e 6% nos Estados Unidos –, a atmosfera necessária para apoiar o corporativismo ficou bastante tensa. As relações amigáveis entre empresários e sindicatos começaram a enfraquecer. Sem grandes surpresas, muitas vozes européias mais conservadoras começaram a requisitar uma redução dos programas de benefícios sociais que ameaçavam inchar os orçamentos nacionais quando o crescimento econômico não era mais tão forte quanto há uma década. Também interessante foi o fato de várias economias européias começarem a separar governo e iniciativa privada, o que ficou mais imediatamente visível com a privatização das companhias aéreas antes nacionalizadas, como a BOAC inglesa e a Lufthansa alemã. Como argumento, usou-se que as empresas privadas seriam mais eficientes quando não mais geridas pelo Estado, independentemente de quaisquer benefícios sociais que elas pudessem oferecer enquanto empresas públicas.

No momento em que escrevemos este livro, somos levados a crer que estamos num período de incerteza quanto ao futuro do corporativismo. A Europa ainda tem uma vida econômica pública e privada mais integrada que os Estados Unidos, mas pode buscar retornar a um padrão mais "norte-americano" se o crescimento econômico não voltar a níveis satisfatórios.

Que interesse mais profundo essa história inacabada tem para os Estados Unidos? Entendemos sua importância na crença norte-americana de que o século 21 pode ser um período em que todos os países, ricos e pobres, tenham que realizar mudanças em suas instituições econômicas. Os Estados Unidos não serão exceção nesse processo mundial imposto por um planeta visivelmente menor pelas pressões tecnológicas, ecológicas e da concorrência internacional ainda mais intensificada.

Sob esse ponto de vista, a Europa é uma espécie de laboratório em que podemos observar quais os programas que parecem funcionar melhor para uma sociedade muito mais parecida com a norte-americana que qualquer outra no mundo. As adaptações e os esforços dos capitalismos avançados na Europa constituem, assim, uma rara oportunidade para aprender a partir de experiências de outros – e, é necessário acrescentar, para sofrer as conseqüências de não ter aprendido.

Conceitos e termos importantes

Ruptura do comércio internacional
1. O desenvolvimento do capitalismo europeu foi gravemente restrito por uma *herança feudal* que trouxe sérios problemas políticos e *severas rivalidades nacionais* que danificaram o comércio internacional. Em conseqüência, a produtividade ficou bem aquém da encontrada nos Estados Unidos.

Oposição socialista/ Reformismo conservador
2. O capitalismo europeu foi ainda ameaçado por uma disseminada *oposição socialista*. Após a Segunda Guerra Mundial, porém, os partidos conservadores geralmente aceitaram os programas reformistas socialistas, inclusive programas generosos de benefícios sociais.

Mercado Comum
3. Entre várias tentativas de vencer o atraso econômico da Europa, a mais importante foi a criação de um *Mercado Comum* sem barreiras tarifárias, um avanço na modernização e unificação européias. Juntas, essas medidas causaram um retorno notável de crescimento e bem-estar na Europa.

Contratos sociais/Joint ventures
4. O capitalismo europeu tomou um rumo "corporativo" desde o colapso da União Soviética. Tentou fazer acordos entre empresários e trabalhadores (*contratos sociais*), além de tentativas de estimular as *joint ventures* entre empresas privadas e governo, como a Airbus e outras iniciativas público-privadas.

Perspectiva corporativista
5. Essas medidas tiveram sucesso no começo; atualmente, são questionadas. Os contratos sociais são difíceis de serem criados quando a economia piora, e várias empresas estatais estão sendo privatizadas. O futuro do movimento corporativo é incerto.

Perguntas

1. Em sua opinião, haveria lições para o capitalismo norte-americano a partir da experiência européia? Ou seria o contrário? Ambos teriam o que aprender?
2. Você acredita que a aceitação geral da estrutura de mercado por parte dos partidos socialistas da Europa sinaliza um término do confronto histórico entre capitalismo e socialismo?
3. Por que há dificuldade de se criar uma moeda única no Mercado Comum quando não temos problema semelhante nos 50 estados norte-americanos?
4. Poderíamos tirar alguma conclusão em relação aos limites do setor público a partir da experiência européia? Em sua opinião, os mesmos limites seriam aplicáveis aos Estados Unidos?

> ### PENSAR NO PASSADO, OLHAR PARA O FUTURO
>
> **VARIEDADES DE CAPITALISMO**
>
> Há um elemento de interesse oculto nesse capítulo breve, mas multifacetado. Não se trata, como poderíamos imaginar, do futuro formato do capitalismo caso o sistema (o que parece possível) se espalhasse para lugares como os Balcãs, o Oriente Médio ou partes da África. O estudo da possibilidade de um capitalismo "globalizado" do Capítulo 12 é, com certeza, assunto importante. No capítulo recém concluído, entretanto, encontramos uma questão ainda mais ampla e profunda.

Ela nos faz voltar ao Capítulo 1, onde acompanhamos as enormes mudanças estruturais pelas quais a sociedade teve que passar antes do surgimento do capitalismo. A primeira foi o desenvolvimento de um sistema disciplinar para orientar as sociedades pré-históricas que viviam da caça e da coleta. A solução foi a tradição, normalmente incorporada às relações de parentesco, como o guia dessas atividades, com a criação de uma espécie de seguro para o futuro, pavimentando-se o caminho que conduziu até o presente.

Em certo momento, um novo sistema de organização da vida econômica surgiu à medida que o comando político começou a ter papel central na organização da produção e da distribuição – a construção das pirâmides egípcias e a criação do império bíblico. Mil anos mais tarde, apareceu a grande etapa seguinte que daria origem ao sistema de orientação econômica que conhecemos – o mercado. No Capítulo 6, observamos que a Grande Depressão forçou o reconhecimento de que o capitalismo – o termo então passou a fazer parte do vocabulário público – exigia um setor público bem organizado, tanto como um complemento do setor privado, quanto como elemento para estabilizá-lo.

Por que mencionar isso ao concluirmos um capítulo sobre o capitalismo europeu?

A disseminação do capitalismo leva-nos a repensar a descrição que fizemos de seus elementos estruturais. Eles ainda seriam parte do capitalismo atual? A tradição ainda é um guia respeitável em muitas atividades – por exemplo, as relações dos recém-chegados em qualquer campo com os colegas mais experientes –, embora o lugar da tradição seja muito menor no mundo corporativo e no governo. Desnecessário dizer que o mercado está em toda parte, e, naturalmente, encontramos dois setores – um setor público forte e um setor privado dinâmico – como exigências para o capitalismo dar certo.

Trazemos agora uma nova pergunta: esses elementos estruturais oferecem-nos um mapa preciso do capitalismo atual? Há alguns anos nossa resposta seria "sim". Não temos tanta certeza hoje em dia. A observação do capitalismo europeu faz-nos perceber um aspecto de nosso sistema que parece exigir referências a um capitalismo cada vez mais plural.

A novidade reside no grau surpreendente em que as sociedades capitalistas, todas partilhando as mesmas instituições *econômicas*, expressam culturas sociais e políticas diferentes. Há, assim, uma forte orientação na direção de um capitalismo social nos países escandinavos e um capitalismo muito mais hesitante, nesse sentido, nos Estados Unidos. Há também um capitalismo inglês bastante conservador e outro, bastante liberal, na Alemanha*. Em escala menor, encontramos o capitalismo moderno do norte italiano e o capitalismo mais antiquado no sul. Comparemos os capitalismos de Nova York e Maryland, do Texas e do Maine, da Carolina do Norte e da Carolina do Sul. Seria uma diferença nas instituições econômicas básicas a responsável por essas diferenças? Suspeitamos, entretanto, mais das diferenças nas histórias locais, nos costumes sociais e nas culturas.

Por que trazemos agora esse assunto perturbador? Com o(s) capitalismo(s) aparecendo em muitos países nas décadas que estão por vir, sem dúvida haverá tradição, comando, mecanismos de mercado e setores público e privado que identificarão os novos sistemas econômicos como capitalistas. Suspeitamos, porém, que encontraremos um espectro bem mais amplo de capitalismos à medida que suas estruturas básicas apareçam em culturas tão diferentes quanto as da Ásia, América Latina e África. Nos capítulos que virão, lançaremos nosso olhar para esse problema; caberá a você verificar nossos acertos em relação ao futuro.

---

*N. de R. T.: Os termos conservador e liberal usados aqui referem-se à terminologia norte-americana. No sentido econômico estrito, conservadorismo está fortemente associado às idéias de Adam Smith, em particular no que diz respeito à importância de mercados livres na constituição econômica da sociedade, baseada essencialmente em liberdade individual. Liberalismo, por outro lado, embora compartilhe o mesmo ideário, busca combinar programas sociais de governo, taxação progressiva e uma forma moderada de keynesianismo com uma noção expandida de direitos, que inclui direito à educação e à saúde.

Capítulo 9

A Era de Ouro do Capitalismo

POSSIBILIDADES PÓS-GUERRA

A Segunda Guerra Mundial causou a morte de mais de dez milhões de pessoas, alterou a geografia da Europa e redefiniu a política mundial. A infra-estrutura e a capacidade industrial da Europa e do Japão foram devastadas. Em contraste, a capacidade produtiva da economia norte-americana expandiu-se muito, numa reação às demandas dos esforços da guerra. Não somente a produção aumentou consistentemente durante os anos da guerra, como também as exigências tecnológicas da produção nesse período – inclusive de veículos a motor, aviões, armamento, equipamento para comunicação e até mesmo vestuário – trouxeram um aumento na eficiência da produção em massa e um aperfeiçoamento na qualidade dos produtos.

Entretanto, o final da guerra e do estímulo que ela dera à manufatura trouxe o receio de uma queda brusca na demanda, além da possibilidade de a economia norte-americana retornar ao estado de depressão da década de 1930. Surpreendendo alguns dos melhores analistas econômicos do período, essa possibilidade nebulosa jamais ocorreu. Pelo contrário, de 1945 a 1973 viu-se um rápido crescimento econômico – na verdade, o mais acelerado de toda a história mundial. A conseqüência foi o período conhecido como "Era de Ouro" do capitalismo. A economia norte-americana cresceu em ritmo muito rápido, o mesmo ocorrendo na Europa e no Japão no período de reconstrução de suas economias. O colonialismo, em geral, chegou ao fim, e alguns países em desenvolvimento prosperaram ainda mais rápido que os países industrializados, à medida que a demanda nos países avançados estimulou um *boom* por mercadorias que beneficiou países ricos em recursos naturais, como os produtores de petróleo do Oriente Médio, além de desenvolver alguns centros de industrialização, como os "tigres" da Ásia Oriental – Coréia do Sul, Singapura, Malásia e Taiwan. A Era de Ouro foi um período de aceleração econômica rápida nos Estados Unidos e em muitos outros países. Viveu-se o que era até então o mais próximo de um *boom* mundial já experimentado.

O que ocasionou essa Era de Ouro? Como foram evitados os campos minados da economia após a guerra? Não há uma única resposta. Precisamos, em vez disso, acompanhar a evolução das principais instituições do capitalismo moderno – empresas grandes, sindicatos, o Estado –, além das influências de forças internacionais, pressões sociais e mudança tecnológica sobre essas instituições.

Forças internacionais

Começamos pelo primeiro desses desdobramentos. Sendo o único país com capacidade produtiva mais superior que nunca depois da guerra, os Estados Unidos assumiram a liderança no planejamento das instituições do pós-guerra que moldariam as relações econômicas internacionais. Na Conferência de Bretton Woods, em 1944 (o nome tem origem na cidade de veraneio de New Hampshire em que ocorreu o encontro), os Estados Unidos e seus aliados europeus estabeleceram um novo sistema financeiro internacional e uma abordagem para ajudar na reconstrução da Europa.

Sob a liderança carismática de John Maynard Keynes, a conferência deu origem a três instituições que desempenharam papel fundamental na Era de Ouro, duas delas ainda tendo importante papel internacional. A primeira foi o Fundo Monetário Internacional (FMI), criado para auxiliar as nações em dificuldades, emprestando para elas moeda forte, como o dólar, para a compra dos bens necessários ao desenvolvimento de suas economias. A segunda foi outro banco internacional, o Banco Internacional para Reconstrução e Desenvolvimento – também chamado de Banco Mundial –, criado para oferecer financiamento aos principais projetos de investimento, como rodovias, pontes e assim por diante, em especial na Europa Ocidental.[1] Essas duas instituições ainda existem, desempenhando papel importante no financiamento do desenvolvimento econômico e facilitando as relações financeiras internacionais.

A terceira instituição criada foi talvez a mais importante: o conjunto de regras do próprio sistema monetário internacional. O Acordo de Bretton Woods estabeleceu que o valor do dólar norte-americano, em termos de ouro, seria fixado em 35 dólares a onça (cerca de 28,3 gramas), sendo que outras moedas seriam precificadas em uma taxa fixa em relação ao dólar – e assim, indiretamente, em relação ao ouro. Exemplificando, se uma libra inglesa valesse 5 dólares, seu preço em ouro seria fixado em 7 libras a onça (35 : 5). Os Estados Unidos garantiriam que, a qualquer momento, os dólares poderiam ser trocados por ouro. Devido à credibilidade dessa garantia, os governos estrangeiros se satisfizeram em manter reservas em dólares, por estes "valerem como ouro". O dólar, assim, passou a ser a principal moeda nas transações internacionais, ancorando o sistema financeiro internacional.

As duas outras instituições serviram para incrementar a cooperação internacional, tendo uma vez mais os Estados Unidos no seu leme. O *General Agreement on Trade and Tariffs* (GATT), assinado por 23 países em 1947, promoveu reduções tarifárias e o princípio da não-discriminação na política de câmbio – isto é, um acordo de que país signatário algum imporia tarifas mais altas sobre algum país. Trata-se do princípio por trás da cláusula do GATT da "nação mais favorecida", que preconizava que todo o país que atingisse a condição de "mais favorecido" automaticamente receberia as menores taxas tarifárias oferecidas pelos países signatários para a mesma categoria de bens. Os Estados Unidos, por exemplo, não poderiam impor tarifas de 10% sobre o vinho alemão enquanto a tarifa sobre o vinho francês fosse de 3%.

Analisemos, finalmente, a iniciativa internacional de impacto mais imediato entre todas as mencionadas até agora. Foi o Plano Marshall, assim denominado em honra do General George Marshall, Chefe das Forças Armadas Norte-Americanas durante a Segunda Guerra Mundial, nomeado Secretário de Estado no Governo Truman. O plano era um pacote de ajuda de 12 bilhões de dólares dos Estados Unidos a ser utilizado

---

[1] O banco foi também planejado para emprestar dinheiro a projetos ambiciosos no mundo subdesenvolvido. Porém, não obteve sucesso, talvez pela confiança excessiva nas políticas de livre mercado. Ver o livro de Catherine Caufield, *Masters of Illusion: The World Bank and the Poverty of Nations* (New York: Henry Holt, 1997).

para a reconstrução das economias mais dilaceradas. Os fundos desse plano foram fundamentais não apenas por oferecerem à Europa o poder de compra de que precisava desesperadamente, mas pelo fato de servirem a outros propósitos. Como eram administrados por uma comissão internacional, os fundos do Plano Marshall promoveram uma coordenação de políticas na Europa que finalmente conduziram na direção de um mercado comum europeu. Além disso, o plano trouxe benefícios econômicos aos Estados Unidos. Até onde foi estes foram o principal poder industrial após a guerra, o poder de compra conseguido na Europa seria amplamente gasto nos Estados Unidos. Assim, o Plano Marshall deu ajuda à Europa, mas, de forma conveniente, proporcionou grande impulso às exportações norte-americanas.

O papel da geopolítica

Essas iniciativas importantes na política econômica internacional percorreram um longo caminho, moldando e assegurando regras fundamentais para a economia do pós-guerra. Elas foram colocadas em prática, entretanto, num mundo político muito diferente do existente antes da guerra. O primeiro aspecto desse mundo pós-guerra foi uma outra guerra, a chamada Guerra Fria, entre as duas superpotências, Estados Unidos e União Soviética. Aliados durante a Segunda Guerra Mundial, os dois países começaram a suspeitar um do outro imediatamente após o evento. A Alemanha foi o primeiro local de conflito, sendo dividida em dois países soberanos: a Alemanha Oriental, de orientação comunista, e a Alemanha Ocidental, de orientação capitalista. Além disso, durante os 30 anos seguintes, as duas superpotências enfrentar-se-iam de forma indireta em países tão diferentes quanto Coréia, Cuba, Congo, Angola, Vietnã, Chile e Afeganistão.

A Guerra Fria foi dominante na definição da economia global após a Segunda Grande Guerra. As duas superpotências elaboraram suas políticas econômicas internacionais buscando manter alianças fortes com aqueles países que se opunham à outra parte. Por exemplo, as tentativas norte-americanas de promover a unificação européia buscavam, em parte, assegurar o lugar da Alemanha Ocidental como parceira da Europa capitalista. De modo mais direto, as duas grandes potências dedicaram muita energia e recursos ao setor militar. A produção de armas e equipamento relacionados à guerra tornaram-se setores importantes das economias de ambos os países à medida que ambos se engajaram numa corrida armamentista, movimentando-se pelo mundo a fim de garantirem alianças com outros países, em especial aqueles em desenvolvimento. Essa ênfase militar também afetou o rumo da mudança econômica nos Estados Unidos. Muito da tecnologia que estimula a atual economia – computadores (*hardware* e *software*), radares e modelos de aviões – teve origem na pesquisa militar associada à Segunda Guerra Mundial e à Guerra Fria.

Como resumir as mudanças complexas no cenário internacional, algumas voltadas aos reparos dos danos de guerra, outras tentando ajudar os países em desenvolvimento, outras ainda garantindo a hegemonia – a liderança – norte-americana do Mundo Livre? Uma grande variedade desses elementos constitutivos deixa qualquer resumo incompleto. Ainda assim, um tema central precisa ser reconhecido: a Era de Ouro foi impelida e orientada por considerações militares e políticas. Se a União Soviética tivesse durado 20 anos menos do que durou, teria faltado um impulso considerável ao crescimento econômico. Conforme demonstrado, a Era de Ouro precisa ser entendida como um dos períodos mais construtivos na história ocidental, embora não possa ser negado que, em parte, ela tenha sido alimentada pelas considerações militares que proporcionaram um impulso econômico profundo e duradouro ao mundo ocidental como um todo, e aos Estados Unidos em especial.

Enquanto isso, nos Estados Unidos

Vamos agora do mundo da geopolítica ao da economia americana. Embora as instituições de Bretton Woods tenham erigido a base da cooperação internacional, em oposição à rivalidade e à retaliação, e com o auxílio do Plano Marshall, ainda assim uma Europa dilacerada pela guerra não podia apresentar grande demanda por produtos norte-americanos. A economia norte-americana crescente teria que apostar as fichas na demanda doméstica. A questão era a origem dessa demanda. Com o fim da guerra, não havia dúvida de que os gastos do governo teriam que encolher. Os investimentos privados, sem dúvida desejosos de compensar quatro anos de negligência obrigatória advinda da guerra, pareciam pouco capazes de acelerar a ponto de compensarem o término do *boom* dos armamentos. Isso deixou a responsabilidade sobre os ombros do setor de consumo; onde, porém, os lares conseguiriam os bilhões necessários, diante do declínio do emprego aguardado por todos?

É aqui que entram no jogo as pressões sociais. O fato surpreendente foi que a demanda dos consumidores cresceu com força nos anos imediatos do pós-guerra – na verdade, entre 1945 e 1955, aumentou a uma taxa jamais vista. De onde veio essa demanda? A origem imediata foi o efeito social de quatro anos de "vida sem nada". Durante esses anos, a gasolina ficou racionada, além dos itens alimentares necessários às forças armadas; automóveis não eram mais produzidos, uma vez que as grandes linhas de montagem passaram a construir aviões; as novas habitações desaceleraram até uma parada quase total; uniformes passaram a ser prioritários em relação aos itens comuns de vestuário. Quando os esforços de guerra finalmente terminaram, os norte-americanos não apenas comemoraram a vitória e a paz, mas celebraram também a possibilidade de satisfazer as demandas por consumo negadas há tanto tempo, com contas-poupança inchadas porque não havia lugar para gastar as economias oriundas de quatro anos de altos salários!

Da mesma forma que o consumo em massa padronizara os bens que aceleraram o crescimento econômico nos Estados Unidos durante o século 19, o consumo em massa de bens duráveis agiu como uma força poderosa para o crescimento dos primeiros anos após a guerra. Levittown, Long Island, no estado de Nova York, é um bom exemplo. Levittown era um aglomerado de casas muito próximas umas das outras, praticamente idênticas, projetadas para terem preços ao alcance dos ganhos da classe média e da classe média-baixa. Foram vendidas como pão quente. É claro que cada casa exigia um ou mais carros, televisão, geladeira, telefone, lavadora e secadora de roupas e outros eletrodomésticos. O consumo desses bens passou a ser parte do sonho americano – a crença popular de que a obtenção da condição de classe média ficaria explícita com um determinado pacote de bens de consumo.[2]

MUDANÇAS ESTRUTURAIS NO CAPITALISMO NORTE-AMERICANO

A participação da tecnologia

Finalmente, temos que levar em consideração o progresso tecnológico. A demanda contida das famílias somente foi atendida pela capacidade das empresas de produzirem bens acessíveis em escala maciça. Novas técnicas de produção foram desenvolvidas durante a guerra, inclusive o início da automação – isto é, de processos de produção orientados por máquinas.

---

[2] Ver, por exemplo, a obra de Heinze, A. R., *Adapting to Abundance: Jewish Immigrants, Mass COnsumption, and the Search for American Identity* (New York: Columbia University Press, 1990).

Um exemplo especialmente dramático foi a aparecimento de uma nova indústria – o turismo – nas asas dos aviões à propulsão de quatro motores, adaptados a partir dos bombardeios do tempo da guerra, para em seguida aparecerem os novos aviões a jato. Vôos a jato cruzando o Atlântico começaram em outubro de 1958, com vôos regulares entre Nova York e Londres. Em poucos anos, o turismo tornou-se a indústria de crescimento mais acelerado nos Estados Unidos. Os norte-americanos que já tinham achado ser uma grande aventura uma viagem à Flórida, viam-se agora sentados junto a outras famílias iguais às deles partindo para Londres (onde o inglês era falado), para em seguida chegarem a Paris e Roma, onde cedo se descobria que o inglês também era falado, pelo menos com os visitantes norte-americanos.

Novas tecnologias estimularam o crescimento em muitas áreas além do turismo; por exemplo, em 1950 havia não mais que 1 milhão de aparelhos de TV em uso nos Estados Unidos; dez anos após, havia 10 milhões, e, por volta de 1970, mais de 50 milhões. Lavadoras de louça automáticas, máquinas de lavar roupas e novos tipos de fornos e torradeiras remodelaram a cozinha norte-americana (ideal); os câmbios automáticos facilitaram a direção para muitos. Essas vantagens e outras tantas – uma lista interminável –, grandes e pequenas, ajudaram a concretizar uma prosperidade inesperada e por isso mesmo mais bem-vinda. As novas tecnologias não alavancaram o crescimento indefinidamente; nenhum avanço faz isso. Em especial, como veremos no próximo capítulo, a tecnologia que substituiu trabalho humano por máquinas logo traria questionamentos, embora nada disso tenha surgido nos anos da Era de Ouro.

Acordo entre capital e trabalho

Se o *boom* econômico do pós-guerra foi, num primeiro momento, estimulado pela demanda de consumo das famílias, ele substancialmente exigiu uma reação dos negócios, sob a forma de novos investimentos. Os investimentos do setor privado dependem, porém, da expectativa de lucro desses investimentos, e é exatamente essa dependência que parecia condenar toda a possibilidade de um *boom* de longa duração. Esse *boom* não aumentaria a demanda de trabalho, e esse aumento não resultaria em maiores salários? Em contrapartida, estes não impediriam o final do *boom*?

É especialmente aqui que abordaremos o papel desempenhado pelos sindicatos em tornar possível a Era de Ouro. Mais surpreendente foi o fato de o elemento fundamental não residir no acordo para antecipar aumentos salariais. Reside, sim, num acordo para sintonizá-los com aumentos na produtividade. Elevando-se a produtividade, a remuneração dos operários aumentaria. Em vez de interromper o *boom*, um acordo desse tipo iria prolongá-lo.

Pela primeira vez os operários partilhavam um interesse com a administração de aumentar a produtividade. Conforme o historiador do trabalho Jerome Rosow, o contrato de trabalho assinado em 1948 entre a General Motors e o United Auto Workers foi o primeiro a "fazer funcionar um sistema de aumentos salariais que comprometeu o sindicato a tentar melhorar a produtividade e apoiar rápidas mudanças tecnológicas". O efeito disso foi duplo: os operários ficaram responsáveis diretos pelo desempenho da empresa, sendo que mais apoiaram que se opuseram aos avanços tecnológicos que aumentaram a produtividade.

Segundo, com o fato de os sindicatos se sentirem mais protegidos, eles aceitaram melhor a condição de deixar as questões de organização e controle do local de trabalho nas mãos dos empresários. Estes, por sua vez, passaram a ser um grupo social diferente e poderoso, consultados de perto a respeito de decisões sobre investimentos de longo prazo, além de questões mais detalhadas sobre a organização do chão de fábrica. A administração das empresas tornou-se cada vez mais "científica" e profissional. Essa separação de administração e propriedade passou a ser a prática mais comum, pelo menos nas grandes corporações do país. Os economistas até mesmo desenvolveram uma teoria "administrativa" das empresas, de acordo com a qual elas eram vistas como praticantes das estratégias de longo prazo dos administradores, e não das táticas míopes dos proprietários. Sem dúvida havia nisso um pouco de verdade, o que nos oferece outro componente da resposta à pergunta "por que a Era de Ouro durou tanto tempo?".

Finalmente, temos que observar que, sob essa nova combinação, a parte da receita nacional total direcionada aos salários tendeu a permanecer constante em vez de declinar (o que teria acontecido se os salários tivessem diminuído), e que a parte voltada aos lucros também tendeu a permanecer constante em vez de diminuir (o que teria sido o caso se os operários não tivessem concordado com um padrão de produtividade em troca de salários). Essa estabilidade inerente, por sua vez, trouxe estímulo à confiança das empresas no futuro, reforçando assim o desejo de investir que tornou esse futuro realidade.

O governo encontra seu lugar

Por último, e não menos importante, o governo desempenhou papel fundamental no direcionamento da economia pós-guerra. Durante a guerra, os gastos governamentais como uma parcela dos resultados totais atingiram níveis jamais encontrados – de 9% em 1940 a quase 45% em 1945, e os mercados individuais de bens de consumo foram regulados a um ponto nunca visto antes. Quando a guerra terminou, no entanto, não estava nem um pouco certo qual papel o setor público desempenharia na economia.

O *New Deal* da década de 1930 havia estabelecido alguns "programas de benefícios", incluindo previdência social, benefícios por desemprego e apoio aos preços dos produtos agrícolas. Ninguém duvidava que esses programas tão populares iriam se manter após a guerra. De fato, uma nova carta do GI, saudada com ampla aprovação, ampliou o programa de benefícios do governo, oferecendo educação gratuita a todos os veteranos que a desejassem. Resultou que milhões de homens e mulheres poderiam ser beneficiados com uma graduação que de outra forma estaria fora de seu orçamento. O sistema norte-americano de educação superior cresceu aos saltos. A carta de direitos do GI também propiciou habitação subsidiada e outros benefícios aos veteranos e suas famílias, oferecendo um impulso ao *boom* econômico que estava por vir.

Segundo, o país claramente percebeu uma necessidade de continuar seu predomínio militar, especialmente diante de sua nova posição de liderança dos esforços mundiais de contenção do comunismo soviético. Conforme mencionado antes, a Guerra Fria justificou os gastos massivos do governo federal, que variavam de armas convencionais a ciência básica e exploração espacial, sendo esta talvez a experiência científica mais cara já levada adiante por qualquer governo.

O terceiro objetivo foi utilizar a capacidade produtiva aumentada do governo para fins civis. A iniciativa mais importante a esse respeito foi o planejamento e a construção de uma rede nacional de grandes rodovias. Sob a presidência do republicano Eisenhower, o governo federal assumiu uma empreitada multimilionária para ligar todas as principais cidades, de Nova York a Los Angeles, de Miami a Chicago, com "super-rodovias" – um tipo completamente inovador de malha rodoviária que hoje em dia é parte do cotidiano. O projeto imediatamente intensificou o comércio entre os estados e foi fundamental para transformar a sociedade norte-americana numa "cultura do automóvel", incluindo ser o primeiro produtor de veículos comerciais a motor e o maior consumidor de combustíveis fósseis, no total e *per capita*. Da mesma maneira, os fundos governamentais para a construção de aeroportos trouxeram um grande impulso à aviação, que, mais do que a produção de carros, recebeu forte apoio devido às demandas dos militares durante a guerra.

À medida que a economia pós-guerra mostrava vigor inesperado, o governo pôde expandir seu papel para além de provedor de benefícios e bens públicos, passando a ser o elemento estabilizador da macroeconomia. Apesar da forte tendência ascendente do crescimento, a economia ainda passava por ciclos de altos e baixos. Agora, pela primeira vez, o governo começou a tentar políticas fiscais para minimizar esses ciclos. Em 1961, o presidente democrata John F. Kennedy, aconselhado por seu Conselho de Assessores Econômicos, começou a reduzir impostos deliberadamente para estimular a economia. Os economistas começaram a falar em "política de estabilização" como uma tarefa importante do governo. Em 1964, quando o efeito estimulador dos cortes de impostos foi sentido com clareza, o conselheiro econômico do presidente, Arthur Okun, salientou que os "economistas estavam em uma grande onda de apreciação e respeito... jamais alcançada."[3] Retornaremos a isso mais adiante, embora valha a pena observar que uma coleção de ensaios publicados na metade da década de 1960 por economistas bastante conhecidos recebeu o título de *The End of the Business Cycle* (O Fim do Ciclo de Negócios). Como vemos, havia um otimismo excessivo.

Enquanto os economistas keynesianos promoviam a estabilização, uma outra ambiciosa batalha se iniciou, mais uma vez com recursos do governo como a principal arma de ataque. Foi a "Grande Sociedade" do Presidente Johnson, uma visão de uma sociedade rica em que a eliminação da pobreza era um dos objetivos principais. Essa visão foi transformada numa "guerra contra a pobreza" – um amplo conjunto de programas para auxiliar os pobres através de subsídios para desenvolvimento das comunidades, habitação e educação. Houve, de fato, redução da pobreza no final das décadas de 1960 e 1970, para novamente aumentar na década de 1980 à medida que esses programas foram cancelados.

PROSPERIDADE E CONVERGÊNCIA MUNDIAIS

Nossa análise do novo e ampliado papel do governo na Era de Ouro concentrou-se exclusivamente nos Estados Unidos. Padrões semelhantes desenvolveram-se no exterior, embora com diferenças que refletiam cada cultura em especial. Na França, o Estado continuou seu papel "dirigiste" (literalmente, *diretivo*), utilizando um plano econômico nacional para determinar decisões sobre gastos e subsídios. A Inglaterra buscou enfrentar a incapacitante perda de poder, vacilando entre uma tentativa ambiciosa de instalar um Estado de bem-estar social de grande alcance e uma tentativa mais modesta de revitalizar a indústria britânica – nenhuma delas com sucesso. Na Alemanha, a memória da terrível inflação após a Primeira Guerra Mundial – em grande parte conseqüência dos termos draconianos impostos pelos Aliados no Tratado de Versalhes – levou a uma política macroeconômica que reforçou o controle rígido sobre a oferta de moeda, embora também tenha estimulado a cooperação extensiva entre trabalhadores e empresários, o que incluiu a participação de membros dos sindicatos nas comissões corporativas. Nos países escandinavos, um casamento de incrível sucesso foi organizado entre o Partido Trabalhista, extremamente igualitário, e as elites corporativas, altamente sofisticadas. Na Itália, a estagnação persistiu no sul; a prosperidade, porém, floresceu no norte.

---

[3] Citado em Michael A. Bernstein, *A Perilous Progress: Economists and Public Purpose in Twentieth-Century América* (Princeton: Princeton University Press, 2001), 138.

TABELA 9-1 Tendências no crescimento econômico, 1830-2003

	Taxas anuais de crescimento *per capita*		
	Países desenvolvidos	Países em desenvolvimento	Mundo
1830-1870	0,6	−0,2	0,1
1870-1890	1,0	0,1	0,7
1890-1913	1,7	0,6	1,4
1913-1920	−1,3	0,2	−0,8
1920-1929	3,1	0,1	2,4
1929-1950	1,3	0,4	0,8
1950-1970	4,0	1,7	3,0
1970-1990	2,2	0,9	1,5
1990-2003	1,8	1,9	1,2

Fonte: Paul Bairoch, *Economics and World History: Myths and Paradoxes* (London: Harvester, 1993); World Bank, *World Development Report 2005*.

As políticas variaram nos países, refletindo as experiências anteriores, a unidade e a visão políticas atuais e os traços persistentes da cultura nacional. Uma generalização, porém, pode ser feita em relação a todas essas diversas experiências econômicas. O período entre 1950 e 1973 foi provavelmente o mais próspero que o mundo capitalista já conheceu. "Era de Ouro" não é um título exagerado para essas décadas. Conforme pode ser visto na Tabela 9-1, o período entre 1950 e 1970 apresentou crescimento significativamente maior na renda *per capita* quando comparado a qualquer período anterior desde o início do século 19 (excetuando-se o breve *boom*). Desde então, os países desenvolvidos nunca mais experimentaram taxas de crescimento tão elevadas assim. E foi somente com a extraordinária decolagem das economias em desenvolvimento da Ásia Oriental que se alcançaram as taxas de crescimento daquele período.

Surgimento de ferrugem

O período após a guerra costuma ser descrito como único na história mundial. Ocorreu um rápido crescimento econômico junto com uma importante mudança tecnológica, ao mesmo tempo em que vitórias nos direitos civis das mulheres e das minorias – em especial, os afro-americanos – fizeram com que esses se sentissem parte do país. O horizonte internacional parecia mostrar uma nova ordem geopolítica cheia de esperanças. Essas esperanças logo seriam frustradas à medida que o mundo subdesenvolvido mostrou-se um peso imenso e de orçamento impraticável, salvando-se algumas ilhas de sucesso. Enquanto isso, no âmbito doméstico, o notável amálgama de componentes econômicos e políticos da Era de Ouro começou a erodir diante da pressão cada vez maior da globalização e de uma guinada geral da opinião política numa direção que afastou o governo do envolvimento na economia. Começa a surgir ferrugem, como veremos no próximo capítulo.

Conceitos e termos importantes

Forças por trás da Era de Ouro

1. Neste capítulo, tentamos responder a uma pergunta bastante importante: o que tornou possível o *boom* pós-guerra que surpreendeu a todos? Identificamos um conjunto complexo de fatores que o explicam.

Causas internacionais: GATT e Plano Marshall

2. Parte da resposta reside nos desdobramentos favoráveis na frente internacional. O primeiro foi o estabelecimento de esforços jamais vistos para coordenar os esforços inter-econômicos. Encontramos aqui a criação do Fundo Monetário Internacional, do Banco Mundial e do Acordo de Bretton Woods – o primeiro, para ajudar os países europeus dilacerados pela guerra; o segundo, para auxiliar os países em desenvolvimento; o terceiro, para estabelecer taxas estáveis de câmbio para as moedas. Junto com o GATT e o Plano Marshall, essas iniciativas deram impulso militar e político à Era de Ouro.

Causas domésticas: Demanda reprimida e novos produtos

3. A Era de Ouro sem dúvida recebeu um impulso poderoso da Guerra Fria; em seu cerne, porém, havia um *boom* gerado e sustentado no âmbito doméstico. Três elementos, aqui, foram decisivos: o primeiro, a enorme demanda latente por bens, numa América do Norte que obtivera ganhos elevados durante a guerra e que agora desejava muito gastá-los em carros, casas ou uma televisão nova. Um segundo elemento propulsor teve origem nas novas tecnologias e produtos que surgiram a partir da Segunda Guerra Mundial, inclusive a aviação como uma nova forma de transporte das massas, e a nova indústria do turismo.

Novas relações de trabalho: "Capitalismo empresarial"

4. No mínimo da mesma importância foi a criação de um novo contrato no trabalho assalariado que vinculava salários e produtividade. Isso deu aos trabalhadores um interesse direto na chefia eficaz, auxiliou os empresários a cumprirem estratégias de longo prazo e ajudou a manter uma taxa estável nos salários em relação à produção nacional.

Papel mais amplo do governo

5. Importante entre as forças por trás do *boom* da Era de Ouro foi o papel maior do governo. Em parte, o que vimos foi uma continuação das políticas do *New Deal*; podemos também mencionar os gastos novos e maiores com o exército por causa da Guerra Fria e, finalizando, o primeiro uso deliberado de uma política fiscal como força estabilizadora.

Um *boom* peculiar

6. Com todas essas complexidades e diferenças entre os países, a Era de Ouro foi um período notável na história do capitalismo, uma época jamais vista. O que ainda precisa de análise é a possibilidade de ela ser reprisada no futuro.

Perguntas

1. A guerra foi sempre uma força propulsora para as economias? E a Primeira Guerra Mundial? O que dizer sobre vencedores *versus* perdedores? E a Inglaterra, que estava no lado vencedor na Segunda Guerra Mundial?
2. Se a demanda pós-guerra foi tão importante para fazer o *boom* continuar, por que não há um tipo semelhante de pressão após cada período difícil?
3. *Capitalismo administrado* é uma expressão que escutamos menos hoje em dia do que na Era de Ouro. Em sua opinião, por que teria saído de moda? Que mudanças você pensa que seriam capazes de trazê-lo de volta?
4. As três perguntas anteriores são de difícil resposta. Servem, porém, para nos levar a pensar. Vejamos uma quarta e também difícil pergunta – e que deve provocar seu raciocínio: em sua opinião, o que mudou na situação econômica atual em relação à situação descrita neste capítulo?

> ### PENSAR NO PASSADO, OLHAR PARA O FUTURO

VIRANDO A PÁGINA DO PASSADO

Não conseguimos imaginar que o leitor que nos acompanhou até agora não tenha dado uma olhada nos títulos dos próximos capítulos, em especial o do Capítulo 15, "Problemas e Possibilidades". Essas duas palavras resumem o motivo pelo qual a economia pode ser ao mesmo tempo um assunto fascinante e difícil. O período que estamos vivendo não traria em si possibilidades extraordinárias de mudanças, tanto boas quanto ruins? Não imaginamos todos um capitalismo que reconquiste o espírito da Era de Ouro e que traga ainda a esperança de garantir sua continuidade, de uma forma que tenha escapado aos seus pioneiros?

Tudo isso tem como objetivo enfatizar que acabamos de encerrar um período da história verdadeiramente cheio de angústias – mas com esperanças e conquistas, e que termina com uma sensação de desamparo, já que a taxa de crescimento global foi cortada pela metade nos anos entre 1970 e 1990. Não queremos antecipar os achados dos próximos capítulos, onde esses assuntos serão o foco de nosso interesse. Em vez disso, terminamos com uma simples exortação: atingimos, sem dúvida, um clímax significativo no amplo tema da formação da sociedade econômica. É chegado o momento de nossos leitores ampliarem suas perspectivas: eles e nós não somos mais apenas estudantes e professores, mas participantes, beneficiários e vítimas dos problemas que serão analisados. O próximo capítulo examina a formação de uma sociedade econômica que está em nosso entorno, e de cujos resultados dependemos.

Capítulo 10

O TÉRMINO DA ERA DE OURO

DILEMAS MACROECONÔMICOS

A Era de Ouro chegou ao fim, como acontece com todas as coisas boas. O quase quarto de século de crescimento e estabilidade, mais bem-vindo ainda porque inesperado, deu lugar a 25 anos de semi-estagnação, rupturas e incerteza, tanto mais perturbadores porque eles também não eram esperados. Na análise desse período, é importante o fato de ele nos levar ao capítulo da história de economia em que vivemos. Assim, estamos abandonando o estudo da "história" como uma tentativa de descobrir como chegamos ao que somos agora para ingressarmos num estudo da história pelo qual tentaremos compreender o que poderemos vir a ser.

As palavras acima são introdutórias aos capítulos finais que nos aguardam. Temos uma tarefa importante a realizar antes de arriscarmos projeções sobre o futuro: investigar as mudanças que nos trouxeram da Era de Ouro ao período bastante diferente vivido hoje. Trata-se, por si só, de um projeto desestimulante. Como podem uns poucos capítulos abordar adequadamente um período que teve seus mapas políticos e econômicos modificados a ponto de se tornarem irreconhecíveis em apenas 25 anos?

É claro que não faremos jus à complexidade daquelas forças de mudança. Esperamos, porém, elucidar os processos que mais provavelmente influenciarão nossas próprias projeções. Faremos o seguinte: neste capítulo iremos nos limitar, na maior parte do tempo, à identificação dos desdobramentos econômicos "internos" que modificaram o funcionamento das economias capitalistas avançadas. No Capítulo 11, analisaremos o passado e o futuro dos antigos países comunistas da Europa Oriental. O Capítulo 12 terá como foco quase exclusivo as mudanças poderosas "externas" – isto é, internacionais – que conduziram ao presente. No Capítulo 13, assumimos a questão do desenvolvimento econômico, perguntando-nos por que tantos países permanecem na pobreza. No Capítulo 14, analisaremos a revolução digital na formação da sociedade econômica contemporânea. Isso feito, colocaremos os cintos de segurança e, no Capítulo 15, tentaremos falar sobre as projeções com maior probabilidade de determinar o caráter da era que atravessaremos nos próximos anos.

Entrada em cena da inflação

Não houve um momento pontual em que o *boom* pós-guerra passou a ser o que o economista Wallace Peterson denominou "depressão silenciosa".[1] Se houve um fenômeno individual capaz de marcar o término da Era de Ouro, podemos citar o aparecimento de uma realidade nova, persistente, e eventualmente alarmante que se abateu sobre o cenário norte-americano – a inflação. O que a teria causado? Muitos comentaristas salientaram que as políticas econômicas do país geralmente refletem suas metas políticas. Certamente isso é importante no caso norte-americano, uma vez que, se houver um só acontecimento que caracterizou o início da tendência inflacionária, foi o ingresso em escala total dos Estados Unidos na Guerra do Vietnã, em 1965. Até 1964, o índice de preços para os bens de consumo havia aumentado pouco mais de 1% por ano. Exemplificando as políticas de reação à inflação da época, em 1962 o presidente Kennedy chegou a fazer um apelo público para que a U.S. Steel Corporation não colocasse em prática um aumento de preços anunciado para os derivados do aço. A empresa atendeu ao pedido; em 1966, porém, os preços ao consumidor subiram 1,6%, e, no ano seguinte, 2,9%. Três anos após, o aumento já estava ocorrendo a uma taxa de 5,7%, para em 1974 ter chegado a 11,0%!

A causa desse salto alarmante residiria apenas nas ações cada vez mais dispendiosas para vencer a guerra? A maior parte dos historiadores diria que o Vietnã foi mais importante como o primeiro de vários juízos errados e graves dos Estados Unidos em relação à sua capacidade de controlar eventos como a causa única – ou central – de uma inflação que minou profundamente seu poder e prestígio. Acompanharemos essa história mais adiante neste capítulo, ao observarmos as conseqüências inflacionárias da tentativa norte-americana de manter o dólar como principal moeda mundial – um fracasso diferente de sua incapacidade em impor sua vontade no Vietnã, mas ainda reflexo de uma séria superestimativa de sua capacidade de controlar os acontecimentos.

Choque do petróleo

Enquanto isso, damos o segundo passo no ambiente inflacionário. Desta vez, o vilão é o petróleo. Tendemos a esquecer que, durante a Era de Ouro (e muito antes disso), os Estados Unidos dominaram a produção mundial de petróleo. Durante a década de 1950 e a de 1960, novos e imensos campos petrolíferos foram descobertos no Texas e em Oklahoma, com a conseqüência de o petróleo norte-americano ser, de longe, a fonte de energia mais barata no mundo. Turistas norte-americanos que alugaram carros na França ou na Inglaterra sempre se surpreendiam com os altos preços da gasolina e a quantidade de quilômetros rodados por litro em carros pretensamente econômicos. Parte da explicação para os preços mais altos na Europa residia nos impostos substanciais cobrados sobre a gasolina. Atualmente, o imposto por galão de gasolina é de 4 dólares na Alemanha e 3,56 na França, comparados aos parcos 0,39 nos Estados Unidos.

Uma economia assim não era praticada em casa, e com o aumento vertiginoso na quantidade de automóveis durante a Era de Ouro, a produção de petróleo norte-americana começou a ficar aquém do consumo no país. Isso preparou o palco para o surgimento de um cartel centrado no Oriente Médio, a chamada OPEP – Organização dos Países Exportadores de Petróleo –, que logo conseguiu determinar a disponibilidade de petróleo para a Europa e Estados Unidos. Em 1973, numa reação à política estrangeira pró-Israel dos países mais industrializados, a OPEP de repente impôs um

---

[1] Wallace Peterson, *Silent Depression: The Fate of the American Dream* (New York: W. W. Norton, 1994), 20.

embargo ao seu fornecimento de petróleo, interrompendo o suprimento aos clientes estrangeiros. Filas começaram a se formar nas bombas de gasolina por toda a Europa e os Estados Unidos, e, considerada a natureza inelástica dos preços da demanda por petróleo – "encher o tanque sem se importar com o preço" –, os preços do combustível chegaram às alturas, triplicando nos Estados Unidos, de 3 para 10 dólares o barril. Na Europa e no Japão, a alta foi ainda mais preocupante.

Mais do que apenas ser inconveniente aos motoristas, o choque dos preços obrigou a um aumento dos custos de produção em quase todos os setores da economia. Qualquer indústria que necessitasse de energia, do uso de uma fornalha para o aço até o aquecimento do escritório de uma agência de viagens, todos testemunharam o aumento rápido e inesperado de seus custos operacionais. Da mesma forma aumentaram os preços dos bens de consumo. As empresas não tiveram saída a não ser reduzir as margens de lucro, e a conseqüência foi uma pressão para elevar os preços e uma diminuição na taxa de investimentos.

Um segundo choque ocorreu logo em seguida. No final de 1979, à medida que a taxa de inflação crescente reduzia o valor real dos ganhos do cartel, a OPEP mais uma vez, diminuiu a produção, dessa vez com o efeito de elevar o preço do petróleo para mais de 35 dólares o barril, conforme mostra a Figura 10-1. Essa medida causou uma segunda onda de pressão inflacionária, muito mais poderosa.

Novamente, o salto nos preços do combustível afetou muitos produtos. O choque do petróleo foi rapidamente traduzido para um índice crescente de preços ao consumidor. Como vimos, já na década de 1960 a taxa de inflação começara a aumentar para cerca de 4 a 5% ao ano, provavelmente em consequência dos aumentos do nível salarial numa economia com nível de emprego elevado. Vimos que em 1974 o índice de preços ao consumidor aumentou mais de 10%. Agora, ocorria alguma coisa real-

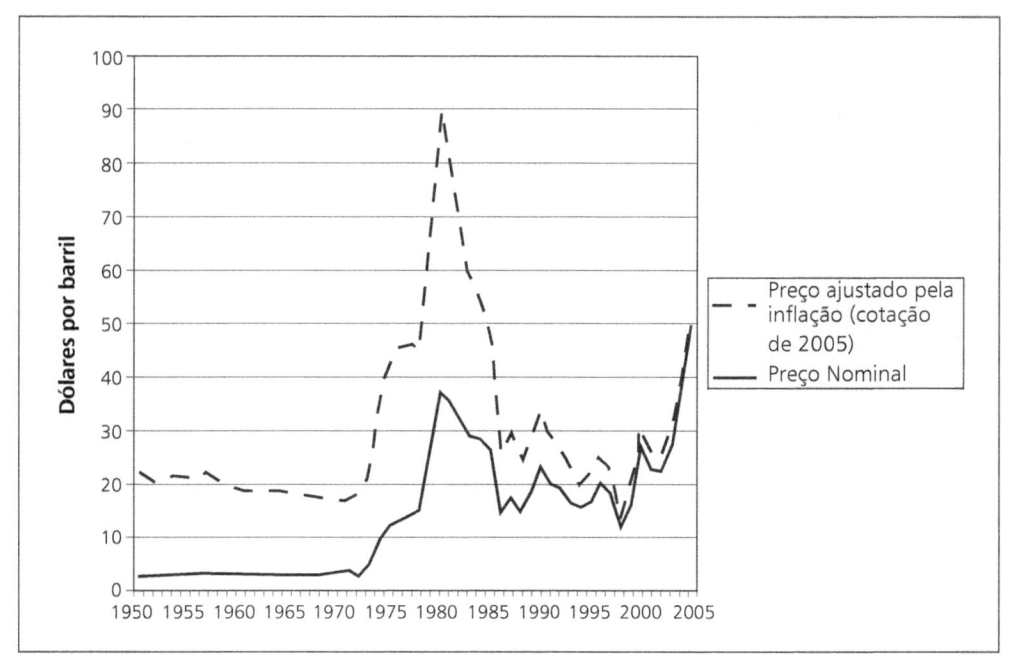

FIGURA 10-1 Preços médios anuais do petróleo cru, 1950-2005 (em dólares por barril).
Fonte: InflationData.com, *http://inflationdata.com/Inflation/Inflation_Rate/Historical_Oil_Prices_Table.asp.*

mente assustadora. Em 1980, após o segundo choque, o aumento foi de 13,5%, um dos maiores saltos na história norte-americana.

O choque do preço do petróleo trouxe uma questão tão clara quanto difícil: o que fazer a respeito dessa nova ameaça inflacionária? Com base em nossa perspectiva histórica, faríamos de forma diferente essa pergunta: por que a alta dos preços do petróleo foi tão "contagiante" no final da década de 1970? Parte muito significativa da resposta está no fato de que o capitalismo da época não era o de 50 anos atrás. Se fôssemos capazes de imaginar algo parecido com o choque do petróleo ocasionando aumento dos preços do carvão nas décadas de 1920 e 1930, por exemplo, teríamos dúvidas quanto a isso provocar algo como uma ameaça inflacionária nacional. Em vez disso, diante de rendas pessoais inalteradas, as famílias teriam como única alternativa o aperto dos cintos e o consumo de menos carvão.

Na década de 1970, mudanças institucionais profundas diminuíam bastante uma reação de resistência à inflação como essa. Novos sistemas de apoio à renda – previdência social, seguro-desemprego, seguro para contas bancárias e ajustes no custo de vida como parte dos contratos salariais – limitaram a queda dos gastos do consumidor que um aumento repentino dos preços poderia ter causado naquele período. Assim, o movimento de um capitalismo com tendências à recessão da década de 1930 até o capitalismo resistente à recessão da Era de Ouro causou o efeito inesperado de aumentar nossas suscetibilidades inflacionárias.

Estagflação e dilema político

A combinação de uma inflação alta com investimentos baixos criou um ambiente econômico fragilizado. A política econômica do pós-guerra baseou-se na existência de um equilíbrio de forças entre inflação e desemprego. Assumiu-se que a elevação dos preços era causada por um mercado de trabalho sobreaquecido – isto é, um nível baixo de desemprego que resultou em aumentos salariais, que, em contrapartida, elevou os custos e, assim, os preços. Quando a inflação caía, assumia-se que a razão era um aumento do desemprego, que trazia uma queda dos salários nominais e, conseqüentemente, dos preços. Preços e desemprego eram descritos como extremidades opostas de uma gangorra. Havia nisso um aspecto tranqüilizador. Ninguém desejava aumento no desemprego; mas pelo menos isso foi visto como causa para redução dos preços, algo desejado por todos. Ninguém desejava inflação, mas o aumento dos preços foi entendido como a conseqüência da elevação da taxa de emprego, algo que todo mundo queria.

Tudo isso serviu para solidificar a aceitação das teorias econômicas de John Maynard Keynes, a quem já fomos apresentados quando aprendemos sobre as reações à Grande Depressão. Na década de 1960, a economia Keynesiana, que endossava enfaticamente os gastos do governo como terapia para redução da atividade econômica, era amplamente aceita não apenas pelos economistas, mas também pelos políticos. No começo da década de 1970, o presidente Nixon disse a famosa frase "Somos todos keynesianos agora".

Entretanto, o consenso dos políticos e econimistas em torno de Keynes começou a mudar diante do novo desafio – a experiência simultânea de uma inflação dos preços e uma queda do crescimento e do emprego. Durante a década de 1970, a inflação aumentou gradualmente até atingir o nível dos dois dígitos, enquanto que o produto real *caiu* em 1970, 1974, 1975 e 1980. A *estagflação*, nome dado a esse novo ambiente, não foi capaz de ser controlada com os métodos tradicionais de Keynes. A resposta keynesiana à crescente inflação seria a redução dos gastos do governo para provocar um alívio nas pressões sobre a economia. A resposta a um crescimento lento ou negativo seria um aumento dos gastos públicos, estimulando assim a economia. A nova situação, então, deixou os seguidores de Keynes numa situação problemática: com o aumento dos preços e a tendência de queda da produção, o que quer que se faça é bom e ruim. Não havia base sobre a qual poderia ser conduzida uma política convincente e eficaz. Diante do impasse, os domínios do poder passaram para um outro ramo do governo – o *Fed*, isto é, o sistema do Federal Reserve, responsável pela condução da política monetária do governo.

O Federal Reserve não perdeu tempo em agir diante do desafio: tratava-se de um banco, e a inflação para os banqueiros era claramente um problema monetário. Conforme o velho ditado: "Dinheiro demais em busca de bens de menos". Assim, o Federal Reserve precisava reduzir a oferta de dinheiro na economia. Isso significava dificultar os pedidos de empréstimo para as pessoas ou os negócios, uma vez que pedir empréstimo e gastar sem dúvida constituíam a principal fonte de pressão inflacionária.

Como reduzir esse tipo de dispêndio? A resposta estava na elevação da taxa que o Federal Reserve cobrava dos bancos filiados, bancos que regularmente pediam-lhe dinheiro emprestado para, por sua vez, emprestar aos clientes. Começando no final de 1979, sob a liderança de Paul Volcker, o Federal Reserve ajustou a taxa sem compaixão até alcançar quase 18% em 1981 – uma taxa que se traduzia em mais de 20% sobre os empréstimos bancários aos clientes. Ninguém, até mesmo as maiores corporações, podiam fazer empréstimos a preços assim. Os empréstimos caíram e, com eles, os gastos; a conseqüência foi a redução da taxa inflacionária.[2]

Foi uma política draconiana, mas eficaz. Em 1982, a taxa de inflação já estava próxima das taxas moderadas de 5 a 6%. Enquanto isso, devido à queda dos gastos, o desemprego aumentou para 11%, o que foi bem recebido pelo Federal Reserve, uma vez que mantinha em xeque a ameaça de inflação. Na verdade, isso ficou conhecido como a recessão Volcker – algo ao mesmo tempo elogiável e censurável.

Não surpreende o fato de todo o episódio ter deixado uma cicatriz. A prevenção da inflação e o desestímulo ao crescimento em geral passaram a ser a preocupação central das autoridades monetárias. Mesmo com a piora da situação econômica durante a década de 1980, a preocupação do Federal Reserve foi mais no sentido de arrochar as pressões de inflação desde o início do que no sentido de estimular mais investimentos e consumo.

A cicatriz deixada pelo choque do petróleo passou a ser um espectro de inflação a assombrar todas as economias avançadas desde então. No Capítulo 15, falaremos de ações que podem ser úteis para que nos livremos da herança "entre a cruz e a espada" desse período.

A recuperação desigual

A crise de estagflação, ou mesmo seu espectro, finalmente chegou ao fim, para então abrir caminho para uma segunda condição, sob certo aspecto mais preocupante porque de remédio mais difícil: o começo do padrão de vida estagnado da classe trabalhadora. Nos Estados Unidos, o novo problema ficou mais claramente evidente como uma queda na taxa de aumento da produtividade – isto é, na taxa de crescimento

---

[2] Qual é exatamente o mecanismo usado de forma tão poderosa pelo Federal Reserve? Os dois principais alvos da política do Federal Reserve são o crescimento da oferta de dinheiro e o nível das taxas de juros. Ainda que o Federal Reserve seja responsável pela distribuição de dinheiro aos bancos para uso dos clientes, notas e moedas compõem apenas uma pequena parte desse suprimento total de dinheiro. O dinheiro é composto principalmente de contas correntes, contas com dinheiro do mercado, e mesmo (segundo algumas definições) linhas de crédito. Assim, os bancos criam dinheiro quando fazem um empréstimo, abrindo uma conta em nome do tomador do dinheiro. O Federal Reserve, então, controla o suprimento de dinheiro aumentando o preço do dinheiro pedido por empréstimo. Quando os empréstimos custam mais, muito menos contas são abertas, e os bancos precisam cobrar mais pelos empréstimos que fazem.

do valor do produto por trabalhador. A produtividade tem importância vital porque, no final, os salários dos trabalhadores são basicamente determinados ou pelo menos limitados pelo valor daquilo que produzem. De 1950 a 1973, a produção por trabalhador aumentou a uma taxa anual de 3,0%, coerente com um confortável aumento potencial no padrão de vida da força de trabalho. De 1974 a 1994, porém, a taxa de crescimento da produtividade caiu em quase dois terços, atingindo parcos 1,3% de aumento médio.

Felizmente, no final da década de 1980 e início da década de 1990, o crescimento da produtividade na manufatura aumentou para quase alcançar o nível anterior. No entanto, nessa época a manufatura respondia por uma parcela menor da produção total, de modo que, em nível nacional, o potencial para um movimento ascendente confortável nos padrões de vida do trabalhador ainda estava bastante aquém do desfrutado anos antes. A Figura 10-2 mostra que os salários nos Estados Unidos ficaram estagnados ou caíram desde o final da década de 1970. Salários semanais reais (corrigidos pela inflação) para trabalhadores da produção (aqueles que não são supervisores) diminuiu em cerca de 17% entre 1973 e 2005, de 331 para 275 dólares.

Após outra recessão no começo da década de 1990, a economia norte-americana cresceu num ritmo constante ao longo desses anos. Isso foi inicialmente impulsionado por um aumento precário dos gastos dos consumidores – precário porque requereu níveis historicamente sem precedentes de endividamento dos consumidores. Nos últimos três anos do século em questão, os gastos em investimento também aumentaram, tal como o crescimento da produtividade. A taxa de desemprego caiu para a baixa histórica de 4,2% em 1999, e os salários reais tiveram aumento pela primeira vez em décadas. No Capítulo 14, faremos uma análise mais detalhada dos chamados "anos barulhentos da década de 1990", onde teremos uma visão melhor dos efeitos econômicos da revolução na informação e da tecnologia informatizada que parece ter gerado o crescimento da produtividade e o *boom* financeiro nesse período.

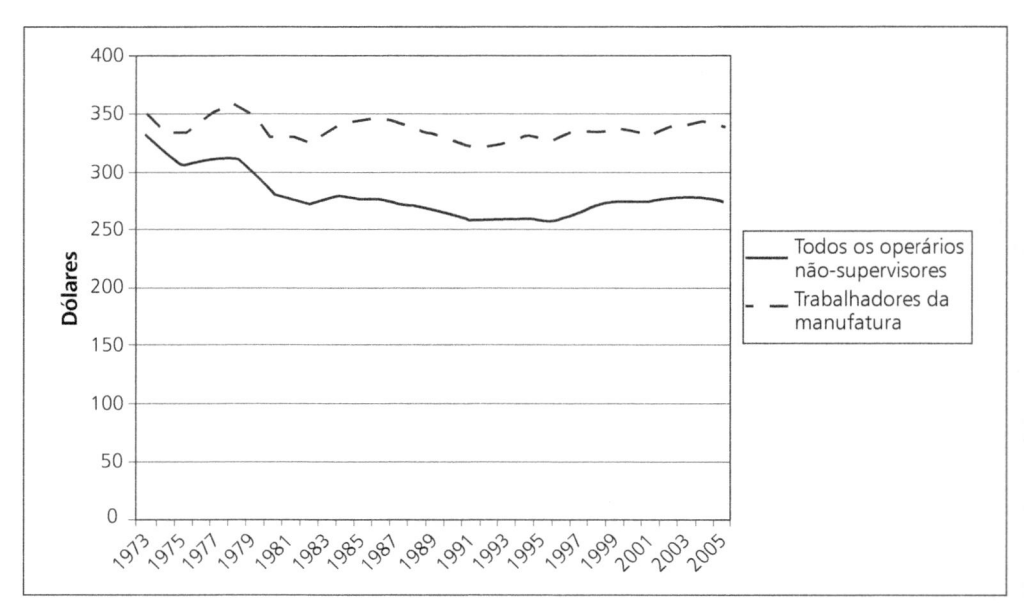

FIGURA 10-2 Salários reais nos Estados Unidos, 1973-2005 (em dólares de 1982).
Fonte: U.S. Bureau of Labor Statistics, *http://data.bls.gov/cgi-bin/.*

Na Europa como um todo, os salários reais estavam muito melhores que os dos norte-americanos, com a maior parte dos países vivendo com um aumento salarial entre 1,5% e 3%. A Europa, porém, sofria com um segundo problema da depressão silenciosa que sucedeu ao perigo inflacionário: um aumento perturbador no desemprego. No final da década de 1990, a Alemanha, que historicamente gozara de uma taxa de desemprego bastante reduzida, viu essa taxa elevar-se a quase 10%. Na França e na Itália, a taxa de desemprego ultrapassou os 10%, passando depois a manter níveis levemente mais baixos, conforme mostra a Tabela 10-1.

Cabe o registro de algo talvez mais importante: os Estados Unidos, que supostamente haviam se livrado do problema do desemprego, podem também estar sofrendo de algo semelhante ao mal europeu. Em 2005, o número de norte-americanos oficialmente "desempregados" chegou a 7,6 milhões de trabalhadores. A isso acrescentamos 5 milhões de cidadãos sem trabalho, segundo eles, por vontade própria, mas que não se qualificam oficialmente como "desempregados" porque não atendem a algum pré-requisito oficial, e ainda mais 10 milhões que não são vistos como desempregados porque aceitam emprego de meio-turno, ainda que desejassem de turno inteiro; assim, chegamos a uma taxa de desemprego de 14,6%.

EXPLICAÇÃO DO DECLÍNIO ECONÔMICO

Por trás dos números: a mudança para o setor de serviços

Como explicar os números da Tabela 10-1? Comecemos pela queda perturbadora na produtividade norte-americana. Existe uma explicação aqui que reúne um consenso geral. Trata-se do fato de vagas de trabalho no setor de serviços aumentarem de forma muito mais rápida que na manufatura, e de a produtividade no setor de serviços ser geralmente muito menor que a da manufatura. Os empregos na manufatura em 1973 respondiam por 21% da totalidade de empregos; em 2000, por 13%. Enquanto isso, a oferta de empregos no setor de serviços (incluindo o governo) elevou-se de 61% para 74% da totalidade de vagas de trabalho nesse mesmo período. Com o crescimento de setores como finanças, seguros, imobiliárias, preços, comércio e redes de *fast food*, a economia norte-americana parecia ingressar numa fase pós-industrial. Além disso, essa guinada estrutural para uma economia de serviços correspondeu à crescente entrada das mulheres na força de trabalho. Pelo fato de, em média, as mulheres que saíam de casa para trabalhar possuírem menos treinamento que os já participantes da força de trabalho, seu ingresso nesse mercado também diminuiu a produtividade média.

TABELA 10-1 Taxa de desemprego nos principais países industrializados, 1970-2005 (em percentuais)

	1970-1979	1980-1989	1990-1999	2000-2005
Estados Unidos	6,2	7,3	5,8	5,2
Japão	1,6	2,5	3,1	4,9
Canadá	6,7	9,4	9,6	7,2
França	3,8	9,0	11,1	9,5
Alemanha	2,4	6,4	7,2	8,1
Itália	4,7	8,5	10,7	9,0
Reino Unido	3,6	9,6	8,0	5,0

Fonte: OECD *Economic Outlook* 78 database (Dezembro de 2005).

O ritmo lento dos investimentos

Keynes identificou os investimentos em plantas e equipamento como a principal variável para a compreensão dos ganhos e da capacidade geradora de riqueza das economias capitalistas. Os investimentos podem desempenhar um papel ainda mais importante hoje em dia, uma vez que levam as novas tecnologias para o processo de produção. Não surpreende que o lento crescimento dos investimentos no setor privado tenha também diminuído o crescimento da produtividade. Investimentos são motivados por expectativas de lucro. Quando os preços do petróleo aumentaram demais na década de 1970, as expectativas reduziram-se drasticamente, e os investimentos privados também apresentaram desaceleração. Na década de 1980, as taxas de juro sobre ativos financeiros, como títulos do Tesouro, atingiram novos picos. Isso também diminuiu o crescimento dos investimentos: investidores potenciais perguntaram-se por que deveriam investir num negócio arriscado e de longo prazo quando poderiam obter quase o mesmo retorno num investimento de menor risco. Também na década de 1980, o crescimento nos investimentos foi inadequado para levar a economia norte-americana de volta a uma Era de Ouro.

O quadro sombrio dos investimentos teve implicações a longo prazo também para a produtividade. Quando as empresas postergam a introdução de novas tecnologias, eventualmente perdem mercados e vendas para os concorrentes. Essas perdas podem ser cumulativas. Uma empresa que se atrasa tecnologicamente tem dificuldades duplicadas para sanar esse problema. Por exemplo, à medida que as inovações nas empresas norte-americanas diminuíram, os japoneses começaram a dominar o mercado de eletrônicos para o consumidor. O gravador de videocassete, à época praticamente um item doméstico padrão, foi desenvolvido por empresas japonesas, e um bom número de empresas norte-americanas ficaram fora desse extraordinário *boom* mercadológico. Em decorrência de não conseguir ficar à frente no mundo tecnológico, os Estados Unidos viram sua participação nas vendas mundiais de bens de alta tecnologia cair nas décadas de 1980 e 1990. Como esses setores tendem a ser de alta produtividade e altos salários, seu declínio foi sentido em toda a economia norte-americana.

Downsizing

Em parte respondendo à desaceleração do crescimento da produtividade, as corporações norte-americanas começaram uma reorganização, principalmente despedindo trabalhadores em grande número. O fenômeno de dispensas em massa nas grandes corporações passou a ser conhecido como *downsizing* – cancelamentos massivos de vagas de trabalho pelos quais as firmas buscaram reduzir custos trabalhistas e aumentarem a produtividade e a margem de lucro. Ondas sucessivas de *downsizing* tiveram início no final da década de 1980. Algumas das maiores corporações norte-americanas participaram, inclusive IBM, AT&T e General Electric. Em 1990, por exemplo, 300.000 trabalhadores foram dispensados; em 1991, o número já chegava a 550 mil. Dois anos mais tarde, já com a economia não mais em recessão, 600 mil trabalhadores foram dispensados. Só em janeiro de 1994, empresas dispensaram mais de 100 mil pessoas, e o número para todo esse ano foi de 516 mil dispensas. No total, de 1990 a 1994, as corporações despediram 2,5 milhões de pessoas.[3] As dispensas continuaram pela década de 1990 e 2000. O número chegou a mais de 30 milhões de trabalhadores em

---

[3] Lester Thurow, *The Future of Capitalism* (New York: William Morrow, 1996), 26.

tempo integral demitidos desde o começo da década de 1980.[4] Isto em uma economia que construíra sua Era de Ouro sobre uma base de relativa segurança nos empregos e aumentos regulares dos salários.

Essa reorganização dramática das corporações teve um efeito direto sobre a produtividade e os lucros das empresas, mas a implicação mais significativa teve a ver com os salários. Os economistas, tradicionalmente, interpretam reduções no crescimento do produto e dos salários como conseqüência de uma desaceleração na produtividade. A ligação entre salários e produtividade, entretanto, nem sempre é sólida, porque os salários costumam ser conseqüência de um processo de barganha entre administradores das corporações e sindicatos dos trabalhadores, e o poder relativo dos dois lados irá variar, dependendo das condições econômicas e políticas e do grau de organização dos operários nos sindicatos.

O impacto do *downsizing* sobre os salários foi direto e indireto. Com a dispensa, os trabalhadores uniram-se ao já grande grupo de indivíduos que procuravam trabalho. Isso possibilitou às empresas oferecerem salários mais baixos a todos os contratados, devido à grande concorrência pelas vagas. Os que não foram pegos pelas redes da dispensa em massa, foram também afetados porque enfrentaram um ambiente de crescente insegurança no trabalho. A cada anúncio sucessivo de dispensa, um calafrio coletivo podia ser sentido entre aqueles ainda em atividade. Isso teve o efeito de achatamento das exigências salariais dos sindicatos. Muitos abandonaram a esperança de aumento dos salários, passando a concentrar-se na obtenção de garantias de segurança no emprego. As dispensas feriram diretamente os sindicatos, uma vez que indústrias com tradição sindicalista (por exemplo, automóveis, aço e vestuário) se apequenaram diante da concorrência estrangeira, e os sindicatos no crescente setor de serviços ainda eram poucos. A parcela de trabalhadores norte-americanos sindicalizados diminuiu ininterruptamente desde o final da década de 1970, e em 2005 era de 12%.

Os números deixam claro que o *downsizing* rapidamente se tornou uma estratégia popular entre as empresas. Não causa surpresa, assim, que ela também tenha chegado à Europa. Empresas alemãs anunciaram dispensas de 180 mil operários nos primeiros quatro meses de 1994. Empresas italianas cortaram em torno de 200 mil empregos no início da década de 1990, e o maior produtor francês de pneus anunciou planos para eliminar metade de sua força de trabalho.[5]

DO CRESCIMENTO LENTO À GRANDE DESIGUALDADE

Nosso foco agora muda, mas a pergunta permanece. Enquanto aumentavam os dilemas das políticas pós-Era de Ouro, outra coisa ocorria – não tão dramática quanto o choque do petróleo e não tão fácil de ser explicada. Tratava-se de uma mudança na forma como o sistema estava distribuindo renda e riqueza. A Era de Ouro foi não apenas um período em que a renda agregada dos norte-americanos aumentaram de maneira firme e satisfatória, mas ainda uma época em que a distância entre ricos e pobres diminuiu de forma estável, embora lenta. Nos vinte e poucos anos em que estamos agora interessados, essas tendências saudáveis foram interrompidas. Na verdade, elas foram revertidas.

Comecemos pela riqueza – ou, para sermos mais exatos, pelos ativos financeiros das famílias – para nos concentrarmos na forma de riqueza que mais rapidamente se sujeita à mudança, para cima ou para baixo. No *boom* da década de 1920, o 1% superior do total

---

[4]Louis Uchitelle, *The Disposable American: Layoffs and Their Consequences* (New York: Alfred A. Knopf, 2006), ix.
[5]Thurow, *The Future of Capitalism*, 28.

de famílias era detentora de 42% da riqueza financeira do país, uma parcela imensa e sem precedentes. Não surpreende que esse percentual tenha caído de forma dramática após *o crash* do mercado em 1929, vindo a diminuir ainda mais com o longo período de baixos preços das ações na década de 1930 e com o impacto das políticas de impostos do *New Deal*. Como conseqüência, em 1940 a parcela de riqueza financeira nas mãos daquele 1% tinha sido cortada pela metade.

A partir de então, com o país recuperando seu progresso e com a ascenção da Era de Ouro, a riqueza nacional aumentou rapidamente, com partes dela indo para ricos e pobres quase na mesma proporção de sua riqueza em 1962. Daquela data até 1983, o 1% representando as famílias mais ricas recebeu 34% do aumento na riqueza, os 19% seguintes receberam 48%, e a base de 80% recebeu 18%. Compare, agora, esse resultado com o período de 1983 a 1989: nesse breve ciclo de seis anos, o 1% detentor de mais riqueza, recebeu 62% dos ganhos totais; os 19% seguintes, apenas 37%, e a porção mais inferior dessa pirâmide social, composta por 80%, recebeu mísero 1%.[6] Conforme Edward Wolff, cujas pesquisas produziram esses números:

> O aumento da desigualdade de riquezas registrado durante [esse] período nos Estados Unidos é quase sem precedentes. O único outro período no século 20 em que a concentração de renda das famílias aumentou de forma comparável ocorreu entre 1922 e 1929. A desigualdade, então, teve o apoio principalmente do aumento excessivo do valor das ações da bolsa, que acabou sofrendo o *crack* em 1929, levando à Grande Depressão da década de 1930.[7]

O que dizer da tendência na distribuição de renda, a medida em que costumamos pensar quando analisamos o problema da desigualdade? Talvez a forma mais eficiente de descrevermos essa tendência seja comparando a proporção dos salários de um trabalhador médio do sexo masculino com os salários do indivíduo que, numa empresa, ocupa o mais alto cargo executivo (CEO). Se tomarmos um número estimativo de 25 mil dólares como o salário anual médio daquele empregado em 1970, a renda do executivo mais bem pago de sua empresa ficava em torno de 1 milhão de dólares. Passando para 2004, o salário anual médio aumentou para 43 mil dólares, mas o CEO agora recebia algo próximo dos 15 milhões de dólares. A proporção aumentou de 40:1 para mais de 350:1.[8] Ainda que menos dramática, a tendência para a desigualdade também ficou claramente visível na disparidade cada vez maior entre salários de operários capacitados e menos capacitados, e, em especial, entre trabalhadores com graduação universitária ou mais e indivíduos sem esse grau de instrução.

Essas comparações oferecem um quadro dramático do padrão, cada vez pior, da distribuição de renda nos Estados Unidos; entretanto, mesmo medidas mais amplas de distribuição de renda revelam padrão similar. Durante a Era de Ouro, *todos* os grupos com renda tiveram crescimento nos ganhos a uma taxa anual em torno de 2,5%. Desde 1973, o crescimento da renda mostra uma correlação positiva com o nível relativo de renda. Isto é, os 20% mais ricos da população tiveram o crescimento de renda mais rápido, os segundos 20% mais ricos tiveram menos crescimento na renda ao longo do período, e assim sucessivamente até chegarmos à base da pirâmide da renda. Os 5% mais empobrecidos da população, na verdade, viram sua renda diminuir entre 1973 e 1989. O economista Paul Krugman comparou as duas épocas, dizendo que a idéia era que haví-

---

[6] Edward N. Wolff, *Top Heavy* (New York: The New Press, 2002), 12-13.
[7] Ibid., 13.
[8] Carola Frydman and Raven Saks, "Historical Trends in Executive Compensation, 1936-2003" (Working Paper, Harvard University, 2005).

amos ido "da cerca de estacas parelhas às escadas", com o primeiro item referindo-se a um gráfico de crescimento da renda aproximadamente igual entre os grupos da população na primeira época; e o segundo item referindo-se ao crescimento da renda marcado por degraus crescentes, maiores para os extratos superiores da população na segunda época.[9] Para piorar a situação, as desigualdades de ganhos após a Era de Ouro também estavam associadas a taxas crescentes de pobreza. O número de pessoas cuja renda era inferior à linha de pobreza nos Estados Unidos saltou de 11%, durante a década de 1970, para algo entre 14% e 15%, nas décadas de 1980 e 1990.

Assim, resta pouca dúvida quanto aos padrões de distribuição de renda terem mudado; no caso, mudaram para pior, caso se creia, como nós, que a desigualdade crescente representa problemas econômicos e morais graves. O que deixa sem resposta a pergunta relativa a como explicar esse fenômeno encontrado, ainda que em menor grau que nos Estados Unidos, em quase todos os países capitalistas.

Por trás do problema da desigualdade

A resposta desconcertante é: não existe uma resposta única. Num debate brilhante sobre essa questão, o economista Barry Bluestone apresenta nove "suspeitos". Resumidamente, são os seguintes: (1) mudanças tecnológicas estão premiando o trabalho especializado e diminuindo a demanda por trabalhadores menos especializados; (2) o emprego está concentrado nas indústrias de serviços de baixos salários, como o McDonald's, e não nos setores com salários mais altos, como a produção de aviões comerciais; (3) a desregulamentação de muitas indústrias, como a de transporte, não incentiva o sindicalismo e leva a salários mais baixos; (4) o sindicalismo em si diminuiu: a proporção de trabalhadores na indústria de manufaturados reduziu-se em mais de 35% a menos que um terço disto; (5) as políticas de pessoal das corporações substituíram empregados antigos por empregados de meio turno, em trabalhos de curta duração; (6) os meios modernos de publicidade criam mercados onde "os vencedores ficam com tudo", em que uns poucos atores – executivos e estrelas do mundo do entretenimento e do esporte – levam o grosso dos ganhos; (7) produtores estrangeiros estão capturando mercados de bens antes produzidos por operários domésticos com bons salários – assunto que conheceremos melhor no Capítulo 12; (8) a mobilidade do capital internacional, elemento complicado do fenômeno da globalização, faz praticamente a mesma coisa; e (9) a imigração aumenta a oferta de trabalhadores que concorrem por empregos de baixa remuneração.

De que maneira Bluestone avalia essa lista impressionante? Segundo ele, é bastante provável que a resposta seja a mesma dada por Agatha Christie em *Assassinato no Expresso Oriente:* "Todos participaram". "Todas as tendências econômicas importantes nos Estados Unidos", afirma, "colaboram para a desigualdade cada vez maior." E acrescenta: "Nenhuma dessas tendências mostra o menor sinal de enfraquecimento".[10]

Recuo do governo

Temos que adicionar um fator importante à lista exaustiva de Bluestone: o recuo do governo como uma fonte ativa de apoio à renda da população pobre. Primeiro nos Estados Unidos e no Reino Unido, e hoje cada vez mais na Europa continental, deparamo-nos com uma diminuição do apoio à renda para combater a pobreza. O palco para um

---
[9] Paul Krugman, *Peddling Prosperity* (New York: W. W. Norton, 1994), 131.
[10] Barry Bluestone, "The Inequality Express", em *Ticking Time Bombs* (New York: The New Press, 1996), 66.

evento desses pode ter sido montado pelo fracasso da política de Keynes em resolver o problema da estagflação na década de 1970. Na década de 1980, o ceticismo em relação à capacidade do governo de impulsionar a demanda chegou ao nível de ideologia popular. A eleição tão vitoriosa de Ronald Reagan em 1980 sinalizou essa mudança nos Estados Unidos. Perspectivas semelhantes levaram Margareth Thatcher e os conservadores ao poder na Inglaterra. Uma visão cada vez mais popular era que o governo seria parte do problema e não a solução, porque a política de Keynes não fora bem-sucedida na redução da inflação ou na eliminação da pobreza. Os gastos do governo norte-americano em áreas que não a da defesa atingiram cerca de 17% do PIB em 1995, diminuindo lentamente desde então. Em 2004, eram de cerca de 15,9% do PIB.

Além dessa guinada ideológica, o governo viu-se diante de constrangimentos e pressão cada vez maiores para desmontar o Estado de benefícios sociais que chegara ao auge na década de 1960. O crescimento econômico mais lento trouxe um aumento também mais lento na receita de impostos. Ao mesmo tempo, as mudanças demográficas estavam lentamente colocando mais pressão sobre os cofres do Estado, em especial com o problema de como cuidar das necessidades de saúde de uma população que está envelhecendo. Finalmente, a concorrência internacional cada vez maior e o aumento da mobilidade das corporações puseram mais pressão sobre todos os governos internacionais para que reduzissem a carga de impostos sobre as corporações, como uma forma de demovê-las da idéia de irem para outros países.

Este capítulo não está sendo de fácil leitura, como não foi fácil sua escrita. Não é agradável acompanhar a trajetória de uma Era de Ouro que culminou com uma desestimulante depressão silenciosa. O pior ainda está por vir. Um último aspecto do problema da desigualdade ainda necessita de nossa atenção: os Estados Unidos que, há um tempo atrás, eram um país com a distribuição de renda mais igualitária do mundo ocidental, são hoje o país com a distribuição mais desigual.

Trazemos aqui os achados de um levantamento recente da desigualdade entre ricos e pobres nos países modernos mais ricos do mundo. No primeiro lugar em termos de igualdade de distribuição encontramos a Finlândia, cujos 10% mais favorecidos receberam 2,7 vezes a renda dos 10% mais pobres. Em seguida vem a Noruega, um pouco menos igualitária que a Finlândia, com os 10% mais ricos recebendo 2,79 vezes mais renda que os 10% mais pobres. A Holanda, em terceiro, com os 10% mais ricos com ganhos 2,9 vezes superiores aos 10% mais empobrecidos. No Canadá, a proporção ficou em 2,84 para 1. Por último, os Estados Unidos: os ganhos dos 10% mais ricos ficaram 5,67 vezes acima dos 10% mais pobres.

Qual é a explicação para essa situação tão perturbadora? Que fatores são responsáveis pela extraordinária parcela financeira recebida pelos altos executivos norte-americanos em comparação aos ganhos dos mesmos profissionais em outro país capitalista desenvolvido? Trata-se de uma pergunta muito importante, mas teremos que esperar antes de sequer considerá-la. Desagradável ou não, precisamos ter a visão mais esclarecida possível de nossos problemas e dificuldades antes de sequer tentarmos uma explicação, quem dirá sugerirmos remédios para eles. Temos agora que nos preparar para mais um capítulo de dificuldades antes de tentarmos colocar os problemas norte-americanos numa perspectiva mais construtiva.

---

[11] Ver Surenda Kushlik, "India's Democratic Economic Transformation", *Challenge* (Setembro/Outubro de 1996), 54. Ver também Timothy Smeeding, "America's Income Inequality: Where do We Stand? "*Challenge* (Setembro/Outubro de 1996), 45-53.

Conceitos e termos importantes

O fim de uma era

1. Este é um longo capítulo sobre um processo demorado. A Era de Ouro chegou ao fim na década de 1970 não por uma razão especial, mas como resultado de várias mudanças, algumas interligadas, outras não.

**Inflação
"Choque do petróleo"
Toda a economia se torna inflacionária**

2. Não há dúvidas a respeito do primeiro desses desdobramentos destrutivos. Este foi o aparecimento gradativo, depois a explosão dramática, de uma inflação. Em 1967, o custo de vida aumentou 2,9%. Sete anos depois, saltou cerca de 11%. A causa do aparecimento inicial gradativo provavelmente foi a pressão dos gastos militares sobre a economia no período do Vietnã. Depois, ocorreu a explosão pelo "choque do petróleo" em conseqüência do cartel da OPEP ter imposto por duas vezes embargos, que triplicaram o preço da gasolina em 1973 e uma vez mais em 1979. Na Europa, o efeito foi ainda mais drástico. Em todos os lugares, o aumento no preço do petróleo afetou os preços em geral. Os preços ao consumidor nos Estados Unidos, por exemplo, subiram 13,5% em conseqüência do segundo choque.

Estagflação e a falência da teoria Keynesiana

3. A combinação do aumento dos preços com um enfraquecimento da economia trouxe estagflação em vez de crescimento forte. Do mesmo modo, essa combinação lançou dúvidas sobre a importância da economia de Keynes e colocou o poder monetário no centro das atenções como a principal arma contra a inflação.

Final da inflação, início de um declínio, permanência de um espectro

4. O poder monetário foi exercido pelo Federal Reserve, que aumentou os juros cobrados pelos empréstimos feitos aos bancos filiados. Em contrapartida, esses bancos elevaram as taxas de juros sobre empréstimos para negócios. Em conseqüência, o *boom* passou a ser um declínio, mas a inflação foi controlada. Embora a política do Federal Reserve tenha dado certo, deixou um medo da inflação, como um espectro a assombrar a economia.

Aparece uma depressão silenciosa

5. O final doloroso da inflação trouxe o que recebeu o nome de depressão. Desacelerou-se o crescimento econômico, caiu a produtividade e os salários reais diminuíram, não apenas nos Estados Unidos, mas também nos outros países. O novo período apresentou muitos fatores desconcertantes. O setor manufatureiro teve sua importância diminuída e o setor de serviços cresceu, ambos contribuindo para a redução da produtividade da força de trabalho.

**Desigualdade aumentada
Aprofundamento da divisão de riquezas**

6. Uma das grandes conseqüências foi uma guinada jamais vista da renda, afastando-se das famílias pobres e de classe média na direção das situadas no topo da pirâmide de renda. As causas dessa guinada não são claras; não há dúvidas, porém, que uma das mudanças mais surpreendentes do novo período foi o aumento da distância entre os ganhos da classe trabalhadora e os dos executivos das empresas.

O final da Era de Ouro

7. A mudança nas fortunas econômicas resultou numa mudança de atitudes políticas. Os poderes do governo foram reduzidos e o setor privado foi visto como uma fonte natural de impulso econômico, necessitando tão somente do estímulo de taxas mais baixas. Assim, o final da Era de Ouro assinalou uma mudança de rumo nas relações entre governo e economia.

Perguntas

1. Por que a inflação no final da Era de Ouro foi tão destrutiva? Em sua opinião, sem os dois choques do petróleo ela teria sido uma força tão poderosa? E sem a guerra do Vietnã? Estaria "escrito nas estrelas" ou teria sido produto desses dois acontecimentos políticos?
2. Como você descreve "estagflação" em oposição a "inflação"? Será que isso se refere à presença ou à ausência de crescimento econômico? O que, por sua vez, determina a força do crescimento econômico?
3. O Federal Reserve tem o poder de mudar a taxa de juros que cobra dos bancos a ele filiados quando eles pedem reservas (títulos do governo) emprestadas. Por que um banco filiado deseja mais reservas? Por que uma taxa mais alta de juros muda a taxa de juros que um banco cobra de uma empresa que busca um empréstimo?
4. A desigualdade é uma preocupação crescente dos norte-americanos. Em sua opinião, existiria uma distribuição "correta" de renda? De que forma ela seria determinada? Por que a alocação de um percentual cada vez maior de renda para as famílias mais ricas e de um percentual cada vez menor para as famílias mais empobrecidas é vista como um fenômeno indesejado? A razão seria moral, econômica, ou ambas?

Pensar no Passado, Olhar para o Futuro

O LEGADO DE KEYNES

Com o final da Era de Ouro, a doutrina de Keynes começou a perder importância, tanto na prática quanto na forma como os economistas entendiam a economia. Muitos economistas, porém, acreditam hoje que a ampla visão econômica de Keynes e as lições que ensinou em seu famoso livro de 1936, *Teoria Geral do Emprego, Juros e Dinheiro*, continuam importantes no século 21. Como veremos nos próximos capítulos, a economia global de hoje tem uma capacidade produtiva muito maior que a demanda de produtos e serviços. Essa capacidade global excessiva não seria um problema se ela automaticamente criasse uma demanda por toda a produção potencial. Entretanto, de acordo com o que Keynes escreveu em 1936, o capitalismo não possui um mecanismo automático a postos para criar essa demanda adicional, que em geral decorre de salários mais altos e mais empregos. A conseqüência é um mundo em que, apesar da imensa capacidade produtiva, muitas pessoas são deixadas na pobreza, sem trabalho e marginalizadas em termos da economia formal.

O que Keynes percebeu acerca da possibilidade de uma economia (neste caso, a economia global) permanecer numa condição de elevadas taxas de emprego decorreu de suas observações da Grande Depressão. A idéia, porém, tinha raízes num conceito geral de capitalismo que continua relevante em nossos dias. Para Keynes, o capitalismo era antes de tudo um sistema baseado no dinheiro, em que salários são pagos por empresários, de forma antecipada, em relação ao que eles receberão após as vendas. Em conseqüência, as decisões sobre contratação tomadas pelos empresários baseiam-se muito nas expectativas que têm sobre vendas futuras. Se elas não são concretizadas por causa de uma demanda menor, os empresários podem reduzir as contratações, as compras de maquinário e equipamento. Neste mundo, a existência de muita capacidade de produção não garante o nível de demanda adequado para estimular os empresários a expandirem sua força de trabalho; na verdade, uma falta de demanda pode sinalizar para eles a redução da produção (e, assim, do emprego). Keynes identificou no capitalismo uma tendência inerente de não gerar emprego pleno. Como veremos, a economia globalizada de nossos dias, apesar de todas as políticas de livre mercado, continua a sofrer com os problemas que Keynes identificou na primeira parte do século 20.

Capítulo 11

Ascensão e Queda do Socialismo

SOCIALISMO *VERSUS* CAPITALISMO?

Com o desempenho variado do capitalismo desde o final da Era de Ouro, poderíamos esperar questionamentos quanto ao valor do sistema em si e talvez a consideração de uma alternativa. Em vez disso, o desempenho medíocre desse sistema ao longo dos últimos 20 anos coincidiu com o colapso de seu oponente histórico: o sistema comunista e socialista, que comandou a sociedade econômica em várias partes do globo desde o começo do século 20. Essa disseminação inesperada do capitalismo entre países antes socialistas ocasionou uma guinada extraordinária na maneira como percebemos a própria história da economia. Hoje em dia, leitores de jornais podem passar meses sem se depararem com qualquer referência ao comunismo ou a rivalidades entre os sistemas capitalista e comunista. Nem bem há 15 anos, entretanto, o mundo concentrava-se numa Guerra Fria – um confronto político que moldou muito as políticas externas e econômicas nos países mais poderosos, os Estados Unidos e seu rival, a União Soviética.

Se voltarmos ainda mais no tempo, por exemplo, ao final da década de 1930, um mero piscar de olhos em termos de cronologia histórica, o rumo da mudança na economia mundial pareceu muito mais diferente do que parece hoje: o capitalismo mundial de então parecia estar se despedindo, e o socialismo de uma vertente ou outra começando a aparecer. Sem qualquer exceção, os países capitalistas do Ocidente haviam passado pela depressão econômica mais devastadora da história, ou ainda a enfrentavam. Logo adiante haveria uma guerra mundial cujo resultado, previsto com acerto quase total pelos observadores, seria a destruição dos impérios coloniais capitalistas estrangeiros e o início de uma era de benefícios "socialistas" no âmbito doméstico. Quem poderia nutrir expectativas otimistas para o capitalismo diante de eventos e previsões desse tipo?

Enquanto isso, o sucesso do socialismo surgia de forma tão dramática quanto desaparecia o do capitalismo. A Revolução Russa embalara a imaginação de grande parte do mundo, em especial nas antigas regiões coloniais, onde partidos e líderes socialistas já preparavam a reorganização das terras asiáticas e africanas sob a bandeira do planejamento nacional, cuja força galvanizadora ficara evidente através do exemplo soviético. A guerra que se avizinhava parecia ao Terceiro Mundo um momento decisivo, sinalizando o final da antiga ordem. Com expectativas assim, quem não usaria de tintas coloridas ao pintar o futuro do socialismo?

Há necessidade de dizermos que as coisas não foram assim? O capitalismo está bem vivo hoje, embora não esteja gozando de saúde perfeita. Mais surpreendente ainda foi o colapso do socialismo, de maneira mais dramática na União Soviética e no bloco soviético de países da Europa Oriental, todos rapidamente introduzindo reformas capitalistas. Talvez, da mesma forma surpreendente, a Coréia do Sul, o México e outros países do Terceiro Mundo em geral não só mantiveram o sistema capitalista, mas chegaram a se envolver ainda mais com ele. Parte dessa situação é conseqüência de suas dívidas financeiras com ex-autoridades políticas e militares. Mais importante ainda, talvez, essa situação complicada também é conseqüência do aparecimento de novos centros de produção industrial em muitos países que, com certeza, não eram capitalistas há 50 anos – Hong Kong, Singapura, Taiwan e Coréia do Sul, além de fortes sinais de mais desdobramentos capitalistas em outras partes do mundo – Brasil, México e Índia. Diante desses acontecimentos, quem poderia declarar hoje que o capitalismo está morrendo ou que o socialismo é a onda do futuro?

EXPLICAÇÃO DA VIRADA HISTÓRICA

Seremos capazes de explicar essa mudança admirável do curso da história? Duas generalizações serão úteis para que analisemos o que ocorreu.

1. *O capitalismo mudou.*

O capitalismo é, sobremaneira, uma força econômica vital na história moderna, mas não é o mesmo capitalismo a que foram aplicadas as previsões sombrias do passado. A natureza dessa mudança foi explicada neste livro e não precisa se examinada com detalhe. Em seu núcleo localizam-se mudanças naquele perfil geral do capitalismo avançado, em especial com o aumento de políticas de proteção social, como aposentadorias, benefícios aos desempregados e seguro-saúde.

Como deve ser do conhecimento de todos os leitores, isso com certeza não significa que o capitalismo esteja hoje livre de problemas graves. Ainda assim, isso ajuda a explicar a mudança profunda que distingue a auto-avaliação do capitalismo atual daquela de um passado não tão distante. O que está reservado, pelo menos nos principais países capitalistas, não mais parece ser uma escolha entre capitalismo e socialismo, mas acertar no tipo de capitalismo com possibilidades de funcionar bem. As discussões trazidas por nosso texto – a respeito de políticas keynesianas, benefícios sociais, déficits governamentais, protecionismo, regulamentação industrial e a necessidade reconhecida de "socialização" – vêm ocorrendo dentro de um consenso geral quanto à viabilidade do capitalismo, num perfil bastante diverso daquele de 50 anos atrás.

2. *O socialismo apresentou dificuldades econômicas e políticas inesperadas.*

Em geral, os primeiros entusiastas do socialismo apostaram suas fichas em dois aspectos de um sistema econômico planejado. Um deles foi sua capacidade para tirar uma economia retrógrada e moribunda de seu ponto morto. O outro foi a eliminação das ineficiências e desperdícios do capitalismo. Uma dessas apostas deu certo, pelo menos em parte; a outra, não.

O que deu certo foi a capacidade do planejamento central de trazer países atrasados para o mundo moderno, o que se viu de forma mais acentuada, na União Soviética (cuja história conheceremos de forma breve) e na China. Não há como compararmos o antigo império czarista ou o ineficiente sistema chinês de feudos com as sociedades criadas pelos comunistas soviéticos ou chineses sem reconhecer a ocorrência de uma transformação sem precedentes, ainda que o custo para tal tenha sido terrível.

Tirar uma sociedade do ponto morto é uma coisa; mantê-la funcionando, porém, é outra. Foi essa a aposta que o socialismo perdeu. Sem exceção, as impressionantes "decolagens" socialistas foram seguidas de performances econômicas crescentemente decepcionantes e, finalmente, desastrosas. Além disso, a razão para o fracasso foi a mesma em todas as situações – a vitalidade do primeiro estágio de mobilização foi seguida pela inércia e, depois, pela desorganização absoluta da burocratização. A lição inesperada do socialismo foi a de que planejamento era uma palavra fácil de ser dita, mas difícil de ser feita. O planejamento era para ser o remédio para as doenças do capitalismo; em muitos casos, foi um remédio pior que a doença.

O SISTEMA SOVIÉTICO

Começaremos pela história do sistema soviético. A primeira coisa é a percepção de que o sistema russo não teve uma evolução gradativa no tempo, como o capitalismo. Foi criado, de maneira autoritária, após a Revolução de 1917. Uma sociedade semifeudal, dotada de uns poucos empreendimentos capitalistas grandes, foi tomada por revolucionários que haviam lido Marx em detalhe, mas que nada sabiam sobre como administrar, e muito menos como organizar uma economia "socialista".

Marx foi de pouca utilidade para os revolucionários, porque O Capital, sua obra principal, era toda sobre o capitalismo e não sobre o socialismo. Nos poucos ensaios em que Marx antecipou o futuro, seu olhar raramente foi além do divisor de águas do ato revolucionário em si. Com a revolução, conforme Marx, um regime temporário, conhecido como a "ditadura do proletariado", assumiria a transição do capitalismo para o socialismo. Dali em diante, uma "economia socialista planejada" iria surgir como o passo inicial na direção de um "comunismo" ainda menos detalhado. Neste último estado – o estágio final da revolução econômica, conforme Marx – havia sinais de que as tarefas monótonas de produção e distribuição ocorreriam pela cooperação voluntária de todos os cidadãos, e que a sociedade voltaria sua atenção séria a assuntos de importância cultural e humanista.

Na verdade, a revolução apresentou a Lênin, Trotsky e outros líderes da nova União Soviética problemas muito mais complexos que esse projeto utópico de longo prazo. Logo após o sucesso inicial da revolução, Lênin nacionalizou os bancos, as principais fábricas, as ferrovias e os canais. Nesse espaço de tempo, os próprios camponeses assumiram o controle de grandes propriedades de terra onde haviam sido inquilinos, transformando-as em propriedades individuais. Então as autoridades centrais tentaram, durante vários anos, controlar a economia, exigindo alimentos das fazendas e alocando-os aos operários das fábricas, enquanto exerciam o controle do fluxo de produção das fábricas através de um sistema de controles diretos do governo.

Essa tentativa inicial de controle da economia foi um grande fracasso. Sob um gerenciamento despreparado, a produção industrial reduziu-se de forma assombrosa; em 1920, chegou a meros 14% dos níveis de antes da guerra! Diante da escassez de bens disponíveis aos camponeses, eles se negaram cada vez mais a dar alimentos para os moradores das cidades. A conseqüência foi uma inflação galopante, seguida de uma degeneração para uma economia de semi-escambo. Mais para o final de 1920, o sistema ameaçava ruir completamente. Para impedir o colapso iminente, Lênin instituiu em 1921 uma Nova Política Econômica, conhecida como NPE. Foi uma volta a um sistema de mercado e uma reconstituição parcial do capitalismo real. O varejo, por exemplo, foi novamente aberto à propriedade e à iniciativa privada. A indústria de pequena escala também voltou ao setor privado. Mais importante ainda foi o fato de as fazendas não terem mais a obrigatoriedade de enviar sua produção; passaram a operar como unidades lucrativas. Apenas os "postos de comando mais altos" da indústria e das finanças foram mantidos nas mãos do governo.

Um debate ferrenho transcorreu por vários anos sobre o rumo a tomar a partir de então. Embora a meta principal do governo soviético fosse ainda substituir a propriedade privada dos meios de produção pela propriedade estatal, a dúvida era a velocidade da substituição – e, na verdade, como conseguir isso. O ritmo da industrialização estava criticamente vinculado a um fator bastante incerto: a vontade do imenso setor de camponeses de fornecer os alimentos necessários ao sustento dos trabalhadores urbanos para a execução de suas tarefas. Todo estudante da história russa acha essa história fascinante.[1] Precisamos apenas observar como ela foi solucionada, em última instância. Em 1927, Stálin assumiu o comando e decidiu-se não por acalmar os camponeses opositores, mas por "coletivizar" – isto é apoderar-se de – suas propriedades em nome do Estado. A conseqüência foi um período terrível da história russa, em que, avalia-se, 5 milhões de *kulaks* (camponeses ricos) foram executados ou levados para campos de concentração. Nas cidades, os operários foram obrigados a executar as tarefas, proibidos de fazer greve e sujeitos a brutais aumentos da carga de trabalho.

A história dessa industrialização obrigatória deixou uma cicatriz indelével no socialismo como forma de organização econômica. É útil, no entanto, que a entendamos com certa objetividade. Se os extremos a que foram as autoridades stalinistas foram extraordinários, e talvez autodestrutivos, precisamos ter em mente que a industrialização em grande escala sempre foi um processo de grande sofrimento. Já aprendemos o que houve no Ocidente quando da Revolução Industrial, com a exploração injusta do trabalho; sem desculpar tais atos, acompanhamos sua função na preparação do caminho para o acúmulo de capital.

De fato, sem tentar justificar a tentativa russa, vale a pena ponderarmos se a industrialização rápida, com seu preço inevitável de um baixo consumo, poderá alguma vez ser uma política "popular". Os pobres desejarão votar em prol de uma transformação econômica que só compensará em 20 ou 40 anos? Temos que observar que o voto universal masculino somente foi conquistado na Inglaterra no final das décadas de 1860 e 1870. Um historiador escreveu: "É duvidoso se as conquistas da Revolução Industrial teriam sido permitidas se o voto fosse universal. Duvidoso porque muito dos agregados de capital de que gozamos hoje em dia são conseqüência dos salários negados aos nossos pais".[2]

Mercado *versus* planejamento

Uma industrialização em massa requer um esforço determinado para manter o consumo em um mínimo e transferir recursos para o acúmulo de capital – esforço bastante facilitado por um aparelho político totalitário. Resta ainda outra questão a ser analisada. De que forma os recursos liberados encontrarão o destino correto num setor industrial integrado e funcionando de maneira insatisfatória?

Recordemos a maneira como isso se dá numa economia de mercado. Ali, o sinal de lucratividade funciona como o ímã para a alocação de recursos e trabalho. Empresários, ao anteciparem ou seguirem a demanda, arriscam recursos privados na construção das instalações que eles esperam que sejam necessárias no futuro. Enquanto isso, à medida que esses industriais audaciosos se expandem, indústrias-satélites menores crescem com eles para atenderem às suas necessidades. Assim, o fluxo de bens em cada setor é regu-

---

[1] Ver Alexander Erlich, *The Soviet Industrialization Debate: 1924-1928* (Cambridge, MA: Harvard University Press, 1960).
[2] Aneurin Beval, citado em Gunnar Myrdal, *Rich Lands and Poor* (New York: Harper, 1957), 46.

lado através da força da demanda privada, tornando-se visível pela sinalização de preços em ascensão ou em queda. A todo o momento, uma força magnética de demanda emana das indústrias em expansão para as indústrias secundárias, ao mesmo tempo em que, por sua vez, as pressões do crescimento são guiadas, encorajadas ou desacelerados pela pressão da demanda, oriunda, em última instância, do público consumidor. Enquanto isso, em contraposição a essas forças de demanda, estão as dificuldades da oferta – os cronogramas de custos dos produtores. Nesse fogo cruzado de demanda e oferta, há um instrumento social sensível à integração do esforço econômico geral de expansão.

Na ausência de um mercado, o mecanismo precisa ser suprido pelas ordens diretas de uma agência central de controle e planejamento. A agência de planejamento precisa oferecer um substituto às operações mais avançadas da estrutura gerencial corporativa numa economia de mercado. Em vez de uma IBM ou uma General Motors construir suas instalações em antecipação a uma demanda por seus produtos, ou numa reação a ela, o órgão de planejamento precisa ele mesmo estabelecer metas e objetivos gerais de crescimento econômico. O que determina a força da demanda não é o consumidor, mas os próprios juízos e objetivos dos planejadores.

O estabelecimento de objetivos gerais, no entanto, constitui apenas a primeira parte, e talvez a mais fácil, do mecanismo de planejamento. Não é suficiente fixar metas amplas; temos que lembrar que o planejamento, numa economia totalitária, não permite que indivíduos cuidem dos detalhes da produção conforme os incentivos do preço e da lucratividade. Numa economia totalmente planejada, cada item que compõe o plano final precisa também ser planejado. Planilhas de produção são necessárias para o aço, o carvão, o coque, a madeira, indo até itens menores como pregos e clipes para papel, uma vez que não existe dispositivo automático pelo qual esses artigos possam estar disponíveis quando necessários sem um planejamento organizador. O fornecimento de trabalho precisa também de planejamento; se a força de trabalho estiver livre para movimentar-se para onde desejar, os salários precisam ser planejados para levar essa força de trabalho para onde ela for necessária.

Assim, suplementar e completar o objetivo principal do planejamento geral precisa ser uma hierarquia de planos menores, um agregado de planos que precisa ocasionar um resultado final. E aqui há uma dificuldade real. Um erro de planejamento, ainda que pequeno, pode desviar de forma grave – ou impossibilitar – a realização de todo o plano, se ele influenciar um dos elos necessários à cadeia produtiva.

Com todas as suas dificuldades, o planejamento centralizado funcionou nos anos após a Segunda Guerra Mundial, quando a destroçada economia russa foi reconstruída, numa tempestade de energia semelhante à do início da década de 1930. Dali em diante, no entanto, os problemas do socialismo começaram a mudar. Terminada a tarefa central de reconstrução, o novo desafio passou a ser a coordenação. Cabia aos planejadores não mais concretizar a estrutura básica de um Estado industrial moderno, mas fazê-la funcionar de verdade.

Isto se mostrou muito mais difícil que a tentativa anterior. Sob o comando dos sucessores de Stálin, Nikita Krushchev e Leonid Brezhnev, o sistema começou a mostrar sinais alarmantes de fracasso. De acordo com estimativas do governo norte-americano, o PIB soviético real cresceu a uma taxa anual média de cerca de 6,5%, de 1965 a 1980, embora de apenas 1,8% ao ano, de 1980 a 1985. Em algumas poucas partes da economia, onde não houve poupança de gastos e onde a burocracia estava subordinada a demandas altamente exigentes de "consumidores" especiais, o sistema teve seus triunfos – os soviéticos lançaram a primeira nave espacial, construíram tanques e aviões militares impressionantes e criaram novas cidades inteiras em regiões estratégicas.

Em outras áreas, porém, onde interesses especiais não estavam em posição de dominar a burocracia, ocorreram resultados muito diferentes. Bens de consumo foram produzidos em quantidade, mas com qualidade tão insatisfatória que os armazéns estavam lotados de sapatos impossíveis de serem usados e tecidos inferiores. Embora a URSS produzisse duas vezes mais aço per capita que os Estados Unidos, havia uma falta crônica de aço porque o material era empregado com desperdício. A madeira era escassa porque somente cerca de 30% das árvores cortadas eram utilizadas, comparado a 95% nos Estados Unidos e Canadá.

Quais foram as causas do fracasso cada vez mais evidente do planejamento russo? Vamos à resposta aprendendo como ele realmente se deu. O planejamento soviético foi realizado em estágios sucessivos. Começou pelo centro, onde a Gosplan, a agência estatal oficial de planejamento, baixou as diretrizes básicas para uma experiência de cinco anos. Esse plano para cinco anos obrigou a decisões fundamentais quanto às taxas de crescimento do consumo e dos investimentos, ao equilíbrio da balança de comércio exterior com os Estados-satélites da União Soviética e às prioridades na pesquisa básica.

O plano geral foi depois fragmentado em planos mais curtos, com duração de um ano. Esses planos mais breves, especificando a produção de setores principais da indústria, foram então passados a vários ministérios específicos, por exemplo, para a produção de aço, para os transportes ou para a produção de madeira. Por sua vez, os ministérios repassavam os planos de um ano aos chefes das grandes plantas industriais, especialistas e conselheiros, e assim por diante. Assim, o projeto geral eras desdobrado em suas partes constituintes, até que finalmente os fios eram levados novamente o mais longe possível através do processo produtivo, até os oficiais encarregados das operações fabris.

Desta maneira, o gerente de uma planta industrial – digamos, de uma operação para produzir coque – receberia um conjunto de instruções que encaixaria as operações com aquelas feitas nas indústrias para onde fluiria a produção e com aquelas de onde viriam os insumos. O gerente provavelmente faria a verificação com os engenheiros de produção e com os supervisores, repassando as exigências para que as metas fossem alcançadas – talvez, uma autorização para contratar mais operários ou requisitar mais maquinário. Dessa forma, as necessidades da demanda desceriam na cadeia de comando e as restrições da oferta subiriam nessa mesma cadeia, tudo junto num gigantesco projeto de produção (uma enorme seqüência de documentos) nos escritórios da Gosplan.

Ineficiências do planejamento

Podemos imaginar que a integração e a coordenação desses planos eram tarefas muito complicadas. Mesmo com as mais sofisticadas técnicas de planejamento, o processo era lento, difícil e sujeito a erro. Para contornar as carências constantes que levavam a uma interrupção dos processos, os gerentes de fábricas tinham poderosos incentivos financeiros para a superação dos resultados planejados.

O que nos coloca diante de outro problema. Os indicadores de sucesso pelos quais eram medidas as realizações de uma empresa invariavelmente produziam suas próprias distorções e estrangulamentos. Se a meta de uma indústria têxtil fosse especificada em metros de tecido, obviamente havia uma forte tentação para trançar o tecido da forma mais frouxa possível, de modo a maximizar o comprimento. Se o indicador de sucesso fosse uma medida de peso, era tentador deixar de lado qualidade ou design. Quadrinhos na revista humorística Krokodil mostravam uma fábrica de pregos exibindo, com orgulho, sua "produção recorde" – um prego gigante suspenso por um imenso guindaste. O sistema econômico ficou, bem cedo, dependente dos chamados *tolkachi* – intermediários que agendavam mudanças de rota nos carregamentos, reposição de peças que faltavam e inventários dos excessos a serem descartados, longe da vista das autoridades ou com sua permissão tácita.

Para afastar essas ineficiências sufocantes é que Mikhail Gorbachev começou, em 1985, a falar em *glasnost* – abertura – e em *perestroika* – a reestruturação fundamental do sistema econômico. Mas seu plano para um afrouxamento gradativo dos controles políticos e a introdução de alguns mecanismos baseados no mercado foi rapidamente ultrapassado por uma sucessão de acontecimentos que, depressa, levaram a União Soviética para a beira do caos econômico e político, a conseqüência de uma desorganização crescente da economia. O caos surpreendeu a todos e ainda não foi compreendido com clareza. É provável que uma esclerose tenha tomado conta de tudo em proporções críticas. Ficou cada vez mais difícil garantir embarques de uma fábrica ou região para outra, com a produção assim começando a cair abruptamente. Falamos de uma grave recessão nos Estados Unidos, quando o PIB diminuiu um ou dois percentuais; na União Soviética, durante os primeiros anos da década de 1990, a produção teve queda de 25%, talvez mais. Com a falta de alimentos nas principais cidades, os "intermediários" *tolkachi* deram lugar aos que traficavam artigos baratos. O mercado negro foi, provavelmente, o único setor que cresceu na economia russa. A partir de então, faltou pouco para a desorganização política, na medida em que a própria União Soviética começou a testemunhar divisões em seu todo.

TRANSIÇÃO PARA O CAPITALISMO

Embora a dissolução da União Soviética tenha ocorrido por razões econômicas e políticas internas, o final do regime soviético foi ocasionado por eventos ocorridos além de suas fronteiras. Em 1989, diante do declínio econômico e de legitimidade política da URSS, os países-"satélites" que compunham o bloco político e econômico soviético, destacadamente a Polônia, a Hungria e a Tchecoslováquia, repudiaram suas amarras com uma série de revoluções "suaves" – isto é, relativamente pacíficas. Dois anos depois, com seu poder desintegrado e suas reformas vistas, internamente, como insuficientes e tardias, a União Soviética foi dissolvida, sendo recriada a nação da Rússia e quinze países menores independentes, alguns economicamente inviáveis, mas todos eles plenos de um fervor nacionalista e aliviados com o fim da dominação soviética.

Enquanto isso, na maior parte dos países a transição para o capitalismo não foi suave. Apesar de todos os seus problemas, os países socialistas proporcionavam empregos, atendimento médico e habitação aos cidadãos – resumindo, uma rede de segurança social. Com uma virada para uma economia baseada no mercado, os países sujeitaram-se às vicissitudes do mercado. De acordo com a Tabela 11-1, em alguns países a taxa de desemprego chegou a dois dígitos. A inflação dos preços apareceu pela primeira vez em toda uma geração, com a Rússia vivendo taxas de uma quase hiperinflação no aumento dos preços. Incapazes de competir no mercado internacional, muitos países tiveram significativos déficits comerciais,

TABELA 11-1 Principais indicadores econômicos em economias européias selecionadas

	Crescimento PIB 1990-1999 (% por ano)	Crescimento PIB 2000-2004 (% por ano)	Taxa de desemprego 2004 (%)	Inflação em 2004 (%)	Atual equilíbrio das contas 2004 (milhões de dólares)
República Tcheca	0,9	2,9	8,3	2,8	−5661
Hungria	1,0	3,5	6,1	6,8	−8819
Polônia	4,7	2,8	19,0	3,5	−3585
Romênia	−1,2	5,5	8,0	11,9	−3311
Federação Russa	−6,1	6,1	7,8	10,9	60109
República Eslovaca	1,9	4,8	18,1	7,5	−282

Fontes: IMF *World Economic Outlook, 2005 (inflação)*. Washington, DC: IMF; *World Development Report 2006 (PIB e déficit atual)*, Washington, DC: World Bank; ILO, LABORSTA database, 2006 (*desemprego*).

enfraquecendo o valor de sua moeda nos mercados mundiais. Talvez ainda mais surpreendente foi o nível de corrupção e criminalidade do controle dos mercados e recursos. Por trás desses problemas econômicos e legais estavam questões políticas e sociais que afetaram não apenas os russos mas todos os ex-países socialistas da Europa Oriental, que lutavam em busca de liberdade e prosperidade na transição para o capitalismo.

Vamos resumir as dificuldades na transição ao capitalismo:

1. Uma coisa é introduzir "o mercado", e outra é aceitar as mudanças que ele acarreta. A mudança de uma sociedade planejada para uma sociedade de mercado significa uma guinada política, e não apenas econômica, em que o poder é transferido dos administradores da política para uma nova classe de empreendedores capitalistas. Isso havia ocorrido somente uma vez na história, na revolução comercial, cujo rumo sangrento e difícil testemunhamos no Capítulo 3. Aquela transformação levou muitos séculos. Os reformadores de hoje querem fazer isso em uma ou duas décadas.
2. Os promotores do rejuvenescimento capitalista acentuam as melhorias trazidas por uma sociedade de mercado. Eles não mencionam o desemprego, a inflação e a forte concorrência doméstica e estrangeira que virão com ela. Esses efeitos colaterais inevitáveis de uma transição para o capitalismo provavelmente terão sua nem um pouco bem-vinda presença sentida durante muito tempo antes da chegada do crescimento e do bem-estar econômicos. Pressões políticas em escala gigantesca com certeza assolarão os países ex-comunistas por muito tempo, não apenas atrasando a chegada do crescimento econômico, mas talvez preparando o cenário para uma retirada da democracia, que é uma meta até mais importante que seu progresso econômico.
3. Finalmente, há toda uma salada de intricados problemas institucionais e legais. De que maneira serão apresentadas as instituições capitalistas? Quem irá escrever as leis que estabelecem e definem a propriedade privada? Como a propriedade estatal – acima de tudo, suas empresas com potencial de lucro – será transferida para mãos particulares? De quem serão essas mãos? Vejamos mais alguns obstáculos: de que forma será estabelecida uma economia que funcione quando inexistem bancos privados, advogados ou contadores comerciais, praticamente nenhuma conta-corrente (todos os pagamentos sendo feitos em dinheiro ou através de créditos entre ministérios e suas fábricas), nenhuma "Páginas Amarelas" nas listas telefônicas e pouquíssimas listas telefônicas?

Ainda estamos para ver como e se esses problemas serão vencidos. Uma coisa é certa, no entanto: os problemas apresentados como econômicos são, em última instância, políticos por natureza. Assim, há muita coisa associada a um tipo de cultura política. Em alguns casos, tomemos Hungria e Polônia como exemplo, grupos fortes compostos pela classe operária e classe média ingressaram na vida política desses países, estabelecendo sistemas políticos mais legítimos do ponto de vista político. Em outros locais, na própria Rússia, por exemplo, há pouco progresso na construção de uma sociedade civil e dos processos democráticos que essa sociedade pode fazer surgir.

O FUTURO DO SOCIALISMO

O que mostramos levanta uma questão de importância central para nós, que estamos menos interessados na análise da queda soviética do que nas repercussões deste acontecimento decisivo em relação ao tema principal deste livro. Essa questão é a trajetória do capitalismo como a principal forma de sociedade econômica na civilização ocidental. Por um momento pareceu que um socialismo, com planejamento central, seria um concorrente poderoso do capitalismo, e muito provavelmente seu sucessor. Após a derrota do planejamento central, sobrou alguma coisa do "socialismo"?

Uma parte dessa indagação pode ser descartada com algum grau de certeza. O socialismo como uma sociedade construída em torno de um núcleo de planejamento central forte é uma forma de sociedade econômica cujas perspectivas parecem nebulosas, pelo menos para os países industrial avançados. É possível, porém, que em países subdesenvolvidos que buscam mudar sociedades rurais atrasadas transformando-as em sociedades industriais modernas, um planejamento centralizado possa ter tanto sucesso quanto aquele alcançado durante certo tempo na União Soviética. Alguma espécie de "socialismo militar" pode até permanecer por algum tempo, como na estrutura encontrada na China ou em sociedades empobrecidas aqui e ali que buscam ascender, com muito sofrimento, a uma suficiência industrial.

Se a experiência ocidental ensinou alguma coisa, essa espécie de socialismo não trará os resultados esperados depois que estiverem atendidas as primeiras promessas industriais. De novo julgando-se a partir dessa mesma experiência, a criação de economias complexas, funcionando sem problemas e voltadas ao atendimento das necessidades dos consumidores, mostrar-se-á bastante difícil, até mesmo impossível, sob um planejamento centralizado. A inércia da burocracia e a atmosfera de frustração da uniformidade política constituem obstáculos mortais ao dinamismo econômico. Sociedades ditatoriais não são bons solos onde o espírito empreendedor possa frutificar. Um socialismo bem-sucedido, com planejamento centralizado, não soa como uma possibilidade real num futuro próximo.

Existe, no entanto, outra forma de se pensar o futuro do socialismo. Imaginemos um país que tenha as características mais desejáveis dos países capitalistas existentes. Poderia (por exemplo) combinar a cultura francesa, o sistema escolar sueco, as conquistas em saúde pública canadenses, os padrões de distribuição de renda noruegueses, os acordos entre patrões e operários alemães, as liberdades civis dos Países Baixos – ou qualquer outra combinação de instituições nacionais agradável ao leitor. A questão do socialismo poderia ser posta assim: quais as mudanças necessárias para transformar esse país imaginário, mas sem sombra de dúvida capitalista, num país "socializado" – isto é, nem capitalista, nem socialista, com mercado e setores estatais ativos e uma cultura de preocupações sociais?

A indagação ajuda-nos a colocar num contexto histórico o problema do que poderia vir em seguida, uma vez que se trata de um questionamento sobre realidades institucionais e não sobre visões ideológicas. Imaginemos, por exemplo, que o futuro econômico pudesse ser um "socialismo de mercado", utilizando mercados em vez de um planejamento central ao mesmo tempo em que sejam mantidas outras instituições socialistas. A pergunta passa a ser: como decidir sobre as instituições a serem mantidas? Que tipos de planejamento e em que áreas? Uma distribuição de renda mais igual? Quão igual, e como seria alcançada? Participação dos trabalhadores? Em que tipo de decisão, e como seria estruturada?

Essas perguntas difíceis obrigam-nos a confrontar o fato desconcertante de que não é fácil projetarmos uma forma institucional de capitalismo avançado. Somos solicitados a dizer o quanto de ideais "socialistas" queremos dentro das formas institucionais gerais capitalistas, além de se e onde gostaríamos de romper esses limites.

Há um julgamento final? Talvez ele venha sob a seguinte forma: as capacidades de adaptação do capitalismo parecem bastante amplas no futuro próximo, de modo que algo semelhante a um capitalismo socializado talvez possa ser alcançado em alguns países num arcabouço composto por propriedade privada e relações de mercado. A longo prazo, porém, é possível que haja limites a essa capacidade de adaptação. Por exemplo, não se sabe se o capitalismo seria capaz de manter sua vitalidade se o cerco ecológico se fechasse, ou se a relação entre o mundo desenvolvido e o em desenvolvimento continuasse através do atual curso de antagonismos. Chegados esses desafios, eles desencadeariam mudanças históricas cuja natureza geral não seríamos capazes de prever com exatidão.

Conceitos e termos importantes

Transição para o Capitalismo

1. Uma mudança surpreendente ocorreu em nossa época. O socialismo, o antigo desafiante do capitalismo, sofreu uma grande derrota. Sistemas socialistas em vários lugares do mundo estão se voltando para o mecanismo de mercado – o mecanismo central do capitalismo. Nesse capítulo, acompanhamos as causas daquela mudança e projeções para ela.

União Soviética

2. A economia soviética foi criada mais por sanção que por livre evolução, como o caso da norte-americana. Após a Revolução Russa, a estrutura em parte camponesa, em parte capitalista da Rússia dos czares foi organizada, num momento inicial, num sistema de comando com pouco entusiasmo, para em seguida ser obrigada agressivamente a uma estrutura totalitária.
3. O sistema de comando inicial funcionou porque conseguiu mobilizar os recursos para a tarefa relativamente simples de "obrigar" a uma industrialização sobre uma base pré-industrial. Retrospectivamente falando, podemos ver que certo grau de comando político parece sempre acompanhar a transformação dolorosa de uma industrialização, embora o uso de poder por Stálin tenha sido repulsivamente excessivo.
4. Concluída a reconstrução que se seguiu à Segunda Guerra Mundial, o sistema de comando começou a evidenciar sérias dificuldades. Economias de comando são eficientes na mobilização, mas não na flexibilização e na adaptação. O velho sistema de planejamento não mais funcionou, porque seus indicadores de sucesso fracassaram em gerar as respostas de que o sistema necessitava para evitar carências e descompassos.
5. Em 1985, Mikhail Gorbachev anunciou uma reestruturação básica para o sistema soviético – uma reestruturação que faria muito, mas não tudo, para introduzir as instituições fundamentais do capitalismo. Foi um plano jamais concretizado, e em 1991 o governo desmantelou a União Soviética e estabeleceu um governo russo novamente eleito, além de outros países novos e independentes que haviam sido parte da União Soviética.
6. Tipos similares de desorganização econômica e perturbação política ocorreram em praticamente todos os socialismos com planejamento central da Europa. Um a um, eles rejeitaram o comando político comunista e procuraram introduzir uma economia capitalista. As dificuldades dessas transformações são imensas, e seu sucesso, incerto.
7. Por conta disso, o capitalismo tem o futuro garantido? Muito provavelmente, ele não será desafiado por alguma economia com planejamento centralizado. No entanto, o capitalismo com certeza será caracterizado pelas tendências dinâmicas que marcaram sua história – acima de tudo, as tensões e atritos de um impulso de expansão que age num contexto de estímulos e desestímulos de um mercado competitivo. Mas tudo indica que isso impulsionará o capitalismo no rumo de uma socialização – não de um socialismo – através do uso de vários recursos, como regulamentos para o mercado financeiro ou códigos de conduta para as corporações, de modo a diminuir suas instabilidades e corrigir as desigualdades causadas pelo mercado.

Perguntas

1. Quais foram os pontos fortes e os pontos fracos do sistema de planejamento central na União Soviética?
2. O declínio do socialismo na Europa Oriental teria sido conseqüência de fatores puramente econômicos? Qual teria sido o papel da política e da cultura?
3. Em sua opinião, por que as idéias marxistas, em sua maioria, não foram concretizadas nas experiências reais dos países socialistas?
4. Em sua opinião, por que o capitalismo não alcançou muito sucesso nos ex-países comunistas da Europa Oriental?
5. Alguns países, em especial China, Cuba e Coréia do Norte, permaneceram socialistas apesar da guinada para o capitalismo ocorrida na Europa Oriental. Em sua opinião, quais seriam os obstáculos que esses países enfrentam e qual poderia ser o seu futuro?

> **PENSAR NO PASSADO, OLHAR PARA O FUTURO**

O COMUNISMO COMO UM IDEAL UTÓPICO

O colapso do bloco soviético pôs fim a uma divisão de muitas décadas entre comunismo e capitalismo. O capitalismo hoje atinge partes do globo jamais alcançadas em sua história. Na verdade, essa expansão do capitalismo é uma maneira de definir a globalização, foco do próximo capítulo. O final do comunismo trouxe um grande alívio para muitos nos países do antigo bloco soviético, especialmente os que haviam sofrido sob sua torturante opressão política, controles rígidos e padrões de vida insatisfatórios.

Se este livro fosse ensinar uma única lição, é a de que a criação de uma sociedade econômica não é um fenômeno natural, mas algo criado por pessoas, suas idéias e ações. A economia de nossos dias é criada por nós, e o bom funcionamento dessa sociedade depende em grande parte de imaginarmos seu potencial. A idéia do comunismo desempenhou, através de gerações, um papel central na formação dessa imaginação, ampliando nossos sentidos acerca das possibilidades da sociedade e alertando-nos quanto às armadilhas. Assim, enquanto celebramos a conquista de liberdades individuais que chegaram com o fim da dominação soviética, também temos que não perder de vista as dimensões utópicas incorporadas à idéia do comunismo. Teoricamente, o comunismo é um sistema baseado em noções de igualdade, justiça e cooperação. Karl Marx, o filósofo e economista do século 19 criador da teoria comunista, acreditava que o sistema funcionaria segundo o princípio "de cada um conforme a capacidade, a cada um conforme a necessidade".[3] É essa visão de justiça distributiva que corre o risco de se perder à medida que a idéia do comunismo se perde junto com as lembranças da União Soviética. O desafio das gerações futuras será manter vivos os sentimentos de igualdade, justiça e cooperação imaginados pelo marxismo, sem a opressão que foi parte de sua realidade mal-construída.

---

[3] Karl Marx, *Critique of the Gotha Program* (New York: International Publishers, 1938).

Capítulo 12

A GLOBALIZAÇÃO DA VIDA ECONÔMICA

A ECONOMIA MUNDIAL REMODELADA

Uma palavra nova passou a fazer parte da economia atual: *globalização*. Essa palavra sugere a colocação do mundo todo num foco econômico novo e muito importante. Em parte, esse foco está no ingresso significativo no mundo econômico de países como Índia, Brasil, China e Ásia Oriental em geral. O *boom* nessas economias está intimamente associado à sua capacidade de exportar para o resto do mundo. No entanto, ao mesmo tempo em que a era da globalização tem visto o destaque de alguns países, tem se deparado também com estagnação e destituição em outras partes. O foco da globalização, em parte, está então no problema da pobreza global. A globalização leva-nos a repensar as causas e as possíveis curas para as misérias da África, Ásia, América do Sul e América Latina a que assistimos na televisão ou lemos a respeito nos jornais.

Um segundo aspecto da globalização leva-nos a reconsiderar nosso próprio destino econômico: a globalização tem a ver, sem dúvida, com a crescente interconexão econômica. Com o aumento de nossa inserção na economia mundial, vêm também os riscos. Sua origem está em aspectos diversos da globalização, desde perdas de emprego que resultam do aumento de aquisições de bens e serviços no exterior, até perdas financeiras que podem advir de movimentos repentinos nos mercados estrangeiros de capital em que os norte-americanos investem cada vez mais. São essas as questões que examinaremos neste capítulo.

O colapso de Bretton Woods

Com o capitalismo saindo da Era de Ouro, surgiu uma indagação central: que políticas seriam capazes de ocasionar uma volta à prosperidade daquele período? A dificuldade é que, ao menos em um aspecto importante, é impossível um retorno ao período anterior. Tal dificuldade reside na decisão de abandonar o Acordo de Bretton Woods, de 1944, sobre taxas fixas de câmbio. Lembramos que esse acordo foi firmado tendo como base a capacidade e a vontade dos Estados Unidos de desempenhar o papel central de líder financeiro internacional. O Acordo de Bretton Woods garantiu uma taxa fixa de câmbio entre o dólar e o ouro, e buscou injetar dólares em quantidade suficiente na estrutura financeira dos participantes para encorajar o crescimento do volume de atividade econômica e o comércio internacional. Desde que a promessa dos Estados Unidos de manter um preço fixo para o ouro permanecesse acima de qualquer dúvida, a posse de dólares por estrangeiros valeria tanto quanto a de ouro. Na verdade, era melhor porque os dólares eram usados em várias transações internacionais, e o custo para manter um estoque de ouro não era barato. Esse acordo foi uma das bases mais importantes a sustentar a Era de Ouro.

Nos primeiros anos do sistema Bretton Woods, ocorreram poucas transações através da *gold window* (janela de ouro) norte-americana – isto é, poucas aquisições de ouro norte-americano por governos estrangeiros em troca de dólares. Realmente, nos primeiros anos do pós-guerra, o sistema sofreu uma carência de dólares, uma escassez de reservas em dólar em mãos de estrangeiros. Considerando-se o papel do dólar como moeda internacional de reservas, e o predomínio dos Estados Unidos na economia mundial após a guerra, a moeda norte-americana foi usada não apenas no comércio com os Estados Unidos, mas também para o pagamento de transações comerciais entre outros países, especialmente para *commodities* importantes, como trigo e petróleo. Em conseqüência da demanda estrangeira por dólares e o desejo associado de manter reservas estrangeiras em dólar, logo ocorreu uma escassez dessa moeda.

Na metade da década de 1960, porém, começaram a aparecer fissuras nesse sistema. Em 1968, os Estados Unidos importavam mais do que exportavam, isto é, o país pagava mais dólares a estrangeiros por seus produtos e serviços que os estrangeiros aos Estados Unidos por seus produtos. Com a manutenção e o aumento desses déficits comerciais, os dólares que os norte-americanos pagaram pelas importações começaram a inundar os mercados mundiais. Esse problema exacerbou-se quando as necessidades norte-americanas de produtos e serviços estrangeiros aumentaram em virtude da Guerra do Vietnã. Então, o que desde 1944 havia sido uma carência crônica de dólares transformou-se num excesso no fornecimento de dólares – mais dessa moeda nas mãos de bancos ou comerciantes estrangeiros que o necessário.

O perigo que isso trouxe foi a ameaça de uma corrida ao estoque de ouro norte-americano. Conforme as regras do Acordo de Bretton Woods, 35 dólares em mãos estrangeiras poderiam comprar uma onça de ouro. Parecia agora já haver mais dólares em mãos estrangeiras que o necessário, o que acarretou dois riscos: primeiro, temeu-se que um barateamento do dólar pudesse fazer seus proprietários livrarem-se deles antes da desvalorização. Nesse caso, os Estados Unidos veriam que seus dólares não eram mais vistos como "tão bons quanto o ouro". Mas um risco ainda maior foi vislumbrado: o de que o sistema monetário mundial, com taxas de câmbio razoavelmente estáveis, abrisse caminho para a instabilidade cambial.

Bastante alarmado diante dessa possibilidade, no final da década de 1960 o governo norte-americano fez várias tentativas de aliviar a pressão contra o dólar, mas nenhuma delas conseguiu se contrapor à onda de especulação contra o dólar. Em agosto de 1973, o presidente Nixon oficialmente fechou a *gold window*, terminando o sistema Bretton Woods e, de forma tácita, anunciando que o dólar norte-americano não era mais a moeda mais confiável do mundo.

A era das taxas de câmbio flexíveis

O fechamento da *golden window* concluiu uma era de cooperação monetária internacional que nunca mais seria vivenciada. O colapso do sistema Bretton Woods ocorreu por razões internas e não em conseqüência de algum choque externo. Esse sistema, cujas regras foram criadas, na maior parte, pelos Estados Unidos, ruiu pela incapacidade ou falta de vontade dos Estados Unidos de obedecer às mesmas regras – em especial, de controlar seus déficits no exterior e evitar uma corrida ao dólar. Conforme o historiador social Fred Block, "o colapso da ordem financeira do pós-guerra teve raízes na incapacidade dos Estados Unidos tanto de ir atrás de suas metas globais, quanto de viver conforme regras de comportamento monetário internacional que eles mesmos instituíram".[1]

Que sistema substituiria as taxas fixas de câmbio que foram a segurança do Acordo de Bretton Woods? Logo ficou claro que somente um sistema seria possível – um sistema em que todas as moedas flutuassem – isto é, fossem trocadas por outras moedas – dependendo da oferta e da demanda de compradores e vendedores. Isso quer dizer que todos os governos, inclusive o dos Estados Unidos, haviam ingressado numa nova era de coexistência econômica, em que nem mesmo a nação mais poderosa seria capaz de garantir o valor de sua moeda. Mais importante ainda, empresas e pessoas privadas que utilizassem moeda estrangeira para seus negócios e viagens seriam obrigadas a aceitar os riscos das oscilações no preço do dinheiro, algo inevitável em qualquer mercado livre.

O colapso do sistema Bretton Woods sinalizou o fim da Era de Ouro do capitalismo. Como mostrou o Capítulo 10, a experiência nos países mais industrializados desde 1973 foi de crescimento bastante mais lento na produção e nos salários reais, de taxas elevadas de desemprego e de crescimento da desigualdade econômica. Se, porém, crescimento lento constitui um aspecto do mundo após a Era de Ouro, outro aspecto é o aumento da internacionalização da atividade econômica. Trataremos do problema da relação entre esses dois fenômenos mais adiante neste capítulo; antes disso, no entanto, precisamos tentar compreender os dramáticos e complexos processos que passaram a ser conhecidos como *globalização*.

A GLOBALIZAÇÃO DA PRODUÇÃO E DAS FINANÇAS

Movimentos de capital no mundo

O termo *globalização* é utilizado para descrever uma variedade de fenômenos, desde a disseminação de músicas populares, filmes e moda pelo globo até a crescente facilidade de comunicação e transporte globais; da rápida transmissão de problemas de saúde e ambientais que atravessam fronteiras nacionais à rápida difusão internacional de novas tecnologias, bem como o alcance internacional crescente das grandes corporações. Basicamente, porém, a globalização econômica refere-se ao aumento da interconexão dos mercados de países diferentes. Esse processo reflete-se no crescimento do comércio internacional e dos investimentos estrangeiros, e especialmente no surgimento de fluxos financeiros internacionais. O elemento comum a todos esses processos é a mobilidade internacional do capital muito aumentada.

O aumento da mobilidade internacional do capital afeta a produção e as finanças. Quando a empresa Ford Motor constrói uma fábrica de motores em Chihuahua, no México, isso é conhecido como investimento direto no estrangeiro. Um investimento desse tipo normalmente leva a mais comércio internacional. Quando a Ford embarca os motores produzidos no México para sua operação de montagem em Detroit, trata-se de uma exportação mexicana e de uma importação norte-americana, mesmo que a troca ocorra dentro de uma única empresa. Quando um banco com sede em Nova York como o JPMorgan Chase contrata uma empresa em Bangalore, na Índia, para realizar suas operações telefônicas (gerenciamento de contas ou venda de novos serviços), o que temos é uma exportação indiana e uma importação norte-americana.

---

[1] Fred Block, *The Origins of International Economic Disorder* (Berkeley, CA: University of California Press, 1977), 215.

Investimentos estrangeiros incluem gastos em outro país em ativos de produção, independente da nacionalidade, como o que se dá quando a PepsiCo constrói uma planta para engarrafamento em outro país, como as Filipinas, ou quando a Sony investe nos Estados Unidos comprando uma companhia cinematográfica já existente em Hollywood. Diferentemente, a globalização financeira envolve empréstimos bancários internacionais e investimentos de portfólio, que são aquisições de ações, títulos e contas bancárias por estrangeiros. Resumindo, a globalização financeira relaciona-se apenas com fluxos monetários, ao passo que a globalização da produção envolve tanto investimento direto estrangeiro quanto comércio internacional.

"A grande duplicação"

Outro aspecto da globalização é o vigoroso ingresso no sistema capitalista mundial de uma quantidade de países e regiões maiores que antes suspeitavam desse sistema econômico ou eram hostis a ele. A República Popular da China continua um país comunista no sentido de que sua esfera política está completamente dominada pelo Partido Comunista Chinês. Mas sua economia só pode ser caracterizada como capitalista, já que empresas privadas proliferaram-se, especuladores imobiliários e construtores controlam o mercado de propriedades nas principais cidades, e empresas estrangeiras estabeleceram-se em massa na China. Os países da Europa Oriental e a Rússia – o antigo Bloco Soviético, que rapidamente passou de socialista a capitalista depois de 1989 – implementaram planos abrangentes para privatizar o que era propriedade do Estado. Muitos desses países são hoje membros da União Européia e da Organização de Comércio Mundial. E a Índia, nos últimos dez anos, abriu as fronteiras ao comércio e aos investimentos estrangeiros em um grau jamais visto desde sua independência em 1947. A entrada desses países na economia mundial significa novos mercados para os produtores de todo o mundo, além de novas fontes de competição por bens e serviços de baixo custo. O efeito dominante de seu ingresso no sistema capitalista mundial é o acréscimo de 1,6 bilhões de trabalhadores na força de trabalho global, o que o economista Richard Freeman denominou de "a grande duplicação".[2] Com uma expansão assim dos mercados de trabalho, combinada a uma maior mobilidade internacional do capital, talvez não cause surpresa a estagnação dos salários em várias partes do mundo, uma vez que trabalhadores de vários países concorrem mais entre si.

O alcance da globalização

Apenas a era do Padrão Ouro, anterior à Primeira Guerra Mundial, de 1870 a 1913, pode ser comparada ao período atual em termos da quantidade de atividade econômica internacional. Mais importante ainda, há um aumento no comércio e nos investimentos internacionais como uma parcela da atividade econômica mundial desde 1960, e, em especial, desde 1980. A Figura 12-1 mostra que, após 1982, o volume do comércio internacional cresceu de forma mais rápida que a produção mundial, conforme medida pelo PIB. Hoje, as exportações de mercadorias como parte da produção total quase triplicaram o nível de 1950, chegando a níveis jamais alcançados antes no que a história registra, como mostra a Tabela 12-1. Observem ainda que, mesmo hoje em dia, os Estados Unidos são uma economia muito menos aberta – isto é, voltada ao comércio internacional – que a maior parte do mundo. A causa reside em seu imenso mercado doméstico e seu isolamento geográfico em relação a outros mercados maiores e ricos. Ainda assim, os Estados Unidos têm forte

---

[2] Richard Freeman, "China, India and the Doubling of the Global Labor Force: Who Pays the Price of Globalization?" *The Globalist* (June 3, 2005).

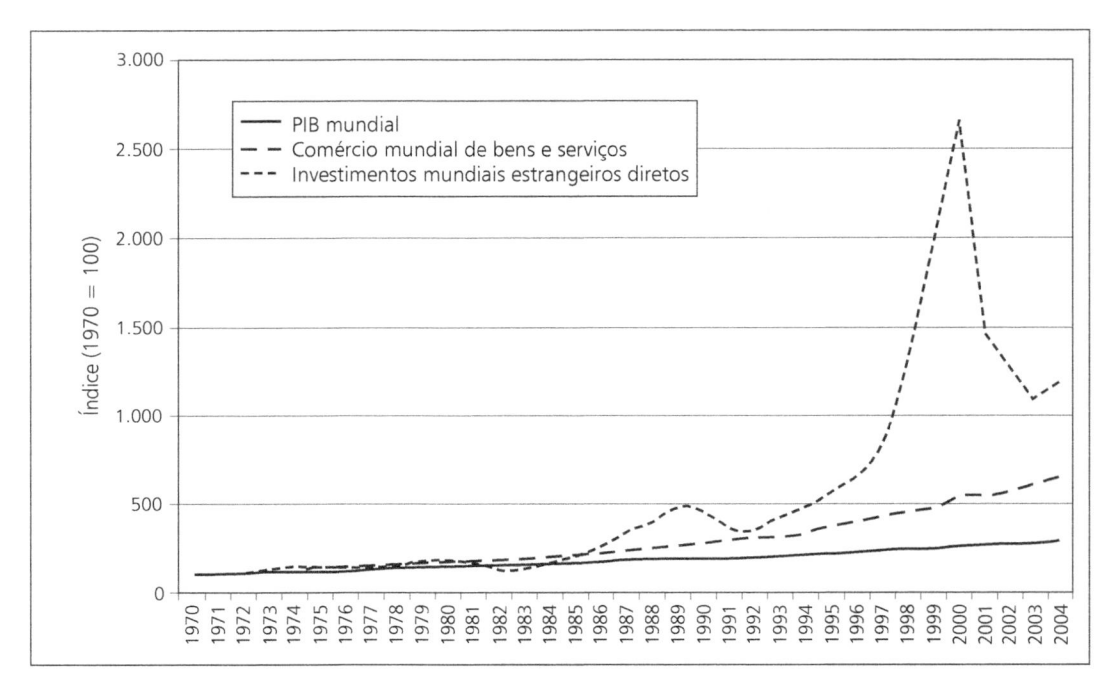

FIGURA 12-1 Comércio Mundial, Investimento Direto no Exterior e PIB, 1970-2004 (1970 = 100).
Fonte: World Bank Group, *World Development Indicators Online*, 2006.

participação na economia internacional, com uma exportação de bens e serviços em 2005 de 1,3 trilhões de dólares e importações de 2 trilhões de dólares. É o primeiro na lista mundial em termos de investimentos estrangeiros. Sua entrada no NAFTA (*North American Free Trade Agreement*, com o Canadá e o México, em 1994, e a assinatura do *Uruguay Round Agreement* do *General Agreement on the Trade and Tariffs*, no mesmo ano – acordo que resultou na formação da Organização Mundial de Comércio (WTO/OMC) – serviu para intensificar o processo de integração desse país na economia mundial.[3]

O aumento no comércio e investimento internacionais, porém, é apenas um dos indicadores da globalização. Um indicador mais dramático é o aumento na quantidade e alcance das corporações transnacionais – isto é, corporações com operações em mais de um país. Em 2002, havia mais de 63.000 corporações com mais de 850.000 sucursais ou filiais operando em países estrangeiros. Essas filiais estrangeiras empregavam mais de 53 milhões de trabalhadores, com estimativas de venda acima de 17 bilhões de dólares, mais do que o valor total das exportações mundiais e o triplo das vendas de dez anos atrás. Hoje, as corporações transnacionais dominam as vendas em indústrias tão variadas quanto refinarias de petróleo, veículos automotores, alimentos, eletroeletrônicos e produtos químicos. Para muitas empresas, as vendas para o estrangeiro são tão importantes quanto as internas. A General Motors emprega 148.000 pessoas fora de seu país natal, os Estados Unidos. A empresa suíça Nestlé tem mais de 220.000 empregados fora da Suíça, quase o mesmo número dos que emprega no país de origem. O Citigroup, empresa de

---

[3]Temos que comentar a volatilidade incomum dos investimentos estrangeiros diretos desde a metade da década de 1990, em comparação ao comércio e ao PIB. Esse aumento violento, seguido de queda, é em grande parte reflexo das fusões e aquisições corporativas internacionais, o que pode levar a grandes oscilações nos fluxos de investimentos estrangeiros registrados.

TABELA 12-1 Exportações de mercadorias como percentual do PIB

	1870	1913	1950	1973	1985	1993	2006
Mundo	5,1	11,9	7,1	11,7	14,5	17,1	22,3
Estados Unidos	5,4	6,4	3,8	5,2	5,2	7,0	7,0

Fonte: Milberg, W. "Globalization and International Competitiveness", em *Improving the Global Economy* (Aldershot, UK: Edgard Elgar, 1997); World Bank, World *Development Report 2006*.

serviços bancários e financeiros com base nos Estados Unidos, tem hoje muito mais lucro decorrente de operações fora dos Estados Unidos que dentro do país. As empresas cada vez mais atendem à necessidade de competirem em mercados em todo o mundo através de fusões com companhias estrangeiras ou de aquisições dessas empresas.

A terceira e mais fantástica dimensão do processo de globalização são as finanças internacionais. No mercado de moeda estrangeira, as transações diárias são hoje de 2,4 trilhões de dólares. Isso é mais que o valor do comércio no mundo todo em um ano! Aquisições e vendas de moeda estrangeira são mais de dez vezes o que eram há 20 anos.[4] Sua velocidade e volume tornaram-se uma das características definidoras dessa era. Seja para a compra de um prédio ou fábrica no exterior ou para a compra ou a venda de moeda estrangeira por razões puramente especulativas, os movimentos do capital internacional são impulsionados pela busca de lucro.

Pode-se pensar que essa concorrência entre moedas poderia aumentar a eficiência dos empreendimentos, numa perspectiva global. O volume absoluto, porém, dos movimentos financeiros internacionais e os ímpetos ocasionais de fluxo de capital entrando e saindo dos países também causam tumulto. Na verdade, o *crash* do mercado de ações de Wall Street em 1987 é atribuído por alguns a uma ameaça dos investidores japoneses de venderem seus portfólios de ativos financeiros norte-americanos. A crise do peso mexicano, em 1994, que quase levou à bancarrota o sistema bancário no México, foi conseqüência da retirada rápida de capital daquele país por especuladores internacionais que tentaram levar seus ativos para fora do país antes que fosse tarde demais. A crise financeira de 1997 que assolou a Tailândia, a Coréia do Sul, o Brasil e a Rússia é amplamente atribuída ao comportamento de manada dos investidores que dominam os mercados financeiros internacionais. A queda econômica brasileira começou então a causar danos à economia argentina. A dívida externa da Argentina continuou a aumentar, e pelo final de 2001 o governo declarou que não pagaria suas dívidas com os bancos estrangeiros, desencadeando uma saída em massa de capital da Argentina. Com o colapso do peso, os argentinos tentaram tirar o dinheiro dos bancos. A economia rapidamente entrou em queda livre. O desemprego atingiu níveis de depressão, e os empréstimos estrangeiros – tão importantes para qualquer país em desenvolvimento – minguaram completamente.

Hoje, mesmo os países mais poderosos do mundo comandam sua política monetária e fiscal com um olho fixo nos mercados financeiros internacionais. Os países da União Européia que adotaram o euro como moeda comum assinaram o Tratado de Maastricht, que, entre outras coisas, procura limitar um grande déficit público em cada país. Essa medida quer manter a confiança dos mercados financeiros internacionais e evitar um enfraquecimento significativo da moeda. Muitos economistas prevêem que até os Estados Unidos estão atualmente muito vulneráveis aos caprichos dos mercados financeiros internacionais, assunto a que logo retornaremos.

---

[4] As informações sobre o Fluxo do Comércio Exterior são do *Bank for International* Settlements, *Triennial Central Bank* Survey (março de 2005).

AS CAUSAS DA GLOBALIZAÇÃO

Encurtamento das distâncias pela tecnologia

O que impulsiona o processo de globalização? Um fator é o declínio constante do custo dos transportes. Conforme o Banco Mundial, os custos de envio hoje estão em menos que a metade de seu nível de 1950. Os custos do frete aéreo reduziram-se ainda mais. Atualmente, é lucrativo embarcar flores recém-cortadas de Amsterdã e maçãs da África do Sul para serem vendidas em Nova York – algo impossível há 20 anos.

Queda semelhante nos custos da comunicação – em parte conseqüência de um investimento massivo em cabos de fibra óptica e da expansão da Internet – possibilitou a criação de roupas em Nova York para serem produzidas em Hong Kong e vendidas de volta em Nova York, tudo numa questão de dias. A possibilidade de transmissão de uma grande quantidade de dados a um custo mínimo possibilitou às empresas a localização de partes diferentes do processo de produção em países diferentes sem que ocorra perda do controle da operação como um todo.

A nova globalização não seria possível simplesmente baixando-se o custo do transporte e das comunicações internacionais. Um elemento de igual importância foi todo um novo grau de padronização tecnológica que possibilitou o uso de mão-de-obra de baixo custo, embora adequadamente especializada, em países diferentes, além de integrar essas operações separadas de subprodução num único fluxo de produção global. Um exemplo contundente dessa nova capacidade foi a fabricação e a venda do "carro mundial", em 1993, pela Ford Motor Company. Ele foi projetado na Bélgica; foi construído com materiais básicos e equipado com motor, transmissão e outros componentes feitos em diversos locais na Europa, Ásia Oriental, Canadá, México e Estados Unidos para, finalmente, ser montado nos Estados Unidos e no exterior. Além disso, devido à existência de uma forte convergência de predileções quanto a carros – formadas principalmente pela propaganda coordenada –, o carro mundial foi assim vendido em 15 países, com somente pequenas variações que o adequaram ao gosto local. O elemento principal foi a capacidade de lançar mão de economias de escala até então desconhecidas, coordenando a fabricação em todo o mundo de materiais e partes para a produção do que era, basicamente, o mesmo carro a ser vendido no mundo inteiro. Algo assim jamais fora possível. Desde então, outras fábricas de automóveis – notadamente, Honda, Toyota, BMW e DaimlerChrysler – adotaram um método semelhante.

A globalização da produção – com a fragmentação do processo de produção em partes e a execução dessas funções em países diferentes – disseminou-se para além do setor automotivo, sendo hoje amplamente usada na manufatura e até mesmo nos serviços. Analisemos o caso de um produto aparentemente simples, como a boneca Barbie:

> Os materiais elementares para a boneca (plástico e cabelos) são obtidos em Taiwan e no Japão. A montagem era feita ali, bem como nas Filipinas; hoje migrou para locais de custo mais baixo, como Indonésia, Malásia e China. Os moldes em si vêm dos Estados Unidos, da mesma forma que outras tintas utilizadas em sua decoração. Além da mão-de-obra, a China fornece apenas o tecido de algodão usado nos vestidos. Do valor de exportação de 2 dólares das bonecas quando saem de Hong Kong para os Estados Unidos, cerca de 0,35 pagam a mão-de-obra chinesa, 0,65, o custo dos materiais, e o restante paga o transporte e custos fixos, inclusive os lucros obtidos em Hong Kong. As bonecas são vendidas por cerca de 10 dólares nos Estados Unidos, dos quais a Mattel lucra pelo menos 1 dólar, ficando o restante para pagar transporte, marketing, custos de varejo e atacado, nos Estados Unidos. A maior

parte do valor agregado decorre, assim, de atividade norte-americana. As bonecas são vendidas no mundo inteiro, a uma taxa de duas por segundo, e apenas esse produto foi responsável por 4 bilhões de dólares em vendas para a Mattel em 1995.[5]

O caso da Barbie mostra exatamente como ficou a diversidade e os processos de produção internacionalizados. Com essa internacionalização veio também um aumento na terceirização estrangeira, isto é, o uso de empresas estrangeiras para produzir partes e componentes de um produto final. O gigante do varejo Wal-Mart, baseado em Bentonville, Arkansas, compra a maior parte de sua mercadoria de fábricas chinesas. A Dell Computers, baseada em Austin, Texas, adquire uma variedade de componentes para seus computadores de empresas da Ásia Oriental. As empresas norte-americanas estão terceirizando seus serviços cada vez mais, inclusive operações de recursos humanos, análise financeira e serviços de atendimento telefônico ao consumidor. No outro extremo acham-se empresas, como a de roupas Gap, que não têm instalações, fornecendo somente serviços de marketing e varejo. Essas companhias "sem instalações" ficam mais comuns à medida que o *branding* e marketing passam a ser mais lucrativos que a própria produção.

Finanças globais

O grau de globalização da produção impressiona, mas o aumento do volume dos fluxos financeiros internacionais é a dimensão mais contundente da globalização. As finanças assumiram a liderança na economia mundial. Em certo sentido, é natural que os bancos internacionais cresçam com o aumento do comércio internacional. Este costuma precisar que as empresas peçam emprestada moeda estrangeira para pagamento das contas ou proteção, em termos de moeda interna, dos lucros obtidos em moeda estrangeira: o processo, denominado *hedging*, é uma das maiores fontes de fluxo internacional de dinheiro. Outra causa para essa explosão de fluxos financeiros é o aumento da *especulação* nas finanças internacionais. A atividade especulativa é simplesmente a aquisição de um ativo com a expectativa de que seu valor aumente com o tempo. Com a queda no custo das transações financeiras internacionais e a disponibilidade de mais informações sobre mercados estrangeiros, os investidores estão mais inclinados a diversificar seus portfólios internacionalmente, o que leva a grandes operações em fundos no exterior.

Não há nada inerentemente prejudicial na especulação. Na teoria, pode levar a um aumento da eficiência, à canalização de fundos a locais ou ativos de retorno elevado. Porém, ela pode também ser desestabilizadora se fizer subir assustadoramente os preços dos ativos, ou diminuir seu preço de tal maneira que o desemprego e a produção sejam gravemente afetados, como ocorreu em países em desenvolvimento na década de 1990. Desde o colapso do sistema Bretton Woods em 1971, e especialmente após 1982, as transações em moeda estrangeira aumentaram assustadoramente em relação ao comércio mundial, e pudemos verificar como o próprio comércio mundial expandiu-se em relação à produção mundial.

Num nível mais elementar, a liberalização dos mercados financeiros estimulou um padrão de fluxos financeiros independente das necessidades de crescimento de determinados países. Os investimentos financeiros buscam conseguir o máximo de retorno sobre um portfólio, às vezes durante um período bem curto de gerenciamento. Se isso

---

[5]Robert Feenstra, "Integration of Trade and Disintegration of Production in the Global Economy." *Journal of Economic Perspectives* 12 (Outono de 1998): 7.

indicar a aquisição de 100 milhões de dólares em ações mexicanas num dia e sua venda um ou dois dias depois, a estabilidade da economia mexicana pode ser colocada em risco, como em 1994. Os países em desenvolvimento são especialmente vulneráveis a essas flutuações do mercado porque dependem demais do capital estrangeiro para muitas necessidades básicas de industrialização.

CONSEQÜÊNCIAS DA GLOBALIZAÇÃO

Déficit comercial e dívida externa dos Estados Unidos

Um aspecto importante da globalização é a expansão dos mercados. Empresas norte-americanas, hoje em dia, vendem produtos e serviços em mercados que incluem o sudeste asiático, a Europa Oriental e a China. Para empresas com um poder quase monopolista, como os produtores de filmes de Hollywood, os mercados estrangeiros são atualmente tão importantes quanto o mercado doméstico. Muitas empresas norte-americanas, porém, enfrentam uma concorrência acirrada do estrangeiro, como a do aço, a têxtil, a de automóveis e a de eletrônicos. O declínio geral da balança comercial dos Estados Unidos desde o final da década de 1970 é dramático: de sua posição de país com superávit, o eixo do sistema financeiro mundial durante a Era de Ouro, os Estados Unidos experimentam uma deterioração contínua de sua balança comercial. Conforme mostra a Figura 12-2, o déficit anual no comércio de produtos e serviços – o excesso das importações sobre as exportações – aumentou para mais de 720 bilhões de dólares em 2005. No comércio de produtos, isoladamente, o déficit é ainda maior porque os Estados Unidos gerenciam um superávit nos serviços, o que inclui a indústria financeira, legal e de seguros. Em alguns setores, como aço, automóveis, tecidos e eletrônicos para consumo, a deterioração tem sido rápida. Só no setor de veículos motorizados (incluindo peças), um déficit de 17 bilhões de dólares em 1982 aumentou para 142 bilhões em 2005.

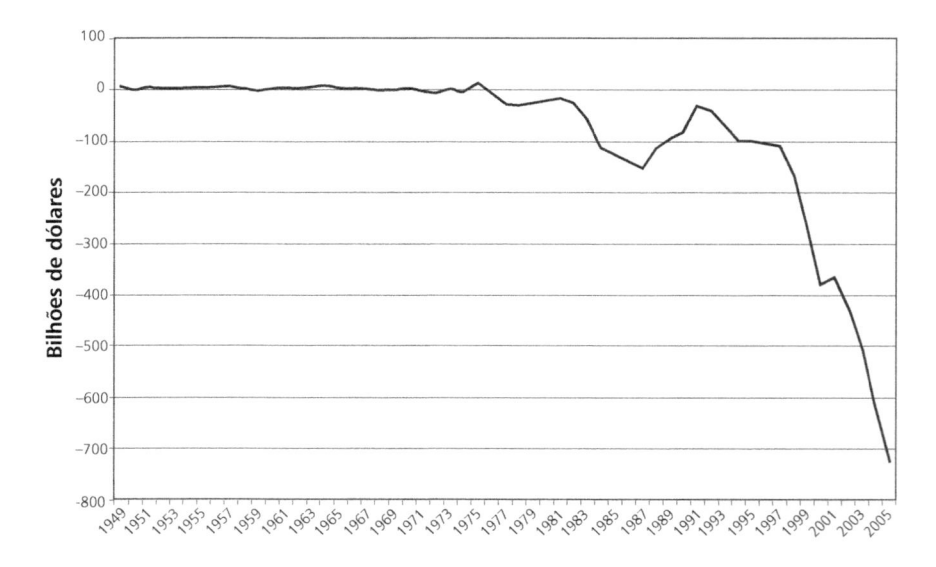

FIGURA 12-2 Balança Comercial Norte-Americana em Produtos e Serviços, 1949-2005 (em bilhões de dólares).
Fonte: Appendix B, *Economic Report of the President*, 2005, Washington: Government Printing Office.

O déficit comercial dos Estados Unidos é, em parte, um reflexo da força relativa de sua economia. Embora sua taxa de crescimento tenha sido lenta depois do período de 1973, ainda assim é mais rápida que a de seus mais importantes parceiros comerciais, especialmente desde 1992. Isso causou um crescimento maior na demanda norte-americana por importações que na demanda estrangeira pelas exportações norte-americanas. Além disso, a economia saudável e crescente dos Estados Unidos atrai capital estrangeiro, muito dele para o mercado acionário. Isso significa um dólar forte, que por sua vez barateia as importações e torna menos competitivas as exportações nos mercados estrangeiros. Por tradição um país que emprestava capital para o mundo, os Estados Unidos tornaram-se um devedor líquido em 1988, e em 1992 era o país do mundo com a maior dívida. Atualmente, cerca de 44% de sua dívida pública está nas mãos de estrangeiros.

O déficit comercial norte-americano em expansão deve-se também, em parte, ao surgimento de novas fontes competitivas. À medida que a economia mundial cresceu durante a Era de Ouro, a capacidade competitiva de muitos países aumentou. A recuperação da economia alemã fez retornar suas altamente competitivas indústrias farmacêutica e de máquinas, entre outras, e este país começou a concorrer, com sucesso, com os Estados Unidos. A surpreendente transformação japonesa, de produtor de bens de consumo simples a fabricante poderoso de automóveis e eletrônicos, tornou esse país uma fonte importante de competição nesses setores cruciais.

Outra fonte de competição está em países de salários mais baixos. Alguns países em desenvolvimento tornaram-se exportadores cada vez mais bem-sucedidos de bens de tecnologia média, como os artigos de aço brasileiros, os semicondutores sul-coreanos e o *software* indiano. Em setores onde não havia necessidade de tecnologia de alto nível, os países com baixos salários descobriram que poderiam competir com as empresas norte-americanas com base no preço, sendo os exemplos mais importantes a inundação de têxteis e vestuário asiáticos e os calçados da América do Sul. Atualmente, os Estados Unidos têm seu maior déficit comercial não com a Alemanha ou o Japão, mas com a China, sendo que o déficit comercial com o México também aumentou dramaticamente nos últimos anos. As corporações norte-americanas beneficiam-se muito com esse imenso *pool* de mão-de-obra barata e eficiente nos países em desenvolvimento. Através de investimentos no exterior ou de subcontratação com empresas estrangeiras, as companhias norte-americanas adquirem peças, serviços e até produtos finais – basta olhar a etiqueta das roupas da Gap – para venda no mercado interno. Essas aquisições correspondem a importações norte-americanas e aumentam o déficit desse país. Ao mesmo tempo em que os norte-americanos lêem "Made in China" nas embalagens de todos os brinquedos infantis, em muitas peças de vestuário e, cada vez mais, nas caixas de eletrônicos, é importante que nos lancemos mais fundo nas origens do déficit comercial bilateral norte-americano com a China. Grande parte das importações da China pelos norte-americanos vem de empresas norte-americanas que operam em solo chinês. Enormes quantidades de investimentos na China por corporações dos Estados Unidos, Japão e outras multinacionais têm funcionado como um propulsor do sucesso exportador chinês. É claro que as empresas investem na China na esperança de captar o enorme e crescente mercado chinês. Mas esse país também é um local atraente para investimentos porque oferece uma produção para exportação a baixo custo e qualidade razoavelmente alta. O que se quer não é diminuir a importância da China como parceiro comercial dos Estados Unidos, mas reforçar que nosso foco deve estar não exatamente no país, mas nas empresas que operam em cada país e na forma como elas organizam globalmente sua produção. Focar a China como simplesmente um parceiro comercial dos Estados Unidos corresponde a mascarar as questões complicadas de investimento e gerenciamento que levam ao fenômeno superficial que é o foco de tanto debate político – o déficit comercial de 225 bilhões de dólares que os Estados Unidos tinham com a China em 2005.

Uma corrida para o fundo do poço?

Cabe lembrar que o período que chamamos de *era da globalização* envolve os mesmos anos – mais ou menos desde a década de 1980 – que antes adjetivamos como *depressão silenciosa*, com salários reais estagnados, aumento indesejado da desigualdade e tom geralmente pessimista geral. A globalização seria a causa dessa situação? Ou seria conseqüência?

Responderíamos que ambas. A maioria dos economistas do comércio internacional entende a globalização da produção – exemplificada com o caso da boneca Barbie – como um desdobramento positivo para a economia mundial. Por um lado, possibilita aos países que, de outra forma, poderiam não conseguir participar do comércio internacional e obter os benefícios que costumam acompanhar a expansão do comércio exterior o façam. A Costa Rica, por exemplo, produz semicondutores Intel, que acabam compondo os computadores pessoais montados em vários países da Ásia e América Latina. A África do Sul produz direções hidráulicas embarcadas para a Europa, usadas nos automóveis Ford. Muitas corporações de serviços financeiros com sede em Nova York têm instalações de *call center* na Índia que oferecem atendimento aos clientes em relação a hipotecas e outras operações bancárias nos Estados Unidos.

Teoricamente, a fragmentação aumenta a eficiência da produção global, possibilitando uma operação mais sofisticada do princípio da vantagem comparativa. Mas ela também levou a perdas de emprego e pressões para achatamento salarial nos Estados Unidos. Os trabalhadores que perdem os empregos para a concorrência internacional tendem a conseguir vagas de trabalho com salários menores, quando e se encontram trabalho. Com a terceirização atingindo o setor de serviços – por exemplo, *call centers*, desenvolvimento de *software*, diagnósticos por raio X, projetos arquitetônicos, análises e relatórios financeiros, chegando até a pesquisa científica – testemunhamos sua influência sobre trabalhadores com todos os níveis de capacitação, e não apenas sobre aqueles menos capacitados que acabam perdendo o emprego para colegas que são pagos de forma miserável nos países em desenvolvimento. Para os Estados Unidos, a globalização contribui para lucros maiores nas esferas mais altas e pressões contra os salários das classes mais baixas. Trabalhadores menos capacitados nos Estados Unidos testemunham queda nos salários ao longo dos últimos dez anos. Levantamentos apontam que, apesar dos sinais de vigor na economia norte-americana, os trabalhadores desse país sentem-se inseguros quanto a seus postos de trabalho e preocupados em relação a seu futuro econômico. Um crescimento econômico mais lento na maior parte dos outros países desenvolvidos levou a uma insegurança ainda maior em relação ao emprego. Essa insegurança deve-se, em parte, ao aumento da ameaça de perdas de trabalho em decorrência do movimento da produção no exterior. Ela deve-se ainda a retrocessos na rede de segurança social que ocorreram à medida que os países tentaram melhorar sua condição de competitividade internacional. Analisemos o Canadá, por exemplo, em que a liberação do comércio com os Estados Unidos causou efeito marcante sobre a redução da quantidade e da duração dos benefícios aos desempregados, atingindo níveis mais baixos que os norte-americanos. Na Alemanha, a empresa Volkswagen recentemente ameaçou os trabalhadores com cortes nos benefícios de saúde, argumentado que esses encargos estavam resultando numa perda permanente de competitividade internacional. Apesar de a empresa em seguida ter se retratado em relação a isso, analistas da situação alemã têm expectativas de que isso volte a acontecer. Na Suécia, as leis que protegem sindicatos enfraqueceram, uma vez que os empregadores buscaram mais flexibilidade global nas decisões sobre produtividade.

Diminuição da soberania nacional

Se a globalização da produção e das finanças trouxe imensas mudanças econômicas, suas implicações políticas são talvez ainda mais importantes, já que põem em xeque a legitimidade daquela unidade política básica, o Estado-Nação.

A soberania nacional fica vulnerável quando a produção é capaz de mudar com facilidade de locais com legislação dura e impostos altos para outros com regulações e impostos menores. Assim, a globalização favorece os fatores móveis da produção em detrimento de outros – como mão-de-obra e governo – sem capacidade de agir além das fronteiras nacionais. À medida que os mercados internacionais passam a ter importância igual ou maior que os mercados internos, e as empresas cada vez mais integram suas operações através de países, a nacionalidade de uma empresa passa a ter menor importância. Os interesses da companhia não coincidem com os de qualquer país, e ela tentará minimizar as operações nos países com legislação ou impostos mais pesados. Os fluxos financeiros movimentam-se em busca da taxa de retorno mais alta e de diversificação. As necessidades de produção e investimento de determinado país são bastante irrelevantes na determinação desses fluxos.

As reações dos governos nacionais às pressões da globalização são variadas. Sob muitos aspectos, as políticas vêm encorajando a globalização através da liberação comercial e de investimentos, além da desregulamentação dos mercados financeiros. Muitos países, especialmente aqueles em desenvolvimento, vêm adotando a lógica da globalização, reduzindo os encargos da legislação e dos impostos para as corporações multinacionais na esperança de atrair o capital estrangeiro desesperadamente necessário. Mudanças desse tipo buscam também manter as empresas já existentes no país, tanto as estrangeiras, quanto as nacionais.

Isso implica uma relação fundamentalmente nova entre domínios privados e públicos nos países industrializados? Sem dúvida, estamos numa era de entrincheiramento generalizado dos governos, seja no nível macroeconômico, seja no microeconômico. Ao mesmo tempo, há algumas formas pelas quais o governo pode expandir seu papel num futuro próximo. A primeira é a necessidade de reagir aos problemas criados por essa nova economia global. Os trabalhadores que perderam seu emprego pelo fato de as empresas terem deixado o país precisam ser auxiliados, talvez recebendo novo treinamento, e finalmente sendo reempregados. Se a desigualdade de ganhos, em parte conseqüência da globalização, passar a preocupar seriamente os políticos, provavelmente levará a um aumento de impostos no topo da pirâmide e a sistemas de apoio mais fortes em sua base.

A segunda área de reforço da ação do setor público envolve o papel de organismos de governo internacionais. Um exemplo é a OMC, Organização Mundial de Comércio, criada em 1994 para promover a liberalização do comércio. Recentemente vêm ocorrendo tentativas – destacadas por protestos em massa nas reuniões dessa organização em Seattle – de expansão da tarefa da OMC de promover a obrigatoriedade de padrões de trabalho internacionais, como o direito dos trabalhadores de organizarem sindicatos e fazerem negociações coletivas. Os padrões ambientais também poderiam ser tornados obrigatórios por uma OMC expandida em seu papel.

Pelo fato de não existir precedente de organismos governamentais eficientes em todo o mundo, a criação desse tipo de instituição tem maior probabilidade de ocorrer em nível regional. Muitas etapas já foram vencidas nessa direção. O banco central europeu, criado pelo Tratado de Maastricht em 1997, controla a política monetária de 11 países da Europa. Com o Parlamento e a Corte Europeus já com poder considerável e a possibilidade de obter mais, a Europa Ocidental é a região mais integrada do mundo.

Do mesmo modo, o NAFTA é, sob vários aspectos, um tratado inovador. É o primeiro acordo de comércio livre entre países com diferentes níveis de desenvolvimento. A renda anual *per capita* nos Estados Unidos é de 22 mil dólares, comparada a 3 mil dólares no México. O NAFTA possui acordos secundários sobre mão-de-obra e ambiente, sendo a primeira vez que um acordo de livre comércio é utilizado para tratar do problema da harmonização de padrões sociais, algo inerente ao processo de globalização. Os acordos secundários são modestos, exigindo que cada país cumpra a legislação trabalhista e ambiental própria, com um mecanismo pesado de imposição da legislação. Porém, a inclusão destes acordos no NAFTA pode ser um primeiro passo na direção de um esforço global para impor certos padrões sociais mínimos, num mundo em que a necessidade de regulação é cada vez mais imperiosa.

O MUNDO ESTÁ MUITO GLOBALIZADO?

Finalmente, antes de começarmos a defender que o Estado-Nação perdeu totalmente sua utilidade econômica, precisamos conhecer os limites do processo de globalização. A globalização é, realmente, global – isto é, envolveu todos os países do mundo? Não há dúvidas de que o capital financeiro atingiu mercados na Ásia e América Latina que não existiam há 25 anos. A globalização, entretanto, afeta principalmente os países industrializados e um pequeno grupo de países em desenvolvimento. Grande parte do mundo em desenvolvimento, notadamente os países subsaarianos da África e o sistema soviético em dissolução, foram deixados de fora desse processo. Em 2002, 32% dos investimentos diretos no exterior, nos países em desenvolvimento, foram para um único país, a China. Quase todo o restante dos investimentos em países em desenvolvimento ocorreu em outros cinco países – Brasil, México, Hong Kong, República Tcheca e Singapura.

Não se trata de coincidência o fato de essa lista de recebedores de investimento estrangeiro incluir todos os chamados países recém-industrializados. Sob uma perspectiva mais regional que nacional a respeito do mundo econômico, percebemos que a maior parte dos fluxos econômicos ocorre no âmbito de qualquer um destes três blocos regionais: Europa (a União Européia), América do Norte (NAFTA) e Ásia Oriental. O comércio entre e nessas regiões responde por algo em torno de 75% do comércio mundial e 94% dos investimentos estrangeiros diretos. Estudos mostram que corporações transnacionais têm maior probabilidade de investirem em locais com crescimento econômico e estabilidade política.

Em que situação esse quadro deixa o restante dos países em desenvolvimento? Fora da alçada de investimento global e crescimento econômico, esses países enfraqueceram nos últimos 25 anos. A conseqüência é uma divergência no padrão de vida ao redor do mundo, com alguns se movimentando na direção de grupos de médio e alto ganhos e outros com experiência apenas em pobreza, distúrbios e desesperança cada vez piores.

O que temos, assim, não é um mundo, mas dois. Além do mais, o mundo em que vivemos – conectado, de alguma forma, por correntes de transações financeiras, comércio e investimentos – está menos interligado do que pode parecer num primeiro momento. Também, a existência de apenas três principais blocos de comércio e investimentos abre possibilidades a certo grau de controle político e econômico regional que faz o futuro parecer menos alarmante. O NAFTA, por exemplo, parece propenso a expandir-se para a América do Sul; a União Européia está comprometida com uma integração mais profunda e com a expansão gradativa para a Escandinávia e até mesmo para a Europa Oriental e Central. A Conferência Econômica Ásia-Pacífico recentemente anunciou seu compromisso com o livre comércio para aproximadamente 2010. Em 2006, Japão, Coréia do Sul e China anunciaram um plano para a criação de uma moeda comum.

Assim, um possível cenário para a economia mundial não é uma unificação maior, mas uma regionalização mais profunda, em que os países ficarão cada vez mais integrados com outros em sua região. É bem provável que isso aumente as próprias chances norte-americanas de redução dos efeitos adversos da globalização e de maximizar seus efeitos positivos, o que seria também o caso de todos os membros da região.

É inevitável que países fiquem ao largo do processo de globalização? A integração com a economia global é uma necessidade para uma nação pobre que busca a industrialização? No próximo capítulo nossa atenção será dedicada a essas indagações desafiadoras.

Conceitos e termos importantes

Colapso de Bretton Woods
1. O colapso do acordo de Bretton Woods, que tornou o dólar norte-americano a principal moeda, assinalou o fim de uma era de hegemonia norte-americana e o início de uma nova era de globalização.

Mercados interconectados
2. Globalização significa uma nova era de maior mobilidade do capital, seja bens ou dinheiro. Um aumento jamais visto ocorre na atividade econômica internacional.

Transnacionais
3. Corporações transnacionais atualmente ganham importância central em todos os países desenvolvidos.

Fluxos financeiros
4. A aquisição e venda de moedas estrangeiras torna-se uma atividade importante, com transações diárias de 1,3 bilhões de dólares, mais do que o valor do comércio de bens durante todo um ano.

Tecnologia e organização
5. Por trás da globalização estão os aperfeiçoamentos tecnológicos no transporte e na comunicação, bem como nas habilidades gerenciais. O "carro mundial" da Ford estabelece um novo padrão.

Impacto nas economias nacionais
6. A globalização leva a pressões contra economias nacionais por parte da especulação, como no caso do México. Também intensificou enormemente as pressões da concorrência.

A globalização auxilia a desigualdade
7. A globalização põe pressão contra salários e por lucros grandes demais. Assim, é uma das causas do fenômeno do aumento da desigualdade. A pressão que exerce contra a capacidade dos países de se colocarem contra as tendências internacionais também ajuda no declínio da posição e do prestígio do setor público.

Limites da globalização
8. Não sabemos até onde irá a globalização, embora existam sinais indicativos de que não irá além do mundo desenvolvido. Acordos regionais podem também proporcionar salvaguardas contra alguns dos aspectos menos desejáveis do processo.

Perguntas

1. De que maneira uma taxa de câmbio "fixa" – digamos, 5 dólares norte-americanos por uma libra esterlina – retiram o risco que existe no comércio internacional quando a taxa de câmbio flutua conforme a oferta e a demanda de dólares e libras?
2. Você é capaz de perceber a presença da globalização crescente, mesmo que jamais tenha escutado a palavra, a partir do que vê em anúncios e lojas? Você é capaz de conseguir alguns exemplos no ramo de automóveis, alimentos ou vestuário?
3. Você consegue explicar por que um esforço conjunto de parte de pessoas que compram ou vendem moeda estrangeira é capaz de ameaçar a solidez da economia de todo um país? Se você fosse um empresário mexicano que tivesse que importar fechos para roupas dos Estados Unidos para fabricar roupas esportivas, que depois seriam exportadas

para a Europa, como explicaria por que um peso em colapso dificultaria muito os negócios, ou até os impossibilitaria?
4. Em sua opinião, qual é o obstáculo para o restabelecimento do tipo de taxas de câmbio estáveis que costumavam predominar quando da adoção do Padrão Ouro anterior à Primeira Guerra Mundial, quando todos os principais países declaravam o valor de suas moedas em termos de ouro? Você saberia explicar por que a Inglaterra, que então tinha a hegemonia do comércio mundial, perdeu essa posição após a Primeira Guerra Mundial?

> **PENSAR NO PASSADO, OLHAR PARA O FUTURO**
>
> **COMPANHIAS, ESTADOS E MERCADOS**
>
> Enfatizamos neste capítulo que um dos aspectos da globalização da vida econômica é a disseminação de mercados para países que antes usavam o planejamento centralizado; para indústrias que haviam sido controladas por governos capitalistas; e, com a desregulamentação do comércio e das finanças internacionais, para a arena internacional. Porém, essa caracterização da globalização como a criação de mercados no mundo todo deixa para trás um aspecto importante da economia mundial: a disseminação das companhias. De modo geral, ainda que os economistas utilizem com freqüência as palavras *sistema de mercado* e *capitalismo* como sinônimas, temos que admitir que os mercados não abarcam a totalidade do capitalismo.
>
> Em nosso estudo da história do capitalismo, ainda estamos por descobrir um sistema capitalista que não tenha setor público e privado. Isto é, o capitalismo, desde seu início, exige um governo ativo para que os mercados funcionem de verdade. O próprio Adam Smith enfatizou a necessidade de um governo eficaz, não apenas para proteger os direitos de propriedade e assegurar uma concorrência justa, mas também para construir estradas e educar os pobres. Assim, contrariando bastante a crença popular, o capitalismo sempre foi visto como exigindo setores públicos e privados eficientes.
>
> O quadro, no entanto, é ainda mais complexo. Mesmo o setor privado não fica bem descrito como simplesmente um sistema de mercado. As companhias são instituições para a organização da produção, que então é comprada e vendida nos mercados, mas as próprias companhias são bastante diversas dos mercados; têm uma função diferente. A produção ocorre dentro das firmas, e não dos mercados. São elas que estabelecem os mercados, ou ampliam o alcance dos existentes.
>
> À medida que as companhias se expandem internacionalmente, os mercados são transformados. Ainda que a globalização envolva a expansão dos mercados através das fronteiras nacionais, ela também amplia o papel das firmas, isto é, das transações extra-mercado. Essas transações variam desde o comércio dentro das empresas cruzando das fronteiras nacionais, até *joint ventures* e outras alianças entre empresas em diferentes países.
>
> A troca de informações entre corporações é especialmente comum, com milhares de acordos de tecnologia entre empresas fechados diariamente. Assim, a globalização envolve a expansão tanto dos acordos entre mercados, quando dos acordos extra-mercado envolvendo companhias. Quando analisarmos as perspectivas a longo prazo do capitalismo, veremos a importância de uma distinção em questões envolvendo a governança da economia mundial.

Capítulo 13

POR QUE ALGUNS PAÍSES PERMANECEM POBRES

O PROBLEMA DO DESENVOLVIMENTO DESIGUAL

No capítulo anterior, observamos que, contrariando o seu nome, o processo de globalização não incluiu todos os países do mundo. A globalização da vida econômica que ocorre ao longo dos últimos 20 anos tem sido também um período de crescente desigualdade, tanto dentro de cada país quanto entre eles. A maior parte do mundo de hoje trabalha duro, sob condições difíceis, e com salários extremamente baixos. A Figura 13-1 mostra quanto da população mundial vive com ganhos que constituem apenas uma fração do que é pago nos países ricos. Embora países com altos salários tenham uma renda média anual *per capita* próxima dos 25 mil dólares, os demais cinco sextos da população ganha somente um terço disto. Cerca de dois terços da população do mundo recebe menos que 5 mil dólares por ano. Conforme o Banco Mundial, em 2001 mais da metade da população mundial vivia com menos de dois dólares/dia, e 21%, com menos de um dólar/dia. Isso significa que 3 bilhões de pessoas no mundo viviam com renda inferior a 2 dólares por dia. Na África subsaariana e no sul da Ásia, 76% da população vivia com uma renda de menos de um dólar diário.[1]

Como podemos entender que, no mundo do século 21, em que alguns países possuem padrões de vida muito elevados, outros parecem estar irremediavelmente presos à pobreza? Como entender que algumas pessoas tenham uma média de vida de 75 anos e outras, de apenas 55 anos? Como compreender que alguns países possuam grande quantidade de trabalhadores capacitados enquanto outros contem apenas com multidões de pessoas sem capacitação e muitas vezes, analfabetas?

Uma primeira resposta a essa pergunta importante deve ser óbvia: os recursos estão distribuídos de forma desigual pelo mundo. Os habitantes de alguns países literalmente nascem ricos; outros nascem pobres. Assim, não há necessidade de buscarmos respostas complicadas a indagações como "por que não há fábricas na Antártida ou no deserto do Saara?". *Há* fábricas na Islândia, país bastante gelado, ainda que não exatamente abai-

---

[1] Há discussões acerca da precisão das estatísticas do Banco Mundial sobre a pobreza. Para uma idéia geral dessa discussão, ver Raphael Kalinsky, em *Globalization, Poverty and Inequality* (Cambridge, UK: Polity Press, 2005).

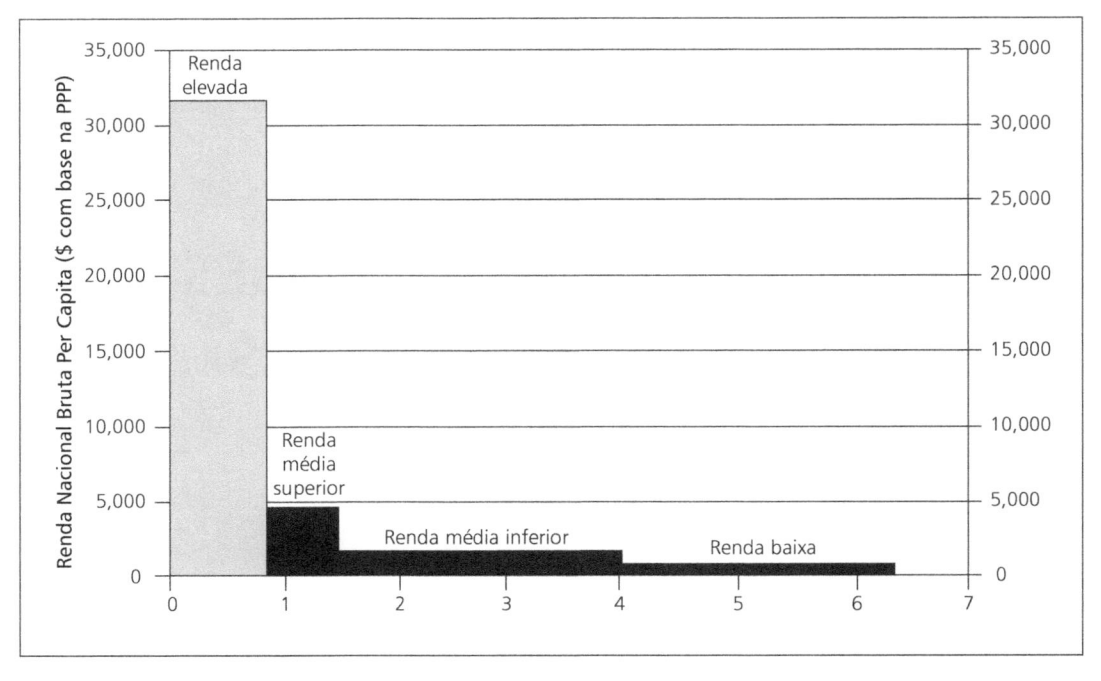

FIGURA 13-1 Renda Nacional Bruta *Per Capita* no Mundo, 2004.
PPP significa paridade no poder aquisitivo, que envolve uma adaptação para custos de vida relativos nos países
Fonte: World Bank: *World Development Report*, 2006.

xo de zero; existe uma economia pujante despontando em partes bastante improdutivas do México – ainda que não com as condições do Saara –, sem mencionar aquelas partes da China que há poucos anos eram consideradas sem esperança.

Essa situação tem condições de mudar para melhor? Ou, inevitavelmente, só irá piorar? Neste capítulo, analisaremos a distribuição desigual de riqueza e pobreza no mundo, perguntando-nos como alguns países tiveram sucesso e melhoraram suas condições econômicas, ao passo que outros parecem condenados à estagnação econômica, sem qualquer esperança. No final, certamente não apresentaremos uma fórmula para que a economia global melhore; poderemos, porém, ter uma melhor compreensão do que pode ser feito num futuro próximo.

O COLONIALISMO E SEU LEGADO

Comecemos voltando um pouco e perguntando-nos se o progresso depende da capacidade de vencer obstáculos que podem ter começado há muitos anos. Em várias partes do mundo, fica claro que as raízes da pobreza residem numa história de negligência e opressão. Isso vale especialmente quando indagamos por que partes da África subsaariana e do sul da Ásia apresentam perfis de pobreza tão sombrios, saúde insatisfatória e analfabetismo. A resposta é que esses países emergiram de uma submissão prolongada à supervisão colonial, como a exercida pela Inglaterra sobre a Índia, ou a França e a Bélgica sobre países da África Central.

Esse olhar retroativo sugere uma possibilidade adiante no tempo – a saber, livrar-se do passado pela ação política e tomar um rumo próprio. Isso, na verdade, é o que a Índia vem fazendo com um bom grau de sucesso, e o que um dos países da África Central, Uganda, vem tentando, com muito menos sorte, já que num primeiro momento retrocedeu a uma situação pior e, mesmo hoje ainda carece das mudanças sociais, econômicas e educacionais necessárias para uma economia saudável e em aperfeiçoamento. Parece claro: mudanças políticas e sociais são necessárias para uma mudança econômica duradoura; futuros trabalhadores precisam saber ler; mulheres devem ter acesso a uma ampla gama de empregos; trabalhadores precisam ter direito ao voto.

Conquistar essas mudanças não é nada simples. Alguns anos atrás, a Coréia era um país pobre e estagnado, surgido de um período de domínio colonial japonês seguido de um período tumultuado de conflitos políticos internos. Em 1950, o país estava envolvido numa guerra, com os Estados Unidos apoiando a Coréia do Sul e os russos e chineses apoiando a Coréia do Norte. A guerra terminou em 1953, sendo seguida de um golpe militar, em 1961. O novo regime era politicamente repressor; ainda assim, obteve ganhos políticos e econômicos, advindos de uma modernização da produção. O governo começou a oferecer ajuda financeira à indústria – mas somente se sua produtividade mostrasse melhoras ou atingisse determinadas metas de exportação. Lentamente, através de empréstimos a juros baixos e outros subsídios, o governo instituiu uma política industrial que uniu a modernização econômica ao autofortalecimento político.

Os efeitos foram muito significativos. Em 25 anos, a Coréia do Sul conseguiu ampliar sua base industrial a ponto de exportar aço, computadores e mesmo automóveis; aumentou o nível salarial, assistindo ainda a um aumento nos ganhos médios na educação.

Dessa maneira, a mudança política está entre os meios mais eficazes para a mudança de um país. Não podemos esquecer, porém, que as ditaduras podem também ser muito eficientes no uso de recursos da terra para manterem os líderes políticos numa vida de luxo, enquanto esgota os recursos naturais do país e cassa dos cidadãos as liberdades básicas.

Uns poucos exemplos obviamente não são capazes de corrigir o imenso problema do baixo desenvolvimento intelectual global. Ainda assim, o que acabamos de ver parece tornar plausíveis duas generalizações: uma é que a supervisão política inteligente é condição necessária para que um país escape da pobreza severa. A outra é o fato de parecer uma certeza bem próxima que desenvolvimento requer das nações pobres o caminho da industrialização. Coréia, México e outros países mostram ser isso possível, como fez o Japão antes delas. Antes do Japão, tivemos a era clássica da industrialização do século 18 e 19 na Europa Ocidental e na América do Norte.

A industrialização é a chave do desenvolvimento econômico por ser a via mais clara para uma maior produtividade do trabalho. A produtividade do trabalho é uma medida da quantidade de bens e serviços produzidos em média pela força de trabalho economicamente ativa de um país. Uma abundância de recursos naturais certamente pode oferecer ao país uma riqueza substancial – temos como exemplo o ouro da África do Sul ou o petróleo do Kuwait; sem industrialização, entretanto, essa riqueza acumula-se somente enquanto duram os recursos.

INDUSTRIALIZAÇÃO INICIAL *VERSUS* FINAL

O processo de industrialização é hoje o mesmo do século 18 e 19? Sim e não. Em ambas as épocas, os países costumavam ter apenas umas poucas indústrias – por vezes, somente uma – que desempenhava o papel principal no processo de industrialização. Tal como na Inglaterra do século 18, a indústria têxtil serviu de plataforma para o processo de industrialização japonês e sul-coreano. Nos dois casos, a indústria principal funciona no sentido de desenvolver habilidades de trabalho e gerenciamento na manufatura, na comercialização e na construção de máquinas. Uma vez desenvolvidas, essas habilidades e tecnologia são úteis para o nascimento de outras indústrias.

Há um segundo aspecto em que a onda recente de industrialização se assemelha à do século 19. Trata-se do papel desempenhado pelo governo, que em ambos os casos intervém conscientemente quando o assunto é comércio exterior. Na onda mais recente, os governos subsidiaram e protegeram aquelas empresas e indústrias que eles, de forma estratégica, entenderam como importantes ao processo de industrialização. O Ministério do Comércio Internacional e da Indústria japonês, por exemplo, ficou famoso na década de 1980 por sua sensibilidade fina quanto à estratégia competitiva e sua eficácia na promoção de habilidades e produtividade das companhias.

Em pelo menos um aspecto fundamental, o processo atual de industrialização é diferente daquele da Europa e da América do Norte de 200 anos atrás. Conforme vimos no Capítulo 5, a primeira fase da industrialização foi impulsionada pela invenção e inovação: máquinas, energia a vapor e técnicas de produção em massa que revolucionaram a produção. A era da industrialização tradia caracteriza-se mais pela imitação que pela inovação. Ela não se vincula à invenção de novas máquinas ou bens tanto quanto à capacidade de avançar tecnologicamente e de competir em nichos de mercado com os líderes da produção mundial.

A África é diferente?

Muitos países africanos se vêem num círculo vicioso de subdesenvolvimento. Alguns carecem de recursos naturais capazes de proporcionar o dinheiro para financiar o começo da indústria. Esses países não conseguiram ter educação decente e cuidados de saúde no mesmo nível, além de não terem sido capazes de desenvolver os próprios setores industriais. Com sua baixa produtividade e a distância considerável dos maiores mercados mundiais, grande parte dos países subsaarianos não conseguiram atrair investimentos estrangeiros. Muitos países com sorte para controlarem seus recursos naturais (por exemplo, Nigéria, Congo [antes Zaire], Uganda) ou com um solo altamente fértil (Zimbábue, Costa do Marfim, Gana) estão sob governos repressores e corruptos, que dilapidaram a riqueza natural, sem utilizá-la no desenvolvimento de um setor industrial.

Pelo fato de tanto da África subsaariana ter ficado para trás na segunda onda de industrialização, o leitor pode estar se indagando se "a África seria diferente?". Isto é, a maioria dos países africanos é incapaz de romper o círculo vicioso do subdesenvolvimento? Muitos especialistas no continente africano dizem que a resposta a essa indagação é "não". Embora a herança colonial ainda seja enorme em muitos países africanos, e a corrupção política de alguns autocratas (destacam-se exemplos como o de Idi Amin, em Uganda, e Mobutu, do Zaire) tenha exaurido quantidades impensáveis das riquezas nacionais, existem razões para acharmos que o desenvolvimento africano tenha as mesmas perspectivas que as outras regiões. Assim que esses países chegarem ao início do desenvolvimento industrial, construído sobre uma mínima infra-estrutura de rodovias, telecomunicações, escolas e cuidados de saúde, não haverá razão para pensarmos numa incapacidade deles em seguir um rumo semelhante ao de outros países que se industrializaram com sucesso à medida que continuaram a exigir mudanças políticas democráticas. Há sinais de mudança e lampejos de esperança. Uganda foi rapidamente da era de Idi Amin para uma era de maior democracia e crescimento econômico rápido. Ilhas Maurício e Botsuana utilizaram sua riqueza considerável das minas para investirem, com sucesso, em educação e numa quantidade de indústrias que obtiveram sucesso internacional, criando ali um crescimento econômico sólido.[2] A África do Sul mostra ganhos impressionantes em habitação, eletricidade e abas-

---

[2] Ver Dani Rodrik, *Making Opennes Work* (Washington: Overseas Development Council, 1999).

tecimento de água, bem como nas telecomunicações, desde que terminou sua tradição de longo prazo de uma forma de governo de domínio dos brancos e *apartheid*. Há poucas histórias de sucesso e poucas dúvidas de que um progresso substancial no rumo da industrialização e um aperfeiçoamento dos padrões de vida só ocorrerá em grande parte dos países da África subsaariana num futuro remoto.

Política do desenvolvimento econômico

Fica claro, mesmo a partir de uma breve análise do problema, que o desenvolvimento econômico está associado fortemente à política e à economia. Governos que desejam o desenvolvimento econômico não somente fomentam as iniciativas econômicas, mas ainda proporcionam estabilidade política. Governos com uma mente desenvolvimentista são capazes de promover a industrialização com incentivos econômicos e com o envolvimento direto na construção da infra-estrutura, além de melhorando o sistema educacional. Governos corruptos que retiram as riquezas do país em benefício próprio invariavelmente interrompem e até revertem o processo de industrialização. Mesmo a questão da fome é algo político. Pesquisas feitas pelo ganhador do Nobel, Amartya Sen, revelaram o fato impressionante de que nenhum país democrático teve experiências de fome generalizada.[3] Nos últimos anos, temos sido lembrados de que a instabilidade política está vinculada a conflito étnico ou religioso. Assim, as projeções de desenvolvimento econômico estão ligadas tanto à política, quanto à cultura.

O PAPEL DAS ORGANIZAÇÕES INTERNACIONAIS

Até aqui, concentramo-nos em soluções domésticas para o problema do subdesenvolvimento; porém, há canais internacionais importantes. À luz das tendências globalizantes revisadas no Capítulo 12, não surpreende o fato de as organizações internacionais terem um papel importante nas tentativas de desenvolvimento dos países. O FMI e o Banco Internacional para a Reconstrução e o Desenvolvimento (Banco Mundial) foram formados após a Segunda Guerra Mundial como parte do Acordo de Bretton Woods, em 1944, entre os países aliados que foram vitoriosos na guerra. Desde então, elas tornaram-se as principais instituições internacionais que moldam o processo de desenvolvimento econômico.

O FMI foi criado para dar financiamentos a países que necessitassem de empréstimos de curto prazo para pagamento de dívidas externas. O Banco Mundial deveria dar garantias e empréstimos de longo prazo em apoio a projetos importantes de reconstrução da infra-estrutura numa Europa dilacerada. Sob vários aspectos, essas instituições tiveram sucesso em ajudar a reconstrução européia, que foi capaz não somente de reconstruir-se, mas de atingir alguns dos níveis de renda mais altos no mundo, e, mais recentemente, de construir uma união econômica e monetária poderosa.

Com a tarefa de reconstruir a Europa concluída, o FMI e o Banco Mundial começaram a assumir problemas financeiros e econômicos de países subdesenvolvidos. O papel do FMI é oferecer empréstimos de curto prazo a países que, temporariamente, não conseguem pagar as dívidas com outros países. O Banco Mundial continua a dedicar a maior parte de seus recursos a projetos de desenvolvimento, embora ainda ofereça ajuda a países com dívida externa elevada.

---

[3]Amartya Sen, *Poverty and Famines: An Essay on Entitlement and Deprivation* (Oxford: Clarendon Press, 1981).

Após quarenta anos de ação no mundo em desenvolvimento, é justo dizer que essas instituições não obtiveram tanto sucesso, pelo menos no nível da empreitada anterior. Não surpreende que os obstáculos tenham sido maiores: os países europeus, em geral, tinham pessoas capacitadas e uma infra-estrutura considerável ainda intacta; o mundo em desenvolvimento, em muitos casos, estava começando do zero. Além disso, o sistema de taxa de câmbio fixa foi substituído por um sistema de taxa de câmbio flexível, possibilitando grandes e prejudiciais movimentos financeiros que nenhum organismo regulador poderia reverter.

Em 1994, o FMI e o Banco Mundial receberam a companhia de uma terceira organização internacional, desta vez para regular o comércio internacional. A OMC/WTO – Organização Mundial do Comércio foi criada para administrar o mais importante tratado internacional que regulamenta o comércio entre os países. Este ficou conhecido como o Acordo Geral sobre Comércio e Tarifas (GATT), um acordo assinado por 141 países após muitos anos de negociação. O acordo busca a redução de tarifas sobre grande parte dos artigos, inclusive têxteis, vestuário e produtos agrícolas, além da regulação de tipos de comércio, como nos serviços ou na propriedade intelectual (música, filmes e outras coisas que merecem proteção de patentes), que anteriormente não eram regulamentadas. Diferentemente de seus precursores, a OMC teria a capacidade de impor penalidades a qualquer país que fosse motivo de queixa por parte de outros.

Reconhecendo a necessidade de a busca de um comércio livre também atender aos interesses dos países em desenvolvimento, os membros da OMC anunciaram uma "rodada de desenvolvimento" de negociações comerciais em Doha, em 1997. Porém, as negociações encontraram um obstáculo, pois o grupo de países em desenvolvimento resistiu a um acordo que fracassou em abrir mercados para produtos agrícolas nos países ricos. Tanto os Estados Unidos quanto a União Européia possuem proteções de peso contra importações de muitos itens agrícolas, além de *lobbies* em apoio a essas proteções.

OPORTUNIDADES E DESAFIOS DO NEOLIBERALISMO

A abordagem mais "simpática ao mercado" ao desenvolvimento econômico promovido pelo FMI, Banco Mundial e OMC – às vezes chamada de *neoliberalismo* – criou grandes oportunidades para muitos países. O sucesso do Paquistão na produção de roupas e exportação cria renda e empregos capazes de servir de base a um programa de diversificação industrial. A capacidade chinesa de atrair anualmente bilhões de dólares em investimentos externos trará novas tecnologias, novas habilidades empresariais e conexões mais sólidas com mercados externos. A força de trabalho húngara, relativamente capacitada, além da proximidade com o rico mercado da Europa Ocidental, tornou esse país um produtor competitivo de uma variedade de bens de tecnologia média.

As políticas neoliberais, no entanto, são também conhecidas como causadoras de efeitos indesejáveis, reduzindo salários reais, aumentando a vulnerabilidade dos países às crises financeiras e aumentando as tensões sociais pela vulnerabilidade econômica incrementada e pelo enxugamento da rede de proteção social. A instabilidade financeira que resulta da desregulamentação dos mercados de capitais internacionais leva a um questionamento disseminado das políticas neoliberais das décadas de 1980 e 1990. O México sofreu uma crise em 1994, quando os investidores saíram em massa do país, criando uma queda no valor do peso mexicano que colocou essa economia numa recessão prolongada. Crise financeira semelhante ocorreu na Ásia Oriental em 1997, começando na Tailândia e irradiando para a Coréia do Sul, a Ásia, a Rússia, o Uruguai e outros.

Brasil e Argentina conseguiram evitar um colapso – mas por pouco – adotando medidas restritivas que desaceleraram suas economias. Em conseqüência da incapacidade do FMI e Banco Mundial de evitar essas crises, muitos governos e economistas estão solicitando uma grande reforma nessas duas instituições. Muitas propostas estão sendo discutidas, embora a maioria partilhe idéias de regulação de bancos e outras instituições financeiras para a redução do risco de colapso e a diminuição de seu envolvimento em grandes movimentos de capitais internacionais grandes e a prazos curtos.[4]

Seja qual for o regime regulador a ser adotado a partir dos debates sobre uma reforma financeira internacional, as tensões entre países desenvolvidos e em desenvolvimento sem dúvida serão diminuídas através de ajudas mais generosas ao mundo em desenvolvimento. Conforme evidências na Tabela 13-1, os países maiores estão entre os menores doadores em termos de auxílio como uma parcela do PIB, com os Estados Unidos oferecendo apenas 0,1% do seu PIB na forma de assistência para o desenvolvimento. Os países nórdicos, como Dinamarca e Noruega, dão dez vezes essa quantia (como parte de seu PIB).

PROJEÇÕES PARA O FUTURO

Por que alguns países continuam pobres? A resposta, naturalmente, é: depende do país. Alguns são assolados por governos corruptos e contrários ao desenvolvimento. Outros estão presos numa armadilha de recursos escassos para educação, saúde e infra-estrutura, a ponto de mesmo um governo bem intencionado não ser capaz de romper o círculo vicioso de baixa produtividade, pobreza e crescimento lento. A essa lista grave, temos que acrescentar as pressões da economia global. Conforme vimos, a maior abertura dos mercados mundiais cria novas oportunidades para os países, ao mesmo tempo em que cria barreiras e armadilhas. Alguns países, em especial na África subsaariana, foram simplesmente deixados de fora do processo, incapazes de atraírem capital estrangeiro e

TABELA 13-1 Assistência oficial ao desenvolvimento de países selecionados (% do PIB)

	1987-1988	*1998*
Principais Países Industrializados		
Canadá	0,5	0,3
França	0,6	0,4
Alemanha	0,4	0,3
Itália	0,4	0,2
Japão	0,3	0,3
Reino Unido	0,3	0,3
Estados Unidos	0,2	0,1
Países Nórdicos		
Dinamarca	0,9	1,0
Holanda	1,0	0,8
Noruega	1,1	0,9
Suécia	0,9	0,7

Fonte: *Human Development Report, 2000*, New York: United Nations.

---

[4] Um conjunto de propostas pode ser conhecido na obra de John Eatwell e Lance Taylor, *Global Finance at Risk* (New York: The New Press, 2000).

tão ineficientes que não conseguem competir nem mesmo por um nicho de baixa habilitação do mercado mundial. Outros países – Haiti e outros no Caribe, por exemplo – vêem-se participando no processo de produção global, embora estejam presos ao papel de produzirem produtos desqualificados, com baixos salários, com poucas chances de passarem para setores de maior qualificação na produção. Outros descobriram que, à medida que vários países obtêm o *know-how* e a capacidade de produzirem alguns bens – aço, por exemplo –, simplesmente não existe demanda suficiente no mundo que absorva a oferta disponível.

Apesar desses obstáculos, uma quantidade de países, subiu lentamente mais um degrau na escada dos ganhos, da tecnologia, da educação e dos cuidados de saúde necessários se a meta for o desenvolvimento sustentável. Embora isso normalmente tenha vindo acompanhado de democratização política, exigiu também envolvimento significativo do Estado na economia, junto de uma capacidade de captar ganhos decorrentes de uma maior abertura e concorrência entre os mercados. Trata-se de um caminho que requer cuidados, mas o tipo de caminho que países como Coréia, México, Hungria, República Dominicana e Uganda, tão diferentes, seguem com algum sucesso.

Superando as tensões entre norte e sul

A idéia de um mercado global completamente unificado cria a imagem de um ambiente econômico competitivo, harmonioso e saudável. Na verdade, a globalização criou algumas áreas de muita tensão entre os países desenvolvidos (o "Norte") e os países em desenvolvimento (o "Sul"). Grande parte dessa tensão é conseqüência dos efeitos do comércio exterior sobre o emprego. À medida que os países desenvolvidos abrem seus mercados à importação de bens de países em desenvolvimento, onde os salários são baixos, seus trabalhadores, com salários mais altos, perdem vagas de trabalho. Empresas têxteis e de vestuário norte-americanas e sindicatos dos operários da indústria têxtil, por exemplo, queixam-se de que o comércio que se abre aos países em desenvolvimento com salários baixos, como Paquistão ou China, levará à destruição da indústria doméstica e dos empregos por ela apoiados. Governos de países em desenvolvimento, como Índia, Paquistão, Tailândia e outros, queixam-se de que seu futuro desenvolvimento está limitado pela proteção dos países desenvolvidos aos próprios mercados.

Os dois lados estão corretos, e a forma de resolver essas tensões será um fator importante na construção da sociedade econômica do futuro. Uma coisa é certa: numa economia em crescimento, os efeitos da mudança econômica (como o que o aumento das importações causa sobre o emprego) costumam não ser percebidos. Porque a economia mundial cresce de forma mais lenta desde o fim da Era de Ouro, as tensões criadas pela liberalização do mercado ficam mais sérias. Se os países não forem capazes de encontrar formas de aumentar a taxa de crescimento econômico para níveis vividos durante a Era de Ouro, outras soluções terão que ser buscadas para reduzir as tensões sociais criadas pela globalização. Embora não haja respostas simples, tentaremos descrever a gama de possibilidades quando enfrentarmos os desafios diante do capitalismo mundial, no último capítulo.

Conceitos e termos importantes

Desenvolvimento desigual

1. Historicamente, a economia mundial desenvolveu-se a taxas bastante diferentes nas diversas regiões e países, o que atualmente criou uma grande distância entre países industrializados, com renda elevada e correspondentes a menos de 20% da população mundial, e países em desenvolvimento, com a maior parte da população mundial.

Industrialização tardia

2. A onda de industrialização na Ásia Oriental desde a década de 1960, iniciada no Japão e depois na Coréia do Sul, Taiwan e Hong Kong, foi sob alguns aspectos diferente da industrialização européia dos séculos 18 e 19. A industrialização tardia dependeu demais da imitação das tecnologias e produtos existentes e menos em grandes inovações, como as surgidas na primeira revolução industrial.

Estados desenvolvimentistas

3. Fatores políticos são elementos importantes no desenvolvimento econômico. Estados desenvolvimentistas promovem a indústria doméstica e os investimentos públicos em capital humano e infra-estrutura. Estados predatórios são os que se apropriam da riqueza do país em benefício de algumas elites políticas. Muitos Estados são mais bem descritos como casos intermediários, isto é, nem totalmente desenvolvimentistas, nem totalmente predadores.

Instituição de Bretton Woods

4. O Fundo Monetário Internacional (FMI) e o Banco Mundial, criados na conferência de Bretton Woods, em 1944, são hoje em dia as duas organizações internacionais mais destacadas para o desenvolvimento econômico. O papel do FMI é oferecer empréstimos de curto prazo como ajuda a países que enfrentam alguma crise na balança de pagamentos. O Banco Mundial dá empréstimos a projetos de desenvolvimento de grande escala. A Organização Mundial de Comércio (OMC) foi criada em 1944 para administrar a legislação do comércio mundial.

Neoliberalismo

5. Todas as três organizações internacionais recém-mencionadas, FMI, Banco Mundial e Organização Mundial de Comércio, tendem a promover a desregulação e a liberalização dos mercados no comércio e finanças internacionais. Essa atitude política, combinada com apoio à austeridade fiscal, é caracterizada como neoliberalismo. Trata-se de uma política controversa porque tem um registro muito misto, na melhor das hipóteses, em relação a tirar países de crises macroeconômicas, conduzindo-os a caminhos de rápido desenvolvimento econômico. Protestos nos encontros anuais das organizações internacionais concentram-se nos custos sociais (aos trabalhadores, ao ambiente) do neoliberalismo.

Perguntas

1. É do interesse dos países de alta renda a promoção do desenvolvimento dos países pobres?
2. Quais são as razões para o desempenho econômico insatisfatório da maioria dos países da África subsaariana?
3. As "maquiladoras" são fábricas (principalmente de propriedade estrangeira) localizadas no México, na fronteira com os Estados Unidos. Em sua opinião, por que esse setor se expandiu nos últimos 10 anos? Você acha que as o setor das "maquiladoras" são um fator positivo no desenvolvimento econômico mexicano?
4. Os governos que buscam o desenvolvimento da indústria doméstica devem proteger sua indústria com tarifas e regulações ou sujeitá-las à competição externa?
5. Há, atualmente, uma campanha mundial para reduzir a dívida estrangeira dos países menos desenvolvidos. Discuta os benefícios econômicos do alívio da dívida para esses países.
6. Em sua hipótese bastante conhecida sobre distribuição de renda e desenvolvimento econômico, o economista Simon Kuznets defendeu, na década de 1950, que os países em desenvolvimento precisam primeiro ter um aumento da desigualdade enquanto crescem. Somente com a continuação do desenvolvimento econômico, diz ele, a desigualdade começará a diminuir. Em sua opinião, qual é a lógica por trás da teoria de Kuznets? Pesquisas recentes mostram que ela não é mais válida. Por que isso acontece?
7. Por que é tão reduzida a ajuda norte-americana aos países em desenvolvimento (como percentual do PIB), quando comparada à da maior parte dos países industrializados?

PENSAR NO PASSADO, OLHAR PARA O FUTURO

A POLÍTICA DA HISTÓRIA ECONÔMICA

Descrevemos a experiência da Ásia Oriental com mais detalhes do que precisaríamos porque ela apresenta um problema fascinante a historiadores da economia e estudantes do desenvolvimento econômico. As causas do milagre asiático são discutidas pelos economistas há mais de uma década.

Existe hoje concordância bastante ampla de que o papel ativo e relativamente autônomo do Estado, a relativa fraqueza das classes proprietárias de terra, a estrutura do sistema financeiro, a perspectiva internacional, a ênfase em metas educacionais e a capacidade de recuperação da estrutura familiar diante das mudanças econômicas, foram todos elementos muito importantes na criação de uma sociedade industrial. O foco do debate sobre como explicar o milagre asiático ficou, fundamentalmente, na natureza da sociedade de mercado e no papel do Estado em relação aos mercados.

A intervenção do Estado contribuiu para a industrialização, ou esta ocorreu apesar desse esforço intencional às custas de distorção dos mercados? A maior parte dos analistas dão crédito à política industrial asiática, embora a intensidade do debate seja importante. Por um lado, mostrou a dimensão inevitavelmente política da economia. Por outro lado, este debate deixou clara a importância e a controvérsia da história econômica. Quem conta uma história importa-se não apenas com a forma do relato, mas com as lições que decorrem dele. Afinal, no debate das causas do milagre asiático não está em questão apenas uma obscura discussão acadêmica, mas uma lição significativa para os que fazem a política econômica – o milagre asiático é capaz de ser repetido em outras partes do mundo? Essa é uma entre as várias indagações desafiantes que abordaremos no capítulo final.

Capítulo 14

A CONSTRUÇÃO DE UMA SOCIEDADE ECONÔMICA DA INFORMAÇÃO

Embora o título do Capítulo 4 seja "A Revolução Industrial", percebemos que a formação da sociedade econômica moderna foi em grande parte conseqüência de uma série de revoluções industriais, cada uma sujeita a ciclos regulares, por vezes severos, de *booms* e retração. A primeira revolução industrial, iniciando na Inglaterra no final do século 18 e espalhando-se pela Europa por volta de 1830, envolveu inovações tão dramáticas quanto a máquina a vapor e o tear a motor. Os desdobramentos históricos na industrialização, associados a essas inovações, ainda assim foram pontuados por retrações econômicas importantes – a que hoje damos o nome de recessões – a cada 10 anos ou algo assim, começando pelo colapso de 1763.

A segunda revolução industrial, ocorrida entre 1860 e 1900, introduziu invenções novas e fantásticas como a eletricidade e o motor de combustão interna. À medida que essas inovações começaram a fazer parte dos produtos e seu uso se espalhou pelos negócios e pelas famílias, os Estados Unidos (posteriormente, a Europa e outros lugares) vivenciaram um longo período de crescimento impressionante da produtividade que foi século 20 adentro. Mais uma vez, os Estados Unidos viram-se diante de momentos de sucesso incrível e declínios do ciclo dos negócios, sendo atingido por uma Grande Depressão mais grave que a de qualquer país capitalista desenvolvido.

O milagre da Ásia Oriental, iniciado pelo crescimento do Japão e, em seguida, pelo da Coréia, Taiwan e outros, foi descrito por alguns como a terceira revolução industrial.[1] Como vimos, essa revolução caracterizou-se não pela invenção de novas tecnologias ou produtos, mas pela imitação rápida das tecnologias e produtos existentes, aperfeiçoamentos na produtividade, através da inovação dos processos e, finalmente, por melhorias na qualidade dos produtos como automóveis e eletrônicos. Essas forças levaram o Japão, e em seguida outros países dessa parte da Ásia, a rapidamente chegar ao nível de produtividade e salários da Europa e Estados Unidos. Esse crescimento foi interrompido por estagnação econômica (no Japão, durante a década de 1990) e crise financeira (na Coréia e na Tailândia, no final da década de 1990).

---

[1] Ver, por exemplo, Thomas K. McCraw, ed., *Creating Modern Capitalism: How Entrepreneurs, Companies, and Countries Triumphed in Three Industrial Revolutions* (Cambridge: Harvard University Press, 1997).

Neste capítulo nossa análise concentra-se na possibilidade de hoje estarmos vivendo as dores de uma quarta revolução industrial, que teve início nas mudanças introduzidas por tecnologias em rápido desenvolvimento na eletrônica e telecomunicações, especialmente nos computadores. A aceleração do crescimento econômico norte-americano no final da década de 1990, aparentemente impulsionada pela introdução de tecnologia da informação e de informática cada vez mais poderosa – inclusive equipamento de telecomunicações, como cabos de fibra óptica – indicaram que talvez chegara uma era radicalmente nova.

Tecnologias da informação e de informática mudaram nossa forma de produzir e comprar. O poder cada vez maior da computação, *softwares* engenhosos, cabos de fibra óptica, telefones celulares e, em especial, a Internet, "reduziram" o globo, possibilitando uma infinidade de novos produtos, novas formas de trabalho e novas maneiras de organizar e controlar a produção. A Internet parece ter modificado fundamentalmente nossa forma de interagir. Hoje podemos fazer compras *online* em vez de irmos até a loja; trabalhamos *online* sem termos que ficar presos no local de trabalho; mobilizamos forças políticas em "comícios" *online*, além de também "conversarmos" *online* em lugar de encontros pessoais, uso do telefone ou outras formas mais tradicionais de comunicação. Os telefones móveis ampliaram o alcance e a conveniência das comunicações. Além disso, a transferência fácil e custo-eficiente da informação digital permitiu a fragmentação pelo planeta de processos de produção antes totalmente integrados.

A revolução da tecnologia da informação e da informática teria trazido a possibilidade de um crescimento econômico mais rápido no futuro? Ela teria reorganizado de uma maneira fundamental o funcionamento das economias capitalistas? Retornaremos a cada uma dessas grandes indagações. Primeiro, analisaremos em profundidade a "Nova Economia", começando por uma olhada em seus efeitos sobre investimentos, produtividade, possibilidades de consumo e organização da produção.

INFORMATIZAÇÃO

É difícil imaginarmos a vida sem computadores. Digitamos estas palavras num PC, enviamos um arquivo de texto por *e-mail* ao editor. Ele envia, por sua vez, o arquivo a uma empresa de editoração na Índia que formata o texto e o envia de volta, via *e-mail*, aos autores e ao editor, que remete a versão final para impressão. Talvez você tenha comprado o livro pela Internet, de uma livraria cujos controles de correspondência e inventário exijam um sofisticado *software* para administração de dados. Na verdade, a digitalização coloca em xeque a idéia tradicional de um livro como uma coleção de páginas impressas reunidas, contida em si mesmo. O computador não somente alterou a forma de transmitirmos informações, como a maneira de pensar as informações, a velocidade com que somos capazes de processar informações, nossa forma de organizar o trabalho, e até mesmo nossas formas de interação com os outros.

A tecnologia da informática foi originalmente desenvolvida pelos pesquisadores do Departamento de Defesa dos Estados Unidos no final da década de 1940.[2] O computador com *mainframe* – solidamente estabelecido nos mercados com a introdução do IBM 360, no final da década de 1960 – era tão grande e caro que apenas os governos, as grandes empresas e universidades tinham acesso a ele. Somente com as inovações rápidas em semicondutores é que foi possível a produção do microcomputador. Isso

---

[2]Uma história concisa do desenvolvimento dos computadores e da Internet pode ser encontrada nos Capítulos 9 e 10 do livro de Steil et al., *Technological Innovation and Economic Performance* (Princeton: Princeton University Press, 2002).

se deu na metade da década de 1970. Os computadores da Apple, empresa fundada em 1976, dominaram o jovem mercado até que a IBM entrou no mercado dos computadores pessoais em 1981. A rede mundial World Wide Web também teve origem logo após a Segunda Guerra Mundial, começando com pesquisas na Berll Labs na década de 1950. A Internet foi inicialmente adotada em universidades, e somente na década de 1980 surgiram os provedores de serviço privado de Internet, em parte estimulados pela desregulamentação da indústria de telefonia. A World Wide Web apareceu para o público na década de 1990, com o desenvolvimento de um novo *software* no laboratório suíço da CERN, e de um *browser* desenvolvido por um estudante de pós-graduação no National Center for Supercomputing Applications da Universidade de Illinois. No primeiro ano da aplicação do *browser*, 1993, o tráfego na rede aumentou 3000 vezes!

A adoção de computadores pessoais e conexões para Internet pelas famílias norte-americanas foi rápida e em massa. Em 2001, 62% dos norte-americanos possuíam computadores pessoais, e 47% tinham conexões para Internet. Esse padrão de difusão dos computadores e da Internet nos lares nos Estados Unidos não foi diferente da rápida adoção do rádio, da televisão e do videocassete, quando da introdução desses produtos. Conforme mostra a Figura 14-1, a difusão dessas tecnologias acompanhou um padrão de curva em S, caracterizado por certa relutância na adoção das novas tecnologias quando de sua chegada no mercado e em seguida, de repente, por uma taxa muito rápida de adoção em todo o país. Em algum momento, a maior parte dos que adotariam o produto fazem isso, e a taxa de difusão estabiliza-se.

Uma diferença entre computadores e outros produtos eletrônicos domésticos pós-Segunda Guerra Mundial é que a adoção dos computadores se deu primeiramente (e agressivamente) pelo mundo dos negócios, se comparada à de lavadoras de pratos e aparelhos de ar condicionado, comprados em massa pelos lares norte-americanos após a Segunda Guerra. Os gastos do mundo empresarial em tecnologia da informação e de informática subiram de 177 bilhões de dólares em 1990 para 411 bilhões de dólares em 1999. No final da década de 1990, o investimento dessa parcela da população em tecnologia da informação e informática constituía 36% dos gastos totais de capital pelas corporações.

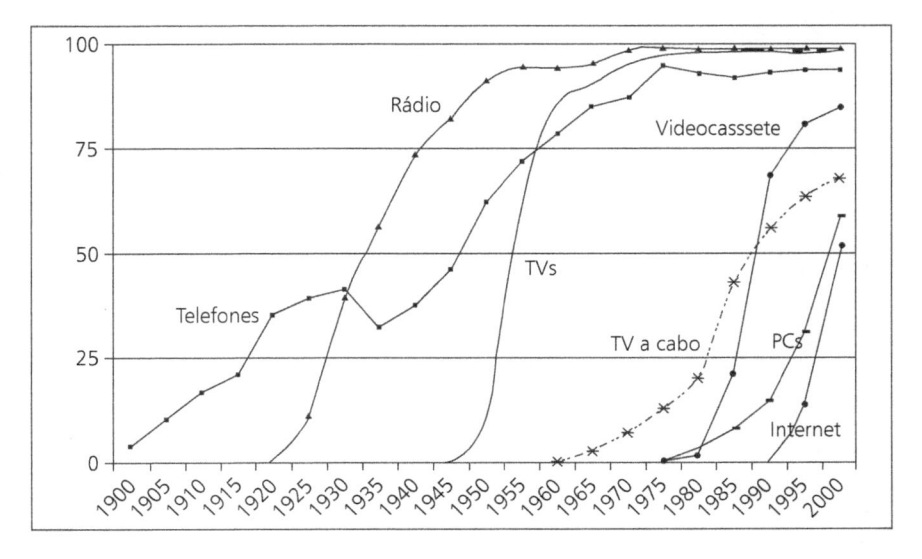

FIGURA 14-1 Difusão da Tecnologia nos Estados Unidos.
Fonte: Pippa Norris, Digital Divide: Civic, Engagement, Information Poverty, and the Internet Worldwide, New York: Cambridge University Press, 2001, p. 33.

Os investimentos empresariais nesses dois tipos de tecnologia foram impulsionados pela expectativa de que trariam aumento da produtividade e queda rápida nos custos. A produção do DRAM (Dynamic Random Access Memory), o *chip* de memória de acesso aleatório e dinâmico, permitiu economias de escala e escopo. As economias de escala foram conseqüência das fábricas de semicondutores em grande escala que produziam grandes quantidades desses *chips*. As economias de escopo ocorreram porque o DRAM é uma tecnologia de finalidade geral, isto é, é capaz de armazenar informações digitais para uma infinidade de propósitos, desde dados, textos, música, fotos e filmes. Por isso, diz-se que o progresso na tecnologia da informação se espalhou sobre toda a economia.

Além disso, ocorreram aperfeiçoamentos tecnológicos rápidos em *chips* de computadores. Entre 1990 e 2000, o preço da capacidade computacional (conforme medida pela capacidade do *chip* semicondutor) reduziu-se em cerca de 50% a cada 18 meses. Os ganhos foram tão regulares que o padrão ficou conhecido como "Lei de Moore", em homenagem ao engenheiro que o identificou. O resultado foi que, ao mesmo tempo em que o preço dos computadores caiu, sua qualidade e potência aumentou.

O preço em queda dos computadores foi auxiliado por dois outros fatores. Um foi o aumento da concorrência nos mercados de *hardware* e *software*. Quando os computadores com *mainframe* foram introduzidos, a IBM tinha pouca concorrência. Com a padronização da tecnologia dos PCs, vários fabricantes de vários países competiram e reduziram seus preços numa batalha pela concorrência, buscando roubar a parcela de mercado uns dos outros. Outro fator que baixou os preços dos computadores foi a terceirização da produção de partes do computador em locais de baixos salários, em especial na Ásia Oriental. Conforme veremos mais adiante, esse foi um processo auxiliado pelas próprias novas tecnologias, uma vez que dependeu de numa comunicação aperfeiçoada e mais barata com empresas subcontratadas em países estrangeiros.

TECNOLOGIA DA INFORMAÇÃO E DOS COMPUTADORES E AUMENTO DA PRODUTIVIDADE

O economista Robert Solow, ganhador do Prêmio Nobel, fez um comentário famoso: "Vemos a era do computador em todo o lugar, exceto nas estatísticas de produtividade". Na verdade, a questão da importância econômica de todas essas inovações e investimentos dos negócios, na tecnologia da informação e dos computadores, é debatida com entusiasmo pelos economistas. Parece que o comentário de Solow pode ter sido prematuro. No final da década de 1990, presenciou-se um aumento na produtividade e uma elevação dos salários e na renda *per capita* pela primeira vez desde o final da Era de Ouro, no início da década de 1970. O crescimento na produtividade – medido como o aumento anual na produção por trabalhador – aumentou no final da década de 1990 após um longo período de estagnação iniciado em 1973, com uma média de 2,2% no final da década de 1990 e de 2,9% de 2001 a 2005 (ver a Tabela 14-1).

O investimento maciço em tecnologias da informação e de computadores, impulsionado por quedas rápidas em seu preço, a introdução constante de novos produtos

TABELA 14-1 Crescimento anual da produtividade nos Estados Unidos

1950-1973	1974-1984	1985-1994	1995-2000	2001-2005
3,0	1,0	1,7	2,2	2,9

Fonte: Bureau of Labor Statistics.

e o desenvolvimento de novos usos para a tecnologia digital, coincidiram com aquele crescimento. O consenso entre os economistas é de que mais de metade do aumento no crescimento da produtividade no fim da década de 1990 deveu-se a investimentos em tecnologias da informação e da informática, e alguns calculam que a contribuição ficou próxima dos dois terços.[3]

A questão que permanece é se o crescimento aumentado da produtividade no período mais recente teria sido também impulsionado pela introdução das tecnologias de informação e informática. Desde a recessão de 2001, os investimentos nessas tecnologias desaceleraram. Uma vez que se trata de um investimento, normalmente entendido como impulsionador da produtividade, outras interpretações são possíveis, e o assunto está longe de uma solução. O crescimento recente da produtividade seria o efeito cumulativo de investimentos anteriores? Seria conseqüência de trabalho mais intenso? Teria relação com redução de custos decorrente de transferências de produção para outros países? Ainda é cedo para chegarmos a conclusões sobre o assunto, e possivelmente não saberemos de nada durante ainda uma década no século 21.

Parte da dificuldade na análise deriva-se do fato de a economia norte-americana ser tão dominada pela produção de serviços. Em 1950, a economia dos Estados Unidos tinha 24,5% das vagas de trabalho na manufatura, contribuindo com 27% do total do PIB. Em 2000, somente 13% dos trabalhadores norte-americanos possuía emprego na manufatura, o equivalente a 14,5% do PIB. A produtividade no setor de serviços é notadamente difícil de ser medida quando comparada à agricultura e à manufatura, onde uma produção concreta pode ser avaliada com menos ambigüidade. Como medir a produção de uma agência de viagens ou de um banco, ou de uma universidade? A outra parte do debate sobre as conseqüências econômicas da informatização envolve quanto os ganhos da produtividade atingem o restante da manufatura. Nesse aspecto, há menos concordância quanto ao efeito da tecnologia da informação e dos computadores.

Existem limites bem definidos aos ganhos da produtividade decorrentes da informatização. Os computadores exigem um *input* humano, funcionando na velocidade das pessoas. Conforme uma coluna na revista semanal *Newsweek*, em 1999, o aumento da velocidade do *chip* dos computadores oferece "muita velocidade que você, na verdade, não consegue utilizar... um *chip* mais rápido não fará com que você digite ou pense mais rapidamente". Em quanto a produtividade é incrementada pelas próximas novas versões de, digamos, *software* de processamento de textos? A primeira invenção desse tipo de *software* sem dúvida criou um salto importante na produtividade; no entanto, quanto a versão mais recente acrescentou em relação às três anteriores?

Os aplicativos de informática costumam duplicar, mais do que substituir, funções existentes. O comércio *online* não substituiu os pedidos por correio ou feitos numa loja, mas suplementou as idas aos *shoppings*. Os telefones celulares costumam ser utilizados como auxiliares dos fixos, em vez de seus substitutos. As novas tecnologias da informação e da informática podem não somente aumentar a qualidade de vida, mas ficar mais caras. O PDA (assistente pessoal digital) com certeza realiza mais funções que o antigo diário, mas é também muito mais caro. A televisão a cabo oferece um enorme aumento na quantidade de canais e um aperfeiçoamento na qualidade da imagem, mas uma taxa mensal de acesso à TV só apareceu nos Estados Unidos nos últimos anos do século 20.

---

[3]Ver Stephen Oliner e Daniel Sichel, "The Resurgence of Growth in the Late 1990s: Is Information Technology the Story?" *The Journal of Economic Perspectives* 14, no.4 (outono de 2000). Para uma visão geral das evidências, ver Jonathan Temple, "The Assessment: The New Economy," *Oxford Review of Economic Policy* 18, no.3 (outono de 2002).

CUSTOMIZAÇÃO EM MASSA

A introdução da tecnologia da informação nos processos de produção influenciou não somente a produtividade, mas uma variedade de produtos oferecidos. O design por computador e a manufatura auxiliada por ele (CAD-CAM) modificaram a capacidade das empresas de variar as linhas de produtos e rapidamente introduzir novos modelos. Controles informatizados de estoques, como as SKU (unidades de manutenção de estoque) levaram a uma coleta rápida e detalhada das vendas e a informação de estoques. As empresas hoje conseguem controlar os inventários com muita precisão. Empresas gigantes do varejo possuem uma linha de design de bens de consumo que muda conforme a estação e a moda. Na indústria do vestuário, "moda rápida" (*fast fashion*) é o nome dado às empresas que conseguem alterar os produtos oferecidos em uma loja em questão de dias, com base nas tendências e padrões de compra mais recentes nessa determinada loja.[4] A variedade dos bens de consumo – desde cafés exóticos a artigos para o lar, chegando a telefones celulares – explodiu, em parte como conseqüência de uma maior flexibilidade na produção e uma melhor coleta de dados sobre padrões de consumo.

TERCEIRIZAÇÃO

As tecnologias da informação e dos computadores também mudaram a forma como as empresas organizam e controlam a produção. As novas tecnologias da informação possibilitaram ao mercado aumentar a "fragmentação" da produção, isto é, a divisão do processo de produção em partes, com sua localização em países diferentes. Mais do que realizar todo o processo produtivo num só local, ou mesmo numa única empresa, as companhias estão cada vez mais organizando a produção numa rede de empresas – e essas redes costumam ser internacionais. Essa fragmentação da produção ocorre através de investimentos estrangeiros por corporações transnacionais ou por subcontratação de firmas estrangeiras. Como vimos no Capítulo 12, o surgimento da terceirização, associado à fragmentação, é em parte impulsionado pelo declínio do custo do transporte de bens e da transmissão de informação. Esta tem importância especial. A informação sobre produtos – seja o projeto de um semicondutor de alta tecnologia, o código de um *software* complexo para um novo jogo de computador, o projeto de uma peça de vestuário feminino da alta moda, ou a planta de um prédio – pode ser transmitida entre países instantaneamente e quase sem custos pela Internet. Isso significa que produtores e projetistas conseguem trabalhar em harmonia, a partir de locais diversos no globo. Ao mesmo tempo em que os projetistas tendem a se localizar em países industrializados, a produção cada vez mais localiza-se em países em desenvolvimento, onde os salários são baixos. Os produtores de bens também procuram rapidamente globalizar suas fontes para obterem vantagens nos custos, decorrentes da baixa remuneração do trabalho e da proximidade de mercados locais. Os serviços também podem ser terceirizados. *Call centers* e projetistas de *software* são os exemplos mais conhecidos do crescimento recente na terceirização dos serviços, mas o processo já se expandiu de modo a incluir análise financeira, diagnósticos por raio X, desenho arquitetônico e pesquisa científica básica.

Conforme observamos no Capítulo 12, o aumento das redes de produção global eleva a novas alturas uma preocupação de longa data com o fato de que, à medida que

---

[4] Ver F. Abernathy et al., *A Stich in Time: Lean Retailing and the Transformation of Manufacturing-Lessons from the Apparel and Textile Industries* (New York: Oxford University Press, 1999).

a produção torna-se mais e mais internacional, os governos nacionais acabam tendo menos capacidade de regular as empresas e – talvez até mais importante – as empresas acabam tendo menos preocupação com as ações de qualquer governo em especial, o que reduz a influência dos governos nacionais sobre os resultados econômicos.

O *BOOM* E A QUEBRA DAS PONTOCOM

A década de 1990 foi o período de *boom* no setor de tecnologia da informação e computadores nos Estados Unidos. As expectativas de que as novas tecnologias levassem a uma revolução econômica e social maciça levou investidores a encararem esse setor como oferecendo altas taxas de retorno. O mercado acionário, impulsionado pelo interesse dos investidores pelas empresas tecnológicas, subiu muito, e empresas iniciantes conseguiram preços elevados por suas ações quando de seu primeiro lançamento no mercado. Esse mercado acionário apresentou subidas consistentes, mesmo quando os ganhos de muitas empresas eram baixos ou inexistentes. Esses ganhos surgiriam mais tarde, pensaram os investidores, de modo que este era o tempo para investir! O resultado foi uma ruptura na relação tradicional entre preços de ações e lucros das empresas. A Figura 14-2 mostra essa relação (a proporção entre preço/ganhos) para uma ampla gama de ações durante o período compreendido entre 1880 e 2005. Os dois picos que se destacam na Figura 14-2 são o de 1929 e o de 2000, com este consideravelmente mais alto até mesmo que o de 1929. As expectativas de lucros futuros das empresas baseadas em tecnologia foram tão altas que capital de *venture* fluiu para empresas de tecnologia muito novas, mesmo antes que elas se tornassem conhecidas no mercado de ações.

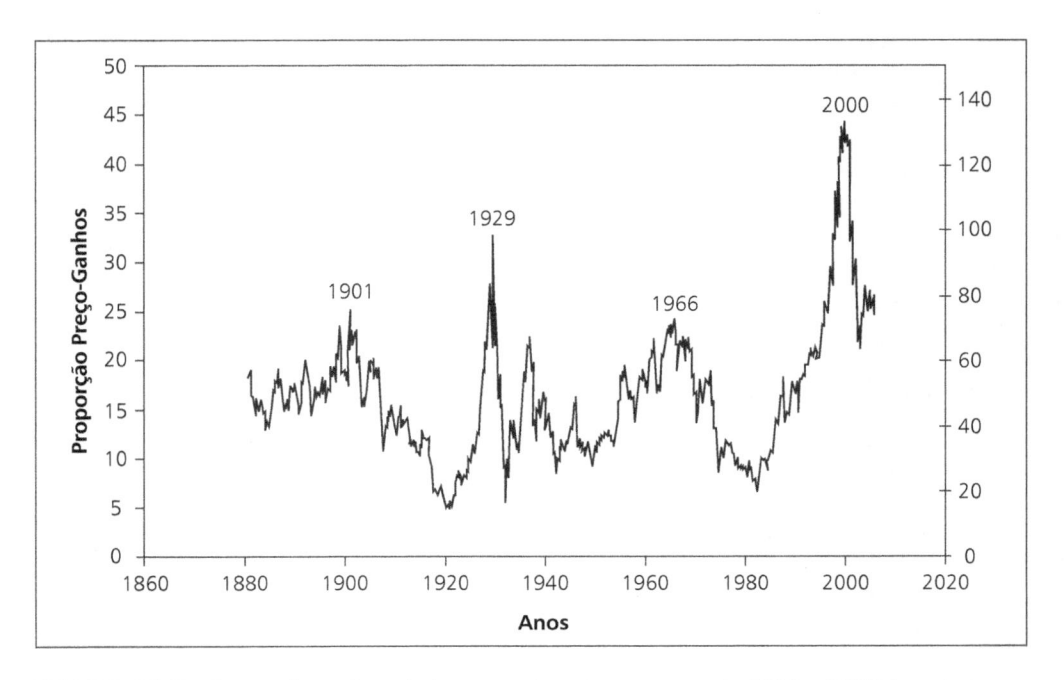

FIGURA 14-2 Preços das ações relativos a ganhos de empresas, de 1880 a 2005 (com base na amostra das 500 empresas da S & P).
Fonte: Robert J. Shiller, *Irrational Exuberance*, Princeton University Press, 2000, e dados disponíveis em *http://www.econ.yale.edu/shiller/data.htm*.

Uma das estimativas mostrou que o investimento de capital em projetos aumentou dez vezes entre 1989 e 1999, de 3,3 bilhões de dólares para 32 bilhões. O economista Robert Shiller, da Universidade de Yale, escreveu sobre a "exuberância irracional" do mercado, alertando que os investidores estavam otimistas demais, presos a um grande impulso especulativo não justificado por fundamentos econômicos.[5]

Tal como muitos *booms* financeiros do passado, o das "dot.com" finalmente entrou em colapso. Os ganhos das novas companhias não se concretizaram, e os capitalistas de *venture* e os investidores do mercado acionário começaram a ficar nervosos. As empresas de tecnologia entraram em bancarrota, e os investidores deixaram o mercado de ações. Devido a um governo e banco central ativos, a queda de 2001 – associada aos ataques terroristas ao World Trade Center e ao Pentágono – experimentou apenas uma recessão curta. Os sobreviventes foram as grandes companhias que estavam produzindo um produto que gerou retorno que e mostravam sólidas projeções futuras de crescimento, entre elas a Microsoft, a Google, a Cisco, a e-Bay, a Amazon e alguns provedores remanescentes de redes de telefonia sem fio remanescentes.

AUMENTO DA DESIGUALDADE: PREFERÊNCIA POR CAPACITAÇÃO?

Muitos dos empregos recém-criados no final da década de 1990 foram de alta capacitação. Trabalhadores com baixa capacitação foram deixados para trás. Os economistas descrevem a evolução da demanda de trabalho como "com uma preferência por competência", significando que mais empregos exigindo habilidades mais sofisticadas estão sendo criados em relação a empregos de baixa capacitação. Sem dúvida, esse é um dos fatores por trás da crescente desigualdade econômica nos Estados Unidos, já que os salários dos trabalhadores mais habilitados crescem lentamente e os dos de baixa capacitação na verdade diminuem. De certa forma, essa preferência pela capacitação é formada pelos efeitos da liberalização do comércio, em que países de baixos salários cada vez mais ingressaram no mercado exportador mundial. Com a onda recente de transferir serviços para outros países, empregos de baixa e alta capacitação estão sendo afetados. Trabalhadores menos habilitados, nos Estados Unidos, também foram atingidos pela queda ininterrupta no salário mínimo (quando ajustado pela inflação) e no declínio das taxas de sindicalização. Essas mudanças institucionais na economia norte-americana, combinadas com um fluxo contínuo de imigrantes de baixa qualificação para os Estados Unidos, pressionaram para baixo os salários dos norte-americanos com menor qualificação profissional.

A MARCA DIVISÓRIA DA DIGITALIZAÇÃO

Neste capítulo, concentramo-nos nos Estados Unidos e no *boom* e declínio das economias das pontocom entre as décadas de 1990 e 2000. Mas as inovações nas tecnologias da informação e computadores desenvolveram-se e disseminaram-se pelo mundo. Quais foram seus efeitos no resto do globo? A resposta é, numa só palavra: desiguais. O Japão está no patamar mais elevado na projeção de novos produtos eletrônicos para o consumidor com o considerável poder computacional disponível nos semicondutores atuais. Os países da União Européia movimentam-se na direção de tornarem-se os líderes mundiais em várias áreas, inclusive telefones celulares e satélites. Vários países da Ásia Oriental e do Sul

---

[5]Robert Shiller, *Irrational Exuberance* (Princeton: Princeton University Press, 2000). Os dados sobre capital de *ventures* são de Steil et al., *Technological Innovation and Economic Performance*, Cap. 13.

TABELA 14-2 Uso de computadores pessoais e da internet por região, em 2001 (usuários a cada 1000 pessoas)

Região	Computadores Pessoais	Usuários de Internet
América do Norte	623	467
Europa Ocidental	325	345
Europa Oriental & Ásia Central	81	65
Ásia Oriental & Pacífico	158	177
África Oriental Intermediária & Setentrional	62	61
América Latina & Caribe	49	63
Sul da Ásia	4	4
África Subsaariana	12	9

Fonte: Matti Pohjola,"New Economy in Growth and Development", World Institute for Development Economics Research, 2002.

chegaram com rapidez à fronteira tecnológica em áreas menores – a Coréia em semicondutores, a China na produção de eletrônicos, e a Índia no desenvolvimento de *software* e serviços que dependem essencialmente da transferência de informação a baixo custo, via telefone ou Internet. Esses países investem ativamente na tecnologia da informação e da informática, o que lhes permite produzir bens internacionalmente competitivos ou no mínimo participar de redes de produção global que lhes propicia retorno das exportações e uma chance de passar a atividades com valor agregado mais alto.

Muitos países, porém, foram deixados para trás na revolução da tecnologia da informação e da informática, criando um "divisor digital" entre os países conectados à Internet e com uma taxa elevada no uso de computadores, e os que não possuem nada disso. A Tabela 14-2 mostra que o acesso aos computadores pessoais e à Internet é bastante rara no sul da Ásia e na África subsaariana, em comparação à América do Norte, Europa Ocidental e Ásia Oriental.

RESUMO

O impacto econômico da revolução digital permanece assunto de debate entre os economistas. Durante o final da década de 1990, parecia que a explosão das pontocom continuaria para sempre, uma vez que os aplicativos de computadores difundiam-se rapidamente pelos negócios e, em seguida, pelos lares. Mas essa explosão enfraqueceu: as empresas cujas ações na bolsa haviam subido num primeiro momento, entraram em colapso quando os ganhos deixaram de atender às expectativas mínimas e os investidores de repente ficaram nervosos. O setor de tecnologia da informação fez um retorno gradativo, como parte da recuperação econômica geral após a recessão de 2001; mas é óbvio que somente uma percentagem pequena das empresas criadas na década de 1990 sobreviveu. Ainda assim, as grandes companhias que continuam com *software*, *hardware*, sistemas de rede, dispositivos de busca, telefones celulares e assim por diante, causaram um efeito importante sobre a vida moderna. Além disso, a ampla adoção de tecnologias da informação e informática no gerenciamento dos negócios alterou a forma de organização e controle dos negócios. Já é difícil recordarmos a vida na era pré-computador.

Para onde isso nos conduz com respeito às grandes indagações apresentadas no início do capítulo? Estamos vivendo uma quarta revolução industrial, em conseqüência das inovações na tecnologia da informação e da informática? Essa era atual de inovações é comparável a algumas das eras de avanço tecnológico que direcionaram as revoluções industriais? É difícil ter uma perspectiva histórica profunda sobre os eventos e as mudanças que ocorrem entre nós. Indicamos, porém, uma quantidade de razões pelas quais comparações desse tipo ainda não são justificadas, inclusive os limites ao crescimento da produtividade decorrente da informatização e a forma desigual pelas quais as novas tecnologias digitais se espalharam pelos países. Conforme o economista Robert Gordon, nenhum desenvolvimento nas comunicações atingiu uma mudança na velocidade das comunicações comparável ao telégrafo, que, entre 1840 e 1850, reduziu o tempo necessário à transmissão em cerca de 3 mil vezes (de 10 dias a cinco minutos para uma mensagem de uma página entre Nova York e Chicago).[6] Gordon mostra-se cético em relação à visão de que os computadores seriam uma inovação mais radical que as do passado, e vale a pena a citação completa de suas palavras:

> Navegar pela Internet pode ser divertido e informativo, mas representa um incremento muito mais distante no padrão de vida que o obtido pelo aumento do dia através da noite proporcionado pela luz elétrica, a revolução na eficiência das fábricas atingida pelo motor elétrico, a flexibilidade e a liberdade alcançadas pelo automóvel, a poupança de tempo e o encolhimento do globo proporcionados pelo avião, os novos materiais alcançados pelo telefone, a chegada de notícias e de diversão ao vivo à sala de visitas das famílias proporcionada pelo rádio e, em seguida, pela televisão, e os enormes ganhos na expectativa de vida, na saúde e no conforto obtidos pelo saneamento urbano e rede de esgotos nas residências.[7]

Assim, embora a tecnologia digital seja nova e tenha dado mais impulso à globalização e a novos produtos e processos, com efeitos no estilo de vida maiores, de certa forma, que os das gerações anteriores de mudança tecnológica, suas conseqüências na economia podem ser menores. Vem ocorrendo certo crescimento da produtividade, mas também um aumento da desigualdade de ganhos. Vêm ocorrendo mudanças na produção econômica em termos de organização da produção e de sua localização, mas essa globalização da produção já estava aumentando. Para ser exato, as novas tecnologias não solucionaram a tendência do capitalismo a ciclos de expansão e contração.

É possível, até mesmo provável, que ainda não tenhamos percebido como as novas tecnologias irão modificar a vida econômica. Novas aplicações das tecnologias digitais serão desenvolvidas. Além disso, à medida que a digitalização envolver algumas mudanças fundamentais na forma como os indivíduos pensam a interação social, o trabalho e a criatividade, ela pode estimular inovações futuras, cujas conseqüências econômicas simplesmente não somos capazes de imaginar. O cientista da computação Michael Dertouzos, caracteriza nossa era pelo surgimento de um "mercado da informação", em que será a capacidade aumentada de usar as informações, numa infinidade de formas e numa multiplicidade de aplicações, que mudará muito nossas vidas. Mais importante será o grande aumento no uso eficiente da informação, capaz de melhorar a vida em várias áreas, desde a escolha do consumidor até o acesso a cuidados de saúde e serviços financeiros. "Sim, haverá novas bugigangas, cujo uso será divertido", escreve Dertouzos. "Mas o que conta é que o Mercado da Informação irá trazer tecnologias úteis de informação para dentro de nossas vidas, em vez de nos impulsionar para dentro de um universo de ficção científica."[8]

---

[6] Robert Gordon, "Does the 'New Economy' Measure up to the Great Inventions of the Past?" *Journal of Economic Perspectives* (outono de 2000), 68.
[7] Ibid, 72
[8] Michael Dertouzos, *What Will Be? How the New World of Information Will Change Our Lives* (New York: Harper Collins, 1997), 11.

Conceitos e termos importantes

A Nova Economia
1. Neste capítulo, investigamos se a onda recente de inovações na tecnologia da computação e das telecomunicações constitui a quarta revolução industrial. Descrevemos a "revolução digital", com foco em suas raízes nos investimentos e seus efeitos no trabalho, na produção e no consumo.

O papel dos investimentos públicos
2. As inovações tecnológicas podem ser um novo produto ou um novo processo de produção. A informatização envolveu essas duas dimensões da inovação. A nova tecnologia da informática, tanto em *hardware*, quanto em *software*, beneficiou-se dos investimentos públicos, especialmente do Departamento de Defesa dos Estados Unidos nos anos que se seguiram à Segunda Guerra Mundial.

Investimentos dos negócios
3. A difusão de computadores e da Internet até os lares seguiu um padrão comum de curva em S, como o do rádio, da TV e do videocassete. A maior parte da difusão dos computadores na economia da década de 1990, porém, deveu-se ao investimento dos negócios na tecnologia da informação.

Crescimento da produtividade norte-americana
4. A economia norte-americana viveu um aumento da produtividade (a quantidade da produção por trabalhador) no final da década de 1990, muito do qual é atribuído ao gasto dos negócios em tecnologia da informação. Esse crescimento da produtividade manteve-se até os anos iniciais do século 21, mesmo com a redução do investimento dos negócios em tecnologias da informação.

Aumento da desigualdade de renda/ Fronteira digital
5. A Nova Economia teve também seus problemas. Tal como outras épocas de mudanças tecnológicas rápidas, o período recente foi de *boom* e quebras, sendo responsável por ambos a avaliação do mercado em relação aos benefícios da nova tecnologia. Com a introdução das novas tecnologias, a economia norte-americana viveu um aumento da desigualdade de renda, em parte conseqüência da demanda relativamente alta por trabalhadores capacitados. A disseminação das novas tecnologias também foi globalmente desigual, com os países mais pobres ficando de fora da revolução digital.

A Nova Economia não é singular
6. Comparações com épocas anteriores de mudança tecnológica indicam muitas razões para ceticismo quanto a este momento ser especialmente diferente em termos dos efeitos das inovações na vida econômica. Muitos defendem que novidades anteriores em comunicação, transportes, saúde e até eletrônica foram comparáveis ou mesmo mais importantes para a sociedade.

Perguntas

1. Vimos que a revolução digital dependeu muito de investimentos públicos. Como podemos avaliar o "retorno" sobre investimentos públicos? Em que ele seria diferente do cálculo do retorno sobre investimentos privados?
2. Por que as novas tecnologias impulsionaram um *boom* no mercado de ações e por que esse *boom* rapidamente transformou-se em colapso? Qual seria o papel do mercado de ações na avaliação das novas tecnologias?
3. Quais seriam os outros fatores, além da introdução de novas tecnologias, que podem ter contribuído para o aumento da desigualdade de renda sentido nos Estados Unidos nos últimos 15 anos? Como o efeito da globalização sobre o trabalho e os salários é comparável ao do progresso tecnológico? Os dois (globalização e progresso tecnológico) estariam de alguma forma associados?
4. Compare a chegada da Internet e dos computadores à da eletricidade, do automóvel e do saneamento urbano, em termos de mudança social, produtividade e bem-estar social geral. De que maneira você compara a atual onda de inovação tecnológica à das eras anteriores? Em sua opinião, quais serão os efeitos econômicos a longo prazo da revolução digital?

> **PENSAR NO PASSADO, OLHAR PARA O FUTURO**

ADAM SMITH E A NOVA ECONOMIA

É tentador pensarmos que a época em que vivemos seja muito diferente das anteriores, e que a velocidade das comunicações, dos transportes e do processamento de informações torne especialmente popular a caracterização da economia moderna como revolucionária. Tentamos, neste capítulo, oferecer algumas razões que questionassem essa visão. É importante que coloquemos numa perspectiva histórica similar a questão das causas da mudança tecnológica. Também aqui há razões para sermos céticos quanto à alegação de que a economia atual é impulsionada por forças econômicas totalmente novas. Certamente, alguns aspectos da economia jamais haviam sido vistos antes. O acesso rápido e mundial à informação e a seu processamento, os dois conseqüência da revolução digital, modificaram a forma de fazermos negócios – do projeto do produto ao controle de estoques e gerenciamento da cadeia de fornecimento. Navegar na rede era inimaginável para as pessoas em 1900, da mesma forma que o automóvel era para as pessoas em 1800. Para que compreendamos, porém, o que impulsionou essas inovações tecnológicas sofisticadas, é útil um retorno à última pessoa que poderia ser vinculada à economia digital – Adam Smith. Ainda que nossa tendência seja recordar a metáfora de Smith da "mão invisível" elevando a sociedade para níveis maiores de produção, consumo e satisfação sem qualquer autoridade aparente que não o mercado, costumamos esquecer um conceito mais destacado no texto de *A Riqueza das Nações*: o da divisão do trabalho. É o assunto do primeiro capítulo do livro de Smith. Ao mesmo tempo em que ele não escreveu num momento de grande sofisticação tecnológica ou mesmo de dinamismo, ele foi capaz de ver que grandes ganhos em produtividade adviriam de uma divisão de tarefas mais aprimorada entre os trabalhadores. Num dos capítulos anteriores, trouxemos na íntegra o famoso exemplo de Smith da fábrica de alfinetes. O que, no entanto, teria promovido essa técnica de produção tão importante? Por que a prática fora tão limitada até a época de Smith? A resposta está já no Capítulo 3 do primeiro livro da *Riqueza das Nações*. O título do capítulo é *That the Division of Labour is Limited by the Extent of the Market* (Que a Divisão do Trabalho é Limitada pelo Alcance do Mercado). O capítulo discorre quase na sua totalidade sobre os motivos pelos quais a divisão do trabalho ocorre mais em áreas urbanas que em vilarejos ou no interior. Mas são claras, mesmo hoje, as implicações: crescimento de mercado e inovação andam juntos. Uma das implicações da percepção de Smith é que precisamos ser céticos em relação ao determinismo tecnológico na economia, pelo qual as novas tecnologias são os propulsores do crescimento econômico. A relação causal entre demanda e inovação pode ser exatamente a oposta. Durante as duas últimas décadas, o sucesso econômico e o desenvolvimento da tecnologia digital – tenha em mente novos *software* e microprocessadores, bem como o comércio na rede – dependeram muito do tamanho do mercado (lares, negócios e governo). Além disso, tal como no final do século 18 de Adam Smith, é a expansão dos mercados no futuro, nos Estados Unidos e no resto do mundo, que provavelmente será o principal indutor de mais inovações.

Capítulo 15

PROBLEMAS E POSSIBILIDADES

O que queremos saber, sem dúvida, é o que o futuro nos reserva. No momento em que fazemos essa pergunta, porém, reconhecemos que ela não tem uma resposta confiável. Se fôssemos descuidados a ponto de utilizarmos todo o capítulo para prevermos as conseqüências da tendência à desigualdade ou a disponibilidade de empregos, ou ainda a posição dos Estados Unidos na economia mundial em dez anos, nenhum leitor com sensibilidade atribuiria muita credibilidade a nossas palavras. De que forma, então, lidar com as perguntas prementes às quais desejamos responder? Respondemos dizendo que precisamos utilizar o passado para pensarmos no futuro com mais clareza. Começaremos pelo que pode parecer uma pergunta esquisita: de que forma o passado tem visto o futuro?

SOCIEDADES GOVERNADAS PELA TRADIÇÃO

Começamos por uma volta ao passado distante – as sociedades de caçadores e coletores, que foram a única forma de organização social durante os primeiros 99% da vida humana na Terra. Como essas sociedades perceberam o futuro?

Parece, num primeiro momento, uma pergunta de difícil resposta. Ao refletirmos em cima do que conhecemos ou do que somos capazes de razoavelmente reconstruir a respeito desses bandos tribais, não fica tão impossível quanto parece. Na verdade, somos capazes de fazer uma generalização sobre as sociedades primitivas que permite a reconstrução, com alto grau de probabilidade, de como na verdade eles perceberam o futuro: seria uma continuação do seu passado.

O que nos permite generalizar assim? Uma razão de peso é que as sociedades primitivas gozavam de uma relação em geral bastante bem-sucedida, ainda que limitada, com a natureza, a ponto de não existir forma de alteração de seu bem-estar material. Da mesma maneira, nossos ancestrais distantes possuíam uma vida política simples, porém adequada, em que decisões como trocar o local de caça eram tomadas durante discussões gerais chefiadas pelos mais velhos – o que não evitava que os indivíduos saíssem por sua conta se assim desejassem. Não existia, portanto, motivação para que fosse alterado o processo político. Finalmente, bandos de caçadores e coletores possuíam um forte senso de tradição associada à idade, o que deixava claras as obrigações que os membros da sociedade tinham uns com os outros, em especial as relações de parentesco. O que, então, havia para ser mudado?

Todas essas generalizações apontam para uma só conclusão. Para nossos ancestrais distantes, o futuro não era um destino para o qual homens e mulheres olhavam com ansiedade, mas com alguma certeza. Como seria o futuro? Seria como o passado. Como poderia ser diferente?

SOCIEDADES DE COMANDO

Lembramos que as sociedades governadas pela tradição cederam espaço às governadas pelo comando no quinto e quarto milênios, às margens do Nilo, Tigre e Eufrates, Yangtze e Ganges. Com o estabelecimento da agricultura e da primeira tecnologia com metal tornou possíveis estruturas sociais muito diferentes daquelas do passado distante, não somente em sua capacidade de construir grandes pirâmides de pedra, mas igualmente em construir notáveis pirâmides de arquitetura social. Na base dessas pirâmides sociais, camponeses executavam tarefas sob a supervisão de representantes da corte ou mordomos – não existiam esses supervisores nos grupos de caçadores e coletores – para sustentar as forças armadas permanentes; acima deles estavam os acompanhantes dos religiosos e funcionários, e, finalmente, os todo-poderosos faraós, reis e imperadores.

Surge, assim, um tipo de sociedade com enormes contrastes em relação à antecessora. Com ela teria vindo uma nova visão do futuro? Estranhamente, não. Sem dúvida, em seus ápices os governantes das novas sociedades evidenciaram ambições que ultrapassaram em muito qualquer coisa que pudesse ser lembrada nas dezenas de milhares de anos anteriores. Os novos governantes pretendiam mudar o mundo de formas que eram inimagináveis antes da era dos exércitos capazes de transpor continentes e das forças de trabalho capazes de construir estruturas que, mesmo em nossos dias, causam assombro.

Se, porém, estendermos o olhar a todos os outros pontos exceto para os ápices, obteremos outra sensação do mundo futuro. Reis e imperadores lançam agora grandes sombras para o futuro; até onde, no entanto, isso interessaria às outras pessoas nessas sociedades, que diferença isso faria? Haveria reis bons e reis ruins, campanhas vitoriosas e derrotas, como sempre houve. O tempo favoreceria colheitas num ano e as arruinaria em outro. Assim, para a grande maioria de seus membros, o futuro das sociedades de comando, como o das sociedades governadas pela tradição, era uma projeção do presente no vazio em frente. De acordo com o que o grande escritor político Nicolo Maquiavel escreveu no século 14: "Aquele que desejar antever o futuro deverá consultar o passado, já que os acontecimentos da humanidade sempre se assemelham aos que os precederam".[1]

CAPITALISMO

Quando essa visão passiva do futuro teria mudado? Agora, todos sabemos a resposta: mudou com a chegada da própria sociedade econômica moderna – isto é, com o surgimento do mundo capitalista, cuja história tem sido o foco principal de nossa investigação. Somente na era capitalista o futuro é percebido como algo com ilimitadas possibilidades, crescimento, acúmulo, expansão e transformação.

---

[1] Nicolo Machiavelli, *The Prince and Other Discourses Book Three* (New York: Carlton House, n.d.), Cap. 43, 530.

Talvez agora sejamos capazes de ver por que um estudo do passado é capaz de lançar alguma luz à forma do que está por vir. A história do capitalismo reflete três atributos que não existiam em qualquer instituição anterior. O primeiro é o impulso presente em tudo para acúmulo de capital, que dota as economias capitalistas de sua energia vital característica, expressa numa busca incansável de novas tecnologias e mercados. Foi esse atributo que nos presenteou com a Revolução Industrial no passado e que está nos proporcionando a revolução da informatização no presente; a idade do imperialismo no passado e a da globalização agora.

Um segundo atributo do capitalismo que o diferencia no que tange ao movimento na direção do futuro é a rede de mercados competitivos que possibilita o mecanismo de coordenação interna. Não há, nas ordens sociais anteriores, nada comparável à liberdade de escolha e à disciplina competitiva entre compradores e vendedores; bastante semelhante ao impulso pelo capital, a rede de mercados proporciona a essa ordem social uma vitalidade nervosa e um esforço constante para inovar que a nada se compara nas sociedades anteriores.

Em terceiro, e isso é bem menos conhecido, vem um outro aspecto que distingue o capitalismo de seus antecessores e uma vez mais orienta-o para o futuro de uma forma nova. É sua divisão em dois reinos ou setores: um governo bem definido, cujo direito de ingresso nos assuntos econômicos está definido de forma rígida, e uma economia privada em torno dele, muito maior, cujas prerrogativas governamentais são, da mesma maneira, limitadas. Acostumados como estamos a queixas do tipo "muita intervenção do governo" na economia, ou "muita influência dos negócios" no governo, nós nos esquecemos de que governo algum – estadual, municipal ou federal – pode iniciar um empreendimento lucrativo capaz de competir com os negócios sem que tenha autorização explícita para agir assim, e que empresa alguma, por mais tentador que isso seja, pode prender um empregado causador de problemas.

Resumindo, a coexistência de um setor privado, encarregado de realizar o principal esforço produtivo da sociedade, com um setor público, encarregado de orientar e proteger esse ímpeto básico, possibilita uma estrutura social capaz de modelar o futuro da economia num grau jamais encontrado em sociedades anteriores. Isso com certeza não garante que essa capacidade seja empregada com sabedoria, ou que ela não possa criar problemas novos e complicados, junto com soluções possíveis. Ainda assim, existe uma capacidade jamais vista no passado.

Teremos oportunidade de abordar esse assunto nas páginas que seguem. É melhor, porém, iniciarmos este capítulo final dando-nos conta da diferença entre o que o futuro pode nos reservar e como ele se mostrava antigamente.

ANÁLISE DO FUTURO

Retornemos à indagação que todos desejamos responder: o que pode ser dito acerca da gama de problemas investigados do Capítulo 10 ao 14? Começaremos com uma distinção essencial entre duas maneiras de vermos o tipo de futuro peculiar à estrutura e à dinâmica capitalistas.

São a *previsão* e a *análise*. A primeira tem a ver, principalmente, com resultados; a segunda, com processos. Deparamo-nos com previsões diariamente, dentro e fora da vida econômica. O apostador de corridas que diz que um certo cavalo de corrida ficará em terceiro lugar faz uma previsão, da mesma forma que o colunista financeiro que diz que o índice Dow Jones terá uma subida espetacular no final do ano. Análises podem ou não ter um papel nas previsões: o apostador pode basear sua dica na genealogia do animal, e aquele que prevê a subida do índice Dow Jones pode basear-se em dados que conhece. Geralmente, temos que observar que a análise tem papel menor nas previsões não-econômicas que nas econômicas, não somente pelo fato de existir uma quantidade muito maior de informações estatísticas sobre acontecimentos econômicos que não-econômicos, mas ainda porque a vida econômica, como bem sabemos agora, possui um cerne de tendências comportamentais, como a oferta e a demanda, que nos oferecem uma forma generalizada de compreensão do funcionamento da economia. Isto não se aplica a corridas de cavalos, política ou assuntos internacionais, em que o papel da análise é muito menor.

A distinção entre previsão e análise tem um papel decisivo neste capítulo. Não faremos previsões a respeito do efeito da inflação ou do desemprego, ou da desigualdade, no sentido de se irão melhorar ou piorar daqui a um, dois ou dez anos, nessa ou naquela quantidade. Não faremos isso porque não somos capazes, por duas razões: primeiro, porque não há como prevermos resultados em relação a algo envolvendo tantas variáveis – internacionais e nacionais, políticas e econômicas. Segundo, e mais importante, a incerteza do futuro significa não somente que todas as previsões são arriscadas, mas que seus resultados simplesmente não podem ser conhecidos.

À luz dessa impossibilidade de conhecermos o futuro, nossa finalidade não será prever, mas esclarecer o máximo possível as forças econômicas que subjazem às tendências pelas quais nos interessamos. Essa análise pode indicar uma direção ou outra, como demonstramos, mas indicar de forma alguma significa prever. Na verdade, quando a indicação aponta um rumo não tomado pelos acontecimentos, ela instaura uma indagação interessante e importante: a direção indicada pela bússola estava errada porque houve intervenção da natureza, ou porque nossa análise estava errada? A discussão do erro de nossa análise pode ensinar mais sobre economia e história da economia aos nossos leitores do que qualquer forma de pregação!

TRÊS QUESTÕES PRINCIPAIS

1. *Desemprego e ganhos estagnados*

O desemprego, recordamos, é um problema persistente nos Estados Unidos desde a metade da década de 1970. Em 1983, ele aumentou, atingindo até 7,3% da força de trabalho, caindo gradativamente dali em diante para 5,3% em 1989. Em 1992, novamente subiu para 7,5%, reduzindo-se para um pouco acima de 4% no final da década de 1990. Não são números que assustam quando analisados, mas o que parece pode não ser a realidade. Como vimos, se acrescentarmos trabalhadores desalentados, trabalhadores de tempo parcial e membros da força de trabalho não participantes das estatísticas, o número total facilmente pode ser o dobro – ainda não comparável aos quase 25% da Grande Depressão, embora com certeza suficientemente elevado para nos preocupar. Além disso, a taxa de desemprego de afro-americanos continua a se situar próxima dos 11%. Os cortes das corporações levaram à perda de empregos com salários relativamente altos, e as novas vagas de trabalho criadas são de baixo salário, para iniciantes. Disso resulta que as famílias cada vez mais precisam de mais de um assalariado para chegar ao final do mês. A renda média familiar, na verdade, diminuiu em mais de 2 mil dólares de 1989 a 1994. Essa foi a primeira queda em períodos de cinco anos, desde a Segunda Guerra Mundial. Assim, apesar do período de crescimento econômico relativamente longo, os norte-americanos sentem-se inseguros em relação ao emprego e à renda. Especialistas fazem referência a esse período como o do "crescimento sem emprego". Uma descrição melhor pode ser um crescimento com estagnação de salários. O foco da política macroeconômica talvez tenha que mudar do crescimento, puro e simples, para uma preocupação com salários, em especial os dos trabalhadores com salários baixos.

Qual seria a causa desse estado de coisas tão perturbador? Aqui, precisamos fazer uma distinção entre dois rumos analíticos da indagação. O primeiro tem início nas conexões bem estabelecidas entre o nível de desemprego e o volume de produção. Nos dias do esforço de guerra a todo vapor, o desemprego caiu para menos que 2% da força de trabalho – provavelmente o mais baixo possível numa sociedade livre, em que alguns trabalhadores sempre deixam voluntariamente o emprego, talvez em busca de algo melhor. Dali em diante, durante os anos logo após a guerra, quando os norte-americanos começaram a gastar muito, os desempregados estavam em torno de 3%, chegando a quase 5% quando o *boom* pós-guerra começou a diminuir. Como sabemos, esse período de 33 anos (1940-1973) terminou com o primeiro choque do petróleo. Assim, nossa análise deve primeiro investigar o que há para ser dito sobre a possibilidade de uma volta aos dias geradores de empregos da Era de Ouro. A macroanálise nos diz que isso irá exigir um aumento imenso e continuado dos gastos em investimentos. Além disso, podemos ir além em nossas declarações analíticas: um estímulo assim deve ter origem em um *boom* espontâneo da iniciativa privada ou em um aumento voluntário dos gastos públicos – uma outra Era de Ouro ou um outro *New Deal*. Análises não são capazes de oferecer as probabilidades de um ou de outro. O que elas *podem* é nos fazer perceber as diferenças profundas entre a década de 1950, que atendeu às necessidades de um país que desejava demais adquirir bens, e os dias de hoje; ou pode nos fazer ver a diferença entre a mudança no clima político dos dias de Franklin Roosevelt e Lyndon Johnson e a dos dias de Bill Clinton e George W. Bush.

Há, porém, uma segunda consideração analítica. Ela deriva do fato de que o nível de emprego não é totalmente determinado pelo nível de gastos nacionais. Conforme vimos, há ainda fatores como mudanças tecnológicas ou na estrutura dos negócios, que originam a terceirização e a transferência de atividades para o exterior. Nossa tarefa aqui é descobrir qual a análise a ser tentada quanto a essas microconsiderações.

Comecemos analisando as possibilidades futuras de um *boom* em tempos de paz, capaz de trazer novamente os dias de grande empregabilidade. Por mais que quiséssemos, não seríamos capazes de prever – e, certamente, de analisar – se alguma nova invenção surpreendente aparecerá amanhã, abrindo novas possibilidades para uma volta ao emprego total. Na verdade, a economia norte-americana cresceu de forma bastante sólida de 1991 ao final dos anos 1990; como vimos, no entanto, essa estatística alentadora esconde alguns fatos perturbadores.

Teremos, então, que nos resignar a expectativas bastante modestas de crescimento do emprego e dos salários, não apenas aqui mas em todo o mundo altamente desenvolvido? Parece ser essa a possibilidade futura mais provável – a menos que sejamos capazes de projetar novas formas de incentivar a demanda, aumentar a produtividade e segurar com rédea firme quaisquer conseqüências causadoras de inflação decorrentes de uma alta taxa de empregos sustentável.

Stakeholding – uma saída?

Existiria um método assim? Talvez. Em alguns países estrangeiros – por exemplo, a Alemanha, o trio escandinavo, a Holanda e a Áustria – uma relação chamada de *stakeholding* surgiu entre trabalhadores e empregadores. *Stakeholding* significa que uma nova forma de contrato entre o trabalho e a chefia conferiu àquele o direito de uma parte da empresa, em troca de um acordo trabalhista que permite à administração a contenção dos aumentos salariais quando necessária para manter uma posição competitiva em sua indústria.

Alguma forma de *stakeholding* poderia, de fato, compor a base para um período prolongado de emprego que evitaria pressões salariais inflacionárias e autodestrutivas. Seria essa uma possibilidade realista para os Estados Unidos? Com base na longa história de relações antagônicas entre trabalho e administração nesse país, nossa resposta normalmente seria não. Os tempos mudam, porém, e podemos mudar com eles. Se o *stakeholding* passar a ser uma relação disseminada na Europa, isso faria que muita pressão fosse feita sobre os Estados Unidos para fazer o mesmo. Não é impossível que um caminho para um *boom* não-inflacionário ainda apareça. Há necessidade de acrescentarmos que ninguém consegue prever a probabilidade de mudanças institucionais de tão longo alcance? Ainda assim, a idéia parece promissora o suficiente para ser parte de uma agenda futura. À medida que prosseguirmos, encontraremos outras possibilidades a adicionarmos à lista.

Crescimento populacional e migração

Através de grande parte da história, os analistas preocuparam-se no sentido de que o crescimento populacional pudesse ultrapassar a capacidade da humanidade de produzir alimentos, e que fome em massa e miséria fosse a conseqüência. Temos visto que se trata do caso em parte do mundo atual, ainda que não em todo ele. A industrialização e o enriquecimento dos países levaram à queda das taxas de natalidade. Atualmente, muitos países industrializados enfrentam exatamente o oposto daquilo que temeram no passado. Seu crescimento populacional é tão lento que, à medida que a população envelhece, em média pode não haver pessoas suficientes em idade produtiva para dar apoio às necessidades da sociedade. Isso cria um papel cada vez maior para a imigração. Curiosamente, essa necessidade de expansão da imigração das economias norte-americanas e européias, além da japonesa, ocorre exatamente num momento em que essa migração nessa direção está gerando oposição, debate político e inquietação social.

Conforme projeções das Nações Unidas, as economias da Europa, Japão e Rússia terão declínio significativo nos próximos 50 anos.[2] Além disso, essas populações estão envelhecendo, isto é, a média de idade desses povos está aumentando. Para manter a mesma proporção de pessoas em idade produtiva e pessoas que se aposentam, esses países precisarão receber bem os imigrantes a taxas muito mais elevadas que no passado.

Ainda assim, conflitos entre grupos de imigrantes e cidadãos nascidos nos locais aumentam cada vez mais, à medida que grandes grupos de turcos mudam-se para a França, africanos do norte mudam-se para Paris e pessoas do Oriente Médio mudam-se para a Holanda e a Suécia. Na maior parte dos casos, esses grupos não estão bem integrados em nenhuma sociedade ou na economia, e políticas contrárias à imigração estão sendo propostas nesses países.

A situação é outra nos Estados Unidos, que tem expectativas de ver sua população aumentar em cerca de 25% entre 2000 e 2050. Assim, a necessidade do trabalho de mais imigrantes é menor do que na Europa. No entanto, uma vez que a população norte-americana também está envelhecendo (isto é, a média de idade está aumentando), continuará a existir uma necessidade de imigrantes para dar apoio à parcela crescente da população que se aposenta. A imigração, em especial a ilegal

---

[2] Esses números e os que são parte deste capítulo foram retirados da United Nations Population Division, "Replacement Migration: Is it a Solution to a Declining and Ageing Population?", (New York: United Nations, Março de 2000).

pela fronteira mexicana, é um problema político constante. Em 2006, estimativas dão conta de mais de 11 milhões de pessoas sem a documentação adequada nos Estados Unidos. A maior parte trabalha e paga impostos, e parte do problema político norte-americano decorre de como admitir a contribuição social desse grupo sem justificar futuras imigrações ilegais.

2. *Desigualdade*

Assim, podemos descrever com certa clareza analítica as pré-condições para aumento do emprego e crescimento da renda. As questões não são tão simples quando nos voltamos aos principais problemas diante de nós: a redistribuição preocupante, até mesmo alarmante, na direção das famílias localizadas naquele 10 ou mesmo 1% da porção superior da pirâmide social. Aqui, há considerações macroeconômicas e microeconômicas a serem tecidas. De uma perspectiva macro, a desaceleração do crescimento da produtividade e dos investimentos que caracterizou a fase após a Era de Ouro continua a ser um dos motivos para a desigualdade crescente. Uma maré alta é capaz de erguer todos os navios – como ocorreu na Era de Ouro –, mas águas turbulentas afundam os fracos. Conforme vimos no Capítulo 12, a desigualdade crescente está ocorrendo em muitos países em desenvolvimento, à proporção que a renda relativa das pessoas sem educação ou capacitação vem caindo. Muitos economistas defendem que a resposta a essa situação está no aumento da capacitação do trabalho em todos os lugares.

Precisamos, então, analisar o papel das mudanças tecnológicas. A informatização com certeza parece ser uma faca de dois gumes, tornando obsoletos alguns tipos de trabalhos nas linhas de montagem antes bem remunerados, ao mesmo tempo em que está abrindo vagas no setor de serviços, algumas com baixa remuneração, e outras muito bem remuneradas. Pelo fato de a informatização elevar a necessidade de capacitação dos empregados, ela milita contra aqueles com formação insatisfatória que, em geral, têm baixos salários. Considerada a probabilidade de haver um grau cada vez maior de tecnologia da informática permeando toda a economia futura, a distribuição da renda tenderá a piorar. Resumindo, a leitura que fazemos desse quadro complexo leva-nos a duvidar de que os atuais níveis de distribuição de renda melhorem, embora sejamos rápidos em acrescentar que isso não tem o grau de clareza analítica que acompanhou nossos argumentos quando o assunto foi desemprego.

Existe, porém, outro elemento muito importante na tendência à desigualdade. É o cada vez maior distanciamento entre os CEOs com altíssimos salários e o salário médio de seus empregados. Aqui, talvez mais que na análise do impacto da tecnologia, fica difícil acharmos uma explicação analítica capaz de orientar nossas expectativas de desdobramentos futuros. Normas e instituições sociais mudam com o tempo por razões políticas e culturais, assim como por razões puramente econômicas.

Analise dois fatos em relação a isso. No Capítulo 10, observamos que a proporção entre aqueles com salários mais elevados e os médios aumentou de 30:1, na década de 1960, para mais de 100:1, em 2004. Acrescentemos, agora, uma segunda consideração: a proporção entre a remuneração dos maiores CEOs norte-americanos e a de sua força de trabalho média é várias vezes superior que a de qualquer outro país capitalista. Pode chegar a 20:1 na Alemanha e a 10:1 no Japão, e podemos talvez perceber que os encargos da burocracia no topo das corporações estrangeiras são também significativamente menores que os nossos.

Haveria alguma explicação para essa carga burocrática desproporcionalmente grande capaz de lançar alguma luz na direção do futuro? Uma explicação mais uma vez faz uso das relações incomumente antagônicas entre a administração e o trabalho nos Estados Unidos, quando comparadas a praticamente todos os países europeus. Isso leva as corporações norte-americanas a sentirem necessidade de equipes de supervisores maiores que aquelas necessárias em empresas onde existe um entendimento mais íntimo entre a administração e a força de trabalho.[3]

Com certeza, isso serve apenas para fazermos uma indagação mais profunda sobre os motivos pelos quais as corporações norte-americanas não desenvolveram o *stakeholding* e outras instituições cooperativas que se mostraram úteis em outros locais. A resposta, sem dúvida, está nas tradições culturais muito diferentes nos Estados Unidos e na Europa. Mas ela não nos oferece uma fundamentação clara para que projetemos o que nos espera adiante; afinal, os Estados Unidos eram tão antitrabalhistas na década de 1930 quanto o são hoje, embora isso não tenha impedido o aparecimento do *New Deal*, que estabeleceu o padrão para a Europa. Em conseqüência, mais uma vez não somos capazes de afirmar, com um alto grau de probabilidade, que as mudanças necessárias na atitude das corporações irão acontecer. Tudo o que iremos arriscar é afirmar que, na ausência de uma mudança nas atitudes corporativas, há pouco motivo para termos expectativas em relação a mudanças na forma de distribuição da renda.

Uma nova atitude das corporações?

Uma mudança assim seria uma possibilidade realista? Algumas empresas norte-americanas começaram, numa iniciativa própria, a tentar contratos salariais modificados, buscando aumentar a confiança mútua entre trabalhador e empresário e romper com as folhas de pagamento de altos salários que, em última análise, corroem mais do que aumentam a eficiência e a lucratividade das corporações.

Leiamos o testemunho de Francis Fukuyama, um crítico conservador bastante respeitado, que relata uma experiência interessante realizada pela Nucor Corporation, uma siderúrgica no Meio-Oeste:

> A recessão de 1983-1984... atingiu demais a Nucor Corporation. Ela recém ingressara no negócio da siderurgia. Seus fornos eram operados por trabalhadores sindicalizados, muitos deles ex-fazendeiros. Para lidar com a queda de receita, a empresa envolveu os empregados – do CEO ao operário da manutenção – numa semana de trabalho com dois ou três dias, com o correspondente corte salarial. Nenhum empregado foi despedido, porém, e quando a economia e a empresa se recuperaram, gozou de um imenso espírito corporativista que contribuiu para que se tornasse uma grande força na siderurgia norte-americana.[4]

Deve-se notar que a Nucor foi classificada no lugar 379 na lista da revista *Fortune* das 500 maiores corporações industriais em 1996. Apesar da rápida recuperação, ela continua a tratar da mesma maneira os funcionários ocupantes de todos os cargos e funções: todos recebem bônus de distribuição semanal, além de sólidos 10% dos lucros já taxados da empresa. Realmente, dados da Nucor mencionam esta atitude deliberadamente antiburocrática como a razão de sua eficiência superior.

Algumas outras empresas, inclusive algumas com sindicatos poderosos, também tiveram sucesso em experiências com um grau muito maior de controle cooperativo. A United Auto Workers colabora com a Toyota e a General Motors numa fábrica experimental em Freemont, Califórnia: em 1991, a Magma Cooper assinou o que a revista *Fortune* chamou de um "acordo trabalhista revolucionário" com o sindicato

---

[3] Ver David Gordon, *Fat and Mean* (New York: The Free Press 1996), Cap. 3.
[4] Francis Fukuyama, *Trust* (New York: The Free Press, 1995), 7-8.

dos metalúrgicos para instituírem relações participativas e cooperativas entre trabalhadores e administradores.

Não somos capazes de prever o futuro desses novos projetos. Mas eles ao menos sugerem a possibilidade de lucro e possibilidade de instituição de acordos que ajudem a mudar o tratamento dado ao problema da distribuição da renda.

3. *Globalização*

Abordamos agora o terceiro e talvez mais difícil desafio diante de nós. Que perspectiva história podemos aplicar ao envolvimento cada vez maior dos Estados Unidos – e de todos os outros capitalismos adiantados – numa economia mundial? Há lições decorrentes do passado capazes de lançar alguma luz no futuro?

No Capítulo 12 definimos globalização como a crescente interconectividade dos mercados em países diferentes, e concentramo-nos especialmente na mobilidade internacional do capital. A tarefa de agora é olhar para trás e analisar o fenômeno da globalização a partir de nossas lentes amplas da construção da sociedade econômica. A partir dessa perspectiva, o poder da globalização reflete-se com maior clareza, no fato de o capitalismo hoje ser o sistema econômico dominante numa porção do mundo maior do que jamais ocorreu na história.

A causa mais importante desse estado de coisas é o colapso da União Soviética e a queda do comunismo em toda a Europa Oriental. Muitos países em desenvolvimento que buscaram uma estratégia socialista nas décadas de 1960 e 1970 – por exemplo, Tanzânia, Jamaica e Nicarágua – voltaram-se hoje para uma orientação de mercado. Mesmo em países declaradamente socialistas, ocorre um movimento maciço de privatização de indústrias importantes – isto é, a venda de empresas estatais ao setor privado. Uma grande quantidade de países, voluntariamente ou por pressão internacional, retirou subsídios e apoios aos preços na economia doméstica e abriu as economias ao comércio exterior e investimentos estrangeiros. Conforme um estudo, 16 países em desenvolvimento voltaram-se para políticas de muito mais livre mercado e taxas de câmbio mais flexíveis desde 1990, e 18 países fizeram isso na década de 1980. Essas guinadas políticas foram fortemente encorajadas pelo Banco Mundial e Fundo Monetário Internacional, que costumam emprestar dinheiro apenas se o país concordar em implementar essas políticas de livre mercado. No total, 61 países aceitaram as condições do Banco Mundial e do FMI em troca de empréstimos a juros baixos e prazos longos. As reformas exigidas foram principalmente nas políticas comerciais e setoriais, e em especial a liberação da agricultura e das finanças.[5]

Quais as implicações futuras dessa transformação para a sociedade econômica? Se tivermos que avaliar o possível futuro do capitalismo (global), deveríamos inicialmente analisar o destino de uma sociedade econômica muito diferente da nossa – uma ordem social a que chamamos de *socialismo*.

SOCIALISMO

Há, de fato, alguma razão para conhecermos o futuro do socialismo? Deve estar claro que a resposta depende do sentido que damos à palavra. A experiência russa, discutida no Capítulo 11, alerta para o fato de que sistemas econômicos altamente centralizados e rigidamente burocratizados desenvolvem um tipo de esclerose que pode ser fatal. Na verdade,

---

[5]Dani Rodrik, "The Rush to Free Trade in The Developing World: Why So Late? Why Now? Will It Last?" in *Voting for Reform*, ed. S. Haggard and S. Webb (New York: Oxford University Press, 1994).

o que nos impressiona é esse sistema extremamente repressor, ineficiente e inflexível, ter por tanto tempo parecido a muitos possuir a chave do crescimento econômico!

A China tenta outra via

Isso não vale, porém, para declararmos que outros tipos de "socialismo" não sejam capazes de desempenhar um papel importante durante o século 21, especialmente nas partes menos desenvolvidas do mundo. É importante aqui o exemplo chinês. A revolução chinesa irrompeu em 1947, sob a liderança de Mao Tse Tung, que durante muitos anos tentou um "socialismo" bastante parecido com o soviético, combinando liderança ditatorial e repressão com um programa de planejamento centralizado bastante semelhante ao russo. Por volta da década de 1970, já era aparente que a economia chinesa, embora despertada de seu torpor milenar, corria o risco de virar presa da rigidez que logo desfaria a revolução soviética. Pouco a pouco, uma política nova e muito pouco soviética tomou o lugar da antiga – uma política de centralização política contínua, combinada a um estímulo altamente permissivo e semelhante ao capitalismo à empresa privada, tanto nacional, quanto estrangeira. Hoje, a China é essa mistura curiosa de submissão política e heresia do tipo *laissez-faire*. O resultado é um ímpeto expansionista nas cidades principais que fez da China urbana, talvez, a área econômica de crescimento mais acelerado na terra, enquanto a China rural permanece sob um grau de controle que seria impossível em qualquer tipo de capitalismo democrático.

E essas cidades, especialmente as localizadas na costa, tornaram-se sinalizadores para investimentos estrangeiros e vigorosos centros de crescimento das exportações. Duas cidades industriais na costa combinaram para produzirem nove bilhões de pares de meias em 2003, a maioria das meias consumida no mundo naquele ano. Outras fábricas urbanas produziram 510 milhões de vestidos de casamento e de festa. Outra ainda produziu 969 milhões de peças de roupas íntimas. A produção costuma ser feita em fábricas enormes, com milhares de empregados e pedidos de muitas empresas ocidentais.[6]

A longo prazo, o exemplo chinês terá sucesso? Encontrará seguidores nas águas estagnadas da África, sul da Ásia ou outro lugar? Nada disso poderá ser antecipado com algum grau de certeza. Apesar da política comunista, a China segue, sob vários aspectos, a estratégia de desenvolvimento dos vizinhos capitalistas da Ásia Oriental, como Japão, Coréia do Sul e Taiwan. Porém, enquanto o Japão e a Coréia do Sul viram a média salarial em seus países aumentar quase que aos níveis norte-americanos (tal como a Alemanha, num período anterior), os salários dos chineses recém começaram a decolar (ver a Figura 15-1), apesar de uma década de altas taxas de crescimento econômico e uma explosão das exportações. Considerando o tamanho e a taxa de crescimento da força de trabalho chinesa, essa convergência pode significar um longo caminho. Parece possível, porém, que nesse caminho alguma forma de "socialismo" que combine uma tolerância considerável – até mesmo um incentivo – à atividade econômica privada com uma essência política muito disciplinada e não-democrática possa ter papel considerável na modernização de grandes áreas do mundo subdesenvolvido durante o século 21. Estranho, porém, é o fato de isso levantar a possibilidade futura de uma presença crescente do Estado nas regiões mais empobrecidas do planeta, junto a uma presença cada vez maior de uma economia mundial que comece a unir essas áreas às do Ocidente rico.[7]

---

[6]De David Barboza, "In roaring China, sweaters are west of socks city," *The New York Times* (24 de dezembro de 2004).
[7]Ver Alice H. Amsden, *The Rise of the Rest: Challenges to the West from Late-Industrialization Economies* (New York: Oxford University Press, 2001).

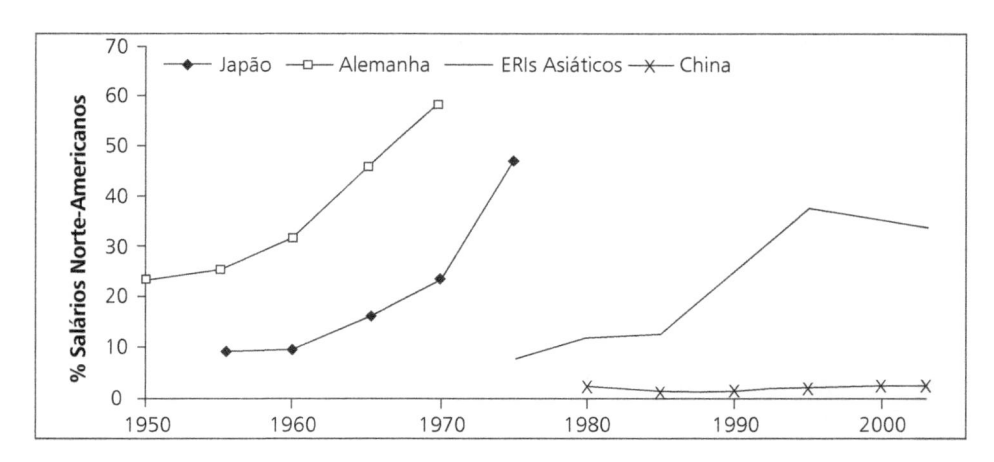

FIGURA 15-1 "Corrida" de salários, 1950-2003.
Notas: Dados do setor de manufatura. "ERIs Asiáticos" são seis Economias Recém-Industrializadas da Ásia Oriental.
Fonte: Andrew Glyn, *Capitalism Unleashed: Finance, GLobalization and Welfare* (Oxford; Oxford University Press, 2006), 93.

Socialismo ocidental

Com freqüência, usamos a palavra *socialismo* entre aspas ao falarmos sobre seu possível aparecimento nas porções mais pobres do globo. Em suas origens, o socialismo sempre foi um ideal ocidental – com certeza Marx, seu grande defensor, via o socialismo não como forma de modernizar uma terra atrasada, mas como um guia para a evolução dos países mais avançados para além do capitalismo, na direção de algo mais. O próprio Marx não é nenhum orientador claro quanto ao que se situa além do capitalismo: se lermos o *Manifesto Comunista*, encontraremos um programa que está muito mais distante das realidades soviéticas que, digamos, das aspirações do *New Deal*.

De fato, o socialismo não-soviético e democrático no Ocidente sempre foi mais focalizado na democracia política e social que na reestruturação econômica em grande escala. O socialismo preconizou, de fato, o fim da busca capitalista por acumulação, embora jamais tenha feito oposição aos mercados ou a aquisições modestas de propriedade privada, nem a processos democráticos representativos. Planejamento – a grande meta do socialismo econômico nas áreas mais atrasadas – jamais esteve na essência da concepção ocidental, assim como a participação total dos trabalhadores no processo decisório, a fragmentação dos privilégios dos proprietários e a diminuição geral da importância da faceta econômica da vida em favor das suas dimensões sociais, políticas e estéticas.

Nada semelhante a uma ordem social assim alguma vez apareceu na civilização ocidental, mas o apelo de sua visão humanista na vida foi inspiração para muitos. Para outros, a palavra *socialismo* faz surgir imagens muito diversas daquilo que esperamos: governos intromissores, burocracias inchadas e subordinação das conquistas privadas à influência niveladora dos padrões públicos. Não é nossa tarefa declarar qual dessas visões está mais correta. Não há dúvidas de que uma visão polarizada do socialismo permanecerá como parte da vida política ocidental durante período considerável. Trouxemos o assunto somente para abrir caminho a nossa missão – concluir nossa investigação do capitalismo. A visão do socialismo paira no pano de fundo, não no que está por vir, da construção da sociedade econômica que conhecemos em primeira mão, embora não possa ser perdida de vista na tentativa de avaliarmos, como historiadores, as projeções para essa sociedade.

EXPECTATIVAS PARA O CAPITALISMO

Por onde começar? É melhor por uma última reflexão sobre a estrutura tripartite e complexa que confere ao capitalismo sua singularidade histórica. Mais que tentarmos falar sobre "capitalismo" como um todo, analisaremos o futuro de um sistema motivado pelo impulso de acumular capital; amarrado e internamente disciplinado por uma rede de mercado; e, de forma singular, caracterizado por uma divisão de poder entre dois domínios, o público e o privado. Esses três atributos distintivos podem possibilitar uma idéia muito mais clara sobre o que está por vir do que uma tentativa nossa de análise do "capitalismo" como uma entidade isolada.

Impulso para acumular

Qual seria a projeção a longo prazo para o impulso que confere a força vital do capitalismo? Há muito tempo os economistas encaram esse impulso como o calcanhar de Aquiles do sistema. Mesmo Adam Smith acreditava que, depois de algum tempo, uma Sociedade de Liberdade Perfeita, nome que deu ao capitalismo nascente, criaria todos os bens de que necessitava – depois do que o sistema atingiria uma espécie de estagnação num nível baixo de subsistência![8]

Economistas posteriores puseram fé nas capacidades inventivas de uma Revolução Industrial que ainda não havia surgido na época de Smith. Ainda assim, praticamente todos os grandes economistas viram o sistema acabando um dia devido a uma incapacidade de continuar indefinidamente a encontrar novas áreas lucrativas para investimentos. Marx visualizou crises até mesmo mais destrutivas, que finalmente criariam as condições políticas para um descarte do sistema em favor do socialismo. John Stuart Mill previu uma transformação menos violenta, à medida que os trabalhadores adquirissem as ações de seus empregadores para dali em diante gerirem uma espécie de capitalismo de cunho socialista, competitivo e coordenado pelo mercado, de certa forma como o da Suécia das décadas de 1950 e 1960. Keynes nutriu uma visão mais conservadora, acreditando que os maus períodos poderiam ser mantidos dentro de limites através de aumentos adequados dos gastos do governo – na verdade, apesar de sua reputação de reformista radical, exceto por um elemento central mais ou menos permanentemente maior de investimentos públicos, ele previu um futuro não diferente do passado. Economistas mais conservadores deram mais atenção ao "aspecto da oferta" para respostas ao lento crescimento econômico a longo prazo, declarando urgência em cortes de impostos e subsídios para investimentos; porém, até agora, essas políticas causaram apenas um impacto muito limitado na prática.

Sobrecarga ecológica

A discussão agora toma um rumo diferente. O aspecto do capitalismo futuro está longe de ser uma certeza agora, conforme vimos na análise em relação às conseqüências imprecisas da automação e da globalização. Num aspecto vital, mudaram as perspectivas de longo prazo para uma expansão. Hoje, a principal indagação não está mais atrelada de forma essencial à *disponibilidade* de investimentos lucrativos, mas às *conseqüências* de sua manutenção indefinida.

A barreira mais impressionante aqui parece ser a sobrecarga ecológica – o espalhamento na atmosfera, na água e na terra de mais subprodutos nocivos da produção do que o ambiente consegue absorver. Em lugar de destaque entre esses subprodutos está

---

[8] Adam Smith, *The Wealth of Nations* (New York: Modern Library, 1972), Cap. 9, 96.

o calor gerado pela grande maioria de processos produtivos – um grande lençol de energia que sobe à atmosfera, criando um efeito chamado "aquecimento global".

Num resumo do problema, o historiador-economista Paul Kennedy escreveu:

> O consenso científico é que as temperaturas médias do globo situam-se entre 0,3 e 0,7 [graus] mais quentes que há um século. Trata-se de uma elevação modesta, mas a preocupação real é o ritmo crescente do aumento da temperatura no século 21, especialmente na proporção do crescimento da população e da atividade industrial. A maior parte dos cientistas da área alerta para a ocorrência de graves conseqüências, [inclusive] elevações no nível dos oceanos, exaustão da agricultura, redução dos fluxos de água, aumento dos riscos à saúde, tempo mais turbulento. Tudo sugere que países desenvolvidos e em desenvolvimento têm boas razões para preocuparem-se com o aquecimento global.[9]

Essa grave ameaça a longo prazo retira suas energias do aumento constante da escala de produção que constitui a força vital do capitalismo. Se a poluição precisar ser enormemente controlada durante o período de vida das duas ou três próximas gerações, como parece ser o caso, de que forma isso afetará as capacidades auto-regeneradoras de nossa ordem social? A pobreza estarrecedora da África, por exemplo, poderia levar os países ricos a permitirem que os mais pobres continuem poluindo por certo tempo de modo a elevar seus padrões de vida, ao mesmo tempo em que voluntariamente reduzem sua própria emissão de poluentes? Sejam quais forem as agendas de controle da poluição, quem irá controlar essa tarefa tão imensa e vital?

Apenas uma conclusão convincente surge desta projeção tão difícil: o futuro contém um desafio ecológico cujas dimensões recém começamos a perceber. O desafio decorre não somente do fato de o momento econômico capitalista, por si só, localizar-se no centro dessa projeção perigosa, mas também da conclusão acertada de que apenas a vontade política do mundo adiantado – isto é, o mundo capitalista – é capaz de, em última instância, determinar o alcance desses danos. Há, felizmente, um tempo de tolerância à nossa espera: o desafio é torná-lo um tempo de pesquisa, tomada de decisões e mudanças conscientes.

Globalização e desindustrialização

Pode não haver o mesmo tempo de tolerância para o ajuste às pressões diretas da globalização e da automação. Se as novas tecnologias da informação e da informática estimularam o deslocamento da manufatura e dos serviços para além das fronteiras nacionais, então que tipos de produção e empregos têm possibilidade de permanecer nos Estados Unidos? Isto é, quais as implicações a longo prazo para a economia norte-americana decorrentes de as empresas nesse país cada vez mais optarem por deslocar a produção de insumos – inclusive os serviços – para locais no estrangeiro, onde os salários são baixos? Em 30 anos, o que estarão produzindo os Estados Unidos? A resposta a tal pergunta é, sem dúvida, especulativa. Algumas tendências, no entanto, parecem ter chances de se comprovar. Uma é que a economia norte-americana tem sido, por tradição, bastante inovadora, não havendo motivo para pensarmos que novas áreas de novidades não apareçam, sendo as mais debatidas as situadas na área da biotecnologia e nanotecnologia. Uma segunda tendência é que as empresas norte-americanas continuem a dominar em termos de marketing e design. Ao mesmo tempo em que empresas como a Gap e a Nike pouco ou nada fazem em termos de produção de bens concretos, elas vêm man-

---
[9] Paul Kennedy, *Preparing for the Twenty-First Century*, (New York: Random House, 1993), 105, 111.

tendo com eficiência uma identidade e lealdade de marca, o que lhes confere aumento de lucros e benefícios aos administradores, projetistas e acionistas. Finalmente, alguns serviços simplesmente não podem ser terceirizados para países estrangeiros. São, principalmente, serviços pessoais que exigem contato pessoal: médicos, enfermeiros, dentistas, advogados, professores, banqueiros de investimentos, consultores empresariais, assistentes sociais, psicoterapeutas, faxineiros, atendentes de bar, garçons, comissários de bordo, barbeiros e esteticistas, só para citarmos alguns. (Embora o ensino à distância inclua a condição de professor na lista das profissões incertas. Talvez até mesmo cursos universitários sejam em grande escala terceirizados fora do país no futuro!) Curiosamente, esses tipos de serviços pessoais não se prestam a grandes aumentos na produtividade. O resultado final é uma economia dividida entre um setor altamente dinâmico e um setor de serviços essencial largamente sem dinamismo. O governo poderá ter que desempenhar um papel de redistribuição importante numa sociedade assim.

A estreita rede de mercados

O segundo atributo que identificamos no capitalismo reside em sua rede de mercado. Em geral, os economistas sempre viram no mercado a fonte do grande vigor e flexibilidade do sistema, e muitos afirmam que o sistema em si continuará enquanto a interação competitiva e automotivadora permanecer como sua característica mais destacada.

Sem dúvida, estamos diante de uma generalização segura, ainda que exista um aspecto dos mercados que exija nossa atenção nessa análise demorada da organização da nossa ordem. Referimo-nos ao fato de todos os mercados, sem exceção, atenderem a dois propósitos, sendo apenas um deles analisado pelos economistas. Esse aspecto auto-evidente é o que Adam Smith chama de uma "mão invisível" que soluciona problemas, de outra forma difíceis, de coordenação da produção e da distribuição.

Os mercados, porém, possuem um outro lado menos celebrado. É o fato de todos criarem elementos externos, isto é, efeitos secundários, que surgem de uma interação aparentemente não-supervisionada entre compradores e vendedores. Alguns desses efeitos, como o calor e a fumaça das fábricas, situam-se na categoria das perturbações ambientais que acabamos de examinar. Há, no entanto, outros elementos externos que podem não perturbar o ambiente, mas causam distúrbios sérios na sociedade. Têm a ver com indagações sobre igualdade e justiça, dizendo respeito, assim, ao nível de moralidade social.

Não são problemas novos, é claro. São Tomás de Aquino, o grande sábio do século 13, já indagava em sua *Suma Teológica* se alguém poderia legalmente vender um objeto por uma quantia acima de seu valor.[10] A pergunta pega-nos completamente despreparados. O que significa "vender um artigo por mais que ele vale"? O valor não reside naquilo que o comprador paga pelo objeto? Não exatamente, diz Tomás de Aquino. E cita Mateus (7:12): "Tudo o que vós quereis que os homens vos façam, fazei-lho também vós". Ninguém, diz o sábio, quer receber alguma coisa por um valor maior que o real. Assim, fazer isso é cometer pecado.

Essas palavras deixam-nos confusos. Por quê? Porque uma das funções dos mercados é permitir que esqueçamos os ensinamentos morais que nos orientam nas relações que não as de mercado, como as que temos com amigos. Sem exagerar, os mercados obtêm sua eficiência exatamente pelo fato de direcionarem nossa atenção para longe de análises problemáticas.

Será esse um achado com conseqüências graves para a longevidade de nosso sistema? Voltemos um pouco para as realidades difíceis da globalização e analisemos o papel dos

---

[10] De A. E. Monroe, *Early Economic Thought* (Boston: Harvard UNiversity Press, 1930), 53.

mercados sob perspectiva da verdade. Um dos atributos dos mercados é o fato de os vendedores, na maioria, convencerem os compradores de que as mercadorias são objetos de desejo. Nos mercados antigos, isso era conhecido como "elogio exagerado". No capitalismo moderno, é a matéria da propaganda. Analisemos agora a propaganda como um fenômeno multimilionário da tela da TV, em que crianças, jovens e adultos igualmente visualizam homens e mulheres entusiasmados com xampu para cabelo, aspirinas e automóveis, *todos eles pagos por esse entusiasmo cuidadosamente ensaiado*. Esse comportamento não transmite uma mensagem moral? Isto é, ele não mostra que adultos, fazendo-se passar por pessoas "reais", conseguem com falsa convicção dizer coisas em que não acreditam de forma alguma? A decisão fica com os leitores. O que queremos é simplesmente que os mercados sejam reconhecidos pelo que são – meios economicamente eficientes, mas normalmente de moral duvidosa, de motivação de nosso comportamento econômico. Esse pode ser um problema de difícil controle, mas ele nos surpreende como algo que precisa ser enfrentado caso nosso sistema pretenda desenvolver a inteligência moral de que necessitará para continuar em segurança através do novo século.

Os dois setores

Isso nos conduz, certamente, ao último aspecto da sociedade capitalista: sua divisão de poder e autoridade num setor do governo e num setor privado – algo que só o capitalismo possui, e desde seus primórdios uma fonte de disputa, discórdias e problemas. Talvez porque há essa divisão em relação a isso, fracassamos em perceber que se trata de uma das principais origens da força do capitalismo – uma solução notável a um problema que encontrou solução satisfatória em outros sistemas.

Parece não haver dúvidas de que a importância dessa bifurcação peculiar da autoridade irá aumentar nas próximas décadas. Se quisermos evitar os desastres da sobrecarga ecológica, para onde mais olhar se não para o setor público? Se quisermos encontrar formas de combinar as atrações da globalização econômica com as defesas contra os perigos que ela traz, para onde ir se não para os limites e orientações políticos? Precisamos aqui não de uma sobreposição do setor público ao privado (exceto em casos extremos, como guerras e a prevenção de um desastre ecológico). Precisamos do reconhecimento, há muito devido, da paridade do interesse público com o privado. Assim, tendemos a pensar em pedidos de empréstimo e investimentos do setor privado como bons em si, e usamos o termo "investimento"; entendemos os pedidos de empréstimo e os investimentos públicos como ruins, e os chamamos de "déficits públicos", mesmo quando eles são empregados para a construção de bens de investimento público, como rodovias, pontes e escolas. É claro que os investimentos privados podem acabar em tolices e os públicos, em empreendimentos sábios, e vice-versa. O que queremos aqui é aprender que os dois setores devem operar de forma eficiente e para fins bem selecionados se desejamos o bom funcionamento de nosso sistema. Essa conscientização exige um novo olhar ao problema dos dois setores, em que ambos sejam vistos com óculos do mesmo grau.

Um espectro de capitalismos

Estamos bastante conscientes de que nossa perspectiva analítica quanto ao futuro pode não ser a mesma dos leitores. Esperamos, entretanto, que o tom de nossa voz tenha esclarecido que o que estamos mostrando são visões pessoais e não verdades incontestáveis. O grande propósito dessa tentativa de pensar no futuro, inescapavelmente arriscada e propensa a erros, é encorajar um raciocínio semelhante ao nosso, arriscado e propenso a erros, de parte do leitor – e não porque essa tarefa permitirá que se apoderem da Verdade, mas porque servirá como um exercício que esperamos que se torne um hábito.

Uma última generalização e encerramos. Se tomarmos a medida da sociedade, da forma como a percebemos, não poderemos escapar de uma generalização. O capitalismo, temos certeza, será o modo predominante de organização econômica, pelo menos nos países avançados, durante o século 21, e talvez também no século seguinte. Mas a palavra *capitalismo*, como a entendemos hoje, é suficientemente flexível para abranger uma gama de sociedades. Tudo será voltado à necessidade de se acumular capital, tudo será coordenado por uma estrutura de mercado, tudo terá dois setores. Porém, apesar, desses aspectos muito importantes e profundos, os vários capitalismos serão bastante diferentes entre si. Alguns estarão direcionados à obtenção de altas margens de lucro, outros conseguirão funcionar de forma satisfatória com bem menos lucro. Alguns terão burocracias administrativas bastante superiores, outros não terão nada disso. Há alguns que poderão ter relações entre patrões e empregados num mesmo nível; outros encontrarão formas satisfatórias de organização com *stakeholding*. Alguns serão mais democráticos que outros; outros terão mais consciência moral e outros, ainda, terão mais consciência ecológica. Um grupo encontrará formas de tecer relações mais amigáveis e mutuamente coordenadas entre o público e o privado; outros não conseguirão isso.

Se há algum objetivo que esperamos que nossos leitores levem com eles, é a utilidade de pensar no futuro do capitalismo como uma ordem social que, apesar de toda a sua estrutura institucional específica, tem espaço para uma série de possibilidades. Além do mais, é nossa expectativa que os leitores façam uso de sua percepção para ajudar a encontrarmos espaço nessa série de possibilidades ao longo desse processo de mudança.

Conceitos e termos importantes

Este não é um capítulo que se preste aos tipos de resumos e perguntas que, esperamos, ajudaram a esclarecer os capítulos anteriores. Não se trata de um capítulo de "aprendizagem", mas de ponderações. A reflexão que fizemos ao escrevê-lo é a mesma que desejamos que você tenha alcançado como leitor.

> ### PENSAR NO PASSADO, OLHAR PARA O FUTURO
>
> **A ECONOMIA COMO O SISTEMA QUE EXPLICA O CAPITALISMO**
>
> Gostaríamos de recuar na nossa busca a respeito da formação da sociedade econômica, voltando a uma pergunta que trouxemos bem no início deste livro: o que é economia? É uma pergunta que pode ser respondida ao pensarmos sobre o capítulo recém-lido, no qual investigamos as projeções a longo prazo para o capitalismo e o socialismo. Foi, necessariamente, uma tarefa especulativa; sem dúvida, muitas alegações provar-se-ão falsas no futuro. A facilidade, porém, com que usamos as palavras *sem dúvida* tem uma relação direta com a pergunta feita. A economia seria uma ciência das previsões? É essa a visão sustentada por muitos economistas, embora prever normalmente tenha mais relação com o futuro que com resultados hipotéticos a partir de um modelo teórico. Sob esse ponto de vista, a melhor teoria econômica é a que melhor faz previsões dos resultados. Uma visão alternativa é a de que a economia não serve, basicamente, para previsões, mas para dar explicações, isto é, para oferecer uma descrição detalhada de nossa experiência econômica.
>
> Essas duas visões da economia não são mutuamente excludentes. Ambas insistem em que a teoria seja lógica e parcimoniosa. Há, porém, uma distinção importante. À luz da economia como teoria que prevê, mais abstração é entendida como um ponto positivo. Em nossa compreensão da economia como um sistema explicativo, abstrair é muito menos importante que captar os detalhes das instituições e do comportamento que dão sentido à vida econômica.

ÍNDICE ONOMÁSTICO

A
Abernathy, F., 220-221
Alberti, Leon Battista, 80-81
Allen, Frederick Lewis, 118-121
Amici, Jean, 65
Amin, Idi, 208-209
Amsden, Alice H., 216-217
Aquino, Tomás de, 49, 240-241
Aristóteles, 40-43, 49-50, 53-54
Arkwright, Richard, 82, 84-86, 88-89, 105-106
Armour, Philip, 105-106

B
Bairoch, Paul, 162-163
Beard, Miriam, 35-36, 62-63n
Beloch, K. J., 39-40n
Bennett, H. S., 45-46n
Berle, Adolf, 113-115
Bernstein, Michael A., 161-162n
Beval, Aneurin, 182-183n
Bloch, Marc, 45-46n
Block, Fred, 191-192
Bluestone, Barry, 174-175
Boccaccio, 43-44
Boswell, James, 86
Boulding, Kenneth, 102-103n
Boulton, Matthew, 84-86
Bourne, H. R. Fox, 86n
Brezhnev, Leonid, 183-184

C
Cabral, 61-62
Calvino, João, 62-63
Carlyle, Thomas, 85-86
Carnegie, Andrew, 105-106, 112-113, 146-147
Carter, Susan B., 111-112n
Caufield, Catherine, 156-157n
Chandler, Alfred D., 105-148n
Carlos Magno, 43-44
Quéops, 29-30
Christie, Agatha, 175-176
Cícero, 40-41
Clinton, Bill, 231-232
Cochran, Thomas, 108-109, 110-113n, 146-147n
Coeur, Jacques, 65
Colton, David, 107-108
Coulton, George Gordon, 43-44n, 58-59n
Cunningham, W. C., 38-39n

D
Dandolo, 59-60
da Gama, Vasco, 61-62
da Vinci, Leonardo, 81
Deane, Phyllis, 83n
Defoe, Daniel, 87
Demóstenes, 80-81
Dertouzos, Michael, 224-225
de Romanis, Humbertus, 61-62
de St.-Yon, Guillaume, 65
Dodd, Samuel, 111-112
Duby, Georges, 45-46n
Dunham, A., 87n
Duryea, Charles E., 101-102

E
Eatwell, John, 210-211n
Eisenhower, Dwight D., 160-161
Eliot, Charles William, 112-113
Engels, Friedrich, 88-89n, 89-90, 97
Erlich, Alexander, 182-183n
Eykes, Thomas, 60-61

F
Feenstra, Robert, 196-197n
Fisk, James, 107
Ford, Henry, 101-102
Freeman, Richard, 193-194
Frick, Henry, 105-106
Friedlaender, Heinrich E., 147-148n
Friedman, Milton, 121-122n
Frydman, Carola, 174-175n
Fukuyama, Francis, 234-235

G
Galbraith, J. K., 121-122n
Gandoufle le Grand, 49-50
Gerald of Aurillac, St., 49-50
Gorbachev, Mikhail, 184
Gordon, David, 184, 188-189
Gordon, Robert, 223-224n
Gould, Jay, 107
Guest, Robert H., 104n
Gunther, John, 38-39n

H
Habakkuk, H. J., 35-36n, 59-60n, 81n
Haggard, S., 235-236n
Hammond, B., 87n
Hammond, J. L., 87n
Harriman, Edward, 105-106
Hayek, Friedrich, 89-90n
Heilbroner, R., 73-74n

Heinze, A. R., 158-159
Heródoto, 29-30
Hill, James J., 110-111
Hilton, Rodney, 47n
Hirschman, Albert, O., 64
Hofstadter, Richard, 112-113
Hollingsworth, T. H., 45-46n
Hoover, Herbert, 118-120, 142
Huizinga, J., 45-46n
Huntington, Collis, 107
Huntsman, Benjamin, 85-86

I
Inocente III, Papa, 59-60
Isócrates, 38-39

J
Johnson, Lyndon B., 161-162, 231-232
Jope, E. M., 81n
Josephson, Matthew, 107

K
Kalinsky, Raphael, 205-206
Kay, John, 85-86
Kennedy, John F., 160-161, 166-167
Kennedy, Paul, 238-239
Keynes, John Maynard, 137-138, 141-142, 156-157, 178, 238-239
Kruschchev, Nikita, 183-184
Kimble, George H. T., 37-38n
Kushlik, Surenda, 176-177n

L
Ladurie, Emmanuel Le Roy, 45-46n
Landes, David, 83n
Lefevre, Edward, 118-120
Lênin, Vladimir, 181-182

M
Maquiavel, Nicolo, 228-229
McCraw, Thomas K., 215-216n
Magalhães, Fernando de, 61-62
Maine, Henry, 51-52
Mantoux, Paul, 84-86n, 86, 87n
Marshall, George, 156-157
Marx, Karl, 89-90, 96-97, 181-182, 189, 237-238
Maudslay, Henry, 85-86
Maximilian I, 65
McCormick, Cyrus, 105-106
Means, Gardiner, 113-114
Milberg, W., 194-195
Mill, John Stuart, 238-239
Miller, William, 108-109, 110-113n, 146-147n

Mukyr, Joel, 83n
Monnet, Jean, 150-151
Monroe, A. E., 49n, 240-241n
Moody, John, 108-109n
Moore, Barrington, 83n
More, Thomas, 67-68
Morgan, J. P., 107
Mumford, Lewis, 86n
Myrdal, Gunnar, 182-183n

N
Napoleão, 58-59
Need, Samuel, 85-86
Nef, John U., 81n
Nevins, Allan, 101-102, 104
Newton, Isaac, 83
Nixon, Richard M., 168-169, 191-192

O
Ohlin, Goran, 57-58n
Okun, Arthur, 161-162
Oliner, Stephen, 218-219n
Onions, Peter, 85-86
Oser, Jacob, 147-148n
Otto, N. A., 101-102

P
Peterson, Wallace, 165-166
Pirenne, Henri, 46, 50-51
Plínio, 37-38
Polanyi, Karl, 65-66n
Pólo, Marco, 61-62
Popper, Karl, 21-22n
Postan, M. M., 35-36n, 57-58n, 81n
Power, Eileen, 45-46n, 66-67

Q
Quesnay, François, 82n

R
Reagan, Ronald, 175-176
Renard, Georges F., 48n, 49-50n
Ricardo, David, 91-92
Robertson, Priscilla, 145-146n
Rockefeller, John D., 105-106
Rodrik, Dani, 208-209n, 235-236n
Roebuck, John, 84
Roosevelt, Franklin Delano, 113-114, 131-132, 135-136, 231-232
Rorig, Fritz, 57-58n
Rosow, Jerome, 159-160

S
Sahlins, Marshall, 22-23n
Saks, Raven, 174-175

Schlesinger, Arthur, Jr., 121-122n, 131-132
Schumann, Robert, 150-151
Schwartz, Anna, 121-122n
Sen, Amartya, 209-210
Shiller, Robert, 221-222
Sichel, Daniel, 218-219n
Smith, Adam, 27-28, 35-36, 71-76, 82, 86, 90-91, 93-94, 104, 134-135, 140-141, 204, 226
Solow, Robert, 218-219
Sombart, Werner, 63n, 80-81n
Spengler, Oswald, 64n
Sraffa, Piero, 91-92n
Stalin, Joseph, 182-183
Strutt, Jedediah, 85-86
Swift, Gustavus, 105-106

T
Taussig, F. W., 105-106
Tawney, R. H., 49, 51-52, 62-63, 81n
Taylor, Lance, 210-211n
Temple, Jonathan, 218-219n
Teralh, Ugo, 57-58
Thomas, Elizabeth Marshall, 27-28
Thompson, E. P., 89-90n
Thrupp, S. L., 49-50n
Thurow, Lester, 172-173n
Townshend, Lord, 85-86
Toynbee, Arnold, Sr., 90-91
Truman, Harry S., 128-129, 156-157
Tse Tung, Mao, 235-236
Tull, Jethro, 85-86

U
Uchitelle, Louis, 172-173

V
Veblen, Thorstein, 107-108
Volcker, Paul, 169-170

W
Walker, Charles r., 104n
Walker, Samuel, 85-86
Ward, Barbara, 96-97
Watkins, Myron W., 108-109
Watt, James, 84-86
Webb, S., 235-236n
Weber, Max, 62-63
Wedgwood, Josiah, 85-86
Wilkinson, John, 83, 85-86
Wilson, Woodrow, 112-113
Wolff, Edward, 173-174

ÍNDICE

A

Acordo de Bretton Woods, 156-157
Acordo entre capital e trabalho, 159-161
Acumulação, 72-73
África, desenvolvimento econômico na, 208-210
Agricultura dos camponeses, 52-53
Antigüidade
 economia e justiça social na, 41-43
 excedente social na, 39-41
 organização econômica da, 36-43
 riqueza e poder na, 40-42
 trabalho escravo e, 39-40
 vida econômica das cidades na, 38-40
Atmosfera religiosa, mudança na, 61-63
Aumento da produtividade norte-americana, 217-219
Automóveis, impacto dos, na economia, 101-103

B

Banco Internacional para a Reconstrução e o Desenvolvimento, 156-157, 209-210
Banco Mundial, 156-157, 205-206
Bancos nacionais, aparecimento dos, 134-136
Barões do roubo, 107
Barreira digital, 222-223
Base agrícola das sociedades antigas, 36-39
Bem-estar social, pressões do governo para desorganizar, 188-189
Bens de capital, definição de, 91-92
Boom do mercado de ações, 118-121
Boom e a queda das pontocom, 221-222

C

Calvinismo, 62-63
Capitães de indústria, 105-107
Capital, 91-92
 aumento da mobilidade do, 175-176
 e especialização, 93-94
 e poupança, 93-95
 e produtividade, 91-94
 mobilidade internacional do, 192-193
Capitalismo
 ameaça de monopólio, 112-113
 análise do futuro do, 229-231
 atributos do, 228-230
 benefícios sociais, 149-151
 crescimento no começo do, 94-96
 Era de Ouro do, 155-163
 formato do, 237-242
 justiça social e início do, 88-91
 motivação para o lucro e, 69-70
 mudanças na América após a guerra, 155-159
 orientado, 138-139
 questões para rumos futuros do, 229-231
 recuperação do europeu, 149-152
 sistema de mercado e surgimento do, 75-76
 socialismo *versus*, 179-181
 trabalho assalariado e, 68-70
 transição do socialismo para, 185-186
Capitalismo de bem-estar social, 149-150
Cartéis, definição de, 146-147
Cercamentos, 66-68
Chrematistiké, 42-43
Cidades, vida econômica das, 38-40
Cidades e feiras, 46-47
Clayton Antitrust Act, 113-114
Colonialismo, legado do, 206-208
Comando
 econômico, 28-30
 impacto do, 30-31
Comércio
 colapso do internacional europeu, 148-149
 filosofia do, 70-71
 papel do europeu, 147-149
Comércio itinerante, 56-58
Comunidade Econômica Européia, 150-151
Concorrência
 limitação da, 110-111
 mudança na, 108-109

Conferência de Bretton Woods, 155-156
Corporações transnacionais, 194-195
Corporativismo, definição de, 151-152
Crack do mercado de ações, 120-121
Crescimento
 caminho para o, da década de 1870 a 1929, 117-129
 incentivos ao, 95-97
 interno, 115
 trustes, fusões e, 111-113
Crescimento populacional, 231-234
Cruzadas, 58-61
Customização em massa, 219-221

D

Declínio econômico
 downsizing, 172-174
 guinada para os serviços, 171-172
 ritmo lento dos investimentos, 171-172
Déficit comercial e dívida estrangeira dos Estados Unidos, 197-199
Demanda inelástica, problemas na agricultura causados por, 122-124
Depressão silenciosa, 199-200
Desejos de provisionamento, 32-33
Desenvolvimento econômico
 desigual, 205-206
 industrialização com fundamental para, 207-208
 na África, 208-210
 papel das organizações internacionais no, 209-211
 políticas de, 208-210
 projeções futuras do, 211-213
Desindustrialização (Estados Unidos), 239-240
Digitalização, 216-217
Dispensa de trabalhadores, 172-173
Distribuição, produção e, 24-27
Dívida estrangeira, 197-200
Divisão do trabalho, 22-23, 71-73
Downsizing, 172-174
DRAM, 217-218

E

Economia
 da vida manorial, 46
 definição de, 21-22
 e justiça social na Antigüidade, 41-43

escassez e, 23-25
invenção da, 70-76
medieval, 49
sistema de mercado e, 31-33
Economia, remodelação do mundo, 190-193
Economia capitalista, 193-194
Economia de mercado, pré-requisitos da mudança do pré-mercado para a, 51-52
Economia de pré-mercado, pré-requisitos da mudança para uma economia de mercado, 50-53
Economia do dinheiro, aparecimento da, 65
Economia doméstica do pós-guerra, 155-159
 lugar do governo na, 160-162
Economia mundial pós-guerra, 157-158
Economias de escala, 105-106
Economias de produção em grande escala, 105-106
Efeito multiplicador, 127-129
Efeitos sociológicos, impacto da tecnologia sobre, 103-104
Embargo do petróleo, 102-103
Employment Act de 1946, 139-140
Empreendedores industriais, 85-86
Era da globalização, 199-200
Era de Ouro do capitalismo, 155-163
 final da, 165-177
Escassez, 23-25
Esforço social, alocação de, 25-26
Especialização, capital e, 93-94
Estagflação, 168-170
Estudo de Berle e Means, 113-115
Ética protestante, 63
Europa
 atraso na produtividade na, 146-147
 colapso do comércio internacional na, 148-149
 corporativismo na, 151-152
 herança feudal da, 145-150
 papel do comércio na, 147-149
 recuperação do capitalismo na, 149-152
 socialismo na, 148-150
Excedente, 39-41
Excedente social, 39-41
Explorações, 61-62

F

Fábrica
 enfraquecimento da, 121-122
 surgimento da, 87-89
Fatores de produção, 68-69
Feudalismo, 44-45
Fordismo, 104
Formação de capital, papel da, 126-129
Fragmentação, 199-201, 220-221
Fundo Monetário Internacional (FMI), 156-157, 213-214
Fusões, trustes e crescimento, 111-113

G

Ganhos, má fama dos, na economia medieval, 49-51
Gastos governamentais no *New Deal*, 135-137
Gastos públicos durante o *New Deal*, 136-137
General Agreement on Trade and Tariffs (GATT), 156-157, 209-210
Geopolítica pós-guerra, 157-158
Globalização, 190-191
 alcance da, 193-196
 causas da, 195-198
 conseqüências da, 197-202
 da produção e das finanças, 192-196
 e desindustrialização, 239-240
 tensão entre países desenvolvidos e em desenvolvimento, 212-213
Gosplan, 184
Grande Depressão, causas da
 enfraquecimento na fábrica, 123-125
 especulação, 121-122
 má-distribuição da renda, 125-127
 problemas nas fazendas, 122-123
 tecnologia e emprego, 124-126
Grande Duplicação (*Great Doubling*), a, 193-194
Grandes negócios, aparecimento dos, 108-115
Guerra Fria, efeito sobre a economia global, 157-158
Guildas (Corporações de ofício), 47
 funções das, 48

H

Hedging, 197-198
Herança feudal da Europa, 145-150

I

Idade Média
  as guildas, 47-48
  cidades e feiras, 46-47
  descrédito do ganho na, 49-51
  economia na, 49
  queda de Roma, 43-45
  sistema manorial, 44-46
  sociedade econômica na, 42-44
Imigração, 231-234
Índia, 193-194
Indivíduo, e sociedade, 22-25
Industrialização
  começo *versus* final, 207-210
  como essencial ao desenvolvimento econômico, 208-210
Inflação, 165-167
Informatização, 216-219
Infra-estrutura, definição de, 141-142
Inglaterra em 1750, 82-83
Interdependência, impacto da tecnologia na economia, 103-104
Internet, 216-218
Intervenção do Estado, 141-142
Investimento
  e expectativas de lucro, 126-127
  efeitos da queda de, 127-128
  poupança e, 94-95
Investimento direto no exterior, 192-193
Investimento nos negócios, 217-219
Investimento público, 220-222
Investimentos em capital, 72-73

J

Justiça social
  economia e, na Antigüidade, 41-43
  início do capitalismo e, 88-91

L

Legislação antitruste, aparecimento da, 112-114
Lei de Moore, 218-219

M

Macroeconomia, definição de, 143
Mecanismo de mercado, 73-75
Mercado, como mecanismo de acúmulo de capital, 96-97
Mercado Comum, 150-151
Migração, 231-234
Moda rápida, 219-220
Modelo de crescimento, 72-73

Monetarização, 51-52, 58-59
Motivação para o lucro, capitalismo e, 69-70
Movimento de cercamento, 66-67
Mudança industrial, agentes de, 105-108

N

National Industrial Recovery Act, 132-133
Neoliberalismo, 210-212
New Deal, 131-135
  Cem Dias do, 132-133
  gastos governamentais durante o, 137-139
  gastos públicos durante o, 136-137
New Economic Policy, 181-182
North American Free Trade Agreement, 193-194
Novos Homens, 83-86

O

Oeconomia, 42-43
Oligopólio, 132-133
OPEC, 166-167
Organização do mercado na sociedade, 30-31
Organização Mundial do Comércio, 193-194, 210-211, 213-214
Os Cem Dias do New Deal, 131-132

P

Países desenvolvidos, tensão entre países em desenvolvimento e, 212-213
Plano Marshall, 156-158
Poder nacional, crescimento do, 60-61
Política de estabilização, 161-162
Política fiscal, 140-142
Política monetária, 135-141
Poupança
  capital e, 93-94
  investimento e, 94-95
Preço justo, na economia medieval, 49
Problema econômico
  comando como solução para, 28-31
  mercado como solução para, 30-33
  tradição como solução para, 27-29
Produção
  e distribuição, 24-27

fatores de, 68-69
  problema básico da, 24-25
Produção em massa, 104-106
Produtividade
  atraso na européia, 146-148
  capital e, 91-92
Proletariado, aparecimento do, 67-68
Propriedade manorial, 44-45

R

Recessão Volcker, 169-170
Renda
  desigualdade na distribuição da, 173-177, 222-223
  má-distribuição da, 125-126
República Popular da China, 193-194, 236-237
Revolução Industrial
  condições de trabalho durante a, 88-89
  fatores que levaram à, 80-97
  na perspectiva da teoria, 90-97
  repercussões industriais e sociais da, 87
  surgimento das fábricas durante a, 87-89
Riqueza, desigualdade na, 173-174
Riqueza e poder, na Antigüidade, 40-42

S

Segunda Guerra Mundial, 99
  conseqüências da, 139-141
  impacto da, 139-140
Senhores, 44-46
Serviços pessoais, 218-219
Servos, 44-46
Sherman Antitrust Act, 112-113
Sindicatos de trabalhadores, 155-156
Sistema Bretton Woods, colapso do, 190-191
Sistema de mercado
  alocação e, 74-75
  aspecto auto-regulador do, 74-75
  surgimento do capitalismo e, 75-76
Sistema manorial, 64-65
  colapso do, 64-65
  proteção durante o, 45-46
Sistema soviético, 181-185
  ineficiências do planejamento, 184-185
  mercado *versus* plano, 182-184

Soberania nacional, diminuída, 200-202
Socialismo, 235-238
  capitalismo *versus*, 179-181
  chinês, 235-237
  europeu, 146-147
  futuro do, 186-187
  guinada histórica para o capitalismo, 180-182
  ocidental, 237-238
  sistema soviético, 181-185
  transição para o capitalismo, 185-186
Sociedade
  indivíduo e, 22-25
  organização manorial da, 44-46
Sociedade de mercado, forças de mudança que causaram a, 56-65
Sociedade econômica
  questões para o futuro da, 230-236
  tarefas da, 24-25
Sociedades
  base agrícola das antigas, 36-39
  capitalistas, 240-241
  de comando, 227-229
  governadas pela tradição, 227-228

Stakeholding, 231-232
Standard Oil Trust, 111-114

T

Taxas de câmbio, era da flexibilidade nas, 191-193
Tecnologia, impacto geral da, sobre o sistema econômico, 101-104
Tecnologia dos computadores
  e aumento da produtividade, 218-220
  investimento dos negócios em, 217-219
  primeiros anos da, 216-218
Tecnologia e emprego, impacto sobre a Grande Depressão, 124-125
Telefones móveis, 216-217
Terceirização, 196-197, 200-201, 220-221
Trabalho
  condições de, durante a Revolução Industrial, 88-89
  divisão do, 22-23, 71-73
Trabalho assalariado, 68-69
Trabalho escravo, 39-40
Tradição, 26-29
  custos da, 28-29
Tratado de Maastricht, 195-196, 201-202
Trustes, 111-113

Trustes, fusões e crescimento, 111-113

U

União Européia, 151-152, 193-194
Urbanização
  da vida medieval, 57-59
  impacto da tecnologia sobre a, 102-104
Usura, 49-50

V

Vagas de trabalho especializadas, 222-223
Vendas no exterior, 194-195
Vida econômica
  das cidades, 38-40
  e separação da vida social, 65-71
  na Idade Média, 42-51
Vida medieval, *ver também* Idade Média
  comerciante itinerante, 56-58
  urbanização da, 57-59

W

World Wide Web, 216-218